AF358518

Ilustración de cubierta: Inicial D del Beato de Manchester. Manchester, John Rylands University Library. Ms. lat.8, ca. 1175. Procedencia: Área de Burgos, San Pedro de la Cardeña (?), f. 16v. Copryright of The University of Manchester©

Edición: Primera. Noviembre de 2020

Código Thema: AGNA Animals in Art (Dragons in art)
AKHM Manuscripts and illumination (Illuminated manuscripts)
AGA Historia del Arte (Románico-Pregótico; Península Ibérica; Edad Media)

ISBN: 978-84-18095-52-8
Depótiso legal: 25449-2020
© 2020, Miño y Dávila srl / Miño y Dávila editores sl

Armado y composición: Suipacha, Prov. de Buenos Aires, Argentina.

Impresión: Imprenta Multigraphic, Av. Belgrano 520, Buenos Aires, Argentina.

Todas las imágenes reproducidas en esta obra fueron impresas con sus respectivas autorizaciones.

Diseño: Gerardo Miño
Composición: Eduardo Rosende

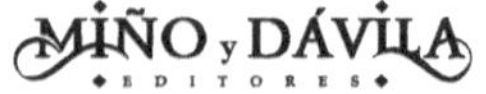

Página web: www.minoydavila.com

Mail producción: produccion@minoydavila.com

Mail administración: info@minoydavila.com

Oficinas: Tacuarí 540. Tel. (+54 11) 4331-1565 (C1071AAL), Buenos Aires.

Colección: Ideas en debate
Serie: Historia Antigua-Moderna

Director de serie:
José Emilio Burucúa

Nadia Mariana Consiglieri

El dragón
de lo imaginado a lo real

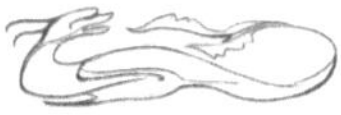

Su simbolismo y operatividad visual
en la miniatura cristiana de la
Plena Edad Media hispánica

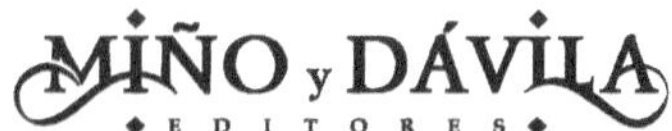

MIÑO y DÁVILA
EDITORES

A Gabriel

ÍNDICE

AGRADECIMIENTOS 11

PALABRAS PRELIMINARES, por *José Emilio Burucúa* 13

PREFACIO, por *Ofelia Manzi* 15

INTRODUCCIÓN 19

CAPÍTULO I
Los *scriptoria* en el contexto histórico-artístico
hispánico de los siglos XII-XIII 35

1. Situación político-religiosa general 35

2. Panorama general de los *scriptoria* hispánicos entre
   el siglo XII e inicios del siglo XIII 46

3. El surgimiento del *Estilo 1200* en el contexto de
   esplendor del románico hispánico 59

CAPÍTULO II
La figura del dragón: definición y modalidades
representativas 67

1. Entre el mundo de las serpientes: la tradición
   iconográfica del dragón medieval 67

1.1. La tradición dragontina en la Antigüedad 69

1.2. La tradición dragontina medieval 81

2. Hibridez y bestialidad como fundamentos del perfil dragontino 107

Capítulo III
El dragón en los manuscritos de la Plena Edad Media hispánica 115

1. Panorama general de las tipologías codicológicas que incluyen al dragón y sus características de representación 115

1.1. El dragón en las miniaturas principales 121

1.2. El dragón en las imágenes secundarias y paratextuales 168

1.2.1. El dragón en las letras capitales y motivos ornamentales 169

1.2.2. El dragón en indicadores de lectura marginales 114

2. Algunos ejemplos del dragón sobre otros soportes bidimensionales en la Plena Edad Media hispánica. 129

Conclusiones 243

Corpus general 247

Corpus principal de manuscritos hispánicos 247

Corpus secundario de manuscritos foráneos 248

Fuentes 249

Bibliografía 250

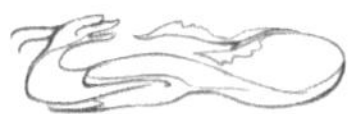

"Si lo fantástico fuese máscara, pura y simple máscara, no sería demoníaco.

Más allá de la máscara está la imagen, es decir, lo real, lo existente.

Es más, la máscara es un acceso a la realidad, a la imagen real que está detrás de la máscara, acceso tanto más eficaz cuanto más logra convertirse en *símbolo* (...)"[1].

Enrico Castelli

Lo demoníaco en el arte.
Su significado filosófico.

---

1. CASTELLI, Enrico: *Lo demoníaco en el arte. Su significado filosófico.* Madrid, Ediciones Siruela, 2007, p. 74.

➤❧ AGRADECIMIENTOS ❧◀

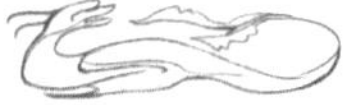

Antes de comenzar este itinerario por las formas dragontinas en la España Plenomedieval es menester expresar profundas palabras de agradecimiento. Esta investigación no podría haber salido a la luz sin el apoyo de estimados profesores que me brindaron sabios consejos; de instituciones que me abrieron amablemente sus puertas para indagar manuscritos y bibliografía diversa; de colegas, amigos y familia que me brindaron su soporte moral. De una u otra manera, todos ellos implicaron una importante guía en este camino de exploración.

La presente pesquisa es una versión revisada y perfeccionada del trabajo de fin de máster correspondiente al Máster en Métodos y Técnicas avanzadas de Investigación Histórica, artística y Geográfica (Itinerario Historia del Arte), defendido y aprobado en junio de 2019 en la Universidad Nacional de Educación a Distancia, Facultad de Geografía e Historia de Madrid[2], bajo la evaluación del tribunal conformado por la Dra. Inés Monteira Arias, la Dra. Elena Paulino Montero y el Dr. Antonio Perla de las Parras. Esta investigación es el resultado de varios años de trabajo focalizados en rastrear las diversas representaciones de este animal tan particular en un vasto abanico de fuentes manuscritas. Al observar el amplio material recolectado y analizado que germinó en este estudio era necesario reivindicar la evidente importancia que tuvo el dragón en la cultura libraria y visual hispánica del siglo XII y de inicios del XIII, y así, volver a traerlo a nuestros ojos contemporáneos bajo la forma de un libro.

---

2. Máster Universitario en Métodos y Técnicas avanzadas de Investigación Histórica, artística y Geográfica (Itinerario Historia del Arte). UNED (Universidad Nacional de Educación a Distancia). Trabajo de fin de Máster: *Usos y funciones de la iconografía draconiana en manuscritos de los reinos hispanocristianos (siglo XII e inicios del siglo XIII)*. Directora: Dra. Inés Monteira Arias. Defendido y aprobado en Madrid el 12 de junio de 2019.

Primeramente, quisiera agradecer a mi supervisora, la Profesora Inés Monteira Arias (Universidad Nacional de Educación a Distancia) por ofrecerme sus consejos, sus correcciones a mi trabajo y su guía en cuestiones vinculadas a la imagen románica y al arte en torno al Camino a Santiago. Asimismo, es menester agradecer a las Profesoras Gregoria Cavero Domínguez y María Encarnación Martín López (Universidad de León) quienes me ofrecieron su ayuda incondicional en la búsqueda de material en León; a la Profesora María Marcos Cobaleda (Universidad de Málaga) por su guía en el manejo del Sistema de Información Geográfica de software libre QGIS para la confección de los mapas georreferenciados y a los preciados consejos sobre arte y cultura medieval hispánica de la Profesora Adeline Rucquoi (Centre Nationale de la Recherche Scientifique – École des Hautes Études en Sciences Sociales). Las sabias recomendaciones y sugerencias de las Profesoras Ofelia Manzi (Universidad de Buenos Aires) y Marta Penhos (Universidad de Buenos Aires) fueron imprescindibles para la confección de este libro; a ellas les quiero expresar mi enorme gratitud y cariño. Asimismo, quiero agradecer enormemente al gran maestro y erudito, Dr. José Emilio Burucúa por brindarme la oportunidad de que mi trabajo sea publicado en su maravillosa colección de la Editorial Miño y Dávila.

Por otra parte, es mi intención brindar mi agradecimiento a las instituciones que muy amablemente confiaron en mi trabajo y pusieron a mi disposición códices originales y facsímiles, además de bibliografía de enorme importancia para el curso de mi pesquisa: Archivo Catedralicio de León; Archivo de San Isidoro de León; Biblioteca Universitaria San Isidoro (León); Sr. Don Antonio Ovalle García, director de *Templum Libri*, Castillo de los Templarios (Ponferrada); Instituto de Estudios Medievales de la Universidad de León; Biblioteca de Casa de Velázquez (Madrid); Biblioteca Nacional de España (Madrid); Real Academia de la Historia (Madrid) y Biblioteca de la Universidad Complutense (Madrid). También, expresar mi gratitud al Departamento de Historia del Arte de la Universidad Nacional de Educación a Distancia por recibirme en las diferentes estancias de investigación que realicé en Madrid.

Finalmente, quisiera agradecer a diferentes personas que me brindaron su ayuda y soporte moral: Pablo Aguale por su ayuda para la materialización de los diseños en los mapas digitales y por el gran aliento que me brindó aun a la distancia; Emma Vogel, Esperanza de los Reyes Aguilar, Verónica Velazco, Exequiel Monge Allen, Norma María Sacco, Domingo Sacco, Dominga Zappieri y a mi compañero incondicional, Gabriel Robledo. Gracias por su apoyo absoluto. Este camino recorrido y condensado en este libro muestra algo en lo que creo fervientemente: todo aquello en lo que se trabaja con perseverancia, dedicación y amor genera sus frutos.

❧ PALABRAS PRELIMINARES ☙

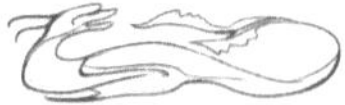

La serie dedicada a la historia de las civilizaciones mediterránea y europea occidental desde la Antigüedad hasta la época moderna, que Miño y Dávila publica en su colección "Ideas en debate", se ve ahora enriquecida con este libro de Nadia Consiglieri sobre las representaciones del dragón en las miniaturas medievales españolas. Bastaría con que estas líneas expresaran mi entusiasmo, como director de la serie, por el hecho de poder sumar a los títulos y trabajos anteriores una obra de esta naturaleza, que une varias líneas de la historiografía euroamericana –la historia social y religiosa del Medioevo, la historia de las prácticas de lectura y escritura en esa misma época, la historia del arte, de las imágenes y de la cultura visual– con la solidez de una erudición excepcional y la elegancia de un estilo capaz de tornar la lectura del texto o la observación de las imágenes en una experiencia de deleite intelectual y estético.

Pero una declaración semejante haría poco honor al resultado de la tarea emprendida por la doctora Consiglieri, si no fuese completada por el reconocimiento del asombro que produce este híbrido magnífico de abordajes (me permito usar el mismo *topos* biológico de mi colega), a la hora de enraizar la producción de los manuscritos estudiados en la labor práctica y artística de los *scriptoria* ibéricos durante la plena Edad Media, lugares donde se manifestó con fuerza inusitada el *Estilo 1200*. Para continuar luego con las tradiciones creativas y representativas de la Antigüedad clásica y tardía, del Medioevo feudal y monástico, que elaboraron la imagen-idea del dragón cuyas notas esenciales nuestra autora acertadamente identifica en la hibridez y la bestialidad de la criatura. Debo agregar que el desarrollo del tema en las *Etimologías* de san Isidoro es una pieza maestra del despliegue de perspectivas historiográficas que impone una fuente de la densidad y la altura sapienciales, a la par de poéticas, tal cual es aquella enciclopedia única del santo sevillano. La última parte de la investigación emprendida por Nadia comprende el análisis minucioso de las secuencias iconográficas de la figura del dragón en las escenas principales de los manuscritos y, enseguida, en las letras capitales y los motivos ornamentales. Confieso que esta última indagación es deslumbrante y exhaustiva, dos cualidades del estudio de la ornamentación que emparentan nuestro libro con el tratado de Alois Riegl, *Die spätrömische Kunst-Industrie*, publicado en Viena en 1901.

Me parece imperioso agregar la complacencia que los lectores-contempladores compartiremos al tomar nota de la tarea exquisita que emprendió la propia Consiglieri, con el auxilio de Verónica Velazco, cuando dibujó las 150 imágenes que requería la comprensión cabal de este volumen. Buena forma de compensar y anular las carencias que impone a la vida intelectual la extensión abusiva de los derechos de reproducción de obras de arte, los cuales no son en absoluto derechos de autor (los 70 años de la vigencia de esta última categoría tras la muerte del autor han pasado ya con creces en el caso de los Beatos) sino simplemente derechos de propiedad usurpada sobre los que son bienes culturales comunes a toda la humanidad. Hagamos a un lado semejante maldad que, valga la paradoja, se nos aparece abrumadoramente desproporcionada si la comparamos con la maldad *imaginaria* del dragón y sentimos, al mismo tiempo, que la diluyen la belleza y la sublimidad *reales* de la misma bestia.

José Emilio Burucúa
Director de la serie

❧ PREFACIO ☙

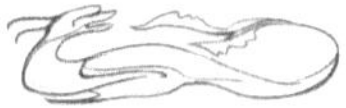

Si bien el signo distintivo del arte medieval es la producción de imágenes de contenido religioso, creadas a partir de la selección de textos escriturarios y de su intrincada exégesis, es igualmente un hecho notable la existencia de un mundo de fantasía plasmado en la constante presencia de seres inspirados en lo real o producto de la pura imaginación.

El arte medieval nunca renunció a la fantasía en la que se conjugaron la herencia de la antigüedad helenístico/romana, las tradiciones iranias y el mundo celto/germánico con el repertorio surgido de la interpretación de las escrituras, particularmente las referidas a las visiones proféticas y apocalípticas y el valioso aporte de los Bestiarios, síntesis, a su vez, de antiguos legendarios. De este modo, criaturas surgidas del núcleo de la tradición o producto de renovadas interpretaciones tendientes a "cristianizar" un trasfondo que se percibía como peligrosamente pagano, poblaron desde muy temprano espacios centrales y marginales en los diversos soportes posibles: mosaico, pintura mural, miniatura, relieves y esculturas.

Una figura arquetípica del cruce de tradiciones, tanto en su sentido simbólico como en su materialidad, es la de los seres reptilíneos, especialmente el dragón objeto de este estudio. Esta figura, bajo variadas formas, permite recorrer los múltiples vericuetos de origen multi disciplinario que vinculan el oriente con el occidente, las tradiciones indo/iranias con el crisol que significa la cristianización del mundo helenístico romano. El perfil dragontino, unido al de las múltiples criaturas fantásticas creadas a lo largo del tiempo, tanto como motivo aislado o formando parte de escenas complejas, actúa como complemento ornamental de conjuntos iconográficos con los que puede, o no, estar relacionado.

La notoria desvinculación de ciertas figuras con los temas propios de la temática religiosa constituye uno de los aspectos más interesantes y que ha generado gran cantidad de hipótesis que la justifique. El rasgo común de toda indagación es advertir que en un momento determinado y respondiendo a un amplio espectro de condicionantes, las figuras fantásticas adquirieron un carácter preponderante, particularmente en los siglos finales del período medieval.

Para intentar encontrar una explicación del sentido otorgado a ese tipo de representación, hemos de considerar la gran circulación que tuvieron respaldadas por la tradición y por el hecho de que fueron justificadas por el principio agustiniano de que, formando parte de la naturaleza, eran obra de la creación divina. El contenido de los Bestiarios desempeña un papel fundamental en este proceso al proporcionar datos referidos tanto a una fauna real como legendaria. El difundido "Fisiólogo", cuyo origen se remonta a una recopilación realizada en Bizancio en el siglo II, resulta fundamental por sus descripciones precisas de seres fantásticos tales como el ave fénix, el dragón, el unicornio, la sirena, la salamandra, la mantícora o el basilisco, punto de partida de la interpretación simbólica realizada por los exégetas cristianos. El mundo de lo fantástico, de lo monstruoso, se incorpora a la realidad consagrado por la literatura y las artes.

El mérito del trabajo de Nadia Consiglieri consiste en haber encontrado un tema de investigación que había sido, pese a la gran cantidad de bibliografía producida sobre el tema, relativamente poco tratado: las figuras de animales –reales y fantásticos, desplegadas en los folios de los manuscritos denominados Beatos, obra magnífica de la miniatura hispánica medieval. En esta línea investigativa, el estudio de la simbología dragontina constituye uno de los motivos recurrentes en una amplia cantidad de manuscritos: además de los Beatos, está presente en Biblias, Leccionarios, Sacramentarios, Martirologios, Antifonarios y en la Vida de Santos, testimonio más que definitivo de la importancia concedida a esa imagen. La riqueza de contenidos encerrados en una figura, que sintetiza de manera concluyente el entramado de tradiciones presente en la representación de seres fantásticos explica su presencia en los diversos espacios que la iluminación de los manuscritos ofrece. De este modo se logra elaborar un discurso visual en el que los aspectos simbólicos, alegóricos e incluso pedagógicos, cobran una importancia trascendental. Los códices, por su condición de portabilidad fueron objetos privilegiados para la comunicación a través del espacio y del tiempo y consagraron, en el caso de la imagen, el mensaje simbólico encerrado en la misma.

El dragón, figura que el discurso cristiano vincula con lo diabólico y pecaminoso, demuestra por su persistencia y multiplicidad, el interés por enfatizar el sentido que su forma representa. No es ajeno a la preponderancia de la figura el hecho de que sus formas sinuosas facilitan la adaptación a espacios físicos diversos, tales como márgenes, letras y capitales ornamentadas.

A partir del análisis de un motivo se puede acceder al amplio campo de la situación político-social que posibilitó en la España de los siglos XII y XIII la persistencia de monasterios en los que la iluminación de manuscritos constituyó una tarea justificada por el cumplimiento de las reglas monásticas. La disponibilidad de *"scriptoria"* dotados de los elementos materiales necesarios para la producción del códice se unió a la existencia local del *"Comentario"* del Beato de Liébana, tema no solamente asociado a una mentalidad propia de la época, sino también acorde con la situación particular de la península en ese momento crucial de la lucha contra el invasor musulmán. La determinación de un corte temporal en la producción de manuscritos ilustrados en el ámbito hispánico de la Plena Edad Media facilita la indagación acerca de la multiplicación de monasterios en las regiones de Castilla, León, Navarra y los condados catalanes, ya en una época en la que la afirmación del poder de esos reinos cristianos facilitaba no solamente la situación propicia para la elaboración de códices, sino que también favorecía la circulación de los mismos.

Un recorrido por los temas abordados demuestra hasta qué punto la indagación sobre un tipo de representación iconográfica, acotada a un espacio y un tiempo, se presenta adecuada para profundizar en aspectos que van desde la tradición hasta la reelaboración de los múltiples contenidos simbólicos que la imagen encierra.

Ofelia Manzi

❧ INTRODUCCIÓN ☙

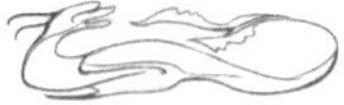

El tópico de los animales en la Edad Media ha despertado un gran interés en la historiografía actual. No obstante, durante mucho tiempo éstos fueron considerados un tema de estudio subsidiario[3]. A pesar de ello, su notable relevancia en la cultura medieval se hizo evidente gracias a las constantes representaciones literarias y visuales, así como a su protagonismo en innumerables prácticas y códigos sociales[4]. En el Medioevo, el universo de los animales conformó complejas constelaciones materiales y simbólicas, las cuales adquirieron diferentes alcances al ser tamizadas por el pensamiento cristiano[5]. Las variadas "historias" de los animales, sus roles y su participación en la construcción de la historia de los hombres y mujeres del pasado demostraron contener una inmensa relevancia[6]. Debido a esto, resulta imposible concebir las diversas manifestaciones faunísticas sin tener en cuenta las relaciones entre los animales y los humanos, y la detentación de poder que estos últimos siempre han buscado aplicar sobre la naturaleza y sus criaturas[7]. Ese versátil límite entre lo domesticado y lo salvaje

---

3. Pastoureau, Michel: *Una historia simbólica de la Edad Media Occidental*. Buenos Aires, Katz Editores, 2006, p. 27.

4. *Ibidem*, p. 28.

5. Cfr. Consiglieri, Nadia Mariana: «Entre lo leonino, lo draconiano y lo humanoide. Notas sobre la representación pictórica de bestias y diablos en el área castellana y aragonesa (siglos XII-XIII)», *Eikón Imago*, 10 (2016), p. 70. Consultado en línea el 01/04/2020; URL: <http://capire.es/eikonimago/index.php/eikonimago/article/view/206>.

6. Cfr. Delort, Robert: *Les animaux ont une histoire*. París, Éditions du Seuil, 1984.

7. Delort, Robert: «Les animaux en Occident du Xᵉ au XVIᵉ siècle», *Actes des congrès de la Société des historiens médiévistes de l'enseignement supérieur public, 15ᵉ congrès, Le monde*

determinó la construcción de diferentes gradaciones relacionales entre ambos grupos de vivientes.

Desde la idiosincrasia medieval, tanto los animales como el hombre fueron fruto de la creación divina, aunque los primeros se caracterizaran por sus actos instintivos y su falta de raciocino y conciencia. Así, según sus disímiles niveles de bestialidad, las variadas especies animales fueron relacionadas desde la doctrina cristiana con lo divino o lo demoníaco. Dentro del extenso repertorio de sus menciones y representaciones, diversas tipologías de libros medievales manifiestan su rica y amplia aparición[8].

Las imágenes ubicadas dentro de los códices en tanto objetos trasladables y manipulables, adquirieron cada vez más preponderancia en sus diversos roles discursivos partiendo de las esferas monásticas y religiosas[9]. En ellas, las representaciones animalísticas experimentaron igualmente variados desarrollos. La literatura creada y consumida por los clérigos fue la que impulsó en el contexto cristiano medieval, nuevas visiones sobre el universo animal, al ir más allá de sus aspectos utilitarios cotidianos y adjudicar a los especímenes significados morales y espirituales diversos[10]. Por lo tanto, las múltiples manifestaciones plásticas centrales y marginales de *animalia* en manuscritos iluminados testifican la construcción progresiva de discursos visuales y su valor rotundo en la labor doctrinal[11]. Dependiendo de los diferentes géneros codicológicos, los animales representados encarnaron sentidos y funciones muy disímiles al interior de los libros. Las heterogéneas manifestaciones gráficas y pictóricas de criaturas zoomorfas envolvieron una valorización constante de su naturaleza, apariencia física, hábitos, costumbres y comportamiento en clave cristiana. Por consiguiente, los animales revistieron un permanente interés en la cultura letrada medieval ya sea por su utilidad simbólica, alegórica, pedagógica como persuasiva en el ámbito de la *lectio* en incluso de la liturgia.

Dentro de los contextos monásticos de confección y consumo de códices doctrinales, la figura del dragón en sus variables e hibridaciones

---

animal et ses représentations au moyen-âge (XIᵉ-XVᵉ siècles). Toulouse, 1984, p. 11. Consultado en línea el 12/03/2020; DOI: <https://doi.org/10.3406/shmes.1984.1435>.

8. ALAMICHEL, Marie-Françoise, & BIDARD, Josseline: «Commentaire», en ALAMICHEL, Marie-Françoise, & BIDARD, Josseline (trads.): *Des Animaux et des Hommes*. París, Cultures et Civilisations médiévales XVII, Presses de l'Université de París Sorbonne, 1998, p. 11.

9. Cfr. MELOT, Michel: *L'illustration: histoire d'un art*. Genève, Éditions Skira, 1984.

10. VOISENET, Jacques: *Bêtes et hommes dans le monde médiéval: le bestiaire des clercs du Vᵉ au XIIᵉ siècle*. Turnhout, Brepols, 2001 p. 2.

11. Cfr. CAVALLO, Guglielmo: *Testo e immagine nell'alto medioevo*. Roma, Spoleto, 1994.

diversas invistió una aparición recurrente en sus representaciones bidimensionales entre los siglos XII y XIII del Occidente medieval. Considerada esencialmente como una criatura maligna, diabólica y portadora de pecado, la imagen dragontina románica logró tener un fuerte peso en la cultura visual medieval de esa época. Su difusión fue acompañada por la importante expansión de una nueva tendencia estilística en iluminación de códices que se propagó por los *scriptoria* de toda Europa, llegando incluso al territorio ibérico. Este estilo de corte internacional, denominado "The Channel Style" o *Estilo 1200*, sustentado en una combinación de fórmulas clásicas y bizantinistas, permitió forjar diseños dragontinos cada vez más efectivos e impactantes a nivel visual. De la mano del género de los bestiarios y de sus extensas clasificaciones animalísticas, así como de una nueva perspectiva más aristotélica y empírica sobre la naturaleza y sus seres, los dragones representados en diversos códices consiguieron marcar una fuerte impronta visual e identitaria en el ámbito hispanocristiano. En este sentido, una enorme cantidad de dragones fue plasmada tanto en miniaturas centrales como en letras capitales y diversas tipologías de *marginalia*, destacándose por sobre otros animales de la zoología sagrada medieval. Sus cuerpos estilizados y de formas dúctiles consiguieron adaptarse a los diferentes formatos y espacios gráficos de los folios, mientras que sus semblantes monstruosos y feroces generaron una importante cuota de atractivo visual. De esta manera, los miniaturistas optaron por representar dragones con mayor asiduidad y les otorgaron diversos protagonismos en los folios. Las estructuras, formas y posturas corporales de estas cautivadoras criaturas fueron ideadas en plena relación con sus usos y funciones al interior de los códices que recibirían las atentas miradas de los monjes lectores.

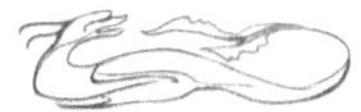

El objetivo principal de esta investigación consiste entonces en abrir un amplio camino de debate y análisis sobre las diferentes funciones simbólicas y prácticas del dragón en las miniaturas de códices confeccionados en monasterios hispanocristianos entre el siglo XII e inicios del XIII. Identificar las fundamentales filiaciones y alteraciones de la figura dragontina en el marco de sus diversas tradiciones y tendencias representativas ha resultado una meta continua, así como también reconocer sus variables semblantes experimentados durante ese periodo en los *scriptoria* ibéricos correspondientes a Castilla, León, Navarra y los condados catalanes. En este sentido, este trabajo se sustenta en indagar los procesos de construcción de la imagen dragontina en el contexto de la progresiva consolidación del románico hispánico y del *Estilo 1200*, partiendo de una exploración sobre las diversas manifestaciones bidimensionales del dragón en un *corpus* librario conformado por diferentes géneros codicológicos tales como Beatos, Biblias, Leccionarios, Sacramentarios, Martirologios, Antifonarios, Historias y Vidas de santos, entre otros. Es en este rico, vasto y heterogéneo conjunto de manuscritos iluminados hispánicos donde residen las diversas intenciones discursivas por las que este animal imaginado fue representado con una marcada insistencia. Los dragones diseñados por los miniaturistas merecen, por lo tanto, un examen crítico en torno al tratamiento de sus configuraciones y a sus múltiples funciones dentro de cada folio y del libro en sí mismo. De esta manera, esta obra propone ahondar sobre los diversos roles de los seres dragontinos en la *mise en page* de los manuscritos: sus modos de aparición, sus ubicaciones centrales o marginales, sus jerarquías representativas y simbólicas, y sus perspectivas de acción en el marco de las actividades de lectura y consumo de los códices. Así, el presente libro pretende brindar un estudio profundo sobre el impacto que logró tener la imagen dragontina en la cultura libraria monástica y sus repercusiones en la cultura visual general de los reinos hispanocristianos, considerando también su manifestación en otras materialidades propias de la bidimensión como la pintura mural y la pintura sobre tabla.

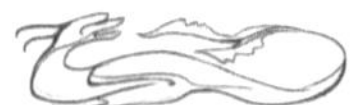

En base a estos propósitos, la presente pesquisa se estructura alrededor de un conjunto de hipótesis fundamentales. En primer lugar, buscaré demostrar que el gran desarrollo de la iconografía dragontina en códices miniados de origen monástico procedentes de los reinos hispanocristianos durante el siglo XII e inicios del XIII tuvo una relación directa con el desarrollo del *Estilo 1200* y con sus nuevas propuestas formales en materia de iluminación pictórica. En este sentido, el éxito de los diseños dragontinos se sustentó en la gran capacidad de maleabilidad y ductilidad de las formas corpóreas de estas criaturas zoomorfas y misceláneas. Tales características posibilitaron sus extensas y variadas participaciones gráficas en tipologías y géneros codicológicos variados de ese periodo. Una múltiple iconografía dragontina hizo su aparición y trajo consigo un significativo conjunto de funciones y usos destinados a generar una mayor comprensión de los contenidos del texto, al mismo tiempo que una lectura más dinámica y recordable. Así, el orden de lo simbólico junto con el de la praxis lectora se conjugaron en las configuraciones de estos seres. Según las necesidades discursivas que exigía cada tipo de códice, los miniaturistas hicieron uso de diferentes fórmulas y recursos plásticos aplicados a las formas dragontinas con el fin de atraer la mirada y dirigir de manera persuasiva la lectura del texto. Así, la asidua utilización de la iconografía del dragón en las letras capitales y en los márgenes de los folios no implicó una simple aplicación de fórmulas meramente decorativas, sino que, por el contrario, sus formas y diseños cumplieron un rol esencial en la guía y conducción de las prácticas de lectura. Además, los planteos plásticos de las figuras dragontinas ostentan resoluciones más detalladas, contundentes y verosímiles; aspectos que guardan total relación con el coetáneo auge internacional de los bestiarios y con las concepciones de corte aristotélico y empírico sobre la naturaleza que comenzaron a ser revitalizadas en la Plena Edad Media.

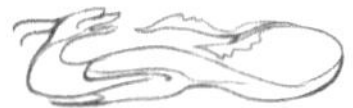

Asimismo, el interés por indagar en las representaciones de un tema animalístico tan específico derivó de los avances obtenidos en mi investigación doctoral sobre la fauna apocalíptica en los Beatos[12], llevada a cabo en paralelo a mis estudios de máster. Mi paso por una cantidad considerable de archivos y bibliotecas de España, Francia, Portugal, Italia e Inglaterra significó la semilla de nuevas preguntas en torno a ciertas especies animales puntuales y la necesidad de ampliar el espectro de códices iluminados en un estudio particular, yendo más allá del género apocalíptico. El reco-

---

12. (2016- 2020) Doctora en Historia y Teoría de las Artes. FFyL UBA (Facultad de Filosofía y Letras, Universidad de Buenos Aires) y Docteure de l'Université PSL préparée à l'École Pratique des Hautes Études. Specialité: Études médiévales. Tesis en cotutela: *La representación zoomorfa en los Beatos (ca. 900 - 1235). Un estudio sobre la retórica visual y la materialidad plástica de su fauna apocalíptica.* Directora: Prof. Ofelia Manzi; Co-directora: Dra. Marta Penhos. Director de estudios en Cotutela: Dr. Patrick Henriet. Defendida y aprobada el 15 de mayo de 2020; próxima a publicarse en libro.

nocimiento de una representación más atenta y asidua de bestias diversas –entre ellas dragones y leones– en los Beatos de los siglos XII y XIII, me condujo al análisis de este concreto fenómeno en una mayor cantidad y variedad de manuscritos hispánicos. En consecuencia, el recorte espacio-temporal elegido para esta investigación fue seleccionado en base a estas inquietudes y a estos caminos preliminares de búsqueda en los Beatos más tardíos. Al mismo tiempo, la consolidación del románico y el progresivo desarrollo del *Estilo 1200* en territorio ibérico implicaron procesos estilísticos que alcanzaron su máximo auge en ese momento histórico, por lo cual, estos aspectos también determinaron el recorte.

Igualmente, el límite temporal al cual llega este estudio (primeras décadas del siglo XIII) responde a dos razones específicas. En primer lugar, a que los Beatos más tardíos que han sobrevivido a nuestros días presentan una datación que no supera el año 1235. En segundo lugar, está relacionado con el hecho de que ya en la segunda mitad del siglo XIII, bajo el transcendental reinado de Alfonso X el Sabio, el panorama en cuanto a producción de libros iluminados y de *scriptoria* ibéricos experimentó considerables cambios, los cuales resultarían inabarcables para los límites de este trabajo. Cabe destacar que no he incluido en este análisis al Beato de Lorvão (Lisboa, Arquivo Nacional da Torre do Tombo) porque, aunque producido en 1189, procede del Monasterio de San Mammas de Lorvão, lo que hubiese implicado la necesidad de hacer además un estudio comparativo con códices miniados de una importante red de monasterios cistercienses portugueses; situación que hubiese excedido los límites de esta investigación, y que evidentemente requiere de un futuro estudio profundo y específico.

Por otra parte, decidí focalizarme en las problemáticas de las imágenes dragontinas bidimensionales, y especialmente, en el vasto universo de manuscritos iluminados hispánicos, e incluir en esta línea algunas indagaciones sobre otros soportes y materialidades en pintura mural y pintura sobre tabla. Por ello, se excluyen en este trabajo análisis pormenorizados de dragones representados en medios tridimensionales (principalmente escultura), dado que también excedería los parámetros establecidos para esta pesquisa y debido a que una exploración de ese tipo merecería una investigación exhaustiva de la misma importancia. Si bien he realizado algunas menciones a piezas escultóricas y a orfebrería para comparar ciertas cuestiones materiales e iconográficas con nuestro eje de estudio puntual, es decir, las pinturas en los manuscritos, no me he explayado en esta otra interesante rama representativa, dejándola abierta para próximos trabajos e investigaciones.

Asimismo, he procurado incluir la mayor cantidad posible de manuscritos iluminados hispánicos del periodo examinado en donde detecté la presencia de componentes visuales dragontinos recurrentes, y a su vez realicé una deliberada elección de los casos y ejemplos más relevantes dentro los libros seleccionados. Dada la gran extensión del área territorial trabajada considero, sin embargo, la necesidad de volver a relevarla en el futuro y ampliar aun más el *corpus* de manuscritos a analizar para generar nuevas indagaciones. Tal es así que queda pendiente un estudio derivado, específico y complementario sobre las representaciones dragontinas en los códices pertenecientes al Real Monasterio de Las Huelgas, en Burgos, sitio al que por diferentes motivos no pude acceder directamente en esta ocasión.

En cuanto a las perspectivas teórico-metodológicas utilizadas en este estudio, la iconografía basada en la tradición de Aby Warburg y sus modos de pensar las genealogías de las imágenes en relación con la mitología clásica y con constelaciones culturales, religiosas, sociales y políticas, entre otras, continuó siendo un punto de partida referencial[13]. Repensar las trayectorias del dragón desde las visualidades antiguas a las medievales en sus diversas vertientes posibilitó entretejer interesantes conexiones entre imágenes pasadas y aquellas presentes en el lenguaje zoomorfo de estos códices. Las revisiones de las últimas décadas en materia de iconografía e iconología —en referencia también a la fuerte tradición historiográfica surgida de las teorías de Erwin Panofsky en la primera mitad del siglo XX[14]— posibilitaron reajustar sus bases y ofrecer nuevos instrumentos de examen al historiador del arte. En este sentido, han sido de enorme riqueza los aportes de Georges Didi-Huberman en relación a indagar la particular problemática del tiempo en el devenir de las imágenes; cómo opera en su desarrollo y cómo éstas albergan tiempos disímiles superpuestos, siempre plausibles de ser puestos en tensión a nivel material y conceptual atendiendo a las diferencias espacio-temporales históricas[15]. La imagen es premeditada por el investigador francés, incorporando a las estructuras warburianas

---

13. Cfr. WARBURG, Abby: *El renacimiento del paganismo. Aportaciones a la historia cultural del Renacimiento europeo*. Madrid, Alianza Editorial, 2005; BURUCÚA, José Emilio: *Historia, arte, cultura. De Aby Warburg a Carlo Ginzburg*. Buenos Aires, Fondo de Cultura Económica, 2002.

14. Cfr. PANOFSKY, Erwin: *Estudios sobre iconología*. Madrid, Alianza, 2008; *El significado de las artes visuales*. Madrid, Alianza Forma, 1987.

15. Cfr. DIDI-HUBERMAN, Georges: *Ante el tiempo. Historia del arte y anacronismo de las imágenes*. Buenos Aires, Adriana Hidalgo Editora, 2011, pp. 44-47.

elementos freudianos, en su faceta sintomática de procesos culturales diversos[16]. Las imágenes funcionan como receptáculos dinámicos de temporalidades que trabajan activamente: se invalidan o transforman; son motor de latencias y polaridades alternativas[17]. Además, la corriente de la Cultura visual y la posición de W.J.T. Mitchell en ella, resultaron una perspectiva muy interesante no sólo en lo que refiere a considerar el vasto universo de visualidades en sus contextos discursivos, de producción y consumo, sino fundamentalmente en involucrar a la imagen en términos de ideología[18]. El lenguaje de las imágenes es un lenguaje *otro*, desemejante al textual, cuyas esferas de significación, sus intercambios y negociaciones disímiles, también requieren de una consideración retórica, ideológica, de develamiento de los intereses que están por detrás de sus procesos de acción[19]. Por lo tanto, estos utillajes teóricos resultaron de gran importancia en el desarrollo del presente trabajo para atender a las interacciones entre lo conceptual y el aparato de imágenes de manera crítica y no unilateral. La compresión de los encadenamientos formales y significativos de las figuras dragontinas, pero al mismo tiempo, de sus transformaciones y quiebres en pos de determinadas operatorias ideológicas y persuasivas en el marco de nuestros dispositivos codicológicos, implicó una labor de indagación constante.

Si hablamos de operatividad visual y de materialidades como cuerpos de las imágenes según los términos de Hans Belting[20], las aristas metodológicas basadas en la capacidad *agente* de las imágenes y en su dimensión antropológica han desempeñado sin lugar a duda un papel fundamental en esta investigación. Es menester considerar que las imágenes medievales tuvieron múltiples círculos y redes de acción en tanto vehículos necesarios para desarrollar diversos usos y ritos[21]. Implicaron objetos y materialidades[22] activos y

---

16. Cfr. Didi-Huberman, Georges: *La imagen superviviente. Historia del arte y tiempo de los fantasmas según Aby Warburg*. Madrid, Abada, 2009, pp. 247-466.

17. *Ibidem*, p. 288.

18. Cfr. Mitchell, W.J.T.: *Iconología. Imagen, texto, ideología*. Buenos Aires, Capital Intelectual, 2016.

19. *Idem*, pp. 24-25.

20. Belting, Hans: *Antropología de la imagen*. Buenos Aires, Katz Editores, 2007, p. 17.

21. Cfr. Belting, Hans: *Imagen y culto. Una historia de la imagen antes de la era del arte*. Madrid, Akal, 2009.

22. Kessler, Herbert. «Matter», in *Seeing medieval art*. Toronto, University of Toronto Press, 2011, pp. 19-44; Kumler, Aden, & Lakey, Christopher R.: «Res et significatio: the Material Sense of Things in the Middle Ages», *Gesta*, Vol. 51, 1 (2012), pp. 1-18.

performativos[23] con roles esenciales para la propagación de la doctrina cristiana en el contexto idiosincrático de gestación y consumo de estos manuscritos. Todo ello invita a reflexionar entonces sobre la importancia del poder y los efectos que estas imágenes acapararon en los entornos monásticos de su recepción y consumo, bajo claros propósitos tanto pedagógicos como persuasivos[24].

En base a estos lineamientos, los códices en tanto objetos portadores de imágenes bidimensionales implican corporalidades específicas puestas en juego en sus diversos usos monásticos. Este carácter objetual propio de las imágenes medievales con frecuencia determinó el desarrollo de distintos usos y ritos, al ser utilizadas y manipuladas de manera restringida o revelada, para la oración, la *lectio* monástica o las actividades litúrgicas[25]. Como ha indicado Jean-Claude Schmitt, las diversas funciones de las imágenes medievales en la cotidianeidad de sus usos posibilitaron que sus contenidos universales se desarrollaran de distinta manera en ámbitos locales[26]. Así, estas consideraciones en torno a los ámbitos de acción e incidencia de las imágenes, en particular en las prácticas monásticas, han sido igualmente elementos nodales para la presente pesquisa.

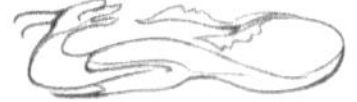

El estudio de la figura dragontina en manuscritos iluminados elaborados durante la Plena Edad Media en el contexto ibérico cristiano no cuenta al momento con investigaciones específicas. Si bien algunos primeros trabajos históricos de Manuel Gómez-Moreno[27]

---

23. Cfr. Bacci, Michele: «Agency ed esperienzia religiosa: alcune riflessioni», *Codex Aquilarensis, Revista de Arte Medieval*, 29 (2013), pp. 15-21; Gell, Alfred: *Art and agency. An anthropological theory*. Oxford, Clarendon Press, 1998.

24. Cfr. Freedberg, David: *El poder de las imágenes. Estudios sobre la historia y la teoría de la respuesta*. Madrid, Ediciones Cátedra, 1992.

25. Cfr. Baschet, Jérôme, & Schmitt, Jean-Claude (dirs.): «L'Image: fonctions et usages des images dans l'Occident médiéval», *Actes du 6e «International workshop on Medieval Societies», Centre Ettore Majorana (Erice, Sicile, 17-23 octobre 1992)*. Paris, Le Léopard d'or, 1996.

26. Cfr. Schmitt, Jean-Claude: *Les corps, les rites, les rêves, le temps. Essais d'anthropologie médiévale*. París, Éditions Gallimard, 2001.

27. Gómez-Moreno, Manuel: *El Arte Románico Español. Esquema de un libro*. Madrid, Junta para la Ampliación de Estudios e Investigaciones Científicas, Centro de Estudios Históricos, 1934; Gómez-Moreno, Manuel: *Iglesias mozárabes. Arte español de los siglos IX a XI*. Madrid, Centro de Estudios Históricos, 1919; Granada, Patronato de la Alhambra, 1975.

y catálogos de Jesús Domínguez Bordona[28] habían ofrecido una visión general sobre miniaturas de códices hispánicos medievales en relación con otras expresiones artísticas del periodo, éstos no realizaron ningún examen particular sobre las representaciones de dragones configurados en sus folios.

Por otra parte, dentro de la vertiente iconográfica más tradicional no podemos dejar de mencionar los importantes aportes de Jurgis Baltrušaitis, quien en sus estudios sobre seres imaginarios y fauna fantástica medieval incluyó la caracterización de dragones y demonios con alas de murciélagos y crestas dentadas en manifestaciones visuales del siglo XIII tardío[29].

En cuanto a trabajos generales sobre manuscritos iluminados hispánicos de ese periodo en los cuales se hizo alternativamente alguna alusión a las figuras de dragones, hallamos algunas obras de gran utilidad y valor escritas hacia la década de 1980. El libro de Antonio Viñayo y Etelvina Fernández sobre los diseños fitomorfos y zoomorfos incorporados a las obras de Santo Martino de León reveló la gran variedad de seres dragontinos ubicados en las letras capitales y en los márgenes de estos códices del área leonesa[30]. Asimismo, cabe destacar el sustancial catálogo de exposición realizado en Cataluña sobre la temática del dragón medieval dirigido por Lambert Botey y Victoria Cirlot, el cual presenta un amplísimo y completo panorama de las diferentes manifestaciones dragontinas en fuentes textuales e iconográficas medievales, incluyendo la intervención de variados académicos[31]. Esta obra resulta un precedente fundamental en los estudios sobre el dragón medieval, pues además de ser una importante guía genérica sobre este tópico, sentó las bases para que surja un sinfín de aristas no abordadas y de problemáticas a desarrollar en nuevas investigaciones. Por otro lado, para el área

---

28. Domínguez Bordona, Jesús: *Exposición de códices miniados españoles. Catálogo, Sociedad Española de Amigos del Arte*. Madrid, Casa Miquel Rius, 1929; Domínguez Bordona, Jesús: *La miniatura española, T. I y II. Firenze, Pantheon*. Barcelona, Gustavo Gili, 1930; Domínguez Bordona, Jesús: *El arte de la miniatura española*. Madrid, Plutarco, 1932; Domínguez Bordona, Jesús: *Manuscritos con pinturas: notas para un inventario de los conservados en colecciones públicas y particulares. 1. Ávila-Madrid*. Madrid, Centro de Estudios Históricos, 1933.

29. Baltrušaitis, Jurgis: «Ali di pipistrello e demoni cinesi», en *Il medioevo fantastico*. Milano, 1973, pp. 157-194; Baltrušaitis, Jurgis: *La Edad Media fantástica. Antigüedades y exotismos en el arte gótico*. Madrid, Ediciones Cátedra, 1987.

30. Viñayo, Antonio, & Fernández, Etelvina: *Abecedario-bestiario de los códices de Santo Martino*. León, Isidoriana Editorial-Ediciones Leonesas, 1985.

31. Botey, Lambert & Cirlot, Victoria (publ.): *El Drac en la cultura medieval. Exposició Fundació Caixa de Pensions. Catálogo de la exposición*. Barcelona, Fundació Caixa de Pensions, 1987. Este catálogo es el resultado de la exposición homónima realizada en marzo de 1987 en la Fundació Caixa de Pensions de Barcelona.

castellano-burgalesa, ha sido de gran valor el trabajo de Sonsoles Herrero González sobre los códices miniados del Real Monasterio de Las Huelgas, en particular por sus minuciosas descripciones sobre los diseños pictóricos de un considerable conjunto de letras capitales, algunas de ellas portantes de dragones en esos manuscritos[32].

Ya en la década de 1990, en España, Ignacio Malaxecheverría escribió un importante trabajo sobre la fauna ibérica. En él incluyó un capítulo dedicado al dragón-serpiente incorporando ejemplos a través de diferentes fuentes visuales, como imágenes de algunos seres serpentino-dragontinos procedentes de ciertos Beatos y de los códices de Santo Martino de León, en lo que respecta a parte de nuestro *corpus* trabajado. Sin embargo, no se detuvo en examinar los usos y funciones de esta iconografía al interior particular de los folios. Su trabajo ofrece un panorama general y rico sobre este tipo de representaciones en variados ejemplos de fuentes textuales y visuales –incluyendo arcos y capiteles– dentro de una extensa franja temporal que abarca del siglo XI al XVI, desarrollando mayormente casos bajomedievales[33]. Con posterioridad, realizó un compendio de gran cantidad de fuentes animalísticas escritas y visuales, incluyendo material de bestiarios en donde en algunos extractos mencionan de manera ocasional al dragón[34].

De igual modo, es menester señalar los relevantes estudios realizados por Miguel Ángel Elvira Barba sobre las características y el desarrollo iconográfico del dragón en Bizancio y en la Edad Media en general[35]. Sus aportes han permitido conocer aspectos específicos dragontinos en el contexto bizantino y sus formas particulares de representación en diferentes manifestaciones visuales medievales provenientes de Irlanda, Inglaterra, Francia, Italia y España. Además, para la zona leonesa en concreto, la tesis doctoral de Fernando Galván Freile brindó significativa información sobre los manuscritos

---

32. HERRERO GONZÁLEZ, Sonsoles: *Códices miniados en el Real Monasterio de las Huelgas*. Barcelona-Madrid, Patrimonio Nacional y Lunwerg Editores, 1988.

33. MALAXECHEVERRÍA, Ignacio: «La lucha contra la regresión. El dragón-serpiente», en *Fauna fantástica de la Península Ibérica*. San Sebastián, Kriselu, 1991, pp. 141-169.

34. Cfr. MALAXECHEVERRÍA, Ignacio: *Bestiario medieval*. Madrid, Ediciones Siruela, 1999.

35. ELVIRA BARBA, Miguel Ángel: «La iconografía del dragón en Bizancio», *Erytheia: Revista de estudios bizantinos y neogriegos*, 15 (1994), pp. 67-84. Consultado en línea (01/02/2019), URL: <http://interclassica.um.es/index.php/interclassica/investigacion/hemeroteca/e/erytheia/numero_15_1994/la_iconografia_del_dragon_en_bizancio>; ELVIRA BARBA, Miguel Ángel: «Los orígenes iconográficos del dragón medieval», en *La tradición en la Antigüedad Tardía*, Antig. crist. XIV, Murcia, 1997, pp. 419-434. Consultado en línea (20/03/2019), URL: <http://interclassica.um.es/index.php/interclassica/investigacion/hemeroteca/a/antigueedad_y_cristianismo/numero_14_1997/los_origenes_iconograficos_del_dragon_medieval>.

miniados del siglo XIII confeccionados en esa área. Los tres tomos que la componen aportaron una exhaustiva investigación codicológica e iconográfica general a modo de gran catálogo, apareciendo en algunos casos la alusión a diversas figuras dragontinas[36].

No podemos dejar de mencionar, por otra parte, la extensa producción bibliográfica existente en torno a los dragones en las sagas de la Escandinavia medieval y en la literatura anglosajona general del periodo, destacándose el épico dragón custodio de tesoros presente en Beowulf[37]. En consonancia, dentro de la historiografía anglosajona sobre el dragón en la Antigüedad, Clavert Watkins realizó en los noventa un completo estudio literario filológico sobre el tópico mítico de la matanza del dragón-serpiente en la poesía indoeuropea[38]. Posteriormente, Daniel Ogden publicó dos obras esenciales sobre el dragón y sus implicancias en la narrativa y las fuentes literarias históricas clásicas y temprano medievales en general. Por un lado, se concentró en el concepto griego de *drakōn* y en su trasposición latina a *draco* en tanto gran serpiente protagonista de mitos antiguos grecolatinos, analizando los diferentes modos de interactuar de esta criatura con héroes, dioses e incluso con otros especímenes dragontinos[39]. Dedicó el Capítulo 11 a examinar el traspaso del tópico de batalla contra el *drakōn* antiguo a los relatos hagiográficos construidos durante los primeros siglos del cristianismo, que luego derivaron en historias como las de san Patricio o san Jorge, pensándolos como discursos de campaña contra los cultos paganos vinculados a las serpientes[40]. Su otro libro vuelve sobre estos mismos

---

36. GALVÁN FREILE, Fernando: *La decoración de manuscritos en León en torno al año 1200*. Tesis Doctoral. León, Universidad de León, Facultad de Filosofía y Letras, Vols. 1 y 2, 1997.

37. Indico a continuación algunos trabajos puntuales, aunque existe una vasta cantidad de investigaciones sobre ese campo de estudios específico: ACKER, Paul: "Death by Dragons", *Viking and Medieval Scandinavia*, Vol. 8, 2012, pp. 1-21; BEEKMAN TAYLOR, Paul: "The dragon's treasure in Beowulf", *Neuphilologische Mitteilungen*, Vol. 3 XCVIII, 1997, pp. 229-240; EVANS, Jonathan: "The Heynesbók Dragon: An Old Icelandic Maxim in its Legal-historical Context", *Journal of English and Germanic Philology*, 99, 2000, pp. 461-91; RAUER, Christine: *Beowulf and the Dragon. Parallels and Analogues*. Cambridge, D.S. Brewer, 2000, entre otros. En Argentina, destacan los trabajos de Santiago Barreiro sobre el tema, en especial véase el siguiente capítulo de libro indicado, en el cual se contrasta a partir de fuentes literarias anglosajonas, la tradición nórdica nativa de dragones con aquellos derivados de la tradición antigua y cristiana conocidos en la Islandia del siglo XIII: BARREIRO, Santiago: "The Hoard Makes the Dragon. Fáfnir as a Shapeshifter", in BARREIRO, Santiago and CORDO RUSSO, Luciana (eds.), *Shapeshifters in Medieval North Atlantic Literature*. Amsterdam, Amsterdam University Press, 2019, pp. 53-82.

38. WATKINS, Calvert: *How to kill a dragon. Aspects of Indo-European Poetics*. Oxford, Oxford University Press, 1995.

39. OGDEN, Daniel: *Drakōn. Dragon Myth and Serpent Cult in the Greek and Roman Worlds*. Oxford, Oxford University Press, 2013.

40. *Ibidem*, pp. 383-425.

tópicos, tanto del dragón clásico como del temprano dragón cristiano, incluyendo gran cantidad de extractos de fuentes literarias que revelan la progresiva construcción del tópico de combate y aniquilación del dragón[41].

Asimismo, es posible encontrar investigaciones que incluyeron al dragón en el marco general de otros animales de carácter bestial, con el objeto de dirimir determinadas concepciones medievales relativas a los seres deformes y monstruosos. Alixe Bovey, en un estudio particular sobre criaturas grotescas, mencionó en varios ejemplos a los dragones que adoptan posiciones contorsionadas en las letras y que se deslizan en los márgenes al final de los párrafos[42]. Bovey se concentró en dragones plasmados en bestiarios ingleses de la segunda mitad del siglo XIII y en algunas escenas apocalípticas en donde se desarrolla la lucha entre san Miguel y el dragón en diferentes manuscritos, incluyendo el Beato de Silos[43]. Resulta interesante su alusión a la presencia de lo grotesco en los márgenes y a la consideración medieval de las formas dragontinas, reptilianas y serpentinas en vínculo con lo deforme y lo monstruoso y, por ende, con lo diabólico, el pecado y la tentación[44]. Continuando con esta perspectiva, Elizabeth Morrison relacionó a los dragones con los demonios y con las bestias infernales[45], a partir del análisis de representaciones en manuscritos franceses e ingleses medievales. La curadora del departamento de manuscritos del J. Paul Getty Museum aludió a la creación de configuraciones muy imaginativas de los seres dragontinos tanto en bestiarios como en el mismo relato bíblico[46].

Desde Francia, destaca el trabajo sustancial sobre el motivo específico de San Jorge y el dragón de Georges Didi-Huberman, Ricardo Garbetta y Manuela Morgaine, en el cual se exploran las transformaciones y migraciones de esta iconografía partiendo de obras pictóricas producidas en la Edad Media y en siglos modernos posteriores[47]. Dentro la historiografía vinculada a la problemática

---

41. OGDEN, Daniel: *Dragons, Serpents, and Slayers in the Classical and Early Christian Worlds. A Sourcebook.* Oxford, Oxford University Press, 2013.

42. BOVEY, Alice: *Monsters & Gotesques in Medieval Manuscripts.* Toronto/Buffalo, University of Toronto Press, 2002, p. 5.

43. *Ibidem*, pp. 23-36.

44. *Ibidem*, pp. 40-41.

45. MORRISON, Elizabeth: *Beasts: factual and fantastic.* Los Angeles, J. Paul Getty Museum, 2007, pp. 90-101.

46. *Ibidem*, p. 91.

47. DIDI-HUBERMAN, Georges; GARBETTA, Ricardo; MORGAINE, Manuela: *Saint Georges et le dragon: versions d'une légende.* París, Société nouvelle Adam Biro, 1994.

animalística y la zoohistoria medieval hallamos algunos apartados que Michel Pastoureau dedicó al dragón, en el marco de sus estudios generales sobre bestiarios ingleses y franceses, así como en torno a la operatoria de lo simbólico en el Medioevo. En este sentido, definió al dragón como un animal directamente vinculado al mal demoníaco, muy arraigado en la idiosincrasia medieval y frecuente en múltiples representaciones culturales[48]. Igualmente, expuso las diferentes concepciones e ideas sobre el dragón condensadas en bestiarios franco-anglosajones, sus características físicas, sus hábitos y las diferentes interpretaciones exegéticas y moralizantes sobre su figura, siempre sujetas al mal y al pecado[49].

Además, Sara Kuehn dedicó un libro completo a las diferentes manifestaciones culturales y materiales del dragón, aunque centrándose en el área medieval del este de Europa y de Asia central, así como en el universo islámico-medieval[50]. Igualmente, Sara Arroyo Cuadra, en un artículo académico realizó un interesante estudio mediante un análisis sobre su iconografía en paralelo a la del grifo, observando puntos en común y continuidades, así como discrepancias formales y conceptuales[51]. Por lo demás, el desarrollo de esta investigación hará mención y cita de otros trabajos que, si bien refieren a los códices trabajados en nuestro *corpus*, no hacen ningún examen puntual y pormenorizado de su fauna dragontina.

Por todo ello, al no existir al momento ninguna obra exhaustiva ni particular que interrelacione las expresiones pictóricas del dragón con sus funciones en manuscritos hispánicos pertenecientes a la Plena Edad Media, este estudio pretende contribuir a este campo de estudio específico, y al mismo tiempo, ampliar horizontes hacia nuevos debates.

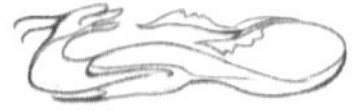

---

48. Pastoureau, Michel: *Una historia simbólica…, op. cit.*, p. 19.

49. Pastoureau, Michel: *Bestiaires du Moyen Âge*. París, Seuil, 2011, pp. 203-208.

50. Kuehn, Sara (with a foreword by Hillendrand, Robert): *The Dragon in Medieval East Christian and Islamic Art*. Islamic History and Civilization, Volume 86, Leiden-Boston, Brill, 2011.

51. Arroyo Cuadra, Sara: «La iconografía del dragón y del grifo: mismo origen, distinto destino», *Eikon / Imago*, 1 (2012), pp. 105-118. Consultado en línea (27/01/2019) URL: <http://capire. es/eikonimago/index.php/eikonimago/article/view/9>.

Así, nuestro recorrido por el universo dragontino se desarrollará a través de los tres capítulos que conforman este libro. El primero plantea un condensado panorama de los diferentes *scriptoria* en donde estos códices fueron producidos dentro del contexto histórico-artístico hispánico del siglo XII y de principios del siglo XIII. Se hace referencia a la situación política y al importante rol de la Iglesia en este periodo, de igual manera que al florecimiento del *Estilo 1200* en el momento de mayor apogeo del románico ibérico.

En el segundo capítulo nos adentraremos en indagar los orígenes iconográficos de la figura dragontina desde la Antigüedad hasta la Edad Media; sus tradiciones, sus continuidades y sus cambios graduales. Sumado a ello, se ofrece una disquisición teórica sobre la estructuración de lo dragontino en base a los conceptos de bestialidad e hibridez dentro de la cultura medieval.

Finalmente, el capítulo tercero expone un análisis pormenorizado sobre las diferentes manifestaciones del dragón en los manuscritos iluminados correspondientes al *corpus* elegido. Se presentan las características fundamentales de cada género codicológico tratado, del mismo modo que las diferentes posibilidades y recursos pictóricos aplicados en sus figuras dragontinas. Tanto las miniaturas centrales, como todo el aparato paratextual (letras capitales y *marginalia*), son examinados en sus variadas resoluciones plásticas de dragones. Se incluyen, además, algunos ejemplos de imágenes dragontinas en pinturas murales y pinturas sobre tabla elaboradas en ese periodo. Además de mapas históricos georreferenciados y de reproducciones a color de puntuales representaciones, se incluye a lo largo del libro un verdadero catálogo de los esquemas iconográficos correspondientes a las imágenes dragontinas tratadas[52].

La puerta al mundo de los dragones en imágenes de la España Plenomedieval está abierta. Sólo resta que las miremos con la misma inteligente curiosidad con la que las observaban seguramente los monjes en sus lecturas y oficios monásticos cotidianos.

---

52. La mayoría de los esquemas iconográficos de letras iniciales dragontinas, así como los correspondientes a algunas miniaturas han sido representados rodeados por diversos sectores de líneas sucesivas para mostrar de manera sintética la ubicación topográfica genérica del texto en cada caso específico y su particular *mise en page*.

❧ CAPÍTULO I ❧

Los *scriptoria* en el contexto histórico-artístico hispánico de los siglos XII-XIII

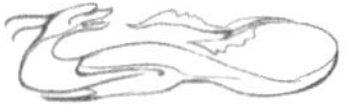

1. Situación político-religiosa general

Los significativos cambios en la configuración de la escena territorial y política hispánica en el periodo que aquí tratamos no podrían haber sucedido sin las acciones desarrolladas en gran parte durante la segunda mitad del siglo XI por Alfonso VI, principalmente en sus dominios castellano-leoneses. Su reinado, el cual tuvo lugar entre 1065 y 1109, dio continuidad y concreción a determinadas iniciativas comenzadas por Fernando I, entre ellas, su empresa de extensión de sus dominios sobre la Península Ibérica (incluyendo los territorios invadidos por los musulmanes) y de estrechar mayores lazos con el exterior franco. Siguiendo como premisa el ideal modélico visigótico y la renovación de su tradición de poder en su propia figura, ancestros y descendientes, Alfonso VI logró efectuar así un proyecto imperial contundente.

Esta situación no había sido alcanzada al momento por Navarra ni por la zona catalana: territorios emplazados en las áreas pirenaicas ibéricas. El escenario político navarro —sector denominado durante los siglos altomedievales como reino de Pamplona— se caracterizó por su permanente inestabilidad, no sólo a causa de las ofensivas francas (entre las más destacadas y tempranas, la Batalla de Roncesvalles de 778), y por sus continuas luchas contra los musulmanes[53], sino también por sus enfrentamientos con el resto de los reinos cristia-

---

53. LACARRA, José María: *Historia política del Reino de Navarra desde sus orígenes hasta su incorporación a Castilla.* Volumen primero. Pamplona, Editorial Aranzadi, 1972, pp. 15, 34-36.

nos ibéricos[54]. Entre la segunda mitad del siglo XI y la primera del XII, su destino estuvo intrínsecamente relacionado con Castilla y con Aragón. Con este último permaneció unido entre 1073 y 1134, produciéndose un momento de gran impulso económico, cultural y social[55]. Asimismo, en 1134 logró restaurar su reino, en gran parte gracias al peso sustancial que tuvieron los mismos territorios navarros que habían sido agregados a Aragón[56].

La situación político-territorial fue igualmente vacilante en lo que refiere a los condados catalanes. Éstos gradualmente comenzaron a establecer sus dinámicas patrimoniales propias respecto de sus lazos con el Imperio Carolingio, en particular a través de las acciones llevadas a cabo hacia finales del siglo IX por Wilfredo el Velloso X, quien promovió un sistema hereditario local de los feudos, reuniendo este régimen sucesorio en la casa condal de Barcelona. Al margen de la considerable cantidad de territorios de la Marca Hispánica que estaban bajo su potestad, incluyendo Girona, Cerdaña y Besalú entre sus principales puntos de control, también recuperó del dominio musulmán las zonas de Ripoll, Vich y Monserrat[57]. Así, este periodo de reasentamiento y consolidación territorial continuó fortaleciéndose poco a poco. Entre fines del siglo XI y la primera mitad del siglo XII, fueron recobradas Lleida, Tarragona y Tortosa, y a partir de 1137, Cataluña pasó a formar parte de Aragón como consecuencia del matrimonio entre Ramón Berenguer IV (conde de Barcelona) y Petronila de Aragón (heredera al trono aragonés)[58]. En este sentido, durante los siglos XII y XIII, la zona catalana continuó perteneciendo al reino de Aragón.

En cuanto a Castilla y León, como asevera Bernard F. Reilly, Alfonso VI había hecho propicio que su "(…) deseo de restauración se convirtiese en un plan de acción conducente a su plena realización"[59].

---

54. Recordemos que ya entre el siglo X y la primera mitad del XI, Sancho III el Mayor (1004-1035) había ejercido un importante poder sobre Pamplona y sus dominios, siendo éstos repartidos, al acaecer su muerte en 1035, entre sus hijos. León había logrado concentrar un importante poder, y su dominio sobre sus tierras era una situación circunstancial, no así su poder sobre el condado de Castilla, que pasó a manos de su hijo Fernando I. El resto de sus dominios (Aragón, Sobrarse y Ribaroza, entre los más destacados) fueron entregados al resto de su descendencia. García, al ser el primogénito, fue el único que pudo heredar el reino de Pamplona. *Ibidem*, pp. 181-234.

55. *Ibidem*, pp. 335-366.

56. *Ibidem*, pp. 277-280.

57. KLEIN, Peter: «The Romanesque in Catalonia», en VV.AA.: *The Art of Medieval Spain A.D. 500-1200*. New York, The Metropolitan Museum of Art, 1993, p. 185.

58. *Ibidem*.

59. REILLY, Bernard F.: *El Reino de León y Castilla bajo el rey Alfonso VI: 1065-1109*. Toledo, Instituto Provincial de Investigaciones y Estudio Toledanos-Instituto de Estudios Visigótico-mozárabes de San Eugenio, 1989, p. 9.

Dicho monarca estrechó aun más los vínculos con Cluny, posicionando al territorio hispánico en una mayor integración política, económica y religiosa con el mundo transpirenaico. De esta manera, la orden cluniacense logró instalarse progresivamente en los reinos hispano-cristianos, no sólo a través de una mayor movilidad de eclesiásticos procedentes de Borgoña, sino en particular gracias a la contunden-te política de donaciones implementadas por el monarca, las cuales impulsaron la conformación de una importante red de prioratos en el área ibérica[60].

También tuvieron mucha influencia los itinerarios cada vez más concurridos del camino a Santiago provenientes del sur francés, que hicieron que a fines del siglo XI, Astorga, León y Burgos se trans-formaran en concurridas ciudades en pleno crecimiento[61]. De hecho, entre 1070 y 1080, la monarquía hispánica realizó un activo fomento del peregrinaje proveniente de más allá de los Pirineos, con el obje-tivo de sostener su poder político interno, además de atraer nuevos asentamientos poblacionales y fomentar ganancias comerciales en sus dominios[62]. Lo cierto es que a partir del supuesto "descubrimien-to" de la tumba del apóstol Santiago en 813, las rutas de peregri-

---

60. Carlos M. Reglero de la Fuente indicó que Alfonso VI resultó el primer monarca leonés en donar a Cluny un monasterio local, más precisamente de la zona palentina, San Isidro de las Dueñas, en donde ya alrededor de 1075 es posible demostrar la presencia de la orden cluniacense instalada en sus recintos. En correspondencia dirigida al abad Hugo de Cluny, ya se menciona a un monje de San Isidro respetado por el rey, y se ha adjudicado su figura a Roberto, quien fue prior de dicho monasterio: "San Isidro se convirtió en la casa central de Cluny en el reino de León durante la época de Alfonso VI y Urraca, atrayendo donaciones de comarcas lejanas, como la montaña cántabro-palentina. Alfonso VI también donó otros tres monasterios que se convirtieron en prioratos de Cluny: Santiago del Val (1077), Santa María de Nájera (1079) y Santa Coloma de Burgos (1080-1081)". REGLERO DE LA FUENTE, Carlos M.: «La monarquía», en *Cluny en España. Los prioratos de la provincia y sus redes sociales (1073-ca. 1270)*. León, Centro de Estudios e Investigación «San Isidoro», Caja España de Inversiones, Archivo Histórico Diocesano, 2008, pp. 152-153.

61. REILLY, Bernard F.: *op. cit.*, p. 10.

62. Tal como ha apuntado Adeline Rucquoi, durante la segunda mitad del siglo XI, existió un importante interés por parte de los reyes ibéricos en promover las actividades de peregrinación: "García Sánchez III y su mujer Estefanía fundan en Nájera por los años 1052 un albergue y la abadía de Santa María, dándoles entre otros fines, el de acoger a *peregrini seu hospites*. Dos décadas después, el rey de Aragón Sancho Ramírez instituyó en el Somport un hospital dedicado a santa Cristina, al que dotó en 1078; el año anterior había exentado del pago del portazgo en Jaca y Pamplona a los *romei mercatores*, los *meschini romei* y los *companieros* con su carga. En 1079, el obispo García de Jaca, hermano del rey, instituyó en su ciudad una *elemosinaria*. En noviembre de 1072, Alfonso VI de Castilla suprimió el peaje exigido en el puerto de Valcarce de 'todos los transeúntes y en particular de los *peregrini* y los pobres que van a Santiago para rezar'; seis años después, el rey exentó los hombres del monasterio de Sahagún del servicio militar para que se levantara una casa con sesenta camas y que se distribuyeran cada día sesenta raciones y sesenta copas de vino a los *peregrini* y los pobres. La Concordia de Antealtares de 1077 señala claramente que la construcción de la nueva basílica compostelana, que exigía el traslado del antiguo monasterio, se hacía por mandato del rey Alfonso de Castilla

naje a Compostela destinadas a la veneración de sus reliquias se desarrollaron en un continuo *in crescendo* hasta consolidarse con fuerza hacia el siglo XII[63].

Durante la monarquía alfonsina también se intentaron establecer renovadas relaciones con la Santa Sede, especialmente en lo que refiere a la concreción final del cambio de rito a través del Concilio de Burgos celebrado en 1080; iniciativa que ya se había comenzado a tratar durante el reinado de su padre, Fernando I, en el Concilio de Coyanza de 1055[64]. Es necesario subrayar la importancia que tuvo esta decisión político-religiosa, pues estableció nuevos lazos entre los reinos hispánicos y el papado. Como ha explicado Carlos de Ayala Martínez, ya la *Crónica del obispo don Pelayo* establece que Alfonso VI había enviado legados a Roma dirigidos al papa Gregorio VII y, como respuesta, éste había consignado a España al cardenal Ricardo, abad de Marsella, quien se hizo presente en el Concilio de Burgos. Allí se promulgó el cambio del rito litúrgico mozárabe al gálico-romano, esto es, la sustitución de la liturgia hispana por la gregoriana: una transacción que beneficiaba tanto al rey como al mismo papa[65]. Este proceso implicó, por ende, una amplia renovación en las conexiones entre los reinos hispanocristianos con el exterior. Las repercusiones en el norte peninsular fueron de lo más variadas, pues mientras que este cambio tuvo una aceptación bastante extensa en León y Castilla, obtuvo ciertas resistencias iniciales en Navarra y Aragón[66].

Al mismo tiempo, Alfonso VI efectuó una enérgica ofensiva contra los almorávides y, en el marco de sus campañas militares, logró ocupar la ciudad de Toledo en 1085. Con el apoyo pontificio directo, esta "guerra santa" conjugó dos aspectos sustanciales. Por un lado, permitió demostrar y afianzar su contribución con el proyecto papal

---

(…)". RUCQUOI, Adeline: «Cluny, el camino francés y la Reforma Gregoriana», *Medievalismo*, 20 (2010), pp. 104-105.

63. MONTEIRA ARIAS, Inés: «La representación de Santiago en el arte románico y su prevalencia iconográfica sobre los demás apóstoles», en Monteira Arias, Inés (Ed.): *Los caminos a Santiago en la Edad Media. Imágenes y leyendas jacobeas en territorio hispánico (siglos IX a XIII)*, Madrid: Universidad Nacional de Educación a Distancia; Santiago de Compostela: Universidade de Santiago de Compostela, Servizo de Publicacións e Intercambio Científico, 2018, p. 54.

64. CONSIGLIERI, Nadia Mariana: «Animalia y discursos apocalípticos en los programas artísticos regios de Fernando I y Alfonso VI (siglos XI-XII)», *Temas Medievales*, 24 (2016), p. 57.

65. AYALA MARTÍNEZ, Carlos de: *Sacerdocio y Reino en la España Altomedieval. Iglesia y poder político en el Occidente peninsular, siglos VII-XII*. Madrid, Sílex, 2008, pp. 318-319.

66. LACARRA, José María: *Historia política del Reino de Navarra desde sus orígenes hasta su incorporación a Castilla*, Volumen Primero…, *op. cit.*, pp. 351-355.

en su plan de consolidar una cristiandad universal e íntegra[67] y, por el otro, significó una rotunda señal de legitimación cristiana del poder de la monarquía castellano-leonesa basada en la recuperación de los territorios ocupados por el enemigo musulmán. Sin embargo, el último periodo de su reinado implicó una grave crisis tanto política como sucesoria. Al margen de las disputas territoriales, la derrota en la Batalla de Uclés en 1108 y una serie de alianzas matrimoniales controvertidas que procuraron asegurar su poder, el monarca tuvo que enfrentar inconvenientes sucesorios causados por la defunción de su hijo Sancho[68]. En 1109, a causa de su fallecimiento repentino, ascendió a la corona su hija Urraca I, fruto de su unión en segundas nupcias con Constanza de Borgoña, quien reinó hasta 1126[69].

En consecuencia, los inicios del siglo XII prolongaron en Castilla y León un periodo de contiendas y disputas políticas entre los mismos integrantes de su monarquía, provocando un marcado ambiente de inestabilidad interna. Ante la crisis dinástica, Urraca contrajo matrimonio por segunda vez el mismo año de su coronación, con Alfonso I el Batallador, rey de Aragón y Navarra. Contrariamente a conducir a la unión entre los reinos de León y Castilla con los de Aragón y Navarra, este enlace trajo aparejados nuevos enfrentamientos. Sumada a la posición adusta impartida por los condes de Portugal, principalmente la Iglesia manifestó poco a poco su oposición ya que este vínculo hacía peligrar la sucesión de Alfonso Raimúndez y, en consecuencia, el poder borgoñón en los círculos de la corte; sector aristocrático apoyado por los influyentes Diego Gelmírez y Bernardo de Toledo[70]. Este último mostró su entero desacuerdo y rechazo al matrimonio, al poner en tela de juicio problemas de consanguineidad, pues la pareja tenía en común como bisabuelo a Sancho el Grande de Navarra (*ca.* 992/996-1035) e, igualmente, Urraca había compartido también como bisabuelo con su primer esposo Raimundo, a Roberto el Piadoso de Francia (972-1031)[71].

Las pugnas internas comenzaron a hacerse cada vez más evidentes. Con posterioridad a la Batalla de Candespina del año 1111, en la cual se enfrentaron las huestes de ambos esposos, en 1114 Alfonso I

---

67. AYALA MARTÍNEZ, Carlos de: *op. cit.*, p. 330.

68. REILLY, Bernard F.: *op. cit.*, pp. 255-284.

69. Cfr. PALLARES MÉNDEZ, Mª Carmen, & PORTELA, Ermelindo: *La Reina Urraca*. Madrid, Editorial Nerea, 2006.

70. AYALA MARTÍNEZ, Carlos de: *op. cit.*, p. 370.

71. REILLY, Bernard F.: *The kingdom of León-Castilla under Queen Urraca: 1109-1026*. Princeton, New Jersey, Princeton University Press, 1982, pp. 57-58.

repudió a Urraca y bajo el aval de Pascual II se procedió a la anulación del matrimonio. A partir de esa instancia y con el acompañamiento de bulas papales que pretendían coaccionar la invalidación del enlace, la posición de los prelados castellano-leoneses pasó a ser claramente contraria a Aragón[72]. También, durante su disputado gobierno, Urraca tuvo que confrontar difíciles enfrentamientos con su hijo Alfonso, quien reinaba en esos momentos sobre el territorio de Galicia. En el marco del gradual debilitamiento de su poder y un año antes de su muerte se celebró el Concilio compostelano de 1125, en el cual adquirió un notable protagonismo el arzobispo Diego Gelmírez. Además de tratarse allí la proclamación de paz entre ellos, fue promovido una invocación a las armas contra el enemigo musulmán andalusí[73], también como un claro acto propagandístico de la figura del mismo Gelmírez[74], quien pugnaba por transformarse en el nuevo líder ideológico que desde la Iglesia alentara la cruzada contra el islam, prácticamente abandonada durante el reinado de Urraca[75].

Todas estas acciones estuvieron destinadas a crear un potente aparato de promoción y legitimización de la figura de Alfonso VII, quien reinaría entre 1126 y 1157, y se autoproclamaría *rex imperator* en León hacia 1135. No obstante, su situación primera fue distinta a la esperada, pues obtuvo un apoyo muy intermitente de los sectores aristocráticos más poderosos –como los condes de Lara–, e incluso tuvo que contener una rebelión contra la corona que irrumpió en 1130[76]. Dado este complejo panorama interno, el monarca se vio obligado a generar constantemente dispositivos diplomáticos y de negociación progresivos para obtener (y tratar de mantener) la sin embargo vacilante fidelidad de la aristocracia, incluso llegando a contiendas militares[77]. Otras amenazas a su gobierno fueron las milicias leales a Alfonso I de Aragón, las cuales aún se mantenían posicionadas en cuantiosas ciudades castellanas, y recién luego de

---

72. Ayala Martínez, Carlos de: *op. cit.*, p. 371.

73. Justo Fernández, Jaime: «Los Concilios Compostelanos de Diego Gelmírez», *Revista Española de Derecho Canónico*, Vol. 58, 150 (2001), p. 41. Consultado en línea (21/03/2019), URL: <https://summa.upsa.es/pdf.vm?id=0000006076&page=1&search=&lang=es>.

74. Ayala Martínez, Carlos de: *op. cit.*, pp. 414-415.

75. O'Callahan, Joseph F.: *Reconquest and Crusade in Medieval Spain*. Pennsylvania, University of Pennsylvania Press, 2003, p. 39.

76. Barton, Simon: *The Aristocracy in twelfth-century León and Castile*. Cambridge, Cambridge University Press, 1997, p. 15. Véase también: Martínez Sopena, Pascual: "La nobleza de León y Castilla en los siglos XI y XII. Un estado de la cuestión", *Hispania*, 185 (1993), pp. 801-822.

77. Para una mayor profundización sobre este monarca y sus vínculos con la aristocracia, véase: Vital Fernández, Sonia: *Alfonso VII de León y Castilla (1126-1157). Las relaciones de poder en el centro de la acción política y social del Imperator Hispaniae*, Gijón, Ediciones Trea, 2019.

la muerte de este rey acontecida en 1134 pudieron ser aplacadas al recobrar Alfonso VII territorios como La Rioja, temporalmente Zaragoza, y otros puntos de Castilla[78]. Por otra parte, la sucesión al trono de Pamplona por parte del rey García Ramírez era bastante inestable debido a que, aunque contaba con el apoyo de los navarros, también tenía otros frentes enemigos importantes: Aragón y Castilla. Como ha sostenido José María Lacarra:

> García Ramírez tenía que jugar hábilmente con los intereses muchas veces encontrados de Aragón y de Castilla, pero sin indisponerse seriamente con Alfonso VII (...) toda la historia de Navarra en el siglo XII será un prodigio de habilidad diplomática y de energía guerrera para asegurar su independencia frente a los dos reinos vecinos[79].

Esto condujo a la necesidad de asegurar las buenas relaciones con Alfonso VII. Tal como indicó Lacarra, en 1135, en Nájera, ambos monarcas establecieron un acuerdo de paz, aunque Pamplona quedó bajo la dependencia de Alfonso VII persistiendo las antiguas relaciones de vasallaje que Sancho Ramírez y Pedro I habían proporcionado con anterioridad a Alfonso VI[80].

Asimismo, Alfonso VII retomó los ataques contra los musulmanes en el contexto de un perdurable impulso de cruzada que estaba surgiendo en Francia a partir de las negociaciones concebidas entre Eugenio III en Roma y Bernardo de Clairvaux hacia fines de la década de 1140. Con esos objetivos bélicos, se instalaron huestes en Tierra Santa en torno a 1147, así como también se brindaron apoyos armados a la Península Ibérica, ya que el Conde Alfonso Jordan de Toulouse era primo del monarca[81]. De hecho, por esa misma época, había incursionado en la fortaleza de Oreja y Coria, de la misma manera que en Jaén y Córdoba entre 1139 y 1144. Estas áreas fueron recuperadas bajo su dominio a excepción del área cordobesa. A fines del siglo XII, la situación en el sur peninsular era compleja ya que acusaba la pronta desintegración de la política andalusí con el creciente avance del poder almohade sobre el almorávide. Ante el fallecimiento de este rey en 1157, el dominio cristiano adoptó una nueva división de sus reinos (Castilla, León, Navarra, Aragón con los condados catalanes y Portugal), los cuales continuaron teniendo

---

78. BARTON, Simon: *op. cit.*, p. 16.

79. LACARRA, José María: *Historia política del Reino de Navarra desde sus orígenes hasta su incorporación a Castilla*, Volumen Segundo…, *op. cit.*, p. 11.

80. *Ibidem*, p. 12.

81. REILLY, Bernard F.: *The kingdom of Leon-Castilla under king Alfonso VII: 1126-1157*. Philadelphia, University of Pennsylvania Press, 1998, p. 90.

contiendas por el poder entre sí[82]. Bajo este panorama complejo, el reino leonés fue gobernado por Fernando II entre los años 1157 y 1188, mientras que el reino castellano pasó a estar en manos de Sancho III desde 1157 hasta su temprana muerte ocurrida un año después.

Este hecho demarcó un nuevo episodio de enfrentamientos dentro de la monarquía castellana, no sólo a causa de la puja de intereses navarros y leoneses, sino también por disputas entre la misma corona de Castilla y los sectores aristocráticos locales más influyentes[83]. El sucesor al trono, Alfonso VIII[84], tenía en 1158 tan sólo tres años, lo cual generó arduas contiendas, en particular entre diversas facciones de la nobleza castellana, por asegurarse la custodia del joven rey. Tal es así que hacia 1161, la familia de los Lara triunfó y los Castro fueron obligados a exiliarse[85]. Ante esta perspectiva, el resto de los monarcas ibéricos buscaron asirse de más dominios, aprovechando la debilidad del gobierno castellano. Fernando II y Sancho VI de Navarra se apoderaron de un gran número de ciudades lindantes, mientras que, en 1162, Toledo fue tomada por tropas leonesas, aunque recuperada por Castilla cuatro años más tarde[86]. Por otra parte, aunque en Fitero hacia 1167 se habían acordado treguas entre Castilla y Navarra por un lapso de diez años, éstas no llegaron a cumplirse en tan extenso periodo temporal, a causa del nuevo contexto castellano en torno a la política exterior hacia 1170[87].

En lo que respecta a estos rotundos cambios, Alfonso VIII se hizo cargo del trono castellano y fue proclamado rey en ese año al obtener la mayoría de edad. Ya en 1169, tras la celebración de una importante asamblea en Burgos, se había instaurado la necesidad de establecer alianzas internacionales más sólidas para así vigorizar la corona castellana. Esto se logró a través de un enlace matrimonial cuya consolidación fue posible gracias a una significativa

---

82. SUREDA, Joan: *La pintura románica en España (Aragón, Navarra, Castilla-León y Galicia)*. Madrid, Alianza Forma, 1985, p. 23.

83. CERDA, José Manuel: «Leonor Plantagenet y la consolidación castellana en el reinado de Alfonso VIII», *Anuario de Estudios Medievales*, 42/2 (2012), p. 632. Véase también: PROCTER, Evelyn S.: *Curia and Cortes in León and Castile: 1072-1295*. New York, Cambridge University Press, 1980.

84. Cfr. GONZÁLEZ GONZÁLEZ, Julio: *El reino de Castilla en la época de Alfonso VIII*. 3 Vols. Madrid, Consejo Superior de Investigaciones Científicas, 1960.

85. BARTON, Simon: *op. cit.*, p. 19.

86. *Ibidem.*

87. LACARRA, José María: *Historia política del Reino de Navarra desde sus orígenes hasta su incorporación a Castilla*, Volumen Segundo…, *op. cit.*, p. 66.

actividad diplomática y de negociaciones traspirenaicas[88]. Alfonso VIII se casó en 1170 con Leonor de Plantagenet, hija de Enrique II de Inglaterra y de Leonor de Aquitania. Según las palabras de José Manuel Cerda, además de que la dote consistió en el otorgamiento del condado de Gascuña, esta unión fue un vehículo trascendental que sirvió a los intereses y proyectos castellanos, tendientes a consolidar su hegemonía[89]. Ante esta nueva trama política, la situación de Navarra se complicó en mayor grado, puesto que sus dominios quedaron rodeados por una alianza cada vez más fuerte conformada por Castilla y Aragón, sumando a ello, las acciones castellanas emprendidas hacia 1173 con el objeto de recuperar La Rioja[90].

Por otra parte, entre 1170 y 1214, Burgos logró consolidarse como capital regia castellana (*civitas regia vocata*) y desplegarse como escenario sustancial del poder político ejercido por esta alianza anglo-ibérica, bajo el fiel y fuerte patrocinio de Leonor[91]. En efecto, la reina fue mentora tanto del Hospital del Rey como del Real Monasterio de Santa María de las Huelgas de Burgos, este último, cenobio femenino cisterciense solventado en gran medida por privilegios y donaciones procedentes de la corona[92].

Debemos considerar que el patrocinio regio a este tipo de instituciones respondió también a los cambios religiosos que se sucedieron en el transcurso del siglo XII. La orden cisterciense, la cual había sido impulsada en gran medida por Bernardo de Claraval, estaba experimentando en esos momentos un creciente proceso de expan-

---

88. CERDA, José Manuel: «Matrimonio y patrimonio. Las arras de Leonor Plantagenet, reina consorte de Castilla», *Anuario de Estudios Medievales*, 46/1 (2016), p. 65.

89. CERDA, José Manuel: «The marriage of Alfonso VIII of Castile and Leonor Plantagenet: the First Bond between Spain and England in the Middle Ages», en AURELL, Martin (ed.): *Les Stratégies matrimoniales (IXᵉ-XIIIᵉ siècle). Book series: Histoires de famille. La parenté au Moyen Age, 14*. Turnhout, Brepols Publishers, 2013, p. 144; LINCOLN, Kyle: «*Una cum uxore mea*: Alfonso VIII, Leonor Plantagenet, and marriage alliances at the court of Castile», *Revista Chilena de Estudios Medievales*, 4 (2013), p. 13.

90. LACARRA, José María: *Historia política del Reino de Navarra desde sus orígenes hasta su incorporación a Castilla*, Volumen Segundo…, *op. cit.,* p. 67.

91. CERDA, José Manuel: «Leonor Plantagenet…», *op. cit.,* p. 632.

92. *Ibidem*, p. 633. Asimismo, el monasterio de San Andrés de Arroyo gozó de numerosos privilegios reales concedidos por Alfonso VIII, entre ellos: "El 31 de agosto de 1199, estando el rey en el cerco de la ciudad de Vitoria, en unión de su mujer, doña Leonor y de su hijo Fernando, por la salvación de su alma dona al Monasterio de San Andrés de Arroyo [y a la] condesa doña Mencía, abadesa del mismo monasterio, la Villa de San Pelayo de Perazancas". VIVANCOS, Miguel C.: «El Beato de San Andrés de Arroyo», en VV.AA.: *Beato de Liébana: códice del Monasterio Cisterciense de San Andrés de Arroyo*. Barcelona, Moleiro Editor, 1998, p. 57. Su hijo, Fernando III respondió igualmente con creces a dicho cenobio, en agradecimiento a los méritos contraídos con su madre, doña Berenguela, ya que en 1223 realizó la donación de la villa de Nestar y hasta una presa en el río Pisuerga en 1225. *Ibidem*.

sión hacia el área castellano-leonesa, instaurando nuevos centros monásticos y dependencias en la Península Ibérica (ver Figura 2, en pág. 65)[93]. La fundación de la orden cisterciense se remonta a 1098, aunque fue especialmente durante el siglo XII, el periodo de su definitivo afianzamiento y de su mayor difusión por diferentes focos europeos, partiendo desde Pontigny, La Ferté, Morimond y primordialmente Clairvaux, y llegando a la España medieval, así como a las tierras de Portugal, Inglaterra, Alemania e Italia de esa época[94]. Bajo el lema de retorno a los genuinos principios de sencillez y humildad en rechazo a la ostentosidad, y de práctica estricta de los fundamentos benedictinos, el Cister alcanzo gran éxito, difusión y poder, por lo que la protección económica de los sectores aristocráticos, nobles y regios hacia los monasterios que la ejercían resultó ineludible. De hecho, ya hacia finales del siglo XII, los monasterios cluniacenses habían cedido su preponderancia a favor de los del Císter, estableciéndose entre los siglos XII y XIII diecisiete monasterios de esta última orden monástica[95], siendo favorecidos por el poder regio.

Posteriormente, unos años antes de la muerte de Alfonso VIII sucedida en 1214, su gobierno logró consolidar un notable triunfo militar que terminaría por reforzar aun más el dominio cristiano sobre los territorios ibéricos. Se trató del ataque conjunto y la victoria obtenida por parte de las milicias castellanas, navarras y aragoneses sobre las tropas musulmanas lideradas por Muhammad an-Nasir en la batalla de las Navas de Tolosa de 1212[96].

A continuación del breve reinado castellano de Enrique I entre 1214 y 1217, resultaron sustanciales las acciones políticas efectuadas por Fernando III, quien durante su gobierno se encargó de fusionar de manera definitiva la corona castellana con la leonesa en 1230,

---

93. Valle Pérez, José Carlos: «La implantación cisterciense en los reinos de Castilla y León y su reflejo monumental durante la Edad Media (siglos XII y XIII)», en Bango Torviso, Isidro G. (dir.), & VVAA.: *Monjes y monasterios: el Cister en el medievo de Castilla y León. Catálogo de exposición, Monasterio de Santa María de Huerta, Soria, julio-octubre 1998*. Valladolid, Junta de Castilla y León, 1998, pp. 35-42.

94. Cfr. Pacaut, Marcel: *Les moines blancs: histoire de l'ordre de Cîteaux*. París, Fayard, 1993, pp. 141-162.

95. Herrero González, Sonsoles: *op. cit.*, p. 12.

96. Para obtener un panorama más amplio y profundo sobre los cambios políticos que se generaron a partir de la Batalla de las Navas de Tolosa en el contexto navarro, véase: Lacarra, José María: *Historia política del Reino de Navarra desde sus orígenes hasta su incorporación a Castilla*, Volumen Segundo…, *op. cit.*, pp. 98-157.

además de quedar bajo su poder también Galicia[97]. Por su parte, en el noreste peninsular se produjeron diversos conflictos al interior de la corona aragonesa bajo el reinado de Jaime I el Conquistador. Como ha apuntado Luis González Antón, la recuperación de Mallorca y Valencia entre 1229 y 1238 posibilitó la intervención de marinos y comerciantes burgueses catalanes, originándose una efectiva "catalanización" en estas áreas. Amén de Aragón y Cataluña, Jaime I resolvió que estos sectores recuperados quedaran separados y autónomos, decisión que generó altercados en los principales núcleos de la misma aristocracia de Aragón. Esto conllevó la tentativa de fundar una territorialización jurídica aragonesa mediante determinados fueros y el surgimiento de un complejo proceso de definición fronteriza entre los reinos[98]. Asimismo, especialmente bajo el reinado de Sancho VII el Fuerte (1194-1234), aunque con una reducida cantidad de dominios territoriales, Navarra había alcanzado una mayor solidez en su poder. Entre 1134 y 1234 había perdido Álava, Guipúzcoa y La Rioja, si bien poseía el dominio de otros territorios, incluyendo San Juan de Pie del Puerto y Petilla —resultado de su división con Aragón—, al mismo tiempo que sus enfrentamientos con Castilla continuaron[99]. No obstante, a la muerte de Sancho el Fuerte, reinó en Navarra entre 1234 y 1274 la dinastía francesa de la Casa de Champaña[100]. Igualmente, respecto de las confrontaciones con el área andalusí, Fernando III recuperó Córdoba hacia 1236 y restauró el obispado en esta ciudad[101], reconquistó Jaén en 1246 y Sevilla en 1247[102]. En consecuencia, su gobierno no sólo implicó la unificación de los reinos cristianos sino también un significativo avance y recobro de los territorios del sur sometidos al islam[103].

---

97. SUREDA, Joan: *op. cit.*, p. 28. Cfr. GONZÁLEZ ANTÓN, Luis: «El Reino de Aragón durante los siglos XIII y XIV», en *Historia de Aragón*, Vol. 1 (Generalidades). Zaragoza, Institución Fernando el Católico, 1989, pp. 173-175. Consultado en línea (09/12/2019), URL: <https://ifc.dpz.es/recursos/publicaciones/15/73/16glezanton.pdf>.

98. GONZÁLEZ ANTÓN, Luis: «El Reino de Aragón durante…», pp. 173-175.

99. LACARRA, José María: *Historia política del Reino de Navarra desde sus orígenes hasta su incorporación a Castilla*, Volumen Segundo…, *op. cit.*, p. 127.

100. Cfr. *Ibidem*, pp. 129-230.

101. MARTÍNEZ DÍEZ, Gonzalo: *Fernando III (1217-1252)*. Palencia, Diputación Provincial de Palencia, 1993; RODRÍGUEZ LÓPEZ, Ana: *La consolidación territorial de la monarquía feudal castellana: expansión y fronteras durante el reinado de Fernando III*. Madrid, Consejo Superior de Investigaciones Científicas, 1994.

102. MAÍLLO SALGADO, Felipe: «Al-Andalus en la primera mitad del siglo XIII desde las Navas de Tolosa a la conquista de Sevilla», en VV.AA.: *Fernando III y su tiempo (1201-1252). VIII Congreso de Estudios Medievales*. Ávila, Fundación Sánchez Albornóz, 2003, pp. 209-222.

103. Una primera aproximación a este panorama político-religioso sobre el periodo trabajado aquí puede encontrarse en el siguiente artículo publicado en 2016, en el cual también comencé

2. Panorama general de los *scriptoria* hispánicos entre el siglo XII e inicios del siglo XIII

En el marco de este complejo panorama político-religioso, la miniatura ibérica alcanzó un considerable desarrollo en los *scriptoria*[104] del norte cristiano peninsular durante el siglo XII y la primera mitad del XIII. Por un lado, las letras capitales adquirieron diseños pictóricos cada vez más elaborados ya que el aparato paratextual de los manuscritos comenzó a tener mayor relevancia. Por el otro, las iluminaciones centrales también alcanzaron un gran desarrollo tanto en el dibujo como en las composiciones y en los motivos iconográficos. En ambos casos fue incorporada una mayor cantidad de figuras (humanas –tanto mundanas como sagradas–, zoomorfas, fitomorfas y arquitectónicas) con una mayor interacción entre ellas y el plano de representación. Las superficies, tanto de los personajes como de los fondos, fueron invadidas por una inmensa variedad de entramados visuales (círculos, puntos, líneas curvas y rectas). Éstos, además de complejizar y enriquecer las imágenes con diferentes texturas visuales, cumplieron en algunos casos, funciones destinadas a generar un mayor grado de verosimilitud en las figuras y en otros, desarrollaron fines ornamentales. Igualmente, las técnicas lograron una mayor sofisticación debido a las mejoras en las calidades pigmentarias y en sus preparaciones, así como también a las habilidades conseguidas por los monjes en el trabajo con el oro sobre el pergamino.

Con la enérgica introducción del románico francés hacia el siglo XII, se afianzó la tradición figurativa peninsular, la cual logró una

---

a analizar algunas problemáticas en torno a las formas del dragón en las representaciones medievales ibéricas. Cfr. CONSIGLIERI, Nadia Mariana: «Entre lo leonino, lo draconiano y lo humanoide…», *op. cit.*, pp. 82-83.

104. Tal como Regueras Grande y García-Aráez Ferrer han indicado, el vocablo *scriptorium* contenía diferentes sentidos en el contexto medieval, todos ellos, sin embargo, relacionados entre sí. En primer lugar, refería al recinto monástico específico en donde se realizaban las tareas de reproducción y confección de códices, es decir, al ámbito de las prácticas de pintura y escritura de códices. En segunda instancia, la palabra también aludía al armario o caja destinada a trasladar de un lado a otro los instrumentos utilizados para la elaboración material de los libros. De esta última acepción deriva la palabra castellana "escritorio". Finalmente, al aludir a un determinado *scriptorium* muchas veces se pretende hacer referencia a un conjunto de tendencias estilísticas y caligráficas propias de un determinado núcleo de copia de manuscritos, el cual fue mentor de una corriente diferenciada y particular. Cfr. REGUERAS GRANDE, Fernando, & GARCÍA-ARÁEZ FERRER, Hermenegildo: *Scriptorium. Tábara visigoda y mozárabe*. Salamanca, Ayuntamiento de Tábara, C.E.B. "Ledo del Pozo" y Parroquia de Tábara, 2001, p. 70.

integración gradual con las tendencias artísticas generales[105]. No obstante, fue durante la primera mitad del siglo XIII cuando floreció el *Estilo 1200* y cuando las nuevas invenciones de la miniatura europea comenzaron a fusionarse con los diseños peninsulares. Además, en ese momento se originó un importante quiebre en la producción monástica de manuscritos, pues ésta comenzó a ser sustituida progresivamente por la manufactura de talleres laicos particulares, en concordancia con un creciente proceso de secularización. Este notorio declive que experimenta en torno al año 1220 la miniatura hispánica procedente de los núcleos espirituales monásticos[106], fue acompañada de la importante transformación en lo que refiere a sus esferas de confección, demanda, circulación e incluso su temática, vinculada cada vez más a asuntos científicos y seculares[107].

Sin embargo, entre el siglo XII y la primera mitad del XIII, los centros monásticos ibéricos protagonistas en la producción de manuscritos miniados pertenecieron fundamentalmente a los reinos de León y Castilla. Otros centros de iluminación codicológica fueron, en ese periodo, Cataluña y Navarra (ver Figura 1, en pág. 65). En estas regiones del norte hispánico se generó una pujante actividad por parte de varios *scriptoria*[108]. En ellos, tanto miniaturistas (monjes encargados de la iluminación de los manuscritos) como amanuenses

---

105. YARZA LUACES, Joaquín: «La miniatura en los reinos peninsulares medievales», en YARZA LUACES, Joaquín (ed.): *La miniatura medieval en la Península Ibérica*. Murcia, Nausícaä, 2007, p. 39.

106. *Ibidem*, pp. 40-41.

107. Prueba de esta nueva actitud general hacia el saber fueron con posterioridad los círculos intelectuales y los libros del conocido *scriptorium* regio de Alfonso X el Sabio (1221-1284), el cual alcanzó un gran desarrollo en la segunda mitad del siglo XIII. Éste produjo una gran cantidad de manuscritos –muchos de ellos iluminados– de temática científica, astronómica y astrológica, y fueron elaborados en el contexto de los avances técnicos andalusíes. Estos conocimientos buscaron sustentarse principalmente en las herencias clásicas recuperadas y traducidas en gran parte por los árabes. Cfr. FERNÁNDEZ FERNÁNDEZ, Laura: *Arte y ciencia en el "scriptorium" de Alfonso X el Sabio*. Sevilla, Secretariado de Publicaciones de la Universidad de Sevilla, 2013; FERNÁNDEZ FERNÁNDEZ, Laura: «El 'arte mágica' en el 'scriptorium' alfonsí: del 'Picatrix' al 'Libro de astromagia'», en MORENO KOCH, Yolanda, & IZQUIERDO BENITO, Ricardo (coords.): *De cuerpos y almas en el judaísmo hispanomedieval: entre la ciencia médica y la magia sanadora*. Cuenca, Universidad de Castilla-La Mancha, 2011, pp. 73-110; FERNÁNDEZ FERNÁNDEZ, Laura: «Las tablas astronómicas de Alfonso X el Sabio: los ejemplares del Museo Naval de Madrid», *Anales de historia del arte*, 15 (2005), pp. 29-50. Consultado en línea (02/02/2019), URL: <https://revistas.ucm.es/index.php/ANHA/article/view/ANHA0505110029A>.

108. Cabe destacar que ya hacia fines del siglo X y durante el siglo XI, gran cantidad de *scriptoria* ibéricos habían logrado consolidar un amplio desarrollo en la confección e iluminación de manuscritos. La acción cluniacense en la Península ya había incidido en ese periodo en la actividad de los *scriptoria* peninsulares nórdicos, brindando un renovado impulso especialmente al *scriptorium* de San Isidoro de León, San Benito de Sahagún, San Pedro de las Dueñas y San Millán de la Cogolla, además de repercutir en aquellos de Huesca y de Aragón; impulso que se terminaría por consolidar durante los siglos XII y XIII.

(monjes que encargados de la copia del texto) desarrollaron allí sus tendencias caligráficas y pictóricas. Además, realizaron su labor y explotaron sus habilidades manuales en la confección y decoración de libros de manera itinerante, trasladándose alternativamente de monasterio en monasterio[109]. Esta *praxis* ambulante resultó un importante vehículo de propagación no sólo de estilos sino también de progresivos cambios que se fueron engendrando en la miniatura hispánica plenomedieval.

Por esos tiempos, el área leonesa continuaba siendo un centro primordial de producción de manuscritos. Ya hacia mediados del siglo XI, los reyes Fernando I y Sancha habrían consolidado con gran posibilidad un *scriptorium* regio particular, del cual se piensa que fue producto el Beato de Facundus terminado en 1047[110], en tanto copia de un ejemplar monástico[111]. En ese momento, la basílica de San Juan Bautista y San Pelayo había sido rededicada a San Isidoro de Sevilla con motivo de la *translatio imperii* que tuvo lugar en el año 1063[112]. El traslado de las reliquias del obispo hispalense estimuló aun más el pasaje de peregrinos por León en el curso del Camino a Santiago de Compostela, además de que significó un antes y un después en la elaboración de textos hagiográficos relacionados con estos eventos y con la construcción de la memoria escrituraria del monasterio[113]. Es así como esta ciudad adquirió un importante desarrollo en tanto que centro cultural y religioso, impulsado por la monarquía leonesa y por sus estrechos lazos con Cluny, en gran parte gracias a las decisiones político-monásticas tanto de Fernando I como luego de su hijo, Alfonso VI[114].

Por estas razones, el siglo XII encuentra a León, y especialmente al *scriptorium* del monasterio de San Isidoro, en una etapa de gran

---

109. Cfr. REGUERAS GRANDE, Fernando, & GARCÍA-ARÁEZ FERRER, Hermenegildo: *op. cit.,* p. 70.

110. Ms. Vitrina 14-2, Madrid, Biblioteca Nacional de España.

111. YARZA LUACES, Joaquín: «La ilustración del "Beato de Fernando I y Sancha», en VV.AA.: *Beato Fernando I y Sancha*, Barcelona. Ed. M. Moleiro S.A., 2006, p. 49.

112. MORALEJO, Serafín: «On the road: the Camino de Santiago», en VVAA.: *The Art of Medieval Spain A.D. 500-1200*. New York, The Metropolitan Museum of Art, 1993, p. 179; VALDÉS FERNÁNDEZ, Manuel: «El Panteón Real de la Colegiata de San Isidoro de León», en BANGO TORVISO, Isidro G. (dir.): *Maravillas de la España Medieval. Tesoro sagrado y monarquía*, I Estudios y Catálogo. León, Real Colegiata de San Isidoro, 2001, pp. 76-77.

113. HENRIET, Patrick: «Hagiographie et politique a León au debut du XIIIᵉ siècle. Les chanoines réguliers de Saint-Isidore et la prise de Baeza», *Revue Mabillon, Revue Internationale d'Histoire et de Littérature Religieuses*, Nouvelle série, 8, t. 69 (1997), p. 55.

114. Cfr. HENRIET, Patrick: «La politique monastique de Ferdinand Iᵉʳ», en *El monacato en los reinos de León y Castilla (siglos VII-XIII). Actas del X Congreso de Estudios Medievales, 2005.* León, Fundación Sánchez Albornoz, 2007, p. 118; REGLERO DE LA FUENTE, Carlos M.: *op. cit.,* pp. 148-149.

crecimiento y actividad en la confección de manuscritos iluminados. En este contexto, es imposible dejar de nombrar la importancia radical que envolvió la figura de Santo Martino de León (León,
ca. 1120/1130-1203), quien hacia 1185 había comenzado a escribir
su obra teológica y a dirigir el mencionado escritorio isidoriano[115].
Algunos aspectos biográficos fundamentales de este exégeta, teólo-
go y peregrino nos han llegado a través de Lucas de Tuy[116], en los
capítulos 53 a 75 de su obra *Liber de Miraculis Sancti Isidori*. De
hecho, la construcción de su imagen santa y milagrosa, aunque también erudita, puede ser percibida en un pasaje en donde el Tudense
explica la adquisición de una magna sapiencia por parte de Santo
Martino gracias a que San Isidoro le hizo ingerir un libro[117], lo que
le permitió engrandecer su intelecto y superar a los grandes teólogos en su conocimiento divino[118]. Asimismo, su figura fue relacionada de manera intrínseca con la actividad de peregrinación, no sólo
a los sitios sagrados del interior hispánico (como San Salvador de
Oviedo y principalmente, Santiago de Compostela), sino también a
remotas tierras que Tuy apunta fueron visitadas por el santo: Roma
y diferentes zonas de Italia, Jerusalén, Antioquía, París y las Islas
Británicas[119]. Como indicó Antonio Viñayo González, su erudición
teológica –la cual una vez de regreso a León volcó directamente en

---

115. Viñayo, Antonio: *Santo Martino de León. Vida y obras narradas por el tudense*. León, Isidoriana
     Editorial, 1984, p. 5.

116. Tanto Lucas de Tuy (León, *ca.* fines del siglo XII-Tuy, 1249) como el mismo Martino, fueron
     protegidos por Berenguela, esposa de Alfonso IX de León entre 1197 y 1204. A partir de 1214,
     Berenguela fue regente de Castilla y de los reinos integrados hasta el año de su muerte acontecida
     en 1246. En el caso de Martino, con el arribo de la reina a León en 1197, ésta pasó a solventar
     económicamente las actividades del *scriptorium* de San Isidoro. En cuanto a Lucas de Tuy, la
     misma monarca apoyó su trabajo de realización y compilación de su *Chronicon Mundi* posterior
     a 1230. Cfr. Reilly, Bernard F.: «Bishop Lucas of Túy and the Latin Chronicle Tradition in
     Iberia», *The Catholic Historical Review*, Vol. 93, 4 (2007), p. 771; Viñayo, Antonio: «Santo
     Martino de León: su escritorio y su obra literaria», en Viñayo, Antonio, & Fernández, Etelvina:
     Abecedario-bestiario de los códices de Santo Martino. León, Isidoriana Editorial-Ediciones
     Leonesas, 1985, p. 26.

117. Esta idea de acrecentar la sabiduría y obtener la revelación a partir de la ingesta de un libro,
     guarda estrecha relación con la indicación del ángel a Juan de que devore el libro para profetizar
     (Apocalipsis 10, 1-11).

118. "(…) Ego sum Isidorus hujus loci patronus, et ea quae te Spiritus sanctus docuerit, studebis in
     gloriam Christi nominis propinare. Martinus autem, ut erat columbinae simplicitatis, verebatur
     comedere librum, ne forte tali cibo regulare jejunium solveretur. Tunc sanctus confessor accipiens
     mentum ejes, liburm eum compulit devorare, et ita inflammatus est totus, ut sibi videretur quod
     esset quasi ferrum candens in igne. Quo peracto, sanctus qui ei loquebatur, disparuit. Ab illa
     igitur die ita sanctarum Scripturarum floruit intelectu, ut quosque magistros theologos superaret,
     cum eis de sacris quaestionibus conferendo". Sancti Martini Legionensis: *Via Sancti Martini*.
     Migne, PL 208, Capitulum Primum, col. 11.

119. Viñayo, Antonio: *Santo Martino de León. Vida y ..., op. cit.*, pp. 82-87.

sus obras– fue adjudicada también a sus intercambios con los círculos escolásticos del ámbito universitario parisino, sus escuelas episcopales y aquellas operadas por canónicos regulares, como la de Santa Genoveva y la de San Víctor[120]. Allí Martino entró en contacto con discípulos y obras de los entornos escolásticos de Pedro Lombardo, Abelardo, Adam de Petit-Pont y Thierry de Chartres[121], entre otros, adquiriendo herramientas retóricas para subsiguientemente confeccionar sus *Concordia*.

Por todo ello, una vez instalado en el monasterio de San Isidoro hacia fines del siglo XII, buscó la conformidad del abad Facundo para organizar de manera más sistemática el *scriptorium* y reproducir en códices sus textos originales redactados en un primer momento en tablas de cera, apelando a la actividad de un equipo de amanuenses[122]. Fue entonces en este contexto de fructífera producción libraria, extensible a la primera parte del siglo siguiente, en el que se confeccionaron variados manuscritos, algunos portadores de una significativa profusión de iluminaciones centrales y marginales, que luego pasaron a formar parte de las colecciones de la biblioteca perteneciente al mismo monasterio isidoriano.

Por su parte, la zona castellana no quedó atrás en lo que respecta a la confección codicológica. Entre los siglos XII y XIII, destacaron los *scriptoria* de dos atrayentes focos de actividad religiosa y cultural muy próximos geográficamente entre sí: el monasterio de Santo Domingo de Silos y el monasterio de San Millán de la Cogolla[123]. Ambos cenobios adquirieron en esa época una pujante actividad de copia e iluminación de manuscritos, aunque atravesada por determinadas querellas estilísticas que no hacían más que manifestar las diferentes posturas monásticas respecto del cambio de rito litúrgico largamente discutido en ese momento. Las contiendas en torno al pasaje del culto mozárabe al romano oficializado por la Santa Sede se vieron reflejadas en las decisiones caligráficas y pictóricas tomadas tanto por amanuenses como por miniaturistas. Éstos se

---

120. Viñayo González, Antonio: *Santo Martino de León peregrino universal*. León, Imp. Católica, 1960, pp. 109-112.

121. *Ibidem*, pp. 111-116.

122. Viñayo, Antonio: «Santo Martino de León: su escritorio y …», *op. cit.*, p. 25.

123. El Monasterio de San Millán de la Cogolla se encuentra situado en La Rioja. Hasta fines del siglo XI, este territorio formaba parte de los dominios navarros. No obstante, en 1076, a partir de las iniciativas políticas de Alfonso VI, pasó a estar incorporado al reino castellano. García de Cortázar, José Ángel: «El dominio del monasterio de San Millán de la Cogolla en los siglos X a XII», en *Estudios de Historia Medieval de La Rioja*. La Rioja, Universidad de La Rioja, 2009, p. 444.

debatieron entre continuar utilizando la letra visigótica y los modos de representación erradamente denominados "mozárabes"[124], en verdad, variadas fusiones altomedievales de elementos cristianos e islámicos desarrolladas en territorio peninsular, especialmente en el norte ibérico hacia los siglos IX y X, con una importante vigencia en el siglo XI; u optar por la letra carolina y por el potente estilo románico de expansión eminentemente internacional[125]. Estas tensiones entre tradición e innovación son visibles en el complejo escenario de las mismas prácticas de elaboración de manuscritos, las cuales influyeron también en los modos de lectura y uso de los códices[126] en ambos casos.

---

124. Es menester remarcar que el común término de arte "mozárabe", instaurado por Manuel Gómez Moreno a inicios del siglo XX, ha sido muy discutido debido a su alto grado de vaguedad y generalización historiográfica. Especialmente en referencia a diferentes manifestaciones materiales del norte ibérico de los siglos IX a XI, la efectiva procedencia mozárabe de los miniaturistas que desarrollaron estas formas es imprecisa y mayormente incomprobable, por lo que es incorrecto denominar de esta manera general a todas las obras que entrecruzan elementos formales cristianos e islámicos en ese contexto y época. En relación con la pintura, esta tendencia se ha caracterizado por el uso exacerbado de colores saturados dispuestos en planos plenos; en el uso de figuras con contornos bien marcados y de fondos con bandas de color intensas yuxtapuestas. En consecuencia, además de otras variantes, se ha pensado en denominarlo "arte de repoblación" por parte de Isidro Bango Torviso, aunque otros académicos, como es el caso de Yunko Kume, han preferido continuar utilizando el antiguo término para referir a esta tipología representacional particularmente desarrollada en esos siglos en la zona leonesa y en Castilla, por no encontrar una palabra mejor que sea vinculada directamente con estas características y que refiera a esa tendencia particular, utilizándola sin embargo entre comillas para marcar una crítica al término. Cfr. GÓMEZ-MORENO, Manuel: *Iglesias mozárabes. Arte español de los siglos IX a XI*. Madrid, Centro de Estudios Históricos, 1919; Granada, Patronato de la Alhambra, 1975; BANGO TORVISO, Isidro G.: «Arquitectura de la décima centuria: ¿Repoblación o mozárabe?», *Goya: Revista de arte*, N° 122, 1974, pp. 68-75; MENTRÉ, Mireille: *El estilo mozárabe. La pintura cristiana hispánica en torno al año Mil*. Madrid, Ediciones Encuentro, 1994, p. 171; KUME, Yunko: 『11世紀イベリア半島の装飾写本―"モサラベ美術"からロマネスク美術へ―』 *Juisseiki iberia hanto no soushoku shahon: mosarabe bijutsu kara romanesuku bijutsu e. (La transición del "mozárabe" al románico en los manuscritos iluminados hispánicos del siglo XI)*. Tokio, Editorial Choukouronbiyutsu, 2012. Aunque el presente libro no se centra en ese periodo ni corriente estilística, en las menciones alternativas que se hagan a ésta se optará por referir a la idea de fusión o mixturas entre expresiones cristianas altomedievales ibéricas e islámicas o se adoptará la misma decisión de utilizar comillas para hacer notar la disidencia respecto del término. Queda destinado para futuros trabajos el abordaje específico de este tema y el propósito de idear un término diferente, más justo y conveniente.

125. Utilizaré con recurrencia para referir a la amplia difusión del románico y del *Estilo 1200*, el vocablo "internacional", pues, aunque no es el más apropiado para el periodo medieval, no he encontrado una mejor expresión que aluda a la expansión de los estilos más allá de la Península Ibérica, en otros centros externos pictóricos de importante producción.

126. Como ha estudiado Roger Chartier, resulta interesante utilizar los datos históricos para procurar en base a los documentos y a las obras, hacer una reconstrucción de la historia de las prácticas que envuelven el campo de la escritura y que, a su vez, la resignifican a partir de los contactos entre textos e imágenes. Cfr. CHARTIER, Roger: «Prólogo a la edición española», en *El mundo como representación. Estudios sobre historia cultural*. Barcelona, Editorial Gedisa, 1992, p. I.

En este sentido, la suerte del escritorio de Santo Domingo de Silos tuvo un significativo viraje a mediados del siglo XI, cuando en 1041 arribó allí Domingo, quien había sido prior de San Millán. Éste se transformó en el abad del monasterio de San Sebastián de Silos, el cual fue rededicado a su nombre con posterioridad a su defunción ocurrida en el año 1073[127]. Diversas hostilidades entre este influyente personaje religioso y el rey García de Navarra constituyeron las causas de la movilidad del abad desde tierras emilianenses a Silos, al ser desterrado y obtener la protección de Fernando I[128]. Una vez instalado en Silos, emprendió el proceso de revitalización de su *scriptorium*. La gran dinámica de trabajo liderada por Domingo en lo que refiere a la producción de manuscritos perduró inclusive con sus sucesores, el abad Fortunio, Juan y Nuño. De hecho, el siglo XII trajo aparejado un intenso impulso en la miniatura silense, así como el desarrollo de un posible –aunque no probado– taller local de esmaltado, el cual no habría sobrevivido a la alta competencia instituida por los lemosinos en Francia[129]. Sin embargo, resultan indudables las importantes y fluidas relaciones entre Silos y Limoges en el intercambio de objetos y piezas esmaltadas.

Empero, este florecimiento en la actividad interna del monasterio hacia el siglo XII no se habría podido concretar sin la ardua tarea emprendida por Domingo en la confección de códices y en la conservación de éstos en su biblioteca monástica. Si bien era menester preservar los volúmenes antiguos de tradición visigótica, también era prioridad nutrir al monasterio de un renovado conjunto de códices litúrgicos y espirituales indispensables para llevar adelante

---

127. Luego de haber estado como abad del monasterio silense durante treinta y tres años, la muerte de Domingo no causó una mengua en la actividad en dicho cenobio. Por el contrario, al ser enterrados allí sus restos, esto produjo que grandes masas de peregrinos que iban a Santiago de Compostela, se desviaran a Silos (de ubicación cercana al camino jacobeo principal en territorio hispánico) con el fin de visitar las reliquias del santo. Además de seguir contando con donaciones y con una considerable protección regia, el monasterio silense adquirió entonces hacia los siglos XII y XIII cada vez más popularidad y renombre, lo cual demuestra el poder de los santuarios internos hispanos a la hora de atraer creyentes y peregrinos más allá del curso común del Camino a Santiago. Cfr. *Silos y su época. Catálogo de Exposición: Monasterio de Silos, julio-agosto-septiembre 1973, Palacio de Velázquez, Madrid, noviembre-diciembre 1973.* Madrid, Ministerio de Educación y Ciencia. Comisaría General de Exposiciones, Dirección General de Bellas Artes, 1973, p. 6.

128. Vivancos, Miguel C.: «Consideraciones históricas y codicológicas en torno al Beato de Silos», en: Vivancos, Miguel C., & Franco, Ángela: *Beato de Liébana: Códice del Monasterio de Santo Domingo de Silos.* Barcelona, Moleiro Editor, 2003, p. 22.

129. Yarza Luaces, Joaquín: «Introducción», en VV.AA.: *De Limoges a Silos. Catálogo de Exposición Biblioteca Nacional, Madrid; Espace Culturel BBL, Bruselas; Monasterio de Santo Domingo de Silos, Santo Domingo de Silos, 15 de noviembre de 2001/28 de abril de 2002.* Madrid, Sociedad estatal para la acción cultural exterior, 2001, p. 22.

las actividades religiosas cotidianas de los monjes[130]. Esto pudo lograrlo gracias a las evidentes conexiones que seguiría manteniendo con su monasterio de origen. Según Miguel C. Vivancos, Domingo habría regresado con gran probabilidad a San Millán de la Cogolla una vez fallecido García de Navarra, y su retorno a las colecciones de su antiguo cenobio le habría dado la oportunidad de acceder a modelos codicológicos emilianenses para ser luego copiados en Silos[131], en cuyo escritorio es importante agregar que también se tomaron como referencia ejemplares provenientes de Pamplona y Nájera[132]. En consecuencia, es posible sostener que durante los siglos XI y XII tanto en el caso de San Isidoro de León como en el de Santo Domingo de Silos, la actividad de escritura e iluminación de manuscritos adquirió un marcado impulso gracias a dos personalidades fuertes y activas en esta tarea: Santo Martino y Santo Domingo respectivamente. Así, no podemos dejar de señalar que sus figuras marcaron una verdadera impronta en la promoción y desarrollo de la producción codicológica de estos siglos en territorio castellano-leonés.

Asimismo, otro centro importante en iluminación de manuscritos por esa época fue el ya mencionado monasterio de San Millán de la Cogolla[133]. Su *scriptorium* ya contaba en ese momento con una sustanciosa trayectoria en el desarrollo de la miniatura altomedieval. El mismo San Millán instituyó su fundación en tanto comunidad eremítica desarrollada hacia finales del siglo VI. Además, el monasterio consiguió patrocinio y sustento económico tanto de condes castellanos como de reyes navarros[134], como es el caso de Sancho Garcés III de Pamplona en el siglo XI. Fue a partir de este último

---

130. Dentro de este último grupo bibliográfico, se confeccionaron libros que recogían la Regla benedictina junto con los *Comentarios* de Esmaragdo, así como obras de Casiano, Isidoro de Sevilla (en particular sus *Etimologiae*), Gregorio Magno, Ildefonso de Toledo y algunos glosarios. Cfr. VIVANCOS, Miguel C.: «Consideraciones históricas y codicológicas en torno al Beato de Silos», *op. cit.*, p. 23.

131. *Ibidem*, p. 22.

132. RUÍZ ASENCIO, José Manuel: «Códices pirenaicos y riojanos en la biblioteca de Silos en el siglo XI», en FÉRNANDEZ FLÓREZ, José Antonio (ed. lit.): *Silos: un milenio. Actas del Congreso Internacional sobre la Abadía de Santo Domingo de Silos.* Vol. 2. Burgos, Universidad de Burgos, 2003, p. 177.

133. Es menester considerar que dicho escritorio emilianense ya contaba con un prestigio consolidado desde el siglo X. El *Codex Aemilianensis* (El Escorial, Real Biblioteca de San Lorenzo, d. I. 1) fue realizado en su *scriptorium* entre los años 992 y 996, copia del *Codex Vigilanus* o *Albeldense* de 976, confeccionado en San Martín de Albelda. Cfr. MENÉNDEZ PIDAL, Gonzalo: *Sobre el escritorio emilianense en los siglos X a XI.* Madrid, Imprenta y Editorial Maestre, 1958.

134. GARCÍA-DIEGO, Pablo, & ALONSO MONTÉS, Diego: *La miniatura altomedieval española.* Madrid, Asociación de Amigos del Arte Altomedieval Español; Vergara, Guipúzcoa: Millaka, 2011, p. 51.

siglo luego de sufrir los ataques de Almanzor[135], cuando este cenobio comenzó una progresiva etapa de recuperación y de actividad. Aunque tuvo que continuar su desarrollo sorteando la escasez de donaciones al menos durante la primera mitad del siglo XII, fue entre fines de ese siglo y durante el siguiente cuando logró consolidarse con gran prosperidad. Tanto las renovadas y crecientes oleadas de peregrinos que buscaban acercarse a las reliquias del santo como posteriormente la hagiografía escrita por Gonzalo de Berceo, *Estoria del Sennor Sant Millán*, fueron factores que retroalimentaron en gran medida el renombre del cenobio[136].

Asimismo, como detalló Soledad de Silva y Verástegui, la disputa entre tradición e innovación también tuvo lugar en el escritorio emilianense, en especial en las biblias ilustradas producidas entre los siglos XII y XIII. Si, por un lado, en su mayoría éstas hicieron uso de modos de representación vinculados a la tradición local de los siglos pasados, otras manifestaron el conocimiento y la experimentación de los nuevos sistemas de iluminación codicológica que se estaban expandiendo por el resto de Europa; en particular del románico, combinado ya con los primeros atisbos de un gótico temprano[137]. En este sentido, debemos tener en cuenta un dato de índole geográfica importante. La mayor proximidad de La Rioja a la zona pirenaica y al sureste francés[138] posibilitó que el *scriptorium* de San Millán de la Cogolla se nutriera en gran medida de las novedades pictóricas románicas que estaban en boga en esos momentos. Ya en torno al siglo XII, la miniatura emilianense incorporó poco a poco el vocabulario plástico franco con fuertes semblantes bizantinistas que se estaban propagando, como veremos, a nivel internacional.

Igualmente, comenzaron a confeccionarse allí una mayor cantidad de libros espirituales que litúrgicos[139]: determinadas tipologías

---

135. SILVA Y VERÁSTEGUI, Soledad de: «El Monasterio de San Millán de la Cogolla: tres hitos importantes en su actividad artística», *Berceo*, 133 (1997), p. 38.

136. *Ibidem*, p. 44.

137. SILVA Y VERÁSTEGUI, Soledad de: *La miniatura en el Monasterio de San Millán de la Cogolla: una contribución al estudio de los códices miniados en los siglos XI al XIII*. Logroño, Instituto de Estudios Riojanos, 1999, p. 124.

138. Manuel Cecilio Díaz y Díaz ha indicado en relación con los *scriptoria* riojanos de los siglos X y XI, que es posible observar ya en la producción libraria de esa época claras conexiones e intercambios navarros y ultrapirenaicos. Con este último término, el especialista aclaró que se pretende aludir a ciertos componentes tramontanos que están presentes en los códices, a la conservación de determinados arcaísmos, y principalmente, al impacto de las nuevas tendencias procedentes de más allá de los Pirineos en las actividades librarias de esos particulares *scriptoria* ibéricos. Cfr. DÍAZ Y DÍAZ, Manuel Cecilio: *Libros y Librerías en La Rioja altomedieval*. Logroño, Instituto de Estudios Riojanos, 1979, p. 232.

139. SILVA Y VERÁSTEGUI, Soledad de: *La miniatura en el Monasterio...*, *op. cit.*, p. 124.

codicológicas tales como biblias, Reglas monásticas o *Libri auctorum* (compilaciones de diversos escritos de autores y Padres de la Iglesia tales como Agustín, Jerónimo, Isidoro e Ildefonso de Toledo, entre otros)[140], destinados a la edificación espiritual de las comunidades monásticas.

Ahora bien, volviendo al caso de Silos, su notorio desarrollo también estuvo emparentado con el pujante crecimiento que en sí adquirió toda el área burgalesa entre los siglos XII y XIII. Burgos se convirtió en un relevante foco urbano; en una médula citadina central de crecimiento económico[141] y, por ende, cultural. Se trataba de una ciudad que había sido nombrada sede del poder episcopal en 1075, así como sería lugar de reunión de las Cortes castellanas en 1215. Además, gozaba de una importante movilidad social, ya que por ella pasaba la ruta principal a Santiago de Compostela, lo que implicaba una considerable corriente de peregrinos que la visitaban y de consiguientes intercambios comerciales. Prueba de su notoriedad e influencia han sido las variadas modificaciones edilicias realizadas en su catedral. La construcción románica iniciada a mediados del siglo XI bajo el patronazgo de Alfonso VI, sobre las bases de un palacio, ya albergaba hacia 1092 en su interior, una serie de altares dedicados a Santiago y a San Nicolás[142]: elementos que hacían aun más atrayente la convocatoria de peregrinaje e ingreso a esos sitios sagrados. Tal es así que, durante las primeras décadas del siglo XIII, más precisamente hacia 1221, se iniciaron las obras de reemplazo y construcción de la nueva catedral gótica burgalesa persiguiendo modelos franceses como el de la monumental de Notre-Dame de París, con el fin de agrandar sus estancias en correspondencia con las crecientes masas de peregrinos que visitaban la ciudad y de constituirse en un símbolo arquitectónico de desarrollo urbano. En este sentido, Burgos fue testigo de un proceso que ya se venía forjando progresivamente desde el siglo X, y que, en el siglo XIII, había obtenido un peso sustancial: la construcción de las ciudades medievales y su poder en el ámbito político-eclesiástico comenzó a cimentarse con potencia por medio del desarrollo de sus actividades comerciales y artesanales. La decisión de instalarse en los ambientes citadinos, en los núcleos concentrados de acción y de redes de intercambio, sig-

---

140. García-Diego, Pablo, & Alonso Montés, Diego: *op. cit.*, p. 21.

141. Cfr. Peña Pérez, Javier F.: «La economía burgalesa en la Plena Edad Media», en VV.AA.: *Burgos en la Plena Edad Media (Jornadas Burgalesas de Historia n°3. Burgos, 1991)*. Burgos, Asociación Provincial de Libreros de Burgos, 1994, pp. 411-458.

142. Moralejo, Serafín: *op. cit.*, p. 179.

nificó un importante viraje en la mentalidad medieval[143]; un cambio sustancial en cuanto a auto pensarse y pensar las relaciones con los otros, con la naturaleza, con los nuevos escenarios arquitectónicos, en fin, con las nuevas circunstancias socio-culturales y también concernientes al mundo de las imágenes.

En este contexto burgalés, el *scriptoria* de San Pedro de la Cardeña resultó uno de los más influyentes en este periodo. De fundación cercana al siglo VIII, había sufrido en varias ocasiones fuertes embates por parte de los musulmanes entre fines del siglo IX e inicios del X. En especial, destaca el asedio efectuado en 934 por Abderramán III, en el cual se produjo el martirio de al menos doscientos monjes[144]. Su escritorio había logrado un amplio crecimiento ya desde el siglo X, cuando se decoraron en una primera instancia biblias, morales y comentarios exegéticos con elementos visigóticos combinados con formas islámicas[145], que luego fueron variando y adoptando directrices románicas cada vez más vinculadas a las nuevas corrientes artísticas europeas. Como ha afirmado John Williams, para finales del siglo XII, la miniatura de la región de Burgos en general, tanto en sus aspectos estilísticos como iconográficos, presenta claras conexiones con Cardeña, al ser Burgos la capital de Castilla y transformarse a su vez en uno de los centros más importantes de difusión del *Comentario al Apocalipsis* del Beato de Liébana[146], sólo por nombrar un género codicológico particular. Este centro estaba en la órbita de desarrollo de otros focos monásticos importantes que, por esa misma época, adquirieron un poder relevante en la cultura monástica burgalesa y en sus entornos, como Santa María de Las Huelgas –fundado en 1187 por Alfonso VIII y Leonor Plantagenet y promovido luego por Fernando III– y San Andrés de Arroyo –ubicado en Palencia e instituido por la condesa Mencía López de Haro en 1181–: ambos cenobios femeninos cistercienses[147]. Esta red de monasterios burgaleses de amplio protagonismo fue sumamente

---

143. Le Goff, Jacques: *La civilización del Occidente Medieval.* Barcelona, Paidós, 2010, p. 265.

144. García-Diego, Pablo, & Alonso Montés, Diego: *op. cit.,* pp. 45-46.

145. De hecho, esta temprana tendencia se había desarrollado en diferentes *scriptoria* altomedievales, con especial importancia en el siglo X: "(…) en Andalucía (…), en Asturias (Oviedo), en León (León, Abellar, Bobadilla, Tábara), Castilla la Vieja (Valcavado, Cardeña, Valeránica, Arlanza, Silos), La Rioja (Albelda, San Millán de la Cogolla) y Castilla la Nueva (Toledo)". Mentré, Mireille: *op. cit.,* p. 46.

146. Williams, John: *The Illustrated Beatus: a corpus of the illustrations of the Commentary on the Apocalypse. 5, The Twelfth and Thirteenth centuries.* London, Harvey Miller Publishers, 2003, p. 24.

147. *Ibidem,* p. 10.

significativa, no sólo para la confección de códices –proceso del cual se tiene noticias sólo de ciertos *scriptoria*–, sino también para el intercambio, la circulación y la adquisición de nuevos ejemplares y modelos inclusive provenientes del exterior peninsular que acrecentaron las colecciones de sus bibliotecas[148]. Por ejemplo, esto ocurrió en los repertorios bibliográficos de Santa María de las Huelgas, a partir de la incorporación de obras procedentes de Inglaterra y Francia[149]. Además, dentro de sus colecciones se conservaron variados códices (leccionarios, martirologios, biblias y antifonarios, entre otros) confeccionados en este periodo, pues se trató de un monasterio beneficiario de cuantiosas donaciones, exenciones reales y privilegios, permitiéndole esto lograr un importante desarrollo material[150].

Por otra parte, Williams también vinculó el estilo de iluminación del *scriptorium* de la Catedral de Toledo[151], activo en ese momento, con las resoluciones formales de algunos Beatos tardíos como el de Las Huelgas y el de Cardeña, argumentando la factibilidad de posibles intercambios y reciprocidades entre artesanos y miniaturistas de Burgos y Toledo[152].

---

148. HERNÁNDEZ FERREIRÓS, Ana: «Modelos y copias de la Biblia en el siglo XII: León y Oña», en SÁNCHEZ DOMINGO, Rafael (coord.): *Oña. Un milenio. Actas del Congreso Internacional sobre el Monasterio de Oña (1011-2011)*. Burgos, Fundación Milenario San Salvador de Oña, 2012, pp. 600, 602. Como explicaron Regueras Grande y García-Aráez Ferrer respecto de las bibliotecas monásticas y sus colecciones librarias, el inventario del *Codex Ovetensis* de El Escorial explicita que había cuarenta y dos libros a finales del siglo IX en la iglesia de Oviedo, mientras que se tiene registro que el monasterio de San Salvador de Oña contaba con setenta y cinco manuscritos hacia el siglo XIII, y Silos logró reunir al menos ciento cinco códices dentro de su biblioteca. Asimismo, dentro de los monasterios catalanes, en el siglo X, Santa María de Ripoll no contaba con más de sesenta y cinco ejemplares, siendo una de las más importantes bibliotecas en ese momento, acrecentando sus colecciones hacia el siglo XI, con más de doscientos cuarenta libros. REGUERAS GRANDE, Fernando, & GARCÍA-ARÁEZ FERRER, Hermenegildo: *op. cit.,* p. 82.

149. YARZA LUACES, Joaquín: «La miniatura en los reinos …», *op. cit.,* p. 71

150. HERRERO GONZÁLEZ, Sonsoles: *op. cit.,* pp. 21-22.

151. Toledo había sido la capital política y religiosa de la Hispania visigótica hasta inicios del siglo IX. Hacia 932, su importancia fue sustituida por Córdoba. Sin embargo, Toledo continúo siendo incluso bajo el poder musulmán, un centro cultural de gran actividad en cuanto a producción en el ámbito de las letras. Es así como durante el periodo de Abderramán II (822-852), en esta ciudad se generaron escritos tanto en latín como en árabe, aspecto que manifiesta la relevancia que tenía como nexo cultural entre la cultura cristiana y la islámica. Por otra parte, ya en el año 1085 fue reconquistada por Alfonso VI y esto reactivó la necesidad de producción de códices de diferentes géneros religiosos y seculares cristianos. Cfr. AILLET, Cyrille: *Les mozarabes. Christianisme, islamisation et arabisation en Péninsule Ibérique (IXᵉ-XIIᵉ siècle)*. Madrid, Casa de Velázquez, 2010, p. 46; MIRANDA CALVO, José: «La conquista de Toledo por Alfonso VI», *Toletum: Boletín de la Real Academia de Bellas Artes y Ciencias Históricas de Toledo*, 7 (1976), pp. 101-151.

152. WILLIAMS, John: WILLIAMS, John: *The Illustrated Beatus: a corpus of the illustrations of the Commentary on the Apocalypse. 5…, op. cit.,* p. 9.

Asimismo, otra área ibérica que contó con una importante actividad pictórica codicológica fue la zona catalana[153]. A inicios del siglo XII, diversos *scriptoria* catalanes ya contaban con una considerable trayectoria. Los escritorios monásticos de Sant Cugat, Santa María de Poblet, Santa María de Ripoll, Sant Miquel de Cuixá, Sant Joan de les Abadesses, y los catedralicios, especialmente los de Girona, Vich, Barcelona y Urgell, entre otros, determinaron importantes tendencias en el arte de la miniatura hispánica[154]. El *scriptorium* de Girona tuvo gran protagonismo y poder en la escena de iluminación catalana, en gran medida por provenir de una sede catedralicia. Igualmente, el monasterio de Santa María de Ripoll alcanzó un amplio desarrollo. De fundación temprana, bajo el apoyo de Wilfredo el Velloso en 879 y consagrado un año más tarde bajo la advocación mariana, fue el más glorioso de los centros catalanes de escritura e iluminación de manuscritos, aun cuando hacia fines del siglo XII, entabló su dependencia con el monasterio de Saint-Víctor y comenzó su gradual declive[155]. Sin embargo, hacia el siglo XI tuvo una gran influencia la figura del abad Oliba (971-1046), quien se había preocupado de manera ferviente por extender sus vínculos hacia importantes núcleos franceses, tales como la abadía de Fleury o Saint-Benoît-Sur-Loire y de Saint-Victor de Marseille. Esta iniciativa resultó fundamental para, por un lado, asegurarse la provisión de modelos de iluminación y, por el otro, para así aumentar el *corpus* librario monástico catalán[156]. Como resultado de estas relaciones entre cenobios catalanes y franceses, la conocida Biblia de Ripoll[157], uno de los ejemplares del siglo XI de gran tamaño y con gran cantidad de ilustraciones[158] confeccionada en el monasterio de Santa María de Ripoll, terminó siendo trasladada a Marsella hacia 1170 justamente por los monjes de Saint-Víctor. Asimismo, la principal producción del escritorio ripollense era local y doméstica, a excepción de ciertos intercambios y regalos bibliográficos provenientes de otras iglesias que tenían estrechos lazos con el monasterio o, en menor medida, de dotaciones de otras sobre las cuales la abadía ejercía un derecho

---

153. Cfr. KLEIN, Peter: «The Romanesque in Catalonia», *op. cit.*, p. 185.

154. Cfr. ORRIOLS ALSINA, Anna: «La ilustración de manuscritos en Cataluña en tiempos románicos», en YARZA LUACES, Joaquín (ed.): *La miniatura medieval en la Península Ibérica*. Murcia, Nausícaä, 2007, pp. 485-486.

155. GARCÍA-DIEGO, Pablo, & ALONSO MONTÉS, Diego: *op. cit.,* pp. 57-58.

156. DÍAZ Y DÍAZ, Manuel Cecilio: «La circulation des manuscrits dans la Péninsule Ibérique du VIIIᵉ au XIᵉ siécle (à suivre)», *Cahiers de Civilisation Médiévale*, Vol. 12, 47 (1969), p. 235.

157. Ms. lat. 5729, Roma, Biblioteca Vaticana.

158. ORRIOLS ALSINA, Anna: *op. cit.*, p. 496.

de patronazgo[159]. Más allá de ello, y a pesar del progresivo ocaso que comenzó a tener este *scriptorium* en el transcurso del siglo XII, es sustancial indicar que entre 1150 y 1160 tuvo lugar la creación del portal oeste de la iglesia abacial cuyos elaborados relieves a la manera de frisos contiguos, y su programa iconográfico triunfal, buscaron manifestar las victorias políticas catalanas en la recuperación de los territorios de Lérida y Tortosa en 1149[160].

Por lo tanto, en la zona de Cataluña es posible observar hacia el siglo XII la existencia de un círculo significativo de *scriptoria* consolidados en su propia tradición pictórica, aunque con lazos ultrapirenaicos cada vez más afianzados. Esto es perceptible también en las novedades de la escultura monumental y en la pintura mural, la cual alcanzó un evidente impulso en este momento.

Resumiendo, los dominios territoriales de León y Castilla concentraron entre el siglo XII e inicios del XIII, la mayor variedad y riqueza de producciones pictóricas en materia de manuscritos. Asimismo, principalmente el área catalana y la ciudad de Toledo experimentaron otras tendencias de iluminación codicológica a partir de resoluciones locales más específicas y transitando otros procesos.

3. El surgimiento del *Estilo 1200* en el contexto de esplendor del románico hispánico

Estos cambios experimentados en la miniatura ibérica estuvieron en total sintonía con las innovaciones estilísticas prósperas en el ámbito internacional. Ya en el siglo XII, el románico había alcanzado un indiscutible desarrollo en la Península Ibérica. Tanto en arquitectura, como en escultura y pintura, este estilo había generado un considerable impacto y había logrado una enorme difusión, en especial por todo el norte ibérico. Como anteriormente indiqué, esto fue posible en gran medida gracias a la importancia sustancial del camino a Santiago de Compostela y a las rutas que provenían de Francia convergentes en Puente la Reina desde donde avanzaba el itinerario principal[161]. Este último atravesaba los centros citadinos

---

159. ZIMMERMANN, Michel: *Écrire et lire en Catalogne (IXᵉ-XIIᵉ siècle)*, Tome 1. Madrid, Casa de Velázquez, 2003, p. 469.

160. KLEIN, Peter: «The Romanesque in Catalonia», *op. cit.*, p. 191.

161. Aun conociendo la posición disímil de Isidro Bango Torviso respecto de la influencia del camino a Santiago en la construcción de los estilos en las iglesias hispánicas, desde mi punto de vista sí considero que el camino a Santiago tuvo una sustancial repercusión en la expansión de las novedades estilísticas europeas en territorio ibérico, ya que significó un importante motor de difusión estilística gracias a la movilidad de personas, objetos, ideas, materialidades y modelos

y monásticos más activos a nivel político y económico, lo cual permitió solventar el desarrollo del románico, además de contar con el soporte y fomento proporcionado por Cluny. Tal como expone Serafín Moralejo, las urbes regias fundamentales como Pamplona, Jaca, Nájera, Burgos y León –entre otras– estaban ubicadas sobre la ruta principal, así como también los monasterios y panteones reales más destacados como San Juan de la Peña, Santa María de Nájera, San Salvador de Leyre, Santa María de las Huelgas, Sahagún y San Isidoro de León, estaban situados sobre ella o en sus proximidades[162]. En este sentido, el estilo románico logró tener una amplia popularidad, expansión y transmisión de sus formas impulsadas en gran parte por el fenómeno de peregrinación.

Las imágenes románicas que comenzaron a configurarse en el siglo XI y que se consolidaron en el XII, se caracterizaron por evidenciar tanto en las manifestaciones materiales tridimensionales como en el plano bidimensional, figuras cada vez más sólidas, rotundas y corpóreas al mismo tiempo que más gestuales y expresivas[163]. Las formas utilizadas para representar personajes bíblicos, humanos, animales y elementos fitomorfos, además de espacios naturales y entornos arquitectónicos, adquirieron diseños más concretos y corpóreos, afianzados en la escultura a partir de una mayor volumetría de las masas y en la pintura mediante el progresivo uso de pasajes cromáticos de valor. Los drapeados de las vestimentas representadas comenzaron a responder a estos mismos principios, así como la vitalidad gestual de los personajes, remitiendo en gran medida a diversos modelos clásicos y a fórmulas retóricas procedentes de la Antigüedad grecolatina[164]. En efecto, las tipologías románicas en general hicieron uso de una iconografía compleja y mixta dependiendo de sus variantes locales y de las diversas readaptaciones y reinterpretaciones de fórmulas de raigambre oriental, helenística e incluso bizantina[165].

---

iconográficos. Cfr. BANGO TORVISO, Isidro G.: «Las llamadas iglesias de peregrinación o el arquetipo de un estilo», en BANGO TORVISO, Isidro G., NÚÑEZ RODRÍGUEZ, Manuel, & GARCÍA IGLESIAS, José Manuel: *El Camino de Santiago, Camino de Estrellas*. Madrid, Fundación Caixagalicia, 1994, pp. 11-75.

162. MORALEJO, Serafín: *op. cit.*, p. 180.

163. CONSIGLIERI, Nadia Mariana: «Animalia y discursos apocalípticos…», *op. cit.,* pp. 46-47.

164. MIGUÉLEZ CAVERO, Alicia: *Actitudes gestuales en la iconografía del románico peninsular hispano: el sueño, el dolor espiritual y otras expresiones similares*. León, Universidad de León, 2007, p. 20.

165. MÂLE, Émile: «Complexité de l'iconographie su XIIᵉ siècle: ses origines hellenistiques, syriennes, byzantines», en *L'Art religieux du XIIᵉ siècle en France. Étude sur les origines de l'iconographie du Moyen Âge*. París, Armand Colin Éditeur, 1998, p. 46.

No obstante, comenzaron a producirse importantes cambios en las manifestaciones artísticas hispánicas hacia la segunda mitad del siglo XII y en particular a inicios del siglo XIII. Nuevas tendencias y corrientes estilísticas provenientes de Europa emprendieron un nuevo diálogo con el vocabulario románico ya instalado. Esta dicotomía fue pronto reconciliada a partir de una interesante y heterogénea fusión de elementos románicos y temprano-góticos que dio lugar a nuevos modos de representación. Ciertamente, Joaquín Yarza Luaces caracterizó la segunda mitad del siglo XII como una etapa de experimentación, como "(...) un laboratorio de experiencias que no es el gótico ni tampoco ya el románico inmediatamente anterior"[166]. Así, comenzaron a difundirse las innovaciones estilísticas procedentes de Francia, Italia e Inglaterra en torno al 1200, las cuales no podrían haberse dado sin el sustancial germen del románico[167].

Por otra parte, los cambios producidos en la escultura monumental también dan cuenta de este proceso. El Pórtico de la Gloria creado por el Maestro Mateo y su taller hacia finales del siglo XII e inicios del siglo siguiente, revela una importante mixtura estilística,[168] con figuras cada vez más estilizadas y humanizadas. Además, otros monumentos arquitectónicos hispánicos revelan las novedades introducidas a través de Francia y de otros focos artísticos europeos. David Simon ha indicado algunos casos puntuales, como los capiteles claustrales de la Catedral de Pamplona, los cuales evidencian fuertes lazos con las corrientes provenzales o de Aviñón, la fachada de la iglesia de Santiago en Carrión de los Condes o las esculturas del claustro de Santo Domingo de Silos, con figuras cuyos drapeados pueden asimilarse a ciertos patrones formales de Languedoc, Borgoña y París[169]. También ha subrayado la notoriedad de elementos expresivos de raíz claramente románica que pueden observarse incluso en el arte del Maestro Mateo y en obras de fines del siglo XII provenientes de otros centros hispánicos como de Ávila, Silos, Oviedo y Carrión de los Condes, pues en ellas abunda la animación en las figuras, así como también componentes emocionales y dramáticos que envuelven cada vez con mayor soltura y movimiento las repre-

---

166. Yarza Luaces, Joaquín: *Historia del Arte Hispánico II. La Edad Media*. Madrid, Editorial Alhambra, 1980, p. 76; Herrero González, Sonsoles: *op. cit.*, p. 111.

167. *Ibidem*, p. 152.

168. Yzquierdo Perrín, Ramón: «El maestro Mateo y la terminación de la catedral románica de Santiago», en Lacarra Ducay, Mª. Carmen (coord.): *Los caminos de Santiago. Arte, Historia y Literatura*. Zaragoza. Institución Fernando el Católico, 2005, pp. 256-257.

169. Simon, David: «Late romanesque art in Spain», en VV.AA.: *The Art of Medieval Spain A.D. 500-1200*. New York, The Metropolitan Museum of Art, 1993, p. 199.

sentaciones[170]. Alicia Miguélez Cavero, quien estudió en profundidad la gestualidad en el arte románico, conviene con la idea de que, en especial a partir de los cambios sociales, económicos, políticos y culturales que delimitaron la apertura del siglo XIII (entre ellos crecimiento comercial, citadino, administrativo y organizacional, y el surgimiento de las universidades), comenzó a desarrollarse una mayor utilización del lenguaje y de las modalidades de comunicación escritas, aunque con un aumento simultáneo de diversos repertorios gestuales[171]. Así, esta mayor gestualidad y desenvoltura de las formas nacidas en el románico, continuó adoptando otras facetas expresivas en este momento de quiebres e innovaciones decisivas.

Como resultado de todo ello, el siglo XIII trajo consigo una radical metamorfosis estilística. Se produjo entonces el pasaje del románico al denominado *Estilo 1200* o *arte del 1200,* el cual estaba adquiriendo una significativa amplitud y difusión internacional[172], llegando a propagarse paulatinamente por los reinos cristianos hispanos (ver Figura 3, en pág. 66). El *Estilo 1200* consolidó tendencias ultrapirenaicas francesas e inglesas, diferentes elementos de raíz clásica y un marcado gusto por las formas de corte bizantino[173]. En el norte y centro de Italia, estos diversos elementos fueron también ampliamente explorados, especialmente en la pintura sobre tabla y en mosaicos. En un primer momento, en el marco de variados focos de talleres pictóricos, destacaron entre otros, Giunta Pisano y Bonaventura Belinghieri, mientras que, hacia la segunda mitad del siglo XIII, Duccio y Cimabue afianzaron las formas bizantinas, así como Pietro Cavallini, Filippo Rusuti y Jacopo Torriti desde la escuela romana, persiguieron más bien la impronta antigua clásica[174]. Al mismo tiempo, en Inglaterra esta corriente pictórica estaba circulando fundamentalmente en importantes centros de producción de

---

170. *Ibidem*, p. 200.

171. Miguélez Cavero, Alicia: *Gesto y gestualidad en el arte románico de los reinos hispanos: lectura y valoración iconográfica*. Tesis Doctoral. León, Universidad de León, 2009, pp. 56-57.

172. Resulta importante señalar que el *Estilo 1200* logró consolidarse como una tendencia internacional en Europa. En la Plena Edad Media era común el intercambio de artistas o hacedores de imágenes tanto religiosos como seculares que trabajaban en diferentes cortes, monasterios y obispados, yendo más allá de las fronteras regionales y conformando de esa manera una especie de "estilo internacional europeo". Kluckert, Ehrenfried: «La pintura románica», en: Toman, Rolf (ed.): *El Románico: Arquitectura, escultura y pintura*. Barcelona, H. F. Ullmann, 2007, p. 406.

173. Castiñeiras González, Manuel, & Camps I Soria, Jordi: *El Románico en las Colecciones del MNAC*. Barcelona, Museu Nacional d'Art de Catalunya y Lunwerg Editores, 2008, p. 18.

174. Cfr. Francastel, Gallienne: *La pintura italiana I. De Bizancio al Renacimiento*. Madrid-Barcelona, Ediciones Garriga, 1962, pp. 21-22; Berg, Knut: *Studies in twelfth century tuscan illumination*. Oslo, Universitetsforlaget, 1968.

manuscritos, tales como Winchester, St. Albans, Canterbury, Oxford y Londres, adoptando para ese ámbito el nombre *The Channel Style* o *Early Gothic*[175]. Además, estaba obteniendo un amplio desarrollo en Francia, en especial en París y en el sur franco por donde comenzó a expandirse hacia el área peninsular.

Los mencionados cambios estilísticos lograron concretarse y tener éxito a partir de la incursión de una importante corriente general bizantinista, activa tanto en los principales focos monásticos de iluminación de códices como en talleres seculares, consolidándose fuertemente en torno a la primera mitad del siglo XIII[176]. Debemos considerar que ya durante el transcurso del siglo XII la iconografía, los temas y los esquemas de origen bizantino o ítalo-bizantino habían alcanzado una relevante jerarquía y difusión, avanzando desde Italia por el continente europeo e inclusive llegando hasta Inglaterra[177].

En consecuencia, las transformaciones formales por las que atraviesan las miniaturas hispánicas en este periodo están totalmente vinculadas al auge del *Estilo 1200* y a las renovaciones plásticas que éste propuso. Pese a que las tipologías de iluminación experimentaron variaciones al ser producidas en diferentes *scriptoria* y adoptar por ende reformulaciones locales, es posible observar la notoria potencia y persistencia que alcanzó este estilo de corte internacional en las tendencias pictóricas ibéricas de esos siglos. Como analizaré en los siguientes capítulos, la complejidad de las letras capitales, el detallismo y el preciosismo en los trazos para la obtención de variados entramados visuales, el marcado *horror vacui* de figuras en sintonía con el gusto por las formas ornamentales fitomorfas, pero también con abundantes y específicos seres zoomorfos, resultaron síntomas conformes a estos giros estilísticos innovadores.

---

175. Cfr. Cahn, Walter: «St. Albans and the Channel Style», en VV.AA.: *The year 1200: A Symposium.* New York, The Metropolitan Museum of Art, 1975, pp. 187-230. Ebook consultado en línea (23/10/2019) URL: <https://books.google.com.ar/books?id=1RIAeAMUJywC&printsec=frontcover&hl=es&source=gbs_ge_summary_r&cad=0#v=onepage&q&f=false>; Cfr. Marks, Richard, & Morgan, Nigel J.: *The Golden Age of English Manuscript Painting, 1200-1500.* New York, George Braziller Inc., 1996.

176. Herrero González, Sonsoles: *op. cit.*, p. 111.

177. Kluckert, Ehrenfried: *op. cit.*, pp. 406-409.

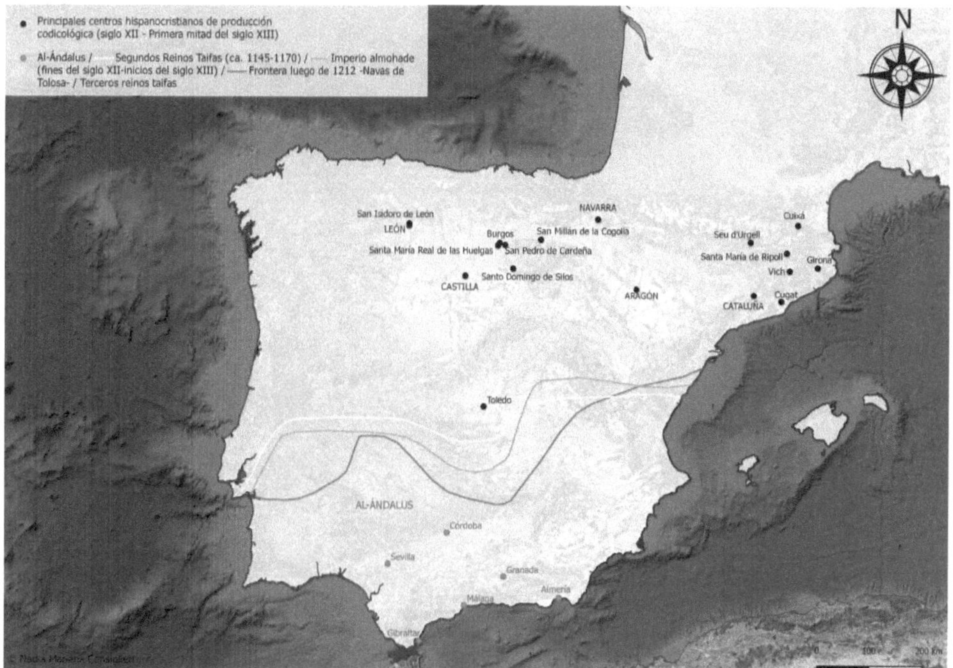

Figura 1. Principales centros hispanocristianos de producción codicológica entre el siglo XII y la primera mitad del siglo XIII. (Mapa realizado por Nadia Mariana Consiglieri y Pablo Aguale© utilizando el Sistema de Información Geográfica de software libre QGIS)

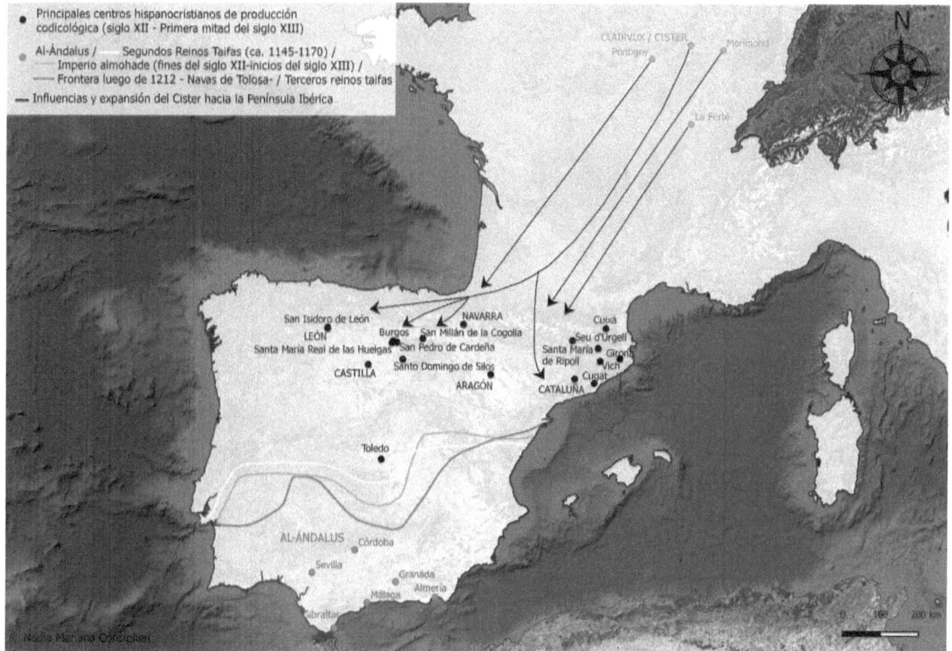

Figura 2. La expansión del Cister y su impacto en la Península Ibérica. (Mapa realizado por Nadia Mariana Consiglieri y Pablo Aguale© utilizando el Sistema de Información Geográfica de software libre QGIS)

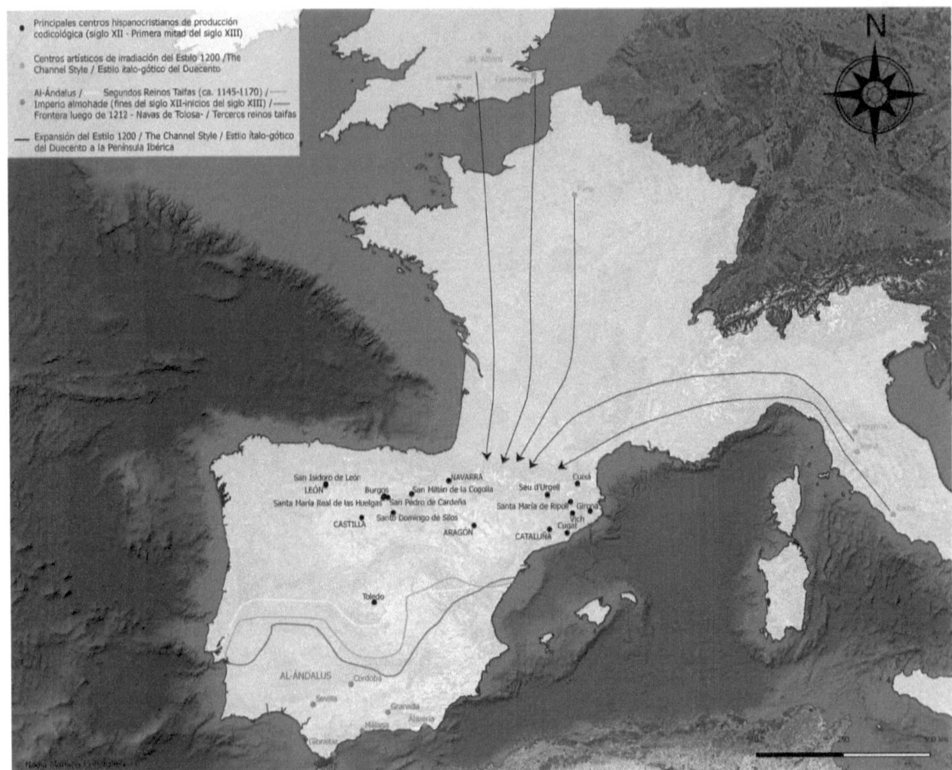

Figura 3. La difusión del *Estilo 1200* hacia la Península Ibérica entre la segunda mitad del siglo XII e inicios del siglo XIII. (Mapa realizado por Nadia Mariana Consiglieri y Pablo Aguale© utilizando el Sistema de Información Geográfica de software libre QGIS)

→⅜ CAPÍTULO II ⅜←

La figura del dragón: definición y modalidades representativas

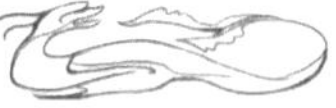

1. Entre el mundo de las serpientes: la tradición iconográfica del dragón medieval

Si pensamos en la imagen prototípica del dragón, enseguida imaginamos un enorme reptil con fauces amenazantes, lengua serpentina y fuego que sale por su boca; su cuerpo repleto de ásperas escamas, portando grandes alas, crestas múltiples y cola puntiaguda. Esto no es casual, sino que es el resultado de un importante cúmulo de fuentes, tanto escritas como iconográficas, que fueron configurando a lo largo del tiempo la apariencia de este animal imaginario. Tal es así, que esta criatura zoomorfa logró forjar una notoria impronta en el Occidente medieval. La figura dragontina estuvo presente en la cotidianidad de las sociedades medievales y formó parte de un amplio abanico de representaciones propias de su cultura visual, siendo plasmada en miniaturas y *marginalia* de diversas tipologías de libros, en los variados motivos heráldicos e, incluso, en capiteles y en diversos componentes escultóricos. La popularidad del dragón y su lugar preponderante en la mentalidad medieval estuvo ligada a su asociación general con las fuerzas demoníacas, al ser un agente diabólico destinado a esparcir maldad[178]. Bajo estos propósitos, su morfología corpórea se ha caracterizado por una hibridez siempre mutable. La heterogeneidad de sus formas consistió en la amalgama de diversas partes de otros animales tales como serpientes, anfibios,

---

178. Pastoureau, Michel: *Una historia simbólica ..., op. cit.*, p. 19.

leones y águilas –entre algunas de las especies más reconocibles–, aunque fundamentalmente portando semblantes serpentiformes y alados[179]. Su aspecto físico monstruoso estuvo acompañado de comportamientos violentos y por un carácter irascible, feroz y peligroso. Pertenece a un orden infra animal, siempre cambiante y multiforme, lo que constituye su monstruosidad[180]. Así, veremos cómo estas características tanto corporales como actitudinales contribuyeron a reforzar los significados malignos atribuidos a esta bestia desde el pensamiento medieval cristiano.

No obstante, la figura dragontina asumió tipologías y simbolismos cultural y temporalmente ambivalentes. Esto puede comprobarse observando sus cambios desde ciertas sociedades orientales y occidentales de la Antigüedad, hasta su presencia en la idiosincrasia medieval. En líneas generales, de Oriente a Occidente, el dragón adoptó dos polaridades bien distintas: la de ser guardián y la de constituirse en un símbolo demoníaco[181]. Siguiendo estos lineamientos, experimentó un pasaje formal y conceptual de ser una criatura apotropaica a una totalmente nociva.

Asimismo, quisiera subrayar en estas primeras páginas que nuestro posicionamiento teórico sobre la construcción cultural del dragón en la Edad Media hispánica remite indefectiblemente a la definición brindada sobre este animal por Isidoro de Sevilla en sus *Etymologiae*. Este compendio enciclopédico escrito a inicios del siglo VII es deudor a su vez, de diversas concepciones antiguas de Plinio el Viejo y, a través de éste, de postulados aristotélicos. Adelantándome un poco a los temas que trataré con mayor detalle en las siguientes páginas, es importante aclarar que Isidoro de Sevilla clasificó al dragón dentro del grupo de las serpientes (*De serpentibus*), otorgándole la característica particular de ser la más grande de ellas[182]; una especie de "reina-madre" entre la especie. Esta noción de dragón como tipología de serpiente intentó ser explicada por el erudito cartaginés

---

179. REVILLA, Federico: *Diccionario de iconografía y simbología*. Madrid, Ediciones Cátedra, 2007, p. 199.

180. DIDI-HUBERMAN, Georges: "Celui par que s'ouvre la terre. Une iconographie à l'épreuve de ses transformations. 3. Le lieu, ou l'ouverture figurée", in DIDI-HUBERMAN, Georges; GARBETTA, Ricardo; MORGAINE, Manuela: *Saint Georges et le dragon: versions d'une légende*. París, Société nouvelle Adam Biro, 1994, p. 90.

181. CHEVALIER, Jean (dir.), & GHEERBRANT, Alain (col.): *Diccionario de los Símbolos*. Barcelona, Herder, 1986, p. 428.

182. "4. Draco maior cunctorum serpentium, sive omnium animatium super terram (…)". SAN ISIDORO DE SEVILLA: *Etimologías*. Texto y notas de OROZ RETA, José, & MARCOS CASQUERO, Manuel A.; introducción de DÍAZ Y DÍAZ, Manuel C. Madrid, Biblioteca de Autores Cristianos, 2009, Libro XII, Capítulo 4, 4, p. 912.

mediante la etimología del término latino *draco* derivado del griego *drakón*[183], aludiendo a una gran serpiente, que ya desde la perspectiva antigua greco-latina era designada como enemiga del águila y del *ichneumon*[184], así como también del elefante[185], entre algunas de las especies animales con las que combatirá[186]. Tales vínculos entre lo dragontino y lo serpentino pueden detectarse, como comprobaremos, tanto en fuentes escritas como en fuentes iconográficas antiguas y medievales.

Entonces, considerando como punto de anclaje conceptual esta clasificación isidoriana y medieval del dragón en tanto serpiente de grandes dimensiones, es posible examinar cómo se produjo su gradual metamorfosis desde las imágenes de la Antigüedad al Medioevo, partiendo de la representación de serpientes grandes y monstruosas, hasta llegar a figuras dragontinas mucho más complejas y compuestas por rasgos de serpientes y reptiles variados. Así, propongo realizar un breve recorrido por los diversos antecedentes iconográficos dragontinos y por sus graduales modificaciones hasta llegar a su tradición representativa medieval[187].

1.1. La tradición dragontina en la Antigüedad

Ya en las culturas antiguas es posible encontrar diferentes criaturas vinculadas a los seres dragontinos. Por lo general, la Antigüedad asoció la figura monstruosa del dragón directamente a la serpiente: característica que luego será retomada en la Alta Edad Media[188], remitiendo a su modo de actuar traicionero y maligno, germen del peca-

---

183. "Hunc Graeci δράκοντα vocant; unde et derivatum est in Latinum ut draco diceretur". *Ibidem*.

184. Aristóteles: *Historia de los animales. Investigación sobre los animales*. Introducción de García Gual, Carlos; traducción y notas de Pallí Bonet, Julio. Madrid, Gredos, 1992, Libro IX, p. 482.

185. Pline L'Ancien: *Histoire Naturelle, Livre VIII*. Texte établi, traduit et commenté par Ernout, Alfred. París, Les Belles Lettres, 2003, XI (11)-XII (12), pp. 34-35.

186. Cfr. Malaxecheverría, Ignacio: «El dragón en el bestiario medieval», en Botey, Lambert, & Cirlot, Victoria (publ.): *El Drac en la cultura medieval. Exposició Fundació Caixa de Pensions. Catálogo de la exposición*. Barcelona, Fundació Caixa de Pensions, 1987, p. 63.

187. En este breve análisis de antecedentes iconográficos dragontinos mencionaré en lo que respecta a aquellos mesopotámicos y bizantinos de raíz oriental, y haré referencias alternativas a ciertas tipologías islámicas. Queda excluida la tradición dragontina de las culturas china y japonesa en este trabajo, ya que para este estudio particular focalizado en las representaciones medievales hispanocristianas del siglo XII e inicios del XIII, estas culturas no guardan ninguna relación sustancial.

188. *Drakon* (derivada de *dérkomai*: mirar de manera fija) para los griegos y *draco* para los latinos fueron las dos maneras fundamentales de denominación de serpientes de grandes dimensiones. Asimismo, *ophis* (derivada de *ophtalmos*: ojo) se utilizó para llamar a los reptiles comunes. Ambos vocablos están vinculados a la visión y a la mirada fija de las serpientes. Mariño Ferro, Xosé Ramón: *Diccionario del simbolismo animal*. Madrid, Ediciones Encuentro, 2014, p. 577.

do original. Esta actitud de trasposición simbólica no es fortuita. La serpiente, un animal salvaje pero visible en los ambientes cotidianos, reunía tanto en su fisonomía como en su actitud un marcado componente bestial. Su piel escamosa, áspera y viscosa; sus ojos rasgados y amenazantes; sus fauces feroces delimitadas por sus colmillos y su larga lengua, además de su cuerpo largo y ágil, fueron características que contribuyeron a la consolidación de su perfil peligroso. La serpiente era un animal al que se le temía y se debía aniquilar. No sólo constituía una completa amenaza para la vida de los mismos humanos, sino también para la de los rebaños y animales domésticos, por lo que también ponía en riesgo cotidiano el desarrollo de las actividades económicas y productivas. Otro elemento que podemos observar en continuidad entre la época antigua y la medieval consiste en el tópico recurrente de lucha entre el hombre contra la serpiente-dragón o el dragón en sí mismo. Esta oposición que deviene en un combate concreto suele significar una alegoría del combate del bien contra el mal, por lo que la derrota de las fuerzas malignas y caóticas terminaría por restituir el orden cosmogónico ansiado.

Esto puede observarse con claridad en el mito de la serpiente Apofis del Antiguo Egipto. Se creía que Apofis era una serpiente gigantesca que hacía peligrar diariamente la salida de Ra (el sol), al querer destruir la barca solar en la realización de su itinerario nocturno[189]. Habitaba en las aguas profundas del inframundo y todos los días batía duelo contra Seth quien protegía el curso de la barca. Sin embargo, aunque Seth alanceara, descuartizara y quemara al monstruo gigante todas las noches, éste volvía a regenerarse al día siguiente, significando esto una batalla constante entre las fuerzas malignas y benignas. Este combate permanente involucraba la contraposición del *ma'at* contra el *ifset*: la amenaza del principio fundamental de orden y armonía cósmica a causa de la falsedad y el caos. En este sentido, la serpiente Apofis encarnó la idea del retorno continuo del caos que, como ella, al fin y al cabo, nunca puede ser aniquilado, pues aunque abatido momentáneamente siempre retorna para intentar quebrantar el orden[190]. Es esta situación incorruptible del monstruo que, sin embargo, no tenía ni vista ni oído[191], la que simbolizó la regeneración infinita del caos primigenio y de las fuerzas del mal. Uno

189. VV.AA.: *Atlas de lo extraordinario. Mitos y leyendas*. Vol. I y II. Barcelona, Debate Ediciones del Prado, 1993, p. 185.

190. RODRÍGUEZ PÉREZ, Diana: «El combate contra la serpiente: el triunfo de la tierra velado bajo la aparente muerte del ofidio», *De Arte*, 5 (2006), p. 9. Consultado en línea (16/01/2019), URL: <https://buleria.unileon.es/bitstream/handle/10612/1183/DeArte5_1.pdf?sequence=1&isAllowed=y>.

191. *Ibidem*.

de los registros iconográficos que han sobrevivido sobre este tema, se encuentra en la tumba privada de Inherkhau correspondiente al periodo ramésida, en cuyos frescos parietales, hay una escena del gato sagrado apuñalando a Apofis[192]. Se trata indefectiblemente de un monstruo implacable.

Asimismo, también es posible encontrar diferentes características dragontinas en la amplia diversidad de seres de la mitología mesopotámica antigua. En esta área del Oriente Próximo, bajo la sucesión de los diversos imperios, las criaturas y dioses fueron representados con una mayor corporalidad, asumiendo cuerpos de cuadrúpedos, principalmente tomando formas felinas. En el periodo asirio tardío (*ca.* 1000-612 a.C.), los palacios de los reyes se decoraron con largos frisos de pinturas y relieves que conmemoraban campañas militares o bien representaban escenas de lucha para demostrar el poder vencedor del soberano. Su concepción vinculada al peligro provenía de la idea sumeria de animal como adversario, concepto que las sociedades occidentales luego atribuyeron al diablo[193]. En este contexto, los seres de inspiración dragontina comenzaron a conformarse, a partir de la unión de formas aviarias, leoninas y serpentinas. Según Sara Arroyo Cuadra, del águila leontocéfala concentrada en la figura de Imdugud (Dios de la Tormenta), surgieron las derivaciones iconográficas mesopotámicas del dragón leonino y del dragón serpentiforme, y de este último, la figura del grifo[194]. Particularmente para nuestro marco de estudio, quisiera focalizarme en las figuras dragontinas combinadas con el león y con la serpiente. Del Templo de Ninurta ubicado en Nimrud (destruido por un incendio en el 612 a.C.), nos han llegado registros de un bajorrelieve ejecutado durante el reinado de Assurnasirpal II (siglo IX a.C.) en el que aparece un guerrero y un demonio en plena batalla[195] (Figura 4, en pág. siguiente). Mientras algunos autores re-

---

192. Este combate animalístico entre el gato sagrado y la gran serpiente de cuerpo ondulado debe entenderse en este contexto funerario egipcio en donde, al igual que la batalla diaria destinada a que Ra se restituya y así amanezca, se esperaba el renacimiento continuo del difunto, en el marco de la lucha entre la luz y las tinieblas. En esta pintura, la enorme serpiente es representada en actitud de ataque, con un gran ojo, rojizo y perturbador, al igual que el color de la sangre que cae de su lomo. Miuty matando a Apofis. Pintura al fresco. Tumba de Inherkhau (TT359), Necrópolis de Deir el-Medina, Dinastía XX, Imperio Nuevo (*ca.* 1150-1069 a.C.). Para una mayor profundización en la problemática de las representaciones egipcias, véase: ALDRED, Cyril: *Arte egipcio*. Barcelona, Editorial Destino, 1993.

193. CIRLOT, Juan Eduardo: *Diccionario de símbolos*. Madrid, Editorial Labor, 1994, p. 175.

194. ARROYO CUADRA, Sara: *op. cit.*, p. 111.

195. Aunque conservado actualmente en el British Museum, queda un registro mucho más claro del estado original del relieve en un grabado realizado en 1853 por el arqueólogo inglés Austen Henry Layard. Cfr. LAYARD, Austen Henry: *Monuments of Nineveh*. London, J. Murray, 1853.

fieren a la existencia de un genio alado y un dragón[196], otros reconocen a Ninurta (dios de la guerra) matando a Anzu, un pájaro-demonio[197].

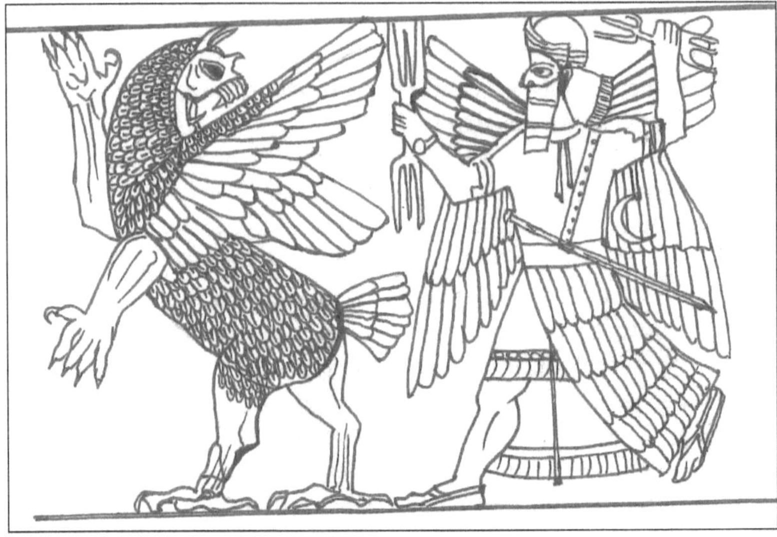

Figura 4. Esquema iconográfico de *Battle between Marduk (Bel) and Tiamat*. Grabado del bajorrelieve del Palacio de Ashurbanipal en Nimrûd (British Museum, Nimrûd Gallery, N°. 28 /29). Layard, A. H. *Monuments of Nineveh*. London. J. Murray, 1853. (Esquema iconográfico realizado por Nadia Mariana Consiglieri©)

Debemos tener en cuenta que la mitología mesopotámica es muy extensa y que la denominación de sus seres fue variando según los diferentes imperios. El demonio representado en el relieve posee cuerpo, cabeza y garras delanteras de león, patas traseras de ave y grandes alas, adoptando el carácter híbrido dragontino. De hecho, la diosa babilónica Tiamat, asimilada también a esta figura, era la deidad dragona maligna del caos, aspecto recogido en la epopeya *Enuma elis*, que especifica cómo era el universo antes de que Tiamat fuera asesinada por Marduk, reestableciéndose así el orden cosmogónico[198]. Una vez

---

196. FRANKFORT, Henry: *Arte y arquitectura del Oriente Antiguo*. Madrid, Cátedra, 1992, p. 173.

197. ATAÇ, Mehmet-Ali: *The Mythology of Kingship in Neo-Assyrian Art*. Cambridge, Cambridge University Press, 2010, p. 195.

198. Cfr. RODRÍGUEZ PÉREZ, Diana: *op. cit.*, pp. 7-9. El mito de creación condensado en el *Enuma elis* explica que en un principio solamente existía la bruma al estar sobre las aguas mezcladas con Apsu y Tiamat, las aguas dulces y las aguas saladas. A causa del bullicio producido por los dioses, hijos de la primera pareja Lahmu y Lahamu, las aguas se enfurecieron. El dios del agua Ea pudo frenar el temperamento de Apsu, pero no así el de Tiamat. A partir de ese momento, la asamblea de los dioses decidió nombrar a Marduk como autoridad de los cielos, y le impartió la tarea de vencer a la dragona del caos. El esposo de Tiamat, Kingu, también participó en la lucha, enviando en una primera instancia junto a su cónyuge, una hueste temeraria de monstruos

más, se trata de un relato tendiente a demostrar la restitución del orden contrapuesto al caos original, a partir de su destrucción y la de sus agentes monstruosos serpentinos[199]. Luego de darle muerte a la dragona, Marduk utilizó su cadáver para crear el universo:

> Le aplastó el cráneo y desmembró sus extremidades; una parte se convirtió en el cielo y la otra en el lecho de las profundidades. De sus ojos agujereados fluyeron los grandes ríos: el Tigris y el Éufrates. Las serpientes monstruosas del ejército de Tiamat se convirtieron en estatuas que decoraron el templo de Ea[200].

En la representación de la dragona destaca su cuerpo leonino cubierto en parte con plumas, con extremidades musculosas y potentes, rematadas en filosas garras, mientras que de su lomo parten dos enormes alas. Su rostro feroz y amenazante, con las fauces abiertas, será un motivo iconográfico muy extendido, incluso si pensamos en las posteriores bocas infernales medievales.

En el segundo caso, el dragón serpentiforme se manifestó en el *mušḫuššu* mesopotámico en tanto criatura híbrida cuya difusión iconográfica se desarrolló desde los acadios hasta al menos el helenismo de la Antigüedad griega[201]. Se trató de otro temprano antecedente dragontino de cuerpo escamoso, patas delanteras leoninas y patas traseras con garras aquiliformes, aunque con cola y cuello que acusan formas totalmente serpentinas. Este ser primero fue vinculado al dios Ninazu y ya en Babilonia, a Marduk[202]. En el marco del imperio Neobabilónico (612-539 a.C.), la Puerta de Ishtar (hoy reconstruida en el Museo Pérgamo de Berlín) incorporó una representación en ladrillos vidriados del *mušḫuššu* (Figura 5), alternándose con figuras taurinas. Unos y otros quedan afrontados en forma especular a ambos lados de la puerta, evidenciando un sentido de protección y guardia[203]. La desarrollada cola del *mušḫuššu* también parece una

---

contra Marduk. No obstante, tanto Tiamat como Kingu fueron vencidos. Si de la primera surgió la creación del universo y del mundo, del segundo, los seres humanos que nacieron de su sangre derramada, cuya suerte consistió en ser esclavos de los dioses. Cfr. VV.AA.: *Atlas de lo extraordinario. Mitos y leyendas*, Vol. II..., p. 168.

199. Ogden, Daniel: *Drakōn. Dragon Myth and Serpent Cult...*, *op. cit.*, p. 11.

200. *Ibidem.* Véase también: Black, Jeremy, & Green, Anthony: *Gods, demons and symbols of ancient Mesopotamia*. Londres, The British Museum Press, 2003.

201. Arroyo Cuadra, Sara: *op. cit.*, p. 110.

202. Oates, Joan: *Babilonia. Auge y declive*. Barcelona, Martínez Roca, 1989, p. 271.

203. Esta criatura guardiana había sido también representada junto a la figura de Marduk, quien pasó a ser la divinidad principal, especialmente durante el reinado de Hammurabi entre el 1792 a.C. y el 1750 a. C. Cfr. Fernández Rodríguez, Carlos: «La exaltación de la divinidad en Mesopotamia: Marduk y Sin, dos posibles instrumentos políticos en Babilonia», *Revista*

extensión serpentina, característica que posibilitó engendrar poco a poco una tipología dragontina que, combinada con elementos felinos y leoninos, alcanzaría un gran éxito en la configuración de los dragones occidentales medievales.

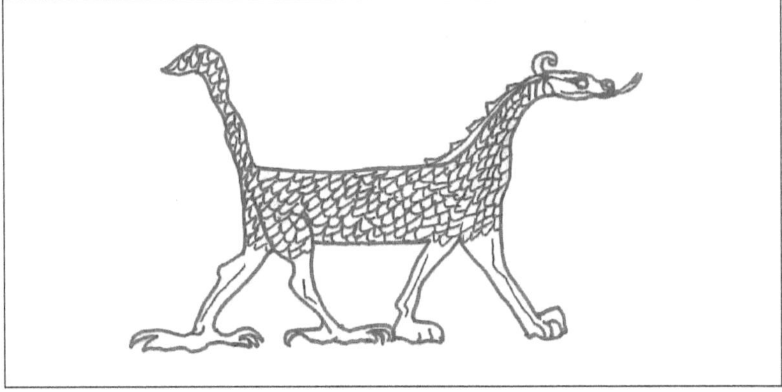

Figura 5. Esquema iconográfico del Mušḫuššu (dragón). Reconstrucción de la Puerta de Ishtar de 575 a.C. Berlín, Museo de Pérgamo. (Esquema iconográfico realizado por Nadia Mariana Consiglieri©)

En la Antigüedad grecolatina, el dragón mítico también se dirimió en combates al ser un enemigo primordial tanto del ámbito divino como humano. Según Daniel Ogden, la perspectiva antigua estableció dos polaridades semánticas paralelas en torno a los *drakontes*: como grandes serpientes del mundo real y como serpientes de enormes dimensiones combinadas con rasgos de otros animales o con elementos antropomorfos en un extremo más bien fantástico[204]. No obstante, igualmente aludió a las múltiples facetas de activa intervención por parte de estas grandes serpientes en ritos, en sueños proféticos, en diversos procesos de metamorfosis, como guardianas de los dioses e incluso asociadas al inframundo[205]. Sumado a ello, diferentes luchas míticas entre duplas antropo-zoomorfas, entre deidades y guerreros tales como Zeus, Apolo, Hércules, Cadmo, Perseo y Sigfrido, entre tantos otros, tuvieron que subyugar dragones-serpentinos[206], repre-

---

Historia Autónoma, 10 (2017), p. 17. Consultado en línea (12/02/2019), DOI: <https://doi.org/10.15366/rha2017.10.001>.

204. El especialista inglés en historia antigua también señaló que hasta el siglo V a.C., ambos términos solían aludir a un estatuto sobrenatural en este tipo de criaturas. OGDEN, Daniel: *Drakōn. Dragon Myth and Serpent Cult…, op. cit.,* p. 2.

205. *Ibidem*, pp. 2-3.

206. ARROYO CUADRA, Sara: *op. cit.,* p. 113; CIRLOT, Juan Eduardo: *op. cit.,* p. 175.

sentando estas criaturas monstruosas un claro símbolo del mal y del caos aun en tiempos antiguos. Por ejemplo, como ha distinguido Sara Arroyo Cuadra, Apolo debió vencer a un dragón para amparar a su madre; también había dragones que custodiaban las manzanas de las Hespérides, contra los cuales Hércules tuvo que batallar, al igual que con la hidra[207]; así como el dragón de la Cólquida, al nunca caer dormido, resguardaba permanentemente al vellocino de oro presente en la saga de Jasón y los Argonautas[208]. En este último sentido, sus roles resultaron ambivalentes ya que además de significar siempre una adversidad terrorífica contra la cual luchar, en varias ocasiones los dragones fueron representados además como guardianes de tesoros y en esta faceta presentaron lazos relacionales con la figura del grifo[209].

Si comparamos los mitos de Cadmo, Zeus y Hércules vinculados a los dragones[210] y algunos programas iconográficos presentes en cerámicas griegas, donde ellos son protagonistas, nos percataremos de la importancia de la resolución serpentiforme del monstruo[211], aunque con extremas variaciones. En el caso de Cadmo, conmovido éste por la desaparición de su hermana Europa al ser raptada por Zeus, emprendió un viaje para efectuar su rescate. Al ir al oráculo de Delfos se le indicó que dejara a un lado la búsqueda, que encontrara una vaca que portara un signo en forma de luna y que la siguiera para fundar una ciudad (la cual sería Tebas) en el lugar en donde ésta se detuviera. Lo hizo y fundó así Boecia, mató a la vaca en honor a Atenea y consignó recoger agua de una fuente para sus seguidores. Allí es cuando se topó con el dragón de Ares que la custodiaba, quien devoró a los hombres. Cadmo asesinó al monstruo y siguiendo las recomendaciones de la sabia diosa Atenea, le sacó sus dientes serpentinos y sembró la mitad, de los que nacieron guerreros que fueron dominados por Cadmo y de cuyos supervivientes surgieron las cinco estirpes de la nobleza de Tebas. Como consecuencia de haber aniquilado a la bestia, Cadmo tuvo que servir durante ocho años a Ares[212]. En una cerámica de figuras rojas del siglo IV a.C., es posible encontrar

---

207. Cfr. OGDEN, Daniel: *Drakōn. Dragon Myth and Serpent Cult...*, *op. cit.*, pp. 26-33; 48-53; OGDEN, Daniel: *Dragons, Serpents, and Slayers...*, *op. cit.*, pp. 50-62.

208. ARROYO CUADRA, Sara: *op. cit.*, pp. 113-114; MARIÑO FERRO, Xosé Ramón: *op. cit.*, p. 577.

209. ARROYO CUADRA, Sara: *op. cit.*, pp. 114, 117.

210. Para una mayor profundización sobre los mitos griegos, véase la clásica obra de referencia: GRAVES, Robert: *Los mitos griegos*. Barcelona, Editorial Ariel, 2016.

211. ARROYO CUADRA, Sara: *op. cit.*, p. 114.

212. VV.AA.: *Atlas de lo extraordinario. Mitos y leyendas*. Vol. I. Barcelona, Debate Ediciones del Prado, 1993, pp. 74-75.

la escena de lucha entre el héroe griego y el dragón (Figura 6). Allí, este último adquiere una evidente forma de serpiente, con su cuerpo enroscado en círculos o anillos, sus marcadas escamas y su actitud de inminente ataque.

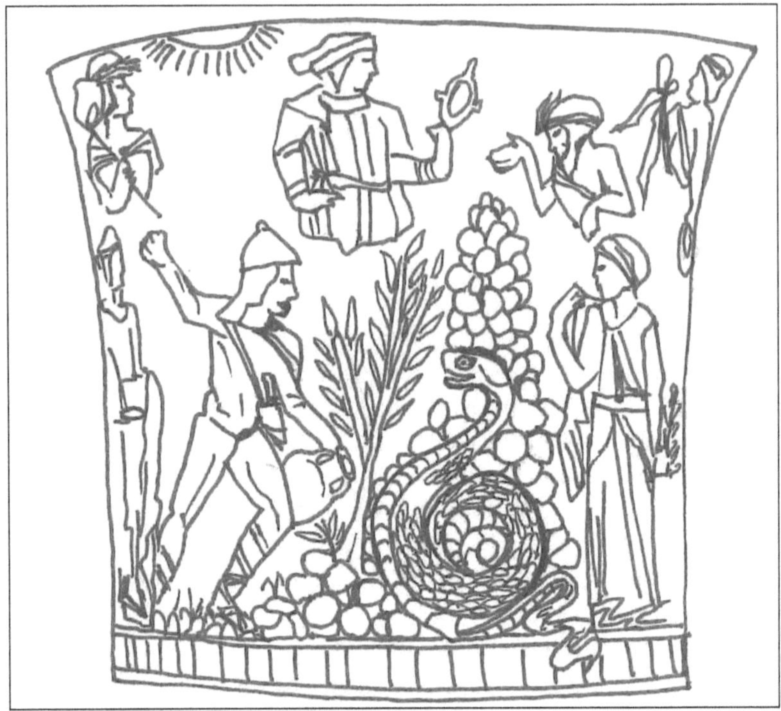

Figura 6. Esquema iconográfico de Cadmo luchando contra el dragón presente en una crátera de figuras rojas. Siglo IV a.C., Musée du Louvre. (Esquema iconográfico realizado por Nadia Mariana Consiglieri©)

Por su parte, el combate entre Zeus y Tifón[213] (tifonomaquia) tuvo lugar a raíz del destronamiento de su padre Crono, que fue retado a luchar contra este monstruo nacido de Gea en una verdadera batalla de dimensiones cósmicas[214]. Zeus lo atacó con sus rayos, pero Tifón le arrebató los tendones de sus piernas y fue rescatado por Hermes[215]. Esta versión del mito responde a la de Apollodorus (*Bibliotheca* 1. 6. 1-3)[216], en la cual los tendones de Zeus también son custodiados por la dragona Delfine, aunque también el relato aparece con variantes

---

213. Cfr. Ogden, Daniel: *Drakōn. Dragon Myth and Serpent Cult…, op. cit.,* pp. 69-79.

214. Cfr. Ogden, Daniel: *Dragons, Serpents, and Slayers…, op. cit.,* p. 19.

215. VV.AA.: *Atlas de lo extraordinario. Mitos y leyendas,* Vol. II…, *op. cit.,* p. 168.

216. Cfr. Ogden, Daniel: *Dragons, Serpents, and Slayers…, op. cit.,* pp. 20-21.

en la *Teogonía* de Hesíodo y en las *Dionisíacas* de Nonno de Panó-
polis, entre algunas de las principales fuentes antiguas[217]. En este
último episodio, Tifón resultó vencido por Zeus al ser aplastado por
una parte de la Península Itálica, aunque sin poder matarlo, por lo
que el mito indica que del Etna continuó surgiendo eternamente su
aliento terrorífico[218]. Una vez más, aparece patente esta idea del caos
no mitigado por completo, sino contenido por medio del triunfo del orden. Por otro lado, la caracterización de este monstruo guarda relación con el aspecto serpentino-dragontino griego, aunque con ciertas
alteraciones formales. Según el mito, Tifón poseía cola de serpiente y
cabezas también en ocasiones definidas como cabezas serpentinas[219].
De esta manera, se buscó resaltar su carácter bestial a partir de la
figura serpentina multiplicada.

En otra pieza cerámica, esta vez de figuras negras, hallamos una
representación curiosa del monstruo[220], con torso y cabeza antropomorfa, pero con extremidades de serpientes (Figura 7). Nótese, sin
embargo, que éste es alado, lo cual, junto con su parte inferior rematada en formas serpentinas guarda vínculos con posteriores variaciones dragontinas.

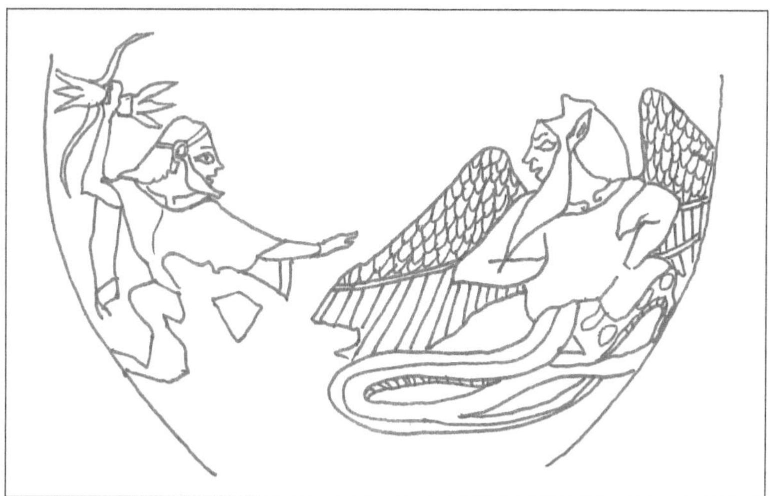

Figura 7. Esquema iconográfico de Zeus atacando con su rayo a Tifón presente en una cerámica de
figuras negras, *ca.* 550 a.C., Staatliche Antikensammlungen, Munich. (Esquema iconográfico
realizado por Nadia Mariana Consiglieri©)

217. RODRÍGUEZ PÉREZ, Diana: *op. cit.*, p. 6 y nota al pie n°1.

218. VV.AA.: *Atlas de lo extraordinario. Mitos y leyendas*, Vol. II…, *op. cit.*, p. 168.

219. *Ibidem.*

220. Cfr. RODRÍGUEZ PÉREZ, Diana: *op. cit.*, p. 13.

Asimismo, el segundo trabajo destinado a Hércules por parte del rey Euristeo, consistió en dar muerte a la hidra de Lerna[221]. Se trataba de una enorme serpiente de nueve cabezas las cuales, al ser cortadas, se duplicaban. El gran monstruo sólo pudo ser abatido gracias a la ayuda de Yolao, quien luego de cada decapitación, cauterizó el tronco de los cuellos, impidiendo así que las cabezas volvieran a crecer[222].

En una cerámica griega del siglo VI a.C., la representación de esta escena se despliega a partir de la figura central del monstruo con los dos héroes flanqueándolo (Figura 8). Su bestialidad es subrayada mediante la disposición rítmica de cuellos con cabezas serpentinas, las cuales emergen de un mismo cuerpo grueso, potente y anudado en forma circular. De esta manera se observa, por un lado, la insistencia en recurrir a la figura de la serpiente, a sus características físicas y a sus comportamientos para el proceso de configuración de estos monstruos contra los que los héroes y divinidades griegas combaten. Por el otro, la necesidad de acentuar su aspecto bestial, apelando a diferentes recursos formales como el agrandamiento de su cuerpo y de sus dimensiones, así como la multiplicación de sus cabezas.

Los escritos clásicos también describieron al dragón bajo tipologías similares: con cuerpo de serpiente y a veces con alas que le permitían volar, o con fauces enormes con las que devoraban a hombres y animales. Así, su aspecto serpentino es una constante también por su mención en las obras escritas. Por ejemplo, Aristóteles refirió a la serpiente como uno de los animales más voraces, pues intenta asirse de todo lo que encuentra, desde pajarillos y otros animales hasta tragar huevos[223]. Plinio el Viejo señaló en su *Naturalis Historia*, la astucia de los dragones respecto de los elefantes, quienes sorprenden a estos cuadrúpedos agazapados desde lo alto de los árboles; entrelazan la cola en sus patas y al querer los elefantes desatar los nudos con sus trompas, los dragones terminan metiéndose por sus trompas, les impiden respirar y los desgarran en su interior, además de atacar sus ojos, por lo que suelen quedar ciegos[224].

---

221. Apollodorus (*Bibliotheca* 2.5.2) Cfr. OGDEN, Daniel: *Dragons, Serpents, and Slayers…, op. cit.,* pp. 50-51.

222. VV.AA.: *Atlas de lo extraordinario. Mitos y leyendas*, Vol. I…, *op. cit.*, p. 102.

223. ARISTÓTELES: *op. cit.*, Libro VIII, p. 431.

224. "XI (11). Elephantos fert Africa ultra Syrticas solitudines et in Mauretania, ferunt Aethiopes et Trogodytae, ut dicum est; sed máximos India bellantesque cum his perpetua discordia dracones tantae magnitudines et ipsos, ut circumplexu facili ambiant nexuque nodi praestringant. Conmoritur ea dimicatio, uictusque conruens conplexum elidit pondere. XII (12). Mira animalium pro se cuique sollertia est ut his una. Ascendendi in tantam altitudinem difficultas draconi; itaque

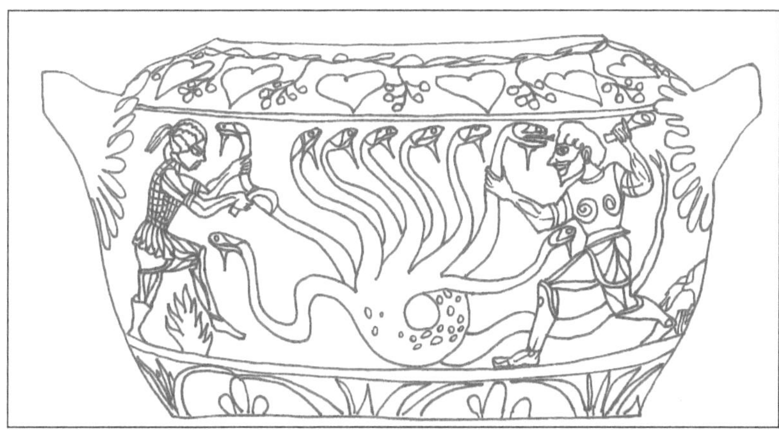

Figura 8. Esquema iconográfico de detalle de Hércules y la Hidra presente en una cerámica de terracota, atribuida al Pintor del Águila griego, 520-510 a.C., 83.AE.346, The J. Paul Getty Museum, Villa Collection, Malibu, California. (Esquema iconográfico realizado por Nadia Mariana Consiglieri©)

Otro tipo de embestida según Plinio se basaba en la absorción de la sangre extremadamente fría de los elefantes por parte de los dragones, dándoles un mordisco en las orejas. Esto generaba, sin embargo, que muchas veces los elefantes cayeran al suelo desangrados y terminaran aniquilando con el peso de sus cuerpos a los dragones, al quedar estas bestias inmovilizadas y ebrias de sangre[225]. En estas menciones, se destaca justamente el carácter serpentino del dragón, por su capacidad de reptar incluso subiéndose en árboles, de enroscarse y de atacar mordiendo con gran voracidad. A continuación, Plinio prosiguió refiriéndose a diversas serpientes procedentes de la India e incluso de Italia, señalando a Macrobio y a Metrodoro de Escepsis, y destacó su gran tamaño para deglutir cerdos, toros, aves o incluso niños enteros[226]. Por su parte, Eliano también agregó que el dragón-

---

tritum iter ad pabula speculatus ab excelsa se arbore inicit. Scit ille inparem sibi luctatum contra nexus; itaque arborum aut rupium attritum quaerit. Cauent hoc dracones, ob idque gresus primum alligant cauda. Resoluunt illi nodos manu. At hi in pisas nares caput condunt, pariterque spiritum praecludunt et mollissimas lancinant partes. Idem obuii deprehensi in aduersos erigunt se oculosque maxime petunt; ita fit ut plerumque caeci ac fame et maeroris tabe confecti reperiantur. Quam quis aliam tantae discordiae causam attulerit nisi naturam spectaculum sibi paria conponentem?". PLINE L'ANCIEN: *op. cit.*, XI (11) – XII (12), (32-34), pp. 34-35.

225. "Eſt et alia dimicationis huius fama. Elephantis frigidissimum esse sangrem; ob id aeſtu torrente praecipue draconibus expeti. Quam ob rem in amnis mersos insidiari bibentibus, intortosque inligata manu in aurem morsum defigere, quoniam is tantum locus defendi non possit manu. Dracones esse tantos, ut totum sanguinem capiant; itaque elephantos ab his ebibi siccatosque considere et dracones inebriatos opprimi conmorique". *Ibidem*, XII (12), (34), p. 35.

226. "XIV (14). Megaſthenes scribit in India serpentes in tantam magnitudinem adolescere, ut solidos hauriant ceruos taurosque, Metrodorus circa Rhyndacum amnem in Ponto, superuolantes ut

serpiente, oculto en las ramas de los árboles, disimula la mitad de su cuerpo por el follaje, dejando visible su parte inferior como si fuese una cuerda, lo que le permitía atacar al elefante, sacarle los ojos y estrangularlo con su cola[227]. Estar al acecho permanente, esperar a la mínima señal de avance de la presa y mirar sin ser visto han sido características dragontinas exaltadas desde los autores clásicos, así como también la aguda capacidad de visión de estas bestias[228].

Por ende, esta tendencia de representación tanto iconográfica como textual del dragón asociado a la serpiente se desarrolló durante toda la Antigüedad, incorporando especímenes terrestres y acuáticos de enormes tamaños y con variantes corporales como cuernos, orejas, crestas, barbas, alas de aves y cabezas multiplicadas[229]. Estas permanencias tipológicas pueden apreciarse en un sarcófago romano cuyos altorrelieves muestran una escena en la que aparece el carro de Medea[230] (Figura 9).

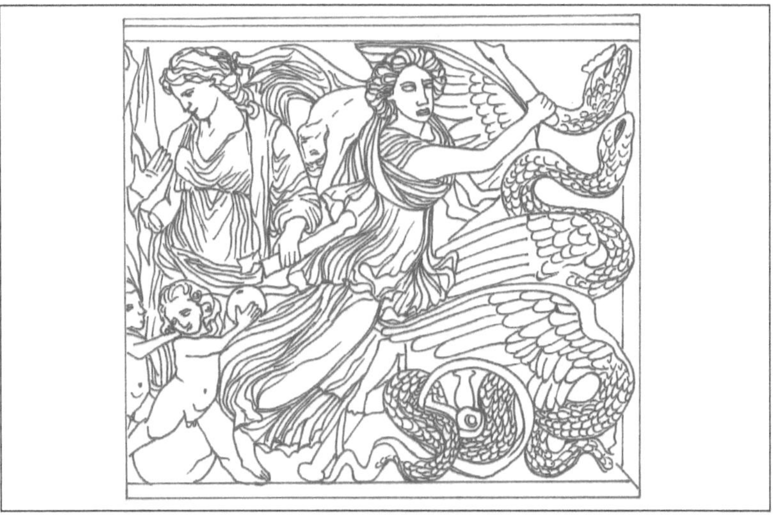

Figura 9. Esquema iconográfico de serpientes dragontinas en el carro de Medea, presente en el Sarcófago de Medea, Talla en mármol, 227 x 65 cm. 140-150 d.C., Altes Museum, Berlín. (Esquema iconográfico realizado por Nadia Mariana Consiglieri©)

---

quamuis alte perniciterque alites hauʃtu raptas absorbeant. (…) Faciunt his fidem in Italia appellatae bouae in tantam amplitudinem exeuntes, ut Diuo Claudio príncipe occisae in Vaticano solidus in aluo spectatus sit infans. (…)". *Ibidem*, XIV (14), (36-37), pp. 35-36.

227. ELIANO CLAUDIO: *Historia de los animales. Libros I-VIII*. Introducción, traducción y notas de DÍAZ-REGAÑÓN, J. M.ª; revisión de GARCÍA GUAL, C. Madrid, Gredos, 1984, Libro VI, 21, p. 120.

228. Cfr. CIRLOT, Juan Eduardo: *op. cit.*, p. 176.

229. ELVIRA BARBA, Miguel Ángel: «Los orígenes iconográficos…», *op. cit.*, p. 420. Cfr. MALAXECHEVERRÍA, Ignacio: «El dragón en el beʃtiario medieval», *op. cit.*, p. 63.

230. *Ibidem*.

En éste se representa la trágica escena en donde Creúsa es consumida a causa del vestido envenenado que Medea le había regalado para su boda con Jasón, como venganza hacia él. Matando a los dos hijos que había engendrado anteriormente, se subió a un carro tirado por serpientes para escapar hacia Atenas[231]. En este motivo iconográfico, tanto los cuerpos de las serpientes mágicas como sus amplias alas denotan la intención de generar la sensación de una mayor corporalidad y robustez; conceptos necesarios para insinuar la grandiosa fuerza del monstruo, aproximándose cada vez más a las características sustanciales del dragón desde el imaginario de la Edad Media.

1.2. *La tradición dragontina medieval*

En el Occidente medieval, el dragón terminó por adquirir un importante significado negativo, ya que quedó directamente asociado al diablo[232]. Las diferentes actitudes de combate hacia dragones por parte de santos guerreros, como es el caso de san Miguel y de san Jorge, permitieron crear una condensada imaginería justificante del triunfo de Cristo sobre el diablo[233]. Las acciones de herir, pisar, alancear e incluso cortar partes corporales de dragones fueron totalmente útiles a la idiosincrasia cristiana medieval para demostrar los mecanismos efectivos de aniquilación del mal y para estructurar un aparato potente de imágenes que mostraran la incuestionable victoria de la Iglesia[234].

Desde las mismas escrituras bíblicas, además de su protagonismo en los conocidos escenarios apocalípticos, se procuró subrayar el ca-

---

231. VV.AA.: *Atlas de lo extraordinario. Mitos y leyendas*, Vol. II, ..., *op. cit.*, p. 219.

232. Siguiendo este sentido, y dentro de los múltiples ejemplos brindados por Daniel Ogden sobre la progresiva clausura de los ritos paganos antiguos en torno a las serpientes por parte de la idiosincrasia cristiana, la supresión de los cultos en honor a Asclepio resultó cada vez más asidua a partir del siglo II. Estas acciones en general posibilitaron traducir el tópico de la batalla simétrica contra el dragón serpiente de la Antigüedad, a la versión de las luchas contra el dragón totalmente negativizado desde la hagiografía de los primeros siglos cristianos, complejizando sus significados e implicancias a lo largo de toda la Edad Media. Cfr. OGDEN, Daniel: *Drakōn. Dragon Myth and Serpent Cult...*, *op. cit.*, p. 418.

233. CHEVALIER, Jean (dir.), & GHEERBRANT, Alain (col.): *op. cit.*, p. 428.

234. Este tópico del santo guerrero en combate contra el enemigo dragontino fue el resultado de una gradual construcción conformada mediante diversos aparatos de la temprana hagiografía y de los primeros relatos cristianos. La oposición contra dragones aparece en fuentes tempranas muy variadas, ya desde el siglo II, como en el *Philopseudes* de Luciano de Samósata, en los relatos sobre santa Perpetua, san Hilarión de Gaza, san Marcelo de París, san Sansón de Dol, entre otros, además de en los Hechos de Tomás, Felipe, Silvestre, etc., dentro de los Apócrifos. Cfr. OGDEN, Daniel: *Dragons, Serpents, and Slayers...*, *op. cit.*, pp. 196-254. El tema de combate entre santo y dragón derivado a imágenes hispánicas de los siglos XIII y XV será tratado en un próximo libro que condensará las investigaciones que actualmente estoy llevando a cabo sobre esa particular problemática pensada para el área ibérica bajomedieval.

rácter nocivo de esta criatura, su vínculo intrínseco con el mal, con el fuego y con el infierno[235]. Sus menciones literarias, así como sus manifestaciones visuales en códices, pinturas murales, tapices y piedra, tendieron a mostrarlo por lo general, como una criatura agresiva y peligrosa. En el periodo altomedieval y en Bizancio, continuó bajo los tipos serpentinos procedentes de la Antigüedad, aunque también se lo plasmó bípedo y sin alas, con su cola rematada en diversas formas (inclusive en otras cabezas dragontinas); con múltiples cabezas (como es el caso del dragón apocalíptico) o con busto y patas de águila, cuerpo enorme de serpiente, alas de murciélago y cola terminada en dardo[236], entre algunas de las variedades más comunes. No obstante, su iconografía resultó variable dependiendo de los diferentes contextos representativos a lo largo de la Edad Media.

Victoria Cirlot realizó una interesante clasificación sobre las diferentes apariciones del dragón medieval. En primer lugar, refirió al "dragón laico", es decir, a aquellas producciones dragontinas literarias y visuales consumidas en los círculos aristocráticos altomedievales (siglos VIII a X) y cortesanos (siglos XII a XIII), incorporando permanencias de antiguos mitos paganos y componentes religiosos. En segundo lugar, definió al "dragón eclesiástico", diseñado por y para los ambientes monásticos y devotos tanto en capiteles como en libros miniados, dentro de los cuales se destacó de una manera preponderante en la tradición representativa apocalíptica. Finalmente, reconoció al "dragón gótico" propio de los siglos XIV y XV, el cual incorporó aspectos del dragón laico y del eclesiástico[237]. Esta clasificación resulta atrayente ya que brinda un panorama general, aunque estructurado, de las diversas tipologías dragontinas que podemos encontrar tanto en imágenes como en textos según los diversos contextos discursivos.

No obstante, continuando con sus aspectos morfológicos generales y como adelanté más arriba, resultó notoria aun durante una buena parte de la Edad Media, la permanencia de rasgos serpentinos en la configuración del dragón[238]. Podríamos indicar que esto ocurrió inclu-

---

235. En efecto, Eduardo Cirlot indicó que el mismo anagrama del nombre de Herodes, que en lengua siria se descompone en la palabra *ierud* significaba "dragón ardiendo". CIRLOT, Juan Eduardo: *op. cit.*, p. 176. Este aspecto denota la maldad de este despiadado rey que, entre otras depravaciones, se lo menciona en el Evangelio según Mateo como quien mandó a asesinar en Belén a niños (Mateo 2, 16-18).

236. *Ibidem*, p. 177.

237. CIRLOT, Victoria: «El dragón en la cultura medieval (Preámbulo a una exposición)», en BOTEY, Lambert, & CIRLOT, Victoria (publ.): *El Drac en la cultura medieval. Exposició Fundació Caixa de Pensions. Catálogo de la exposición.* Barcelona, Fundació Caixa de Pensions, 1987, p. 21.

238. Según palabras de Nilda Gugliemi: "Con frecuencia, 'dragón' y 'serpiente' son intercambiables, puesto que dragón en la Edad Media fue el nombre genérico de un largo reptil. Son dos formas

so hasta avanzado el siglo XII, momento en el cual se le comenzaron a añadir alas nacientes del lomo[239]. Además, comúnmente el dragón medieval occidental apareció emparentado tanto a la figura del grifo como a la del león con alas[240]. Ya con elementos aviarios y bípedos, leoninos o serpentiformes, lo cierto es que la capacidad de metamorfosis, así como su aspecto híbrido, constituyeron elementos que han caracterizado al dragón medieval[241]. Por un lado fue vinculado a los cuatro elementos: al aire por su capacidad de vuelo; al agua por la presencia de escamas corporales; al fuego al ser despedido por sus fauces y a la tierra en relación con su desplazamiento también bastante similar al de reptiles y serpientes[242].

Por el otro, en los bestiarios se lo trató como a una criatura habitante de los tres mundos: del terrestre, del celeste y del acuático. En la tierra, habitaba en cavernas; en las aguas, también atacaba al resto de las especies y en el aire desplegaba su ardiente fuego por sus fauces[243]. Así, su accionar puede relacionarse tanto a los elementos como a los cinco sentidos: a la vista porque tiene una apariencia terrorífica; al oído por los ruidos que emite: al tacto por tener una textura viscosa; al olfato por su olor nauseabundo y al gusto por su capacidad sanguinaria de devorar[244]. Además, el comportamiento de este híbrido bestial estuvo ligado tanto a sus facetas destructoras y demoledoras en tanto enemigo primordial del hombre (ya se trate del caballero, héroe o santo), como a posicionarse en esta misma línea como aliado innegable de Satán[245].

Durante el periodo paleocristiano, un motivo común presente en el arte pictórico mural de las catacumbas consistió en el de Hércules matando a la hidra, retomado de la tradición clásica[246] (Figura 10). El sentido de utilizar esta iconografía en un contexto funerario de ese tipo se basó en hacer uso de la simbología del héroe antiguo luchando contra el monstruo, aunque bajo la interpretación cristiana de Cristo venciendo al demonio. Éste aparece encarnado por una serpiente

---

del mismo animal; el dragón –habiendo perdido las alas después de la falta– es condenado a reptar sobre su vientre". *El Fisiólogo. Bestiario Medieval*. Introducción y notas de GUGLIELMI, Nilda. Buenos Aires, EUDEBA, 1971, nota al pie n°73, p. 89.

239. CIRLOT, Victoria: «El dragón en la cultura medieval», *op. cit.,* p. 23.

240. ELVIRA BARBA, Miguel Ángel: «La iconografía del dragón en Bizancio», *op. cit.,* pp. 75-76.

241. CIRLOT, Victoria: «El dragón en la cultura medieval», p. 23.

242. *Ibidem.*

243. PASTOUREAU, Michel: *Bestiaires du Moyen Âge, op. cit.,* p. 207.

244. *Ibidem.*

245. CIRLOT, Victoria: «El dragón en la cultura medieval», *op. cit.,* p. 23.

246. Cfr. BROWN, Peter: *El primer milenio de la cristiandad.* Barcelona, Crítica, 1997.

con cabezas multiplicadas, la cual se presenta cada vez más híbrida y compleja en su estructura formal, acercándose progresivamente a la imagen medieval del dragón de cuerpo fuerte, rotundo y monstruoso. La alusión a la idea de renacimiento es clara aquí, así como el mensaje connotado de que, para lograrlo, resulta fundamental la sumisión y aniquilación de las fuerzas malignas. Estos conceptos son los que se condensaron en los siguientes siglos medievales en la figura del dragón diabólico.

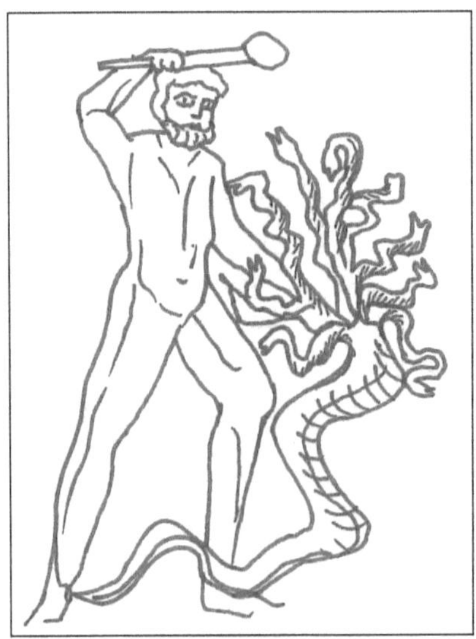

Figura 10. Esquema iconográfico de Hércules matando a la hidra, 350-400 d.C., presente en una pintura de las Catacumbas de la Vía Latina, Roma. (Esquema iconográfico realizado por Nadia Mariana Consiglieri©)

Por otro lado, es importante acentuar, una vez más, la importancia que tuvo la definición del dragón establecida por Isidoro de Sevilla en el Libro XII de sus *Etymologiae*. El erudito lo incluyó dentro del conjunto de las serpientes, argumentando que se trata de la mayor de todas y de todos los animales que existen sobre la tierra. Lo describió como una enorme serpiente que habita en las cuevas y que tiene la capacidad de volar levantando ciclones. Asimismo, señaló que su poder de matar no estaba en su veneno, sino –como ya vimos en sus contiendas con los elefantes–, en asfixiar a sus víctimas. En cuanto a sus características físicas primordiales, Isidoro detalló que el dragón posee cresta, boca pequeña y conductos de respiración estrechos por los que también sacaba la lengua, además de explicar que su fuerza no residía en sus dientes, sino en su potente cola, con la cual podía herir más que con sus mordiscos, al cumplir la misma función que un látigo[247]. Es importante señalar que, dentro del repertorio de las serpientes, Isidoro de Sevilla incluyó también a otros especímenes que aparecerán continuamente vinculados a las formas dragontinas en las imágenes medievales. Me refiero al basilisco, criatura con cuerpo de serpiente, extremidades de ave y grandes alas que tenía el poder de aniquilar con su propio aliento[248]; al áspid, serpiente que inyectaba veneno al morder[249], e incluso a la mencionada hidra que advertimos representada en época paleocristiana: una enorme serpiente portante de múltiples cabezas que manaban agua, a la que Hércules se enfrentó[250]. Así, la impronta medieval del dragón fue elaborándose a partir de un intercambio y conjunción diversa de todos estos seres serpentinos multiformes y de variados comportamientos, por lo general agresivos y destructivos.

Estos conceptos sobre el dragón fueron ampliamente recogidos para el posterior desarrollo de los bestiarios. Entonces, ¿cómo explicar el continuo éxito de este personaje zoomorfo desde la Antigüedad e incluso en los primeros siglos del cristianismo a su apogeo en el siglo XIII, y hasta su posterior afianzamiento en la Baja Edad Media? Este interrogante podría explicarse teniendo en cuenta que la postura isidoriana en torno a la naturaleza del dragón como serpiente enorme y de actitud aniquiladora, coincidió en gran medida con la sostenida en la tradición antigua-clásica, por lo que Isidoro podría considerarse como el gran continuador de estas ideas, las cuales tuvieron fuerte aceptación en la idiosincrasia medieval, aunque transformándose intermitentemente según los diversos periodos.

Ya hacia el siglo VIII, nacieron nuevas tendencias de representación dragontinas cuya presencia en los folios de manuscritos y en las placas de objetos de orfebrería comenzó a adquirir un notable carácter ornamental sustentado en entrelazos decorativos. Fundadas en

---

247. "4. Draco maior cunctorum serpentium, sive ómnium animatium super terram (…) Qui saepe ab speluncis abstractus fertur in aerem, concitaturque propter eum aer. Est autem cristatus, ore parvo, et artis fistulis, per quas trahit spiritum et linguam exerat. Vim autem non in dentibus, sed in cauda habet, et verbere potius quam rictu nocet. 5. Innoxius autem est a veneris, sed ideo huic ad mortem faciendam venena non esse necesaria, quia si quem ligarit occidit (…)". SAN ISIDORO DE SEVILLA: *op. cit.*, Libro XII, Capitulo 4, 4-5, p. 912.

248. "6. Basiliscus Graece, Latine interpretatur regulus, eo quod rex serpentium sit, adeo ut eum videntes fugiant (…)". *Ibidem*, Libro XII, Capítulo 4, 6, p. 912.

249. "12. Aspis bocata, quod morsu venena inmittat et spargat (…)". *Ibidem*, Libro XII, Capítulo 4, 12, p. 914.

250. "23. Hydra draco multorum capitum, qualis fuit in Lerna palude provinciae, Arcadiae. Haec Latine excetra dicitur, quod uno caeso tria capita excrescebant. Sed hoc fabulosum est; nam constat Hydram locum fuisse evomentem aquas, bastantes vicinam civitatem, in quo, uno meatu clauso, multi erumpebant: quod Hercules videns loca ipsa exussit, et sic aquae clausit meatus. Nam Hydra ad aqua dicta est". *Ibidem*, Libro XII, Capítulo 4, 23, p. 916.

complejos entramados, éstos permitieron el desarrollo de figuraciones tanto fitomorfas como zoomorfas en gran cantidad de páginas-tapices de manuscritos anglosajones[251], así como también en el trabajo de orfebrería de diferentes objetos y tapas de libros que se ejecutaron en el periodo altomedieval. Una muestra de ello es el rico ejemplo ya indicado por Miguel Ángel Elvira Barba consistente en la cubierta posterior de los Evangelios de Lindau[252], procedente de la zona de Salzburgo, la cual fue agregada al códice ejecutado en Saint-Gall entre 880 y 899 (Figura 11).

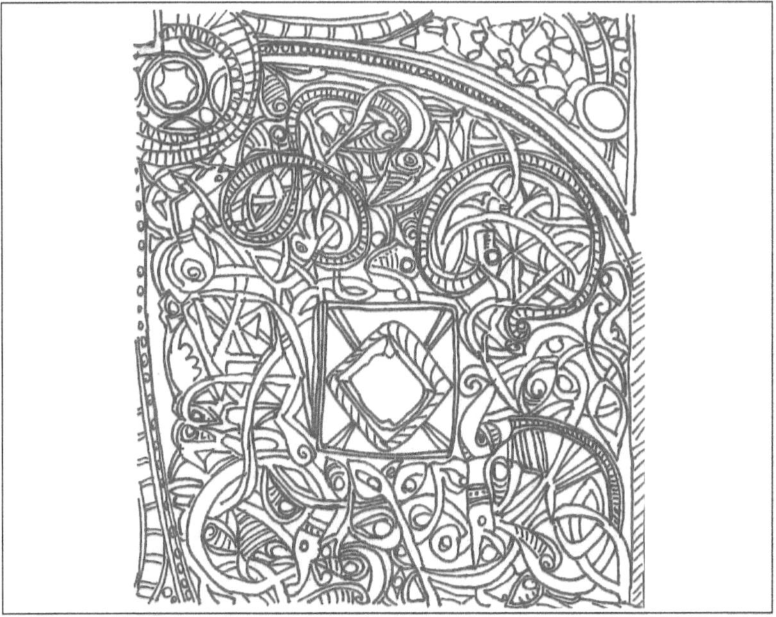

Figura 11. Esquema iconográfico de un detalle de seres serpentiformes pertenecientes a la cubierta inferior de los Evangelios de Lindau. Metal, esmaltado y piedras incrustadas. New York, The Morgan Library & Museum, MS M. 1, fines del siglo VIII, realizada probablemente en Salzburgo, Austria. (Esquema iconográfico realizado por Nadia Mariana Consiglieri©)

Esta contratapa ostenta la inclusión de esmaltados y gemas preciosas, pero su diseño iconográfico central cruciforme delimita cuatro espacios rellenos por un denso *horror vacui* de entrelazos zoomorfos, los cuales, según el prestigioso catedrático español, engloban una especie particular de lagartos bípedos con cabezas caprinas, cánidas y

---

251. Cfr. Alexander, Jonathan James Graham: *Insular Manuscripts. 6th to the 9th Century*. London, Harvey Miller, 1978.

252. Elvira Barba, Miguel Ángel: «Los orígenes iconográficos del dragón medieval», *op. cit.*, pp. 423, 425.

de saurios[253]. No obstante, atendiendo a una nueva revisión sobre la pieza, es posible señalar que pueden reconocerse seres serpentiformes en dos variantes diferenciadas. En ciertos casos, unos presentan cabezas frontales y cuerpos ondulantes, con una clara reminiscencia al universo serpentino y a la esfera de los reptiles. En otros ejemplares, más imperceptibles dentro de la compleja maraña de formas ondulantes, los seres representados tienen sus cabezas en posición lateral, muerden los mismos entrelazos, y adoptan una semejanza alternativa con cánidos, felinos o incluso aves, adquiriendo también un notable aire dragontino.

Esta última tipología ornamental de dragones también es perceptible en la miniatura de los conocidos *Gospels* o Evangeliarios irlandeses altomedievales. Son numerosas las variantes dragontino-serpentinas mixtas que pueden reconocerse especialmente en sus páginas carpeta o tapiz. Estas adquieren, según cada ejemplar, características ambiguas, incorporando cabezas con rasgos de aves o de cuadrúpedos que guardan intrínsecas semejanzas con el universo de los reptiles[254], elementos que ya detectamos en la tapa de los Evangelios de Lindau. Tales diseños zoomorfos expresados por medio de lacerías y de un vocabulario visual curvilíneo complejo hunden sus raíces en la tradición orfebre celta, y su difusión a partir de la movilidad de monjes evangelizadores dentro de las islas británicas y en el continente europeo por esos tiempos[255]. En varios folios miniados del Evangeliario de Lindisfarne, finalizado hacia el año 700 en el Monasterio homónimo de Northumbria[256], pueden observarse este tipo de diseños animalísticos ambiguos (Figura 12). En el folio 26 verso, hallamos complejas tramas de figuras que parecen tener picos de aves[257], pero

---

253. *Ibidem*, pp. 423-424.

254. Miguel Ángel Elvira Barba reconoció este fenómeno en el famoso Libro de Kells (Dublin, Trinity College, TCD MS 58, siglo IX, Irlanda). *Ibidem*, p. 423. Este tipo de diseños dragontinos heterogéneos aparecen patentes en el comienzo de la Genealogía de Cristo (Luc 3, 22-26), folio 200 recto de ese manuscrito. Resulta esencial considerar que cada página dedicada a los Evangelistas introduce en el libro un importante plan decorativo-ornamental, con los símbolos de sus atributos, un retrato de cada uno y diseños diversos en las letras y/o palabras iniciales. Estas decoraciones que acompañan y resaltan el aparato textual fueron realizadas a partir de una destacada utilización de composiciones lineales y policromadas. Cfr. MEEHAN, Bernard: *The Book of Kells. An illustrated introduction to the manuscript in Trinity College Dublin*. London, Thames & Hudson, 1994, p. 22.

255. MANZI, Ofelia: "Prólogo", en DALY, Jorge y PAZ, Carmen: *Manuscritos Ilustrados Irlandeses*. Buenos Aires, Papyrus Editores Argentina, 2008, p. 12.

256. DALY, Jorge y PAZ, Carmen: *Manuscritos Ilustrados Irlandeses*. Buenos Aires, Papyrus Editores Argentina, 2008, p. 53.

257. *Ibidem*, p. 58. Cfr. GAMESON, Richard: *From Holy Island to Durham: The Contents and Meanings of The Lindisfarne Gospels*. London, Third Millennium Publishing, 2013.

cuerpos alargados serpentinos, que remiten a las formas de dragones. Éstos constituyen círculos ornamentales, que se enroscan y conectan entre sí, ya que se entrecruzan y muerden unos a otros. No obstante, son sus cuerpos estilizados y flexibles los que les otorgan cualidades serpentiformes y dragontinas, y el medio que les permite crear un infinito campo de entrelazos[258].

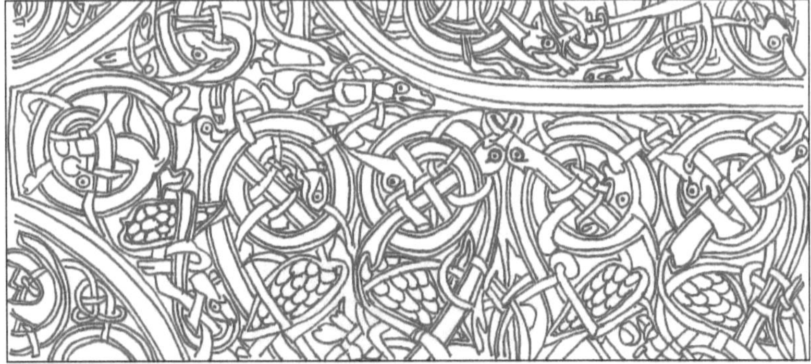

Figura 12. Esquema iconográfico de detalle de dragones ornamentales en la página tapiz del Evangeliario de Lindisfarne (The Lindisfarne Gospels), procedente del Monasterio de Lindisfarne, *ca.* 700, Londres, British Library, Cotton MS Nero D IV, f.26v. (Esquema iconográfico realizado por Nadia Mariana Consiglieri©)

Tales hibridaciones de múltiples especies animales fueron también ampliamente representadas en pleno contexto carolingio, pues en ese momento se desarrolló una gran diversidad de configuraciones en torno al dragón. Con estructuras corporales de serpientes, bípedos, con o sin alas: estas son algunas de las posibilidades representativas de que adquirieron los dragones carolingios[259]. Sin embargo, un cambio importante que tuvo lugar en esta etapa consistió en la gradual independización de su figura respecto de la función ornamental que cumplía en la miniatura anglosajona, aun estando capturado en ciertas letras capitales o, por el contrario, emancipado totalmente de ellas[260]. Un temprano y curioso caso aparece en una letra capital iluminada correspondiente a la primera Biblia de Carlos el Calvo confeccionada

---

258. En efecto, Christopher de Hamel planteó en relación con los Gospels, dos instancias de visión y de lectura de las imágenes que conviven en los mismos libros. Por un lado, las iluminaciones grandes, pictóricamente sobrecargadas y por el otro, los variados entrelazos extremadamente delicados, que parecen no tener fin. Cfr. HAMEL, Christopher de: *A History of Illuminated Manuscripts*. London, Phaidon, 1994, p. 40.

259. ELVIRA BARBA, Miguel Ángel: «Los orígenes iconográficos del dragón medieval», *op. cit.,* p. 426.

260. *Ibidem*, p. 424.

en Tours hacia el año 845 (Figura 13). En esta apertura al libro de Job hay varios animales representativos de la cristiandad, como el cordero, un ave o gallo cercano a un cáliz y una especie dragontina serpentiforme que, a su vez, remite a ciertas características del basilisco. Recordemos que este ser con cuerpo de serpiente, cabeza, patas y alas de ave, se creía que era fruto de un huevo de gallo que había sido incubado por una bestia venenosa como el áspid, el sapo o el dragón mismo[261]. Esta particular criatura plasmada en la inicial cuenta con cresta y pico, aunque su cuerpo se anuda de manera sinuosa y serpentina, y al igual que los otros animales está ubicada por fuera de los límites de la letra V, manifestando con esto un mayor grado de autonomía en la representación. Todos ellos presentan incorporaciones de oro, y el interior de la letra también cuenta con tonalidades púrpuras, elementos que manifiestan el alto valor material y simbólico del manuscrito, así como la jerarquía del comitente al ser encargado por el conde Vivien de Tours y dedicado a Carlos el Calvo[262].

Un vocabulario plástico heredero de este rico vocabulario plástico carolingio –en especial aquel procedente de la Escuela de Tours– y de esta clase de elementos ornamentales de entrelazos franco-insulares, lo encontramos incorporado a partir del siglo X a algunos Beatos ibéricos[263], como es el caso del Beato de Facundus terminado en el *scriptorium* regio de León, en 1047 (Figura 14). Esta inicial Alfa porta en cada punta de la A, nodos con entrelazos en oro que, respondiendo a modelos franco-sajones, presentan remates con cabecillas que parecen de pájaros"[264], y que, por momentos, asemejan ciertos rasgos de

261. Pastoureau, Michel: *Bestiaires du Moyen Âge, op. cit.,* p. 156.

262. Cfr. Ganz, David: «Carolingian Bibles», en Marsden, Richard, & Matter, E. Ann (eds.): *The New Cambridge History of the Bible*. Vol. 2. Cambridge, Cambridge University Press, 2012, pp. 325-337; Ganz, David: «Mass production of early medieval manuscripts: the Carolingian Bibles from Tours», en Gameson, Richard (ed.): *The Early Medieval Bible: its Production, Decoration and Use*. Cambridge Studies in Palaeography and Codicology. Cambridge, Cambridge University Press, 1994, pp. 53-62. Sobre los usos y simbología del color púrpura, véase: Rodríguez Peinado, Laura: «Púrpura. Materialidad y simbolismo en la Edad Media», *Anales de Historia del Arte*, Vol. 24 (2014), pp. 471-495. Consultado en línea (16/01/2019), DOI: <https://doi.org/10.5209/rev_ANHA.2014.48289>.

263. Guilmain, Jacques: «Zoomorphic decoration and the Problem of the Sources of Mozarabic Illumination», *Speculum*, Vol. 35, n°1 (January 1960), pp. 17-18. Consultado en línea (20/12/2019), URL: <http://www.jstor.org/stable/2850173>; Guilmain, Jacques: «Observations on some early interlace initials and frame ornaments in Mozarabic manuscirps of León-Castile», *Scriptorium: revue internationale des études relatives aux manuscrits*, Vol. 15, 1 (1961), pp. 27-29. Consultado en línea (20/12/2019), DOI: <https://doi.org/10.3406/scrip.1961.3068>.

264. Williams se refirió a diseños bastante similares a los que nombramos aquí que están en la parte de arriba de una gran letra capital I correspondiente al folio 30 recto de este códice. Williams, John: *The Illustrated Beatus: a corpus of the illustrations of the Commentary on the Apocalypse. 3, The Tenth and Eleventh centuries,* London, Harvey Miller Publishers, 1998, pp. 37-38.

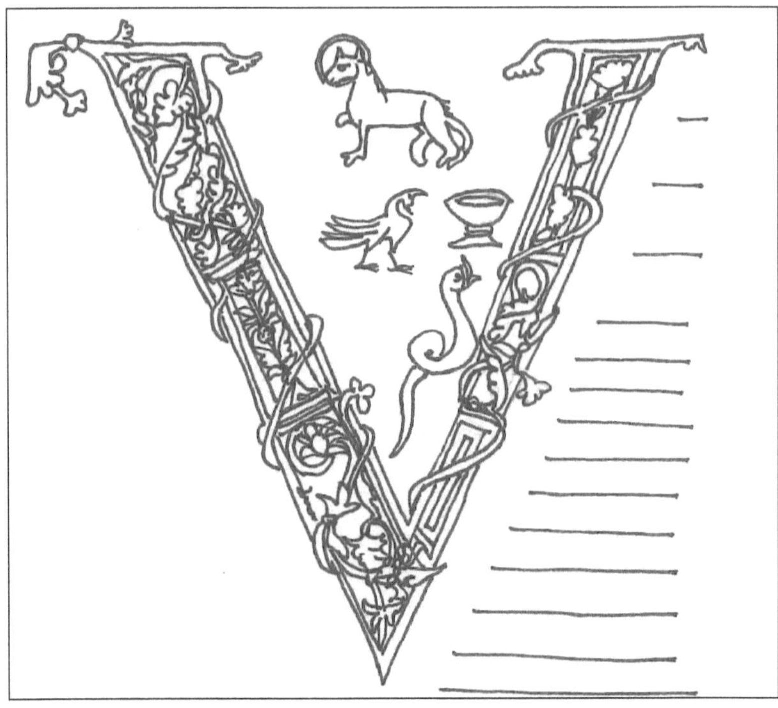

Figura 13. Esquema iconográfico con un dragón serpentino con aspecto de basilisco en inicial V, perteneciente a la Primera Bilia de Carlos el Calvo (Bible de Vivien dite Première Bible de Charles le Chauve), Paris, Bibliothèque Nationale de France, MS lat. 1, 845. Procedencia: Abadía de Saint-Martin de Tours, f.206v. (Esquema iconográfico realizado por Nadia Mariana Consiglieri©)

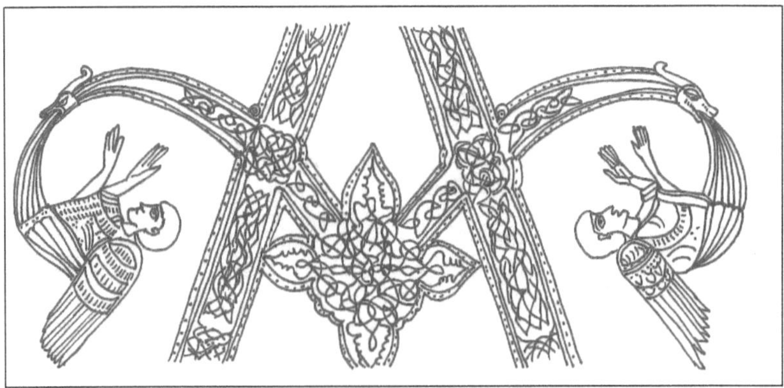

Figura 14. Esquema iconográfico de figuras dragontinas ornamentales presentes en la letra Alfa del Beato de Facundus (también denominado Beato de Fernando I y Sancha), realizado en el Real *scriptorium* de León, 1047, Madrid, Biblioteca Nacional de España. Ms. Vitrina 14-2, f.6r. (Esquema iconográfico realizado por Nadia Mariana Consiglieri©)

mamíferos por sus orejas[265]. El superior está flanqueado por dos motivos de cuadrúpedos cánidos mordiendo aves de presa, y deriva en la conformación del tabique de la letra constituido a su vez por dos dragones-serpentinos de cuyas bocas surgen ángeles[266]. Sus cuerpos estilizados y ornamentados a su vez en su interior con otros motivos de lacerías expresan las diferentes variantes de las figuras dragontinas en el marco de este manuscrito apocalíptico leonés.

Fue justamente entre fines del siglo X e inicios del siglo XI, en el marco general del renacimiento otoniano y de los inicios del románico, cuando la iconografía del dragón bípedo alado contrapuesto al héroe y cada vez más alejado del modelo serpentino, comenzó a difundirse con creces por el Occidente medieval[267]. Algo diferente ocurrió en Bizancio, en donde permanecieron modelos bastante uniformes sustentados en la tradición clásica[268], tendientes a continuar representando al dragón como una gran serpiente. Es importante considerar, tal como sostuvo Miguel Ángel Elvira Barba, que junto con la destacada circulación que adquirió hacia el siglo XI el poema épico bizantino *Digenis Acritas* (Διγενὴς Ακρίτας) en el cual Digenis establece combates contra monstruos y dragones de tres cabezas, también es el momento en el que se inicia el florecimiento de los relatos sobre san Jorge y el dragón, vinculado en gran medida con la guerra desatada entre san Miguel y el dragón rojo apocalíptico de siete cabezas y diez cuernos[269]. Siguiendo esta perspectiva planteada por el especialista español, la conjunción y fusión de estos diversos discursos quedó manifestada en una pintura mural realizada en torno a 1070 en una de las iglesias de Göreme en Capadoccia (Figura 15). En ella, se puede apreciar el ataque conjun-

---

265. Consiglieri, Nadia Mariana: "Ritmos y divergencias de mamíferos y aves. Nuevos aportes al estudio de la retórica animalística en las piezas del Tesoro de San Isidoro de León", en: Lobato Fernández, Abel [*et al.*] (Eds.) *Mundo hispánico: cultura, arte y sociedad*, León, Universidad de León, Área de Publicaciones, 2019, pp. 68-69. Consultado en línea el 23/05/2020; URL: <https://buleria.unileon.es/handle/10612/11449>.

266. Yarza Luaces, Joaquín: «La ilustración del Beato de Fernando I y Sancha», *op. cit.*, p. 92.

267. Elvira Barba, Miguel Ángel: «Los orígenes iconográficos del dragón medieval», *op. cit.*, p. 428.

268. Elvira Barba, Miguel Ángel: «La iconografía del dragón en Bizancio», *op. cit.*, pp. 67-68. Un interesante tratado denominado *De Draconibus*, escrito en el siglo VIII por Juan Damasceno, refería ya a esta tendencia antigua, temprano-cristiana y altomedieval de asociar la figura del dragón con la serpiente, aunque incorporando variaciones. Por ejemplo, allí se estableció también la referencia a una imagen más antropomorfizada del dragón, a partir de pequeñas culebras que aumentaban sus proporciones y terminaban siendo humanas. Mientras se planteó la existencia de diferentes especies de ojos centelleantes, grandes cabezas, cuernos y barbas, fueron retomados antiguos preceptos de raigambre clásica, como aquellos basados en la idea de que los dragones podían ser abatidos mediante rayos (recordemos a Zeus y Tifón), además de ciertas tradiciones isidorianas vinculadas a nombrar al dragón como un tipo de serpiente. *Ibidem*, pp. 68-69.

269. *Ibidem*, pp. 69-71.

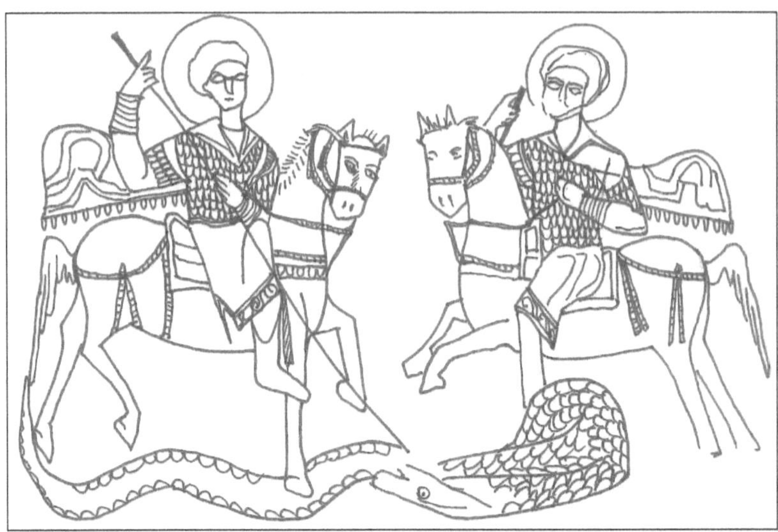

Figura 15. Esquema iconográfico de san Teodoro y san Jorge venciendo al dragón perteneciente a una pintura mural, *ca.* 1070, del interior de la Iglesia del dragón de Göreme (Capadoccia). (Esquema iconográfico realizado por Nadia Mariana Consiglieri©)

to de san Teodoro de Bizancio y san Jorge a un dragón que está bajo las patas de ambos caballos[270]. En esta escena de combate contra las fuerzas maligna, se pone en relieve la antigua simbología del dragón como un obstáculo a vencer[271] para así regenerar un orden, aunque ya en clave cristiana[272]. Pese a que la parte inferior de la pintura está

---

270. *Ibidem*, p. 71.

271. REVILLA, Federico: *op. cit.*, p. 199.

272. Resultan muy interesantes las ideas desarrolladas por Inés Monteira Arias en torno a los procesos de "animalización" del musulmán pensado como enemigo a través de las diversas fuentes escritas cristianas. La asimilación incluso de Mahoma como falso profeta instigador de una doctrina ficticia y desde un estatuto bestial fue una práctica común promovida por la perspectiva cristiana. Como ha señalado la investigadora, Teófanes de Bizancio a inicios del siglo IX ya había calificado a Mahoma como bestia vinculándolo a los placeres carnales, una tendencia que resultó bastante común dentro del *corpus* textual producido en Bizancio y oriente. En ese mismo siglo, dentro de la controversial lucha contra los musulmanes en territorio ibérico, Álvaro de Córdoba en su *Indiculus Luminosus* señaló a Behemot como prefiguración de Mahoma ya que éste nació bruto, inculto, engañoso y sinuoso, y lo denominó dragón o serpiente. Cfr. MONTEIRA ARIAS, Inés: «Entre bestias y hombres: monstruosidad, gestualidad y fisonomía atribuidas a los musulmanes», en *El enemigo imaginado. La cultura románica hispana y la lucha contra el Islam*. Toulouse, CNRS-Université de Toulouse-Le Mirail, Collection «Méridiennes», 2012, pp. 425, 427. "Dicitur namque animal, nam Behemoth ex Ebreo in Latinum animal sonat" […] "Quia brutus et sibe litteris ortus est, Behemoth, hoc est, animal, dictus est; quia dolorosus aparauit, uersutus et callidus, serpens uel draco est nuncupatus. Dicitur et auis eo quod superuus, elatus et uagus incessit nulloque freno temperatje semet ipsum muniuit". ÁLVARO DE CÓRDOBA: *El Indiculus Luminosus. Álvaro de Córdoba y la Polémica contra el islam*. Córdoba, Ed. Delgado León, F. Caja Sur, 1996, 26, 28, pp. 154, 160.

muy dañada, es evidente el mantenimiento de la forma dragontina tradicional antigua e isidoriana en tanto serpiente de enormes dimensiones, con cuerpo extenso y escamas puntiagudas, que se retuerce al ser alanceada y pisada por ambos equinos. En este sentido, y como apuntó Georges Didi-Huberman, este tipo de imágenes dragontinas vinculadas al motivo de san Jorge preceden al momento de su mayor difusión a nivel textual en el siglo XIII[273].

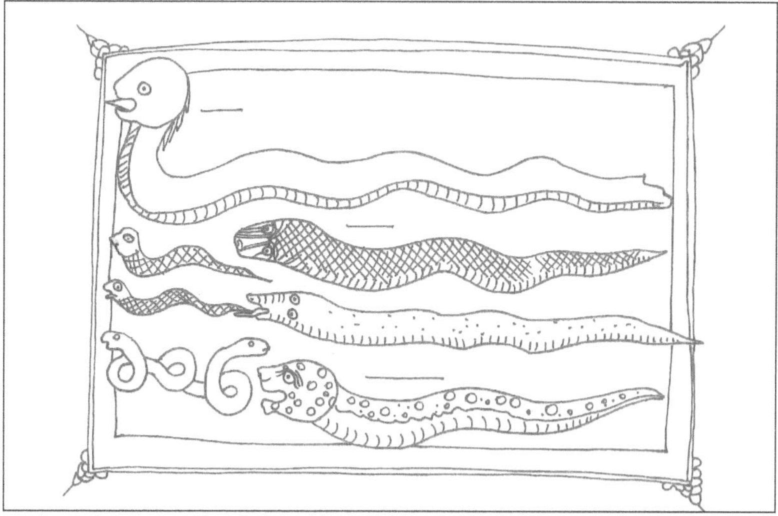

Figura 16. Esquema iconográfico del dragón desde la perspectiva árabe, presente en el *Libro de las utilidades de los animales*, de Ibn Al-Durayhim Al-Mawsilt, Biblioteca del Real Monasterio del Escorial, ms. árabe 898, 1354, f.189v. (Esquema iconográfico realizado por Nadia Mariana Consiglieri©)

Al mismo tiempo, cabe destacar que el mundo islámico también había concebido una tipología dragontina bastante análoga, en tanto serpiente gigante pero marina, habitante de las aguas y de las profundidades. Esto es visible en una miniatura de una copia recopilatoria del siglo XIV sobre la obra del siglo IX escrita por de Abu Uthman Amr ibn Bahr al-Jahiz denominada *Kitāb manāfi al-hayawān* (*Libro de las utilidades de los animales*)[274] (Figura 16). En esta representa-

<hr>

273. DIDI-HUBERMAN, Georges: "Celui par que s'ouvre la terre. Une iconographie à l'épreuve de ses transformations. 2. Le combat, ou l'ouverture agie", in DIDI-HUBERMAN, Georges; GARBETTA, Ricardo; MORGAINE, Manuela: *Saint Georges et le dragon: versions d'une légende*. París, Société nouvelle Adam Biro, 1994, pp. 42-43.

274. ELVIRA BARBA, Miguel Ángel: «La iconografía del dragón en Bizancio», nota al pie n°45, *op. cit.*, p. 80. Otro interesante ejemplo de origen árabe consiste en la enciclopedia titulada *Maravillas de las cosas creadas y aspectos milagrosos de las cosas existentes* ('Ajā'ib al-makhlūqāt wa-gharā'ib al-mawjūdāt) escrita por Abu Yahya Zakariya' ibn Muhammad al-Qazwini thu'ban

ción el dragón (*draco*) se destaca en cuanto a su gran tamaño respecto de otros seres serpentinos variados[275].

Empero, el genuino dragón románico de los siglos XI y XII irrumpió con fuerza en la cultura medieval occidental y adquirió diferentes facetas y significados. La tipología del dragón-serpiente continuó siendo utilizada, aunque paulatinamente fue sustituida por una figura dragontina conformada por un diseño corporal más rotundo y macizo. Adoptó el semblante de un ser bípedo y alado[276] y con ello logró impulsar una mayor efectividad en la construcción del imaginario medieval del dragón en tanto criatura monstruosa y dañina. Comenzó a amalgamarse una mezcla de elementos corporales disímiles de cánidos, aves y lagartos y las colas dragontinas muchas veces fueron rematadas por ramilletes de hojas[277]; aspecto que se instaló con potencia en los dragones en el siglo XIII.

Desde la esfera de las imágenes, comenzaron a ser exploradas las posibilidades representativas de una mayor variedad de especímenes dragontinos en relación con sus diferentes hábitats de acción. En especial los dragones terrestres fueron aquellos plasmados con mayor frecuencia, aunque también los aptos para el vuelo y los monstruos acuáticos vinculados a Leviatán y a la ballena amenazante de Jonás[278]. De igual manera, se buscó reforzar la imaginería del dragón en lucha contra el hombre a través de diferentes recursos y motivos iconográficos. A partir de 1095, tuvieron inicio las conocidas cruzadas hacia Tierra Santa, las cuales contribuyeron a acrecentar en gran medida el sentimiento bélico necesario para reestablecer el control cristiano sobre tierras y reliquias sagradas. Este fenómeno comenzó a estimular una mayor construcción y circulación de esta iconogra-

---

a fines del siglo XIII, de la cual existe una copia posterior del siglo XVII procedente de la India (Pujab) –MS P 2–.

275. Sara Kuehn ha indicado la importante presencia del dragón-serpiente ya desde las tradiciones antiguas y su continuidad en el mundo islámico-medieval, aunque con significados y simbologías supervivientes a menudo bastante crípticas en el área de Europa del este y Asia central durante el Medioevo. No obstante, subrayó la notoriedad del carácter híbrido y multiforme de esta criatura de raigambre mítica, en su constante conjunción de partes de reptiles, aves y felinos. Además, destacó la fuerte impronta de sus alternativos aspectos ctónicos, acuáticos y aéreos, aunque en esa zona, con predominancia de las formas serpentinas y de reptiles en sus concepciones y representaciones. Cfr. KUEHN, Sara (with a foreword by HILLENDRAND, Robert): *op. cit.*, p. 5.

276. ELVIRA BARBA, Miguel Ángel: «La iconografía del dragón en Bizancio», *op. cit.*, p. 70.

277. "Le dragon roman est lui-même une figure composite: mi-chien, mi-oiseau, mi-lézard, avec une queue se changeant parfois en bouquet de feuilles". NORDENFALK, Karl: «L'enluminure a l'époque romane», en GRABAR, André, & NORDENFALK, Karl: *La peinture romane du onzième au treizième siècle*. Genéve, Skira, 1958, p. 153.

278. Jonás 1, 1-17. Cfr. DAVY, Marie-Madelaine: *Iniciación a la simbología románica. El siglo XII.* Madrid, Ediciones Akal, 1996, p. 196.

fía[279] que sirvió para reforzar la contundente brecha constituida por la oposición entre el bien y el mal, entre Cristo y el diablo, entre los cristianos y los herejes. Así, los diferentes procesos de movilidad de personas y el tráfico de objetos que estas campañas implicaron, significaron el principal motor de difusión del dragón románico. Éste logró circular tanto en los puntos geográficos europeos de mayor desarrollo de Cluny, así como en un primer momento de Bizancio a la Italia meridional[280] y desde allí a toda Europa, itinerario de difusión que gozó en paralelo la iconografía de san Jorge y el dragón[281]. Bajo estos nuevos lineamientos, el dragón románico comenzó a aparecer cada vez más en diversos soportes y materiales encarnando plenas contiendas contra humanos, guerreros y santos. Tanto en manuscritos iluminados como en relieves arquitectónicos, en orfebrería, esmaltados e incluso en mosaicos pavimentales, diferentes tipologías de estos dragones bípedos comenzaron a expandirse en la cultura visual medieval. Por lo general, se han caracterizado por portar marcados rasgos serpentinos en sus cuerpos con prominentes escamas, colas anudadas, lenguas puntiagudas o bífidas, a los que se les agregaron un par de alas, además de dos sólidas patas delanteras, y cabezas con formas felinas o caninas: elementos todos que les otorgan una sustancial corporalidad. En ocasiones, estos rasgos de cuadrúpedos amalgamados a cuerpos serpentinos incluyeron semblantes vinculados a los grifos, tal como comprobamos en las diversas vertientes de transformación del dragón en tiempos antiguos. Tales características permitieron no sólo crear un imaginario más sólido del dragón, sino también reforzar las nociones de ferocidad y amenaza contra el héroe cristiano por parte de estas bestias demoníacas[282]. Un notorio

---

279. Este tópico genérico de lucha fue difundiéndose cada vez más no sólo en el campo de la iconografía, sino también en la literatura, en el marco de las sucesivas cruzadas. En el Libro II de *La gran conquista de Ultramar*, crónica producida en Castilla ya a finales del siglo XIII, se incluye el cruento combate entre el caballero Baldovin y una gran sierpe, con características heterogéneas y demoníacas totalmente dragontinas. Cfr. ALCATENA, María Eugenia: "El enfrentamiento con la serpiente en *La Gran conquista de Ultramar*. Reelaboración del motivo de la lucha con el dragón en el horizonte de las cruzadas", en BASARTE, Ana y BARREIRO, Santiago (Eds.): *Actas de las XIII Jornadas Internacionales de Estudios Medievales y XXIII Curso de Actualización en Historia Medieval*, Buenos Aires, Saemed, 2014, pp. 197-202.

280. ELVIRA BARBA, Miguel Ángel: «La iconografía del dragón en Bizancio», *op. cit.*, p. 72.

281. DIDI-HUBERMAN, Georges: "Celui par que s'ouvre la terre. Une iconographie à l'épreuve de ses transformations. 2. Le combat, ou l'ouverture agie", *op. cit.*, p. 43.

282. Elvira Barba nombró dos interesantes ejemplos de estos tipos de dragones románicos, presentes en los relieves exteriores de la Iglesia de San Benedetto (Brindisi, Italia, *ca.* 1100) y otros en los mosaicos de la Catedral de Santa María Annunziata (Otranto, Lecce, Italia, *ca.* 1163-1165). ELVIRA BARBA, Miguel Ángel: «La iconografía del dragón en Bizancio», *op. cit.*, pp. 72-74. Respecto de este último caso, es importante mencionar que esta criatura forma parte de un programa iconográfico complejo con escenas vinculadas al ciclo artúrico, a episodios bíblicos

espécimen dragontino de una taxonomía semejante se despliega en el tímpano sur de la Iglesia cántabra de Santa María de Yermo[283], impartiendo una violenta lucha contra un caballero ecuestre (Figura 17).

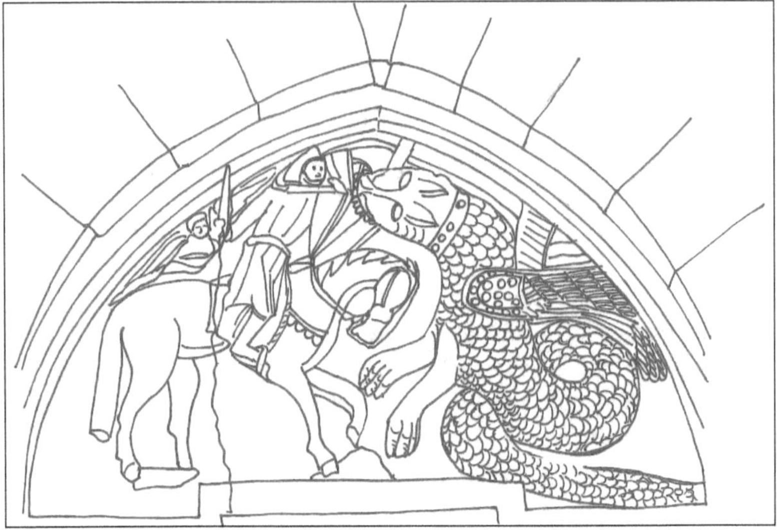

Figura 17. Esquema iconográfico de dragón románico siendo atacado por un caballero en un relieve perteneciente al pórtico sur de Iglesia de Santa María de Yermo (Yermo, Cantabria), *ca.* fines del siglo XII-siglo XIII. (Esquema iconográfico realizado por Nadia Mariana Consiglieri©)

Con claras reminiscencias al modelo de santo guerrero de san Jorge, que habíamos percibido en su temprana iconografía junto con san Teodoro, esta última figura totalmente cubierta por lo que parece ser una armadura de metal, con escudo, espada y lanza, con un ángel atrás que lo asiste, ejerce un poderoso efecto de choque contra el enorme dragón, que reúne con gran agudeza las características especificadas más arriba. Su cabeza vista desde arriba, plagada de potentes dientes, junto a las patas delanteras leoninas, funciona en comunión visual con su cuerpo serpentino, su cola anudada y las alas que parecen colisionar contra el marco del arco ojival. Se trata de una bestia

variados e incluso a la figura de Alejandro Magno, dialogando con un conjunto heterogéneo de otros animales y bestias que ornamentan el mosaico. "Sin duda eran estas criaturas, de las que rebosan los mosaicos pavimentales románicos, y de las que toda una serie de fuentes –de Plinio el Viejo al *Physiologus*, de san Agustín al *Liber monstruorum* y a los Bestiarios– justificaba la existencia, las que atraían y maravillaban al fiel que entraba a la iglesia, haciendo que el mensaje transmitido por las imágenes del relato sagrado fuera más llevadero". Segre Montel, Constanza: «Mosaico», en Castelnuovo, Enrico, & Sergi, Giuseppe (eds.): *Arte e Historia en la Edad media. Volumen II. Del construir: técnicas, artistas, artesanos, comitentes.* Madrid, Akal, 2013, p. 590.

283. Cfr. Herbosa, Vicente: *El Románico en Cantabria.* Madrid, Ediciones Lancia, 2002, pp. 24-25.

maligna que pretende dar la sensación visual de mayor tangibilidad. Pertenece al mundo terrenal del pecado que, como los herejes, debe ser aniquilada por las fuerzas benévolas y redentoras cristianas[284]. En efecto, el tópico de san Jorge mitigando al dragón comenzó a adquirir un importante peso en estos siglos plenomedievales, y logró tener una repercusión definitiva durante el gótico[285]. Gracias a la importante difusión que alcanzó hacia fines del siglo XIII la *Legenda aurea*, compendio de hagiografías entre las que se encuentra la correspondiente a este particular santo[286], este tema alcanzó un enorme éxito en sus diversas representaciones. Su imagen arquetípica posibilitó condensar en esta fórmula iconográfica la incesante lucha entre las fuerzas del bien contra las del mal, el combate entre un santo guerrero y un gran dragón, en total sintonía con la figura de san Miguel Arcángel.

---

284. Otra variante del dragón románico vinculada directamente a la heráldica aparece representada en algunos sectores del Tapiz de Bayeux del siglo XI. Además de la presencia de dragones alados en los estrechos frisos del enmarque del tapiz, éstos están plasmados como emblemas heráldicos en diversos escudos con el fin de expresar las luchas devenidas a causa de la invasión normanda a Inglaterra. Estos dragones fueron identificados con el sector de los normandos y como distintivos de las tropas de Guillermo el Conquistador. CARDINI, Franco: «Il drago», en BOTEY, LAMBERT & CIRLOT, Victoria (publ.): *El Drac en la cultura medieval. Exposició Fundació Caixa de Pensions. Catálogo de la exposición.* Barcelona, Fundació Caixa de Pensions, 1987 p. 40; ELVIRA BARBA, Miguel Ángel: «La iconografía del dragón en Bizancio», *op. cit.*, p. 75. En las diversas representaciones de caballeros combatiendo, estos dragones bípedos presentan cuerpos estilizados, con colas extremadamente largas que terminan en la parte inferior de los escudos, adaptándose las formas dragontinas a la delimitación de los escudos (ley de adaptación al marco). Además, igualmente se muestran como seres alados, en activas actitudes de ataque, guardando esto una evidente relación con el espíritu bélico de todo el programa iconográfico. "La sociedad occidental a fines del siglo XI ya es una sociedad fuertemente emblematizada, como lo muestra el documento excepcional constituido por el Tapiz de Bayeux. Una lectura atenta permite reconocer allí unos diez sistemas de signos diferentes cuya función es indicar la identidad, el estatus social, el rango, la dignidad, las actividades y hasta la etnia (como, por ejemplo, la nuca afeitada que distingue a los normandos de los sajones) de los diversos personajes y grupos representados". PASTOUREAU, Michel: *Una historia simbólica ..., op. cit.,* p. 244.

285. Sobre el desarrollo de la iconografía medieval del dragón en combate desde la vertiente islámica y el oriente cristiano, así como desde la tradición greco-bizantina del caballero santo en tanto luchador contra el dragón, véase: KUEHN, Sara (with a foreword by HILLENDRAND, Robert): *op. cit.,* pp. 92-110.

286. Como ha indicado Helena Carvajal González: "La fuente más antigua conservada es la llamada *Passio Georgii*, cuya primera redacción se encuentra en el códice Palimpsesto griego 954 de la Biblioteca Nacional de Viena. La *Leyenda dorada* de Santiago de Vorágine será, sin duda, la fuente esencial para la consolidación y difusión de la leyenda de San Jorge por toda la geografía europea". CARVAJAL GONZÁLEZ, Helena: "San Jorge", *Revista Digital de Iconografía Medieval*, vol. IV, n° 7, (2012), p. 22. Consultado en línea el 23/05/2020; URL: <https://www.ucm.es/bdiconografiamedieval/san-jorge>. Cfr. IACOPO DA VARAZZE: *Legenda aurea.* Con le miniature del codice Ambrosiano C 240 inf. Testo critico riveduto e commento a cura di Giovanni Paolo MAGGIONI. Traduzione italiana coordinata da Francesco. Edizione Nazionale dei Testi Mediolatini, 20, Firenze, SISMEL, Edizioni del Galuzzo; Milano, Biblioteca Ambrisiana, 2007, Volume I; SANTIAGO DE LA VORÁGINE: "LVIII. San Jorge", en: *La Leyenda Dorada*, Macías, José Manuel (Trad.), Madrid, Alianza, 1990, Vol. 1, pp. 248-252.

De esta manera, se terminaron de establecer determinados principios iconográficos principales que se repetirán de manera incesante para su representación: el dragón herido al ser atravesado por una lanza por parte de san Jorge montado sobre un caballo blanco, y hacia los siglos XIV y XV se incluirá la presencia de una damisela arrodillada rezando[287] (la princesa de Silca), a la espera de ser rescatada. En este sentido, los dragones comenzaron a adquirir fisonomías cada vez más complejas e incorporaron elementos propios del *Estilo 1200*, como las colas sinuosas, terminadas en motivos florales o en hojas, cuerpos y alas estilizados e incluso las orejas rematadas en puntas[288].

Hacia los siglos XII y XIII también surgieron nuevas variantes del dragón. Una de ellas consistió en el motivo del *ouroboros*, basado en el diseño de una criatura serpentina-dragontina que se muerde su propia cola y forma un círculo cerrado sobre sí mismo. Las ideas de continuidad e infinitud[289] fueron vinculadas a su composición, además de que fue utilizado como símbolo alquímico hacia la Baja Edad Media[290]. Un

---

287. CIRLOT, Victoria: «El dragón en la cultura medieval», *op. cit.*, pp. 23-24. Véase también: RUÍZ-DOMÈNEC, José Enrique: «La princesa y el dragón», en BOTEY, Lambert, & CIRLOT, Victoria (publ.): *El Drac en la cultura medieval. Exposició Fundació Caixa de Pensions. Catálogo de la exposición*. Barcelona, Fundació Caixa de Pensions, 1987, pp. 94-103.

288. Esto es visible en el ejemplo señalado por Elvira Barba en el dragón que es aniquilado por San Jorge perteneciente al relieve del Tímpano de la Catedral de Ferrara, Italia, *ca.* 1155. Cfr. ELVIRA BARBA, Miguel Ángel: «La iconografía del dragón en Bizancio», *op. cit.*, p. 71.

289. Desde perspectivas orientales e islámicas, estas ideas fueron vinculadas directamente con el dragón, a través de su simbolismo de las fases liminales o transicionales de ritos de pasaje, en tanto ser representante del ciclo de la vida y la muerte. Cfr.: KUEHN, Sara (with a foreword by HILLENDRAND, Robert): *op. cit.,* pp. 195-196.

290. La figura del *ouroboros* envuelve una amplia tradición simbólica y representativa. Es posible reconocerlo en expresiones visuales del Antiguo Egipto, China, en la Antigüedad griega y en el periodo helenístico, además de reconocerse en la cultura vikinga y hebrea. Sus diversas implicancias y significados condensaron vínculos cosmológicos con el dios solar, con la génesis del mundo, con el océano circular y envolvente, con la noción de confrontación y renacimiento, así como con el supramundo que rodea a la Tierra. En determinados episodios del Antiguo Testamento, el *ouroboros* aparece relacionado con Leviatán (לִוְיָתָן) (Job 41, 1-34; Salmo 104, 25-26; Isaías 27,1), pues representan al gran dragón marino que con su cola conforma un anillo que rodea al océano. Igualmente, fue vinculado a Behemot (בהמות) (Job 40, 15-24). Determinados fundamentos plásticos fueron configurando su semblante prototípico: su posición circular y continua, en movimiento de tipo rotativo; los colores en degradé aplicados a su cuerpo, y su textura de epidermis rugosa y escamosa. Además, como especificó Daniel Ogden, los seres serpentinos dragontinos del Antiguo Testamento implicaron una enorme contribución en continuidad con el imaginario sobre el dragón gestado en la Antigüedad griega y romana. Durante el periodo medieval, el *ouroboros* buscó expresar fundamentalmente la noción de infinito, de reunión de opuestos mediante la forma circular. El universo ctónico, terrenal, estaba condensado en la figura de la serpiente, mientras que el círculo tendía a expresar mayormente lo celestial y superior. No obstante, los siglos bajomedievales fueron el escenario predilecto de difusión de esta clase dragontina particular, en sintonía con una creciente producción y circulación de tratados alquímicos. Una curiosa representación del *ouroboros* aparece plasmada en la obra compilatoria alquímica ya de la segunda mitad del siglo XV, de Theodoros Pelecanos (Parisinus

heterogéneo conjunto de *ouroboroi* del siglo XII está contenido en los relieves del pórtico de ingreso correspondientes a la Iglesia de Santa María y San David de Kilpeck, en Herefordshire (Figura 18). Allí es posible distinguir diferentes expresiones de esta peculiar tipología dragontina: por un lado, simples dragones sujetando con sus fauces sus propias colas, y por el otro, extrañas criaturas conformadas sólo por una sucesión de cabezas dragontinas que se muerden unas a otras y forman así óvalos irregulares.

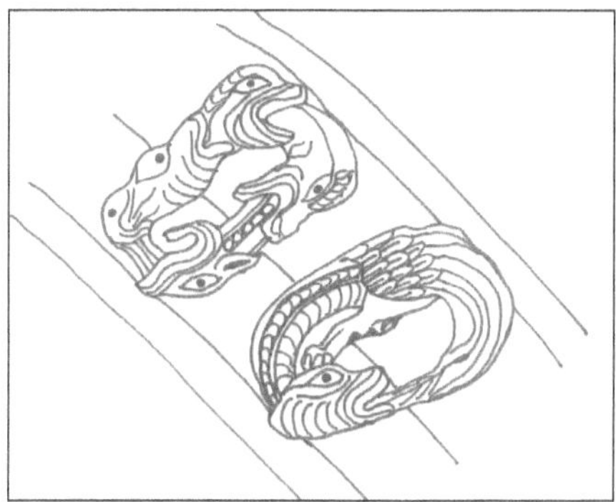

Figura 18. Esquema iconográfico de dragones *ouroboroi* del siglo XII, pertenecientes al arco del pórtico principal de la Iglesia de Iglesia de Santa María y San David de Kilpeck, Herefordshire, Inglaterra. (Esquema iconográfico realizado por Nadia Mariana Consiglieri©)

Igualmente, fieles a la clasificación isidoriana de las serpientes, el dragón apareció incluido dentro de ese grupo en gran cantidad de bestiarios miniados ingleses y franceses de los siglos XII y XIII. Bestiarios manuscritos foráneos evidentemente circularon en la Península Ibérica y tuvieron un fuerte impacto en la miniatura hispánica. Sin embargo, no se tiene constancia histórica de que en la España medieval se hayan confeccionado bestiarios originales en formato codicológico durante ese periodo[291].

A partir del siglo XIII, la más amplia difusión y traducción del griego al latín del *Physiologus* generó una asidua creación de bestiarios en la Europa Occidental[292]. Este particular género codicológico se

---

graecus 2327, Bibliothèque nationale de France). En relación con estos parámetros alquímicos y herméticos, el *ouroboros* adquirió un tinte significativo conectado con la naturaleza en estado latente, inminente, en proceso de desarrollo. Cfr. VAN DER SLUIJS, Marinus Anthony, & PERATT, Anthony L.: «The Ouroboros as an Auroral Phenomenon», *Journal of Folklore Research*, Vol. 46, 1 (2009), pp. 3-41; OGDEN, Daniel: *Dragons, Serpents, and Slayers..., op. cit.*, p. 187; CHEVALIER, Jean (dir.), & GHEERBRANT, Alain (col.): *op. cit.*, pp. 428, 791-792; KUEHN, Sara (with a foreword by HILLENDRAND, Robert): *op. cit.*, pp. 183-188.

291. YARZA LUACES, Joaquín: "Los seres fantásticos en la miniatura castellano-leonesa de los siglos XI y XII", *Goya Revista de Arte*, n° 103, (1971), p. 12.

292. Florence McCulloh ubicó dentro de las traducciones latinas más antiguas del *Physiologus* griego originario de Alejandría escrito entre los siglos II y III, a las versiones Y y B, esta última de gran repercusión en los bestiarios franceses e ingleses plenomedievales. La especialista en bestiarios, guiándose por la clasificación de Montague Rhodes James en cuatro familias de

basó en disponer una perspectiva simbólico-alegórica sobre las especies animales nutriéndose de fuentes naturalistas de la Antigüedad para ofrecer explicaciones moralizantes sustentadas en la doctrina cristiana. El vocabulario alegórico de los bestiarios posibilitó la edificación de diferentes desarrollos exegéticos vehiculizados en las características de la fauna, en tanto recursos literarios utilizados no sólo para explicar aspectos teológico-religiosos, sino también problemáticas morales y sociales de disímil índole[293]. Tal es así que, este vasto género comprendió desde aviarios y bestiarios escritos en latín destinados al consumo de monjes y clérigos, hasta tratados enciclopédicos variados y otras versiones de bestiarios (como los conocidos "bestiarios del amor", por ejemplo) en francés dirigidos al público laico[294]. No obstante, esta fuerte vertiente simbólica fue modificándose y misturándose poco a poco con visiones más empíricas sobre la naturaleza, en gran parte gracias al redescubrimiento de las obras animalísticas aristotélicas en el siglo XII, cuya filosofía natural estableció las bases de una visión cada vez más causal y empírica[295].

Como apuntó Malaxecheverría, en la tradición de los bestiarios el dragón aparece nombrado, por lo general, en el marco de diferentes contiendas con otros animales[296]: con el *ichneumon*[297], con

---

códices, señaló: Familia I-versión B-Is, que incorporó el formato del Libro XII (*De animalibus*) de las *Etymologiae* isidorianas; H (Libro II de Pseudo Hugo de Saint Victor y *Aviarium*), además de manuscritos de transición; Familia II- adiciones de contenidos de Isidoro de Sevilla, Solino, Ambrosio, Rábano Mauro, Peter de Cornwald, etc., que logran una amplia difusión en el siglo XII; Familias III y IV- otros agregados de Isidoro de Sevilla, Bernardus Silvestris, etc., incluidos en bestiarios del siglo XIII; asimismo, incluyó las versiones del Physiologus de Theobaldus y la Dicta Chrysostomi. Por otra parte, destacó la notoriedad de los bestiarios franceses en lengua vernácula que lograron una amplia difusión del siglo XIII como ser, los bestiarios de Philippe de Tahon, Gervaise, Guillaume le Clerc, Pierre de Beauvais y Richard de Fournival. Muchos de ellos, ya denominados "bestiarios del amor" empezaron a unir más aspectos laicos con explicaciones sagradas y moralizantes. Cfr. McCulloh, Florence: *Medieval Latin and French Bestiaries*. Chapel Hill (NC), The University of North Carolina Press, 1960, pp. 22-69; Guglielmi, Nilda: «Prólogo. El Fisiólogo y la Edad Media», en: *El Fisiólogo. Bestiario Medieval*, Introducción y notas de Guglielmi, Nilda, Buenos Aires, EUDEBA, 1971, pp. 32-33.

293. Voisenet, Jacques: *op. cit.,* p. 3.

294. Tesnière, Marie-Hélène: *Bestiaire médiéval - Enluminures*. Paris, Bibliothèque nationale de France, 2019, p. 83.

295. Cfr. Gregori, Tullio: «Naturaleza», en Le Goff, Jacques, & Schmitt, Jean-Claude (eds.): *Diccionario razonado del Occidente Medieval.* Madrid, Ediciones Akal, 2003, pp. 589-598.

296. Cfr. Malaxecheverría, Ignacio: «El dragón en el bestiario medieval», *op. cit.,* pp. 65-67.

297. Dentro de la Familia I, Versión Y, se establece que el *ichneumon* o equinemón es un animal enemigo del dragón, que cubre todo su cuerpo con barro, y tapa su nariz con su cola para así ocultarse y atacarlo, tal como Cristo adoptó un cuerpo terrenal y venció al diablo: "XXXIX. De echinemon. Est animal quod dicitur echinemon, inimicum autem draconi. Si autem inuenerit draconem, uadit contra eum et unguit se luto, et cooperiet nares suas de cauda sua, celans et inflans se, et sic astat contra draconem, donee eum interimat. Sic et saluator noster, accipiens ex terreni

las palomas que comen de los frutos del árbol Peredixion[298], con la pantera[299] y con el ya mencionado elefante[300]. Igualmente, aparece mencionada su adversidad con el ciervo en la Versión Y del *Physiologus*: el dragón busca escapar ocultándose en las hendiduras de la tierra, aunque el ciervo llena sus narices con agua y las vierte allí, para que éste salga y así lo aniquila, tal como Cristo mató al diablo que no soportó las palabras celestiales[301]. En una representación mar-

---

corporis substantiam, hoc est corpus quod accepit ex Maria, stetit donee occideret intellegibilem draconem Pharaonem, qui sedet super flumina Egypti, hoc est diabulum". CARMODY, Francis J. (Ed.): «Physiologus Latinus Versio Y», *University of California Publications in Classical Philology*, Vol. XII (1933-1944), XXXIX. DE ECHINEMON, p. 130; *El Fisiólogo. Bestiario Medieval, op. cit.*, XXXIX. DEL EQUINEMÓN, pp. 76-77.

298. Básicamente, se trata de un árbol procedente de la India, que produce frutos muy dulces de los cuales se alimentan las palomas y se refugian en la sombra de sus ramas del dragón que acecha debajo. Las palomas son los fieles cristianos y la sombra el Espíritu Santo, mientras que el dragón encarna el diablo. Citando un extracto de esta parte correspondiente a la Familia II de bestiarios: "Perindens est arbor in India, fructus autem huius arboris dulcis est, totus et valde suavis. Columbae autem delectantur in fructibus arboris, habitant que in ea pascentes fructus eius. Draco autem inimicus est columbis, timetque arborem et umbram eius ubi columbae morantur, et non potest appropinquare arbori neque umbrae eius (…) Fructum caelestem sapientiam, Deum scilicet; columbam Spiritum Sanctum (…) Intelligibilem de caelo descendentem et manentem te, foris fias ab aeternitate alienus a Patre et Filio et Spiritu Sancto, et draco te interimat, id est, Diabolus. (…)". CLARK, Willene B.: *A Medieval Book of Beasts. The second-family Bestiary: Commentary, art, text and translation,* Woodbridge, The Boydell Press, 2006, LXXXIX. *De arbore perindens*, pp. 193-194.

299. Se especifica fundamentalmente que la pantera tiene como único enemigo al dragón. Luego de comer, la pantera se esconde en su cuerva y duerme. Al transcurrir tres días sale y emite un fuerte rugido con un aroma dulce de especias que atrae a los animales, excepto al dragón, el cual siente temor y vuela aterrorizado hacia las profundidades. Se establece allí la relación simbólica de Cristo como la verdadera pantera que descendió desde los cielos y nos rescató del poder del dragón, y a través de la Encarnación nos unió como hijos. Citando un extracto de esta exégesis en la Familia II de bestiarios: "(…) Physiologus dicit de eo quomodo inimicum habet solum draconem. Cum ergo comederit et satiatum fuerit, recondit se spelunca sua et dormit. Post triduum veru exurgit a somno, et emittit magnum rugitum, et ab ore eius odor suavissimus exit velut omnium aromatum. Cum autem audierint eius vocem cetera animalia, propter suavitatum odoris sequuntur eam quocumque ierit. Solus autem draco audiens eius vocem timore perterritus fugit in cavernis terrae; ibi non ferens odorem torpescit in semetipso, et tamquam mortuus immobilis manet. Sic et Dominus noster Ihesus Christus verus panthera, descendens de caelis eripuit nos de potestate Diaboli, et per Incarnationem suam sociavit nos sibi in filios. (…)". *Ibidem*, IV. *De panthera*, pp. 123.

300. La Versión Y de la Familia I y la Familia II de bestiarios, en el capítulo destinado al elefante, refieren a la serpiente como animal opuesto al elefante, mientras que la Versión B de la Familia I, alude al dragón. Cfr. CARMODY, Francis J. (Ed.): *op. cit.*, XX. DE ELEPHANTO, p. 117; CLARK, Willene B.: *op. cit.*, IX. De elephante, p. 127; DOCAMPO, ÁLVAREZ, Pilar y VILLAR VIDAL, José Antonio: «El fisiólogo latino: Versión B. 1 introducción y texto latino», *Revista de literatura medieval*, nº 15, 1 (2003), Consultado en línea (20/09/2019), URL: <http://hdl.handle.net/10017/5472>; XXXIII. Elephas, p. 46.

301. Asimismo, se indica que, para dar muerte a los dragones agazapados en el corazón, es menester invocar en plegarias a Cristo; tener en la casa pelos de ciervo o quemar los huesos de este animal, permite que nunca se hallen dragones, es decir, que no penetren malos espíritus. "XLIII. DE CERUO. In psalmo XLI dicit: Sicut ceruus desiderat ad fontes aquarum, ita desiderat anima

ginal de un salterio inglés apenas más tardío, hallamos un curioso ejemplo iconográfico de esta lucha (Figura 19).

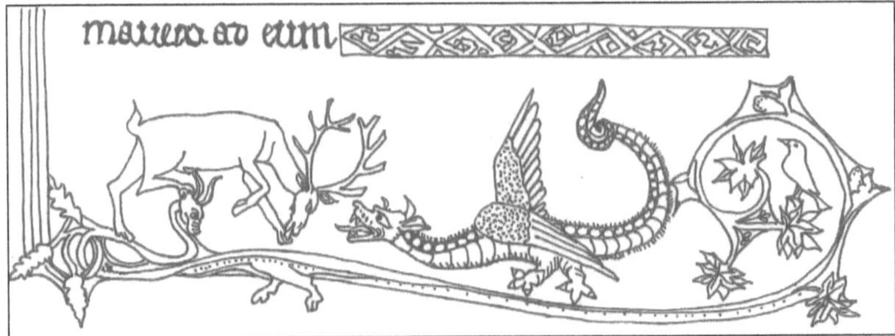

Figura 19. Esquema iconográfico del enfrentamiento entre un ciervo y un dragón en una iluminación marginal de un salterio inglés: Psalter ('The Alphonso Psalter'), Londres, The British Library, Additional MS 24686, *ca.* 1284-1316, f.12r. (Esquema iconográfico realizado por Nadia Mariana Consiglieri©)

Un ciervo combate con un dueto de dragones: contra uno frontal que lo amenaza con sus fauces abiertas y con sus alas agazapadas y contra otro a sus pies, cuya cabeza es pisoteada por el cuadrúpedo, estructurando su cuerpo a su vez el remate ornamental del folio. Ya vemos aquí cómo los cuerpos dragontinos y sus colas estilizadas juegan diferentes contrapuntos en el discurso visual. Asimismo, desde la perspectiva alegórica, en todos estos combates zoomorfos el dragón encarna las fuerzas demoníacas.

No obstante, luego de iniciarse la sección sobre las serpientes[302], la Familia II de bestiarios[303] incluye un capítulo que se titula *De dracone*

mea ad te, deus [Ps. 41. 2]. Ceruus inimicus eſt draconi; draco autem fugit a ceruo in fissuras terre; et uadens ceruus, et ebibens, implet nasa sua fontem aque, et euomit in fissuram terre, et educit draconem, et conculcauit eum, et occidit eum. Sic et dominus noſter interfecit draconem magnum diabulum ex celeſtibus aquis, quibus habebat sapientie inenarrabihs; non enim poteſt draco baiulare aquam, neque diabulus sermones celeſtes. Si enim et tu habueris intellegibiles dracones absconsos in corde tuo, inuoca Chriſtum ab euangeliis per orationes, et ipse occidet eum: Tu es enim templum dei, et spiritus dei hahitauit in te [I Cor. 3. 16]. Capilli autem cerui, ubi appanierint in domo, uel de ossibus incenderis, numquam draconem inuenies: ueſtigium dei et timor Chriſti si inueniantur in corde tuo, nullus spiritus inmundus introibit tibi". CARMODY, Francis J. (Ed.): *op. cit.*, XLIII. DE CERUO, pp. 131-132; *El Fisiólogo. Beſtiario Medieval, op. cit.*, pp. 79-81. Los beſtiarios de la Versión B dentro de la Familia I, y los de la Familia II refieren no al dragón como enemigo del ciervo, sino a las serpientes. Cfr. DOCAMPO, ÁLVAREZ, Pilar y VILLAR VIDAL, José Antonio: «El fisiólogo latino: Versión B. 1 introducción y texto latino», *op. cit.*, XXIX. Ceruus, pp. 42-43; CLARK, Willene B.: *op. cit.*, XVI. *De ceruo*, pp. 134-136.

302. La mención al gran dragón se incluye dentro de eſta sección deſtinada al universo serpentino (basada en la clasificación isidoriana sobre la que ahondaremos en las siguientes páginas), en el marco de especímenes como el áspid, la salamandra, la hidra, la *amphisbaena*, el basilisco, la *uipera*, entre otros.

303. Si bien McCulloh indicó que es GC (2221-2238) de Guillaume le Clerc, *ca.* 1210 (Reinsch) el único beſtiario francés que dedica un capítulo mayor al dragón mientras que los demás sólo

maiore y que está dedicado especialmente al gran dragón. Además de la descripción de los aspectos físicos y actitudinales de esta enorme serpiente tomados de las *Etymologiae*[304], fueron incorporados más postulados isidorianos, ahondando en los ataques de este híbrido a los elefantes, de cuyas patas se enrosca para así asfixiarlos, además de especificar su origen de zonas calurosas tales como Etiopía e India[305]. Además, se vislumbra un mayor desarrollo en el trazado de enlaces simbólicos entre la figura del dragón y la del diablo. Esta parte refiere a que esta serpiente que es la más monstruosa se alza de su cueva y brilla por los aires, tal como el diablo emerge de las profundidades y se transfigura en ángel de luz, engañando a los necios con la promesa de vanagloria y belleza humana[306]. Igualmente, la cresta del dragón es equiparada al diablo como rey del orgullo y el hecho de que el poder dragontino no esté en los dientes de esta criatura sino en su cola es relacionado con la pérdida de los poderes del diablo por medio de la falsedad que merece de aquellos que lo traen cerca suyo[307]. También, se explica que esta bestia se esconde en los caminos para acechar a los elefantes enroscándose en sus patas, tal como el demonio sigue a los hombres poderosos y amarra a los pecadores con los nudos de sus

---

refieren a su enemistad con el elefante, coincido con la posición de Clark, quien estudió que en la Familia II se incluye un capítulo especial dedicado al dragón, además de aparecer en otras contiendas con otros animales más allá del elefante. Cfr. McCULLOH, Florence: *op. cit.*, pp. 80, 112; CLARK, Willene B.: *op. cit.*, XCI. *De dracone maiore*, pp. 194-195.

304. En líneas generales, se retoman las ideas isidorianas basadas en sostener el gran tamaño de esta "serpiente"; su hábitat en las cuevas y su vuelo por los aires; sus características físicas principales; el poder de su cola y no de sus dientes; la inocuidad de su veneno, ya que mata envolviendo a su víctima y el conocido episodio con los elefantes. "Draco maior cunctorum serpentium sive ómnium animantium super terram; hunc Graeci draconta vocant, unde et derivatum est in Latinum, ut draco diceretur. Qui saepe ab speluncis abstractus, fertur in aerem, concitatusque propter eum aer. Est autem cristatus, ore parvo, et artis fistulis per quas tirahit spiritum et linquam exerat. Vim autem non in dentibus sed in cauda habet, et verbere potius quam ictu nocer. Innoxius tamen est a venenis, sed ideo huic ad mortem faciendam venena non esse necesaria dicunt, quia si quem ligarit occidit. A quo nec elephans tutus est sui corporis magnitudine, nam circa semitas delitescens per suas elephantes soliti grandiuntur, crura eorum nodis illigat ac suffocatos perimit". CLARK, Willene B.: *op. cit.*, XCI. *De dracone maiore*, p. 194.

305. "A quo nec elephans tutus est sui in corporis magnitudine; nam circa semitas delitescens, per quas elephanti soliti gradiuntur, crura eorum nodis inligat, ac soffocatos perimit. Gignitur autem in Aethiopia et India in ipso incendio iugis aestus". SAN ISIDORO DE SEVILLA: *op. cit.*, Libro XII, Capítulo 4, 5, p. 912. "Gignitur autem in Ethiopia et India, ubi in ipso incendio est iugis aestus". CLARK, Willene B.: *op. cit.*, XCI. *De dracone maiore*, p. 194.

306. "Huic draconi assimilatur Diabolus, qui est immanissimus serpens, saepe a spelunca in aerem concitatur et lucer propter eum aer, quia Diabolus ab imis se erigens trsnfogurat se in angelum lucis et decipit stultos spe falsae gloriae laetitiaeque humanae". CLARK, Willene B.: *op. cit.*, XCI. *De dracone maiore*, p. 194.

307. "Cristatus esse dicitur, quia ipse est rex superbiae; vim non in dentibus sed in cauda habet, quia, suis viribus perdiris, mendacio decipit quos ad se trahit". *Ibidem*, XCI. *De dracone maiore*, pp. 194-195.

propios pecados en el camino al Paraíso; los mata estrangulándolos con cadenas de ofensas y así los condena indudablemente al Infierno[308]. En este sentido, es posible observar cómo determinadas partes corporales y ciertos comportamientos "habituales" dragontinos comenzaron a ser expuestos a través de procesos exegéticos más amplios en la literatura de los bestiarios a partir del siglo XII.

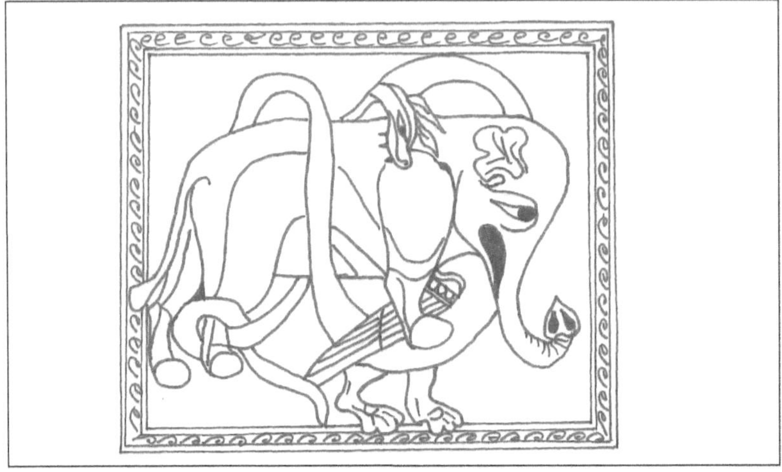

Figura 20. Esquema iconográfico del combate entre un elefante y un dragón perteneciente al Bestiario Latino de Aberdeen, The Aberdeen University Library, MS. 24, *ca.* 1195-1200, f.65v. (Esquema iconográfico realizado por Nadia Mariana Consiglieri©)

La persistencia de concepciones naturalistas procedentes de la Antigüedad continuó latente en estas descripciones animalísticas, amalgamadas y actuando al unísono con los preceptos isidorianos. Retornando al tópico de lucha[309] elefante-dragón, comprobaremos de qué maneras creativas los miniaturistas procuraron plasmar en imágenes la máxima de la potente cola dragontina, que ya vimos referenciada en Plinio, Eliano, en el Libro XII de las *Etymologiae* y, por supuesto, en el aparato textual del grupo de bestiarios mencionado. Sólo por nombrar alguno de los tantos ejemplos existentes dentro de este género de manuscritos, la miniatura del bestiario de Aberdeen

---

308. "Circa semitas per quas elephantes gradiuntur delitescit, quia Diabolus magnificos viros insequitur. Crura eorum nodis illigit, quia inter eorum ad caelum nodis peccatorum illigat ac suffocatos perimit, quia si quis criminum vinculo irretitus moritur sine dubio in inferno damnatur". *Ibidem*, XCI. *De dracone maiore*, p. 195. Cfr. Beſtiario de Cambridge, 165-167, en: MALAXECHEVERRÍA, Ignacio: *Beſtiario medieval, op. cit.*, p. 223.

309. Para profundizar aún más sobre eſtas relaciones entre el dragón y otros animales como los pájaros, los felinos y los elefantes en áreas orientales del criſtianismo y en el islam, véase: KUEHN, Sara (with a foreword by HILLENDRAND, Robert): *op. cit.*, pp. 73-84.

confeccionado entre fines del siglo XII e inicios del siglo XIII representa a un rotundo elefante siendo atacado por un dragón cuya extensa cola anuda una de sus patas y con el resto de su cuerpo estilizado lo enrosca y estrangula, bebiendo a su vez su sangre (Figura 20). Estas ideas de raigambre antigua revitalizadas por el vocabulario simbólico-cristiano medieval resultan claras y comprensibles en la imagen que enfatiza la potencia de la cola del dragón y su actitud salvaje para aniquilar a estos enormes cuadrúpedos[310]. Algo similar ocurre en el bestiario Harley 3244, ejecutado con posterioridad a 1236, el cual condensa un interesante muestrario dragontino en dos folios contiguos (Figura 21).

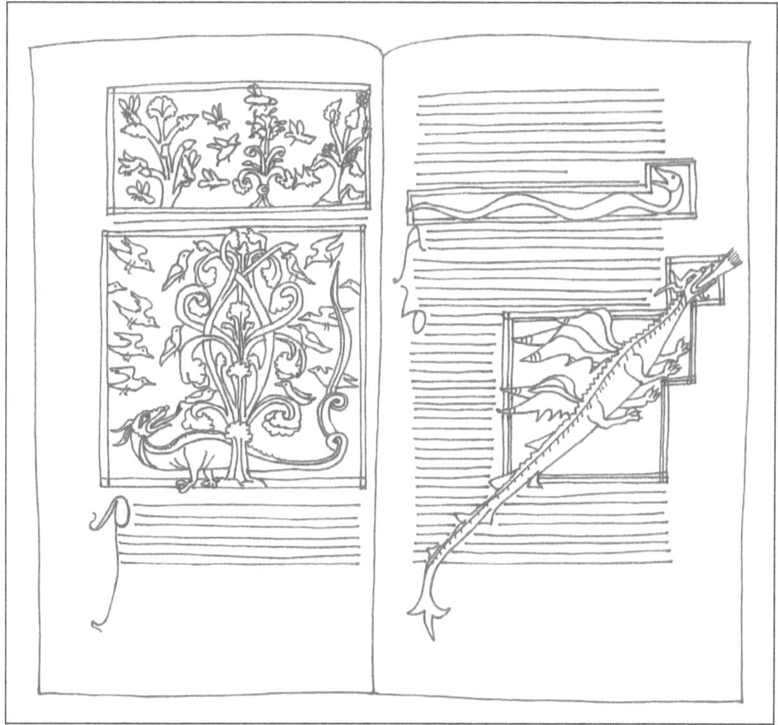

Figura 21. Esquemas iconográficos de dragones y serpiente del Bestiario Latino MS Harley 3244, procedente de Inglaterra, posterior a 1236, Londres, The British Library, ff. 58v-59r. (Esquemas iconográficos realizados por Nadia Mariana Consiglieri©)

---

310. Isidoro de Sevilla también había sostenido estas teorías de raigambre naturalista antiguo alegando que el dragón se escondía, permaneciendo al acecho en los caminos por donde solían transitar los elefantes, para sorprenderlos y enroscarse en sus patas, hasta que muriesen por asfixia. "(…) A quo nec elephans tutus est sui corporis magnitudine; nam circa semitas delitescens, per quas elephantu soliti gradiuntur, crura eorum nodis inligat, ac suffocatos perimit". SAN ISIDORO DE SEVILLA: *op. cit.*, Libro XII, Capítulo 4, 5, p. 912.

A una ilustración sobre las abejas le sigue un dragón debajo del árbol Peredixion amenazando a las palomas, una serpiente que inicia la sección sobre las serpientes, apelando al término genérico isidoriano *anguis*[311] y un gran dragón rojo[312]. Todas estas representaciones dragontinas tienen un aspecto en común: colas extensísimas con varios nudos, ondulantes o con pequeñas crestas que salen de sus contornos, procurando remarcar estos postulados. Me interesa en particular destacar el último dragón[313], cuya cola sobresale de los bordes de la miniatura y parece impulsar su ascenso por los aires, pues la finalidad principal consiste en hacer notar su gran poder destructivo desde el mismo lenguaje plástico, recurso que veremos utilizado de diferentes maneras en representaciones dragontinas ibéricas plenomedievales.

Por otro lado, aunque excede el marco temporal estipulado para nuestro estudio, es interesante señalar que ya hacia el periodo gótico, la figura del dragón adquirió nuevas tipologías. Además de un aspecto mucho más estilizado, pero más mimético en cuanto a la esmerada imitación de las texturas de escamas, cuernos, piel húmeda y pegajosa, garras, y otras partes de su cuerpo, la representación de sus alas abandonó el aspecto aviario para ser sustituidas por las de murciélago[314]. En tanto agentes demoníacos, estos dragones adoptaron alas membranosas terminadas en formas dentadas o en espinas, elementos que también adquirieron sus crestas[315]. La Baja Edad Media exploró entonces otros modelos dragontinos y buscó evidenciar que los dragones vivían y merodeaban las cuevas –ámbitos infernales por excelencia–, una característica común que apareció en las imágenes tan en boga en ese momento de san Jorge y el dragón. Su faceta progresivamente más feroz y cruel, cuyos rasgos parecieron mezclarse poco a poco con aquellos correspondientes a las representaciones antropomorfas de demonios, convivió en el gótico con otra visión de esta bestia, paradójicamente domesticada y vencida. Además de la de san Jorge y la de san Miguel, las hagiografías e iconografías de santa Marta y santa Margarita (todas ellas también compiladas en la *Leyenda dorada*) respondieron igualmente al tópico del dragón aniquila-

---

311. "1. Anguis vocabulum ómnium serpentium genus quod plicari et contorqui poteſt; et inde anguis quod angulosus sit et numquam rectus". *Ibidem*, Libro XII, Capítulo 4, 1, p. 912.

312. El *titulus* en rojo que encabeza eſta última representación dragontina es: De dracone ignivomo: qui se in aerem iaculatur ut ipsum facit choruscare. Cfr. McCulloh, Florence: *op. cit.*, p. 113.

313. Michel Paſtoureau indicó refiriéndose a eſte dragón, que se sus fauces surgen llamas y que el color rojo de su cuerpo responde a la asociación baſtante común de eſta criatura feroz con el rojo de la sangre y del fuego. PAſTOUREAU, Michel: *Beſtiaires du Moyen Âge, op. cit.*, p. 207.

314. Cfr. BALTRUŠAITIS, Jurgis: «Ali di pipiſtrello e demoni cinesi», *op. cit.*, pp. 157-194.

315. BALTRUŠAITIS, Jurgis: *La Edad Media fantáſtica, op. cit.*, p. 156.

do: el dragón fue atado y conducido por santa Marta fuera del bosque para ser exterminado por los lugareños, mientras que la otra santa fue engullida por la fiera y salió triunfal rompiendo las entrañas del monstruo, en un claro signo de renacimiento corporal y espiritual[316].

Así, podemos percatarnos de las diferentes permanencias y cambios que la figura del dragón transitó desde épocas antiguas hasta la Edad Media, para reflexionar sobre su bestialidad destinada a resaltar la fiereza y maldad de esta criatura infernal.

2. Hibridez y bestialidad como fundamentos del perfil dragontino

Si la morfología dragontina se ha sustentado en la incorporación de componentes extraídos de otras especies tales como serpientes, felinos, aves y reptiles varios, entre algunas de las más destacadas, es menester detenernos sobre los fundamentos teóricos y teológicos que posibilitaron la edificación de su carácter bestial[317].

Las *Etymologiae* isidorianas, obra ampliamente difundida por el Occidente medieval, logró condensar en su Libro XII una importante clasificación de los animales reutilizada con asiduidad, como ya hemos comprobado, por la literatura de los bestiarios. Allí, Isidoro de Sevilla ubicó a la fauna en diversos grupos que incluyen desde los animales más mansos a los más feroces[318]. En primer lugar, diferenció a los cuadrúpedos generales respecto del ganado, en una especie de instancia media ya que si bien la mayoría de estos no son domesticables ni son bestias de carga, tampoco tienen la ferocidad de las bestias salvajes[319]. Asimismo, dentro del grupo de animales domesticados o *animalia* (bóvidos, caprinos, etc.) integró entonces al ganado, a los que sirven para la carga de productos (*iumenta*), como el buey, y a aquellos que son utilizados para el combate (*armenta*), entre ellos, el

---

316. Cfr. Cirlot, Victoria: «El dragón en la cultura medieval», *op. cit.*, p. 24 y en la misma obra el apartado de fuentes: pp. 124-126.

317. Cfr. Consiglieri, Nadia Mariana: «Entre lo leonino, lo draconiano y lo humanoide…», *op. cit.*, pp. 76-85.

318. Este tema central en torno a la clasificación animalística isidoriana lo he desarrollado con mayor profundidad en la investigación sobre la retórica zoomorfa en los Beatos que llevé a cabo en mi tesis doctoral anteriormente mencionada.

319. "Quadrupedia vocata, quia quattuor pedibus gradiuntur: quae dum sit similia pecoribus, tamen sub cura humana non sunt; ut cervi, dammae, onagri, et cetera. Sed neque bestiae sunt, ut leones; neque iumenta, ut usus hominum iuvare possit". San Isidoro de Sevilla: *op. cit.*, Libro XII, Capítulo 1, 1, p. 888.

caballo[320]. También demarcó la presencia de especies agrestes como los ciervos, los conejos, las liebres, los puercos y los búfalos, sólo por nombrar algunos, pues si bien son silvestres y algunos tienen un grado de fiereza, no llegan a ser ni domesticables ni totalmente agresivos[321]. En otro grupo colocó a las bestias (*De bestiis*) e incluyó en este conjunto a animales que suelen manifestar actitudes crueles con sus bocas o garras, y por ello sostuvo que exceptuó a las serpientes. Todos ellos manifiestan una gran violencia y se manejan con entera libertad y deseo[322]. Leones, leopardos, perros, zorras, lobos, elefantes, perros y simios, son algunas de las bestias remitidas por Isidoro, además de otras criaturas exóticas, como el camello y el dromedario, y seres que formaban parte activa en el imaginario medieval como los míticos grifos, las esfinges, el unicornio o *monoceros*[323]. En todos estos casos, la noción de bestialidad está ligada a la veta salvaje e indomable que envuelven estos animales. Tienen actitudes agresivas, desviadas de la norma y exponen su crueldad a través de diferentes partes corporales como sus dientes, garras, cornamentas y complexión rotunda.

En los siguientes capítulos, Isidoro ubicó a los animales pequeños (roedores, arácnidos, erizos, hormigas, etc.)[324]; a las serpientes (incluyendo allí al dragón como la mayor de todas)[325]; a los gusanos[326]; a los peces[327]; a las aves[328] y a los volátiles más pequeños, principalmente insectos[329]. Muchos de estos, no son de por sí dominables[330] y otros no

---

320. *Ibidem,* Libro XII, Capítulo 1, 1-61, pp. 888-901. Aparece denominado este grupo como *De pecoribus et iumentis.*

321. *Ibidem*, Libro XII, Capítulo 1, 18-29, pp. 892-894.

322. "Bestiarium vocabulum propiet convenit leonibus, pardis, trigibus, lupis et vulpibus canibusque et simiis ac ceteris, quae vel ore vel unguibus saeviunt, exceptis serpentibus. Bestiae dictae a vi, qua saeviunt. Ferae appellatae, eo quod naturali utuntur libértate et desiderio suo ferantur. Sunt enim liberae eorum voluntates, et huc atque illuc vagantur et quo animus duxerit, eo feruntur". *Ibidem*, Libro XII, Capítulo 2, 1, p. 900.

323. *Ibidem*, Libro XII, Capítulo 2, 1-40, pp. 900-909. Aparece denominado este grupo como *De bestiis.*

324. *Ibidem*, Libro XII, Capítulo 3, pp. 910-912. Aparece denominado este grupo como *De minutis animantibus.*

325. *Ibidem*, Libro XII, Capítulo 4, pp. 912-923. Aparece denominado este grupo como *De serpentibus.*

326. *Ibidem*, Libro XII, Capítulo 5, pp. 922-925. Aparece denominado este grupo como *De vermibus.*

327. *Ibidem*, Libro XII, Capítulo 6, pp. 924-937. Aparece denominado este grupo como *De piscibus.*

328. *Ibidem*, Libro XII, Capítulo 7, pp. 937-953. Aparece denominado este grupo como *De avibus.*

329. *Ibidem*, Libro XII, Capítulo 8, pp. 952-955. Aparece denominado este grupo como *De minutis volatilibus.*

330. Ya en el relato veterotestamentario del Génesis aparece esta idea intrínseca de dominación del hombre sobre el resto de las especies creadas por Dios en las aguas, los aires y la tierra, incluyendo bestias, serpientes y alimañas terrestres ya que, por su libre albedrío, fueron predispuestos al control humano establecido éste a imagen y semejanza divina (Génesis 1, 17-26). No obstante,

responden a la totalidad de las características en torno a las bestias establecidas por Isidoro[331].

Este repertorio clasificatorio desde la óptica isidoriana posibilita que nos adentremos en el pensamiento medieval en torno a los animales y así reflexionar sobre la particular caracterización del dragón dentro su imaginario cotidiano. ¿De qué manera influyeron en la concepción animalística medieval las relaciones entre el hombre y los animales, así como los modos de actuar y la fisonomía de las especies? Tal como puede observarse en las diferentes versiones del *Physiologus* y en los bestiarios en sí mismos, todos estos componentes marcaron un importante precedente a la hora de determinar el lugar de los animales en relación con cuestiones moralizantes propias de la doctrina cristiana. Diferentes alegorías, metáforas, más tarde *exempla* y hasta enjuiciamientos hacia animales cometedores de crímenes contra el hombre contemplaron una brecha bien marcada entre la esfera animal y la humana, mientras que, a partir del siglo XIII, de la mano de las teorías aristotélicas animalísticas redescubiertas y cada vez más traducidas, y posteriormente con el impulso de las órdenes mendicantes, comenzó a prevalecer una posición más corporativa respecto de los animales[332].

No obstante, en términos generales una constante que desde la idiosincrasia medieval caracterizó al universo animal consistió en su falta de accesibilidad a la capacidad de abstracción y su permanencia en el ámbito de lo eventual[333]. Ligado a su total libre albedrío, especialmente el ámbito de las bestias fue vinculado directamente con las tendencias demoníacas opuestas al orden divino. La posición de Agustín ya da cuenta de ello. El obispo de Hipona aludió a los leones y los dragones como ejemplificación de bestias que actúan con nula voluntad de raciocinio; y apuntó que ni siquiera esas especies generaron guerras entre sí, para de esa manera marcar un lazo con la actitud contraria del hombre pecador[334]. Igualmente, volvió a mencionarlas para indicar que se le debe tener incluso más cuidado a la

---

la misma "imperfección" de los animales y de su falta de raciocinio fueron causantes del establecimiento de diferentes vínculos con el hombre, y el accionar feroz de aquellos más salvajes fue relacionado en la Edad Media a las fuerzas demoníacas.

331. Cfr. CONSIGLIERI, Nadia Mariana: «Entre lo leonino, lo draconiano y lo humanoide...», *op. cit.*, pp. 79-80.

332. PASTOUREAU, Michel: *Una historia simbólica...*, *op. cit.*, pp. 28-29.

333. *Ibidem*, pp. 47-48.

334. "Nec ignorabat Deus hominem peccaturum, et morti iam obnoxium morituros propagaturum eoque progressuros peccandi immanitate mortales, ut tutius atque pacatius inter se rationalis uoluntatis expertes bestiae sui generis uiuerent, quarum ex aquis et terris plurium pullulauit exordium, quam homines, quorum genus ex uno est ad comendandam concordiam propagatum".

mordedura del perro rabioso que a la de estas bestias, por causar aquella un contagio rabioso pestilente aun pareciendo fiel al hombre, en el marco de los diversos venenos mortales causados por plantas y mordeduras de bestias y fieras a los que éste está sujeto desde el momento de acometer la primera falta[335]. En este sentido, Agustín se encargó de reforzar en ambos pasajes las ideas vinculadas a las actitudes violentas *per se* de estas bestias, incluidos los dragones, en tanto animales violentos unidos al pecado[336].

Por su parte, Isidoro de Sevilla también efectuó diferentes relaciones entre la cuestión bestial y el tópico de los demonios. Desde su perspectiva, *Behemoth* pasaría a ser traducido del hebreo al latín como animal, lo que guardaría sentido por ser un ángel caído y por haber derivado en bruta animalidad[337]. Isidoro utilizó esta noción negativizada de lo animal para así referir a las acciones irracionales ejercidas por el demonio, quien se reveló contra la voluntad divina. Éste pecó por propia decisión conociendo los límites impuestos, mientras que los animales se mueven generalmente por instinto, aunque manteniendo ciertas inclinaciones hacia las fuerzas del bien o del mal dependiendo de sus características y de su carácter intrínsecos. Incluso los postulados isidorianos establecen que ninguna criatura fue en sí misma creada maligna, porque todas son criaturas de Dios, quien no hace el mal, sino que éste fue inventado por el diablo como resultado de pecar por soberbia[338]. No obstante, la vinculación del demonio con la condición de animalidad o de bestialidad explícita tuvo por objetivo

---

Sancti Avrelii Agvstini: *De civitate dei, Libri XI-XXII*, Corpus Christianorum Series Latina XLVII, Turnholti, Brepols, 1955, Liber XII, Caput XXIII, (1-7), p. 380.

335. "Quid? ab innumeris casibus quae forinsecus corpori formidantur, aestibus et frigoribus, tempestatibus imbribus adluuionibus, coruscatione tonitru, grandine fulmine, motibus hiatibusque terrarum, oppresionibus reuinarum, ab offensionibus et pauore uel etiam malitia iumentorum, a tot uenenis fruticum aquarum, aurarum bestiarum, a ferarum uel tantummodo molestis uel etiam mortiferis morsibus, a rabie quae contingit ex rabido cane, ut etiam blanda et amica suo domino bestia nonnumquam uehementius et amarius quam leones draconesque metuatur faciatque hominem, quem forte adtaminauerit, contagione pestifera ita rabiosum, ut a parentibus coniuge filiis peius omni bestia formidetur!". *Ibidem*, Liber XXII, Caput XXII (62-73), pp. 843-844.

336. Cfr. Consiglieri, Nadia Mariana: «Entre lo leonino, lo draconiano y lo humanoide. Notas sobre la representación pictórica de bestias y diablos en el área castellana y aragonesa (siglos XII-XIII)», *op. cit.*, p. 78.

337. "Behemoth ex Hebraea voce in Latina lingua animal sonat, propter quod de excelsis ad terrena cecidit, et pro merito suo ut animal brutum effectus sit". San Isidoro de Sevilla: *op. cit.*, Libro VIII, Capítulo 11, 27, p. 712.

338. Carpin, Attilio: *Angeli e demòni nella sintesi patristica di Isidoro di Siviglia*. Bologna, Edizioni Studio Domenicano, 2004, p. 88. Cabe destacar que muchos de los planteos demonológicos isidorianos retomados por Carpin aparecen dentro de obras puntuales de Isidoro de Sevilla, tales como *Sententiae, De ordine creaturarum, Differentiae, Etymologiae*, etc. Cfr. Consiglieri, Nadia Mariana: «Entre lo leonino, lo draconiano y lo humanoide...», *op. cit.*, pp. 80-81.

evidenciar la mayor caída a los bajos instintos y a actitudes salvajes. Como ha indicado Jeffrey Burton Russell, la violencia es la sustancia del mal, pues ésta produce dolor, sufrimiento y daño, y si esta acción es deliberada, allí está Satán[339]. Siguiendo esta línea, tales ideas determinaron las conexiones entre ciertos animales con aspectos relacionados con prácticas idolátricas paganas que se creían sustentadas en la mutabilidad y el cambio, tal como ocurre con la misma fisonomía demoníaca y del Anticristo[340]. Por ello, el diablo se revela siempre de manera cambiante, más aun en épocas apocalípticas en las cuales éste adquiere incluso formas bestiales, como es el caso, por ejemplo, del terrible dragón rojo de siete cabezas y diez cuernos, entre otras[341].

Considerando estos aspectos dirimidos, pese a que en la clasificación isidoriana el dragón aparece ubicado dentro del grupo de las serpientes y no de las bestias, por no agredir éste con sus dientes y uñas, su carácter irascible y su aspecto monstruoso produjo en el mundo medieval, una directa ligazón del dragón con las bestias y con el demonio. Como observamos en este capítulo, el imaginario dragontino fue construyéndose gradualmente sobre bases serpentiformes, aunque a partir de diferentes combinaciones híbridas de partes de aves y cuadrúpedos bestiales. En este sentido, el componente de lo híbrido y de lo heterogéneo se destacó como un prototipo iconográfico fundamental del dragón, pues de por sí ambos conceptos remiten a la noción de bestialidad y, por ende, de violencia y de transgresión. Enrico Castelli ha señalado oportunamente que la atracción por lo espantoso atraviesa el pensamiento medieval y es el fundamento de lo demoníaco[342]. En sus propias palabras:

> (...) lo horrible es lo *tremendum*, hace temblar, genera el temblor desmembrador. Separa, despedaza, es dicotómico; escinde (...) Lo demoníaco desencadenado para conquistar la presa humana sabe que la máxima seducción es la de lo abismal: lo horrible (...) Lo monstruoso es su aspecto más destacado[343].

Por lo tanto, es posible pensar que la comunión de anatomías disímiles y de actitudes con un alto grado de violencia tomadas de diferentes especies animales permitió la ideación continua y cambiante

339. RUSSELL, Jeffrey Burton: *Lucifer. El diablo en la Edad Media.* Barcelona, Editorial Laertes, 1984, p. 18.

340. MCGUINN, Bernard: *El Anticristo. Dos milenios de fascinación humana por el mal.* Barcelona, Paidós, 1997, pp. 86-88.

341. Apocalipsis 12, 15-17.

342. CASTELLI, Enrico: *op. cit.,* p. 85.

343. *Ibidem,* p. 87.

de lo dragontino. Entonces, el sello identitario del dragón consistió paradójicamente en su extremo nivel de hibridez. Sus características monstruosas y heterogéneas, además de sus acciones violentas, fueron los móviles de relación con el componente demoníaco.

Asimismo, cabe destacar que en el periodo plenomedieval que atañe a nuestro estudio, el demonio fue un tema a la orden del día, así como también la cuestión de la naturaleza en torno a las supersticiones discutidas incluso por figuras como Tomás de Aquino desde las corrientes escolásticas[344]. Más allá de la escasa literatura apocalíptica producida y difundida entre los siglos XII y XIII en el ámbito ibérico[345], es menester subrayar el marcado acrecentamiento en la representación visual de las figuras demoníacas que estaba experimentando de diferentes maneras el Occidente medieval durante esa época[346]. Se focalizó entonces la representación del diablo y de sus agentes híbridos en variadas formas y versiones[347]. Tal es así que el dragón fue gradualmente asimilado a las bestias y fieras, en tanto agente demoníaco propagador del mal con una actitud intransigente, destructora y salvaje. Además, una inminente vertiente iconográfica bélica destinada a abatir al dragón fue gestándose con mayor potencia desde el siglo XIII y se terminó por instalar definitivamente en la imaginería gótica posterior.

---

344. Cfr. CAMPAGNE, Fabián Alejandro: «El modelo cristiano de superstición», en *Homo Catholicus. Homo Superstitiosus. El discurso antisupersticioso en la España de los siglos XV a XVIII.* Buenos Aires, Miño y Dávila editores, 2002, pp. 65-66.

345. José Guadalajara Medina especificó que de esa época no ha sobrevivido más que un puñado de documentos escritos de Castilla basados fundamentalmente en la apocalíptica y el Anticristo, más allá de la difusión de los Comentarios al Apocalipsis del Beato de Liébana por medio de sus copias más tardías, hay un escaso tratamiento de esta temática en la Biblia romanceada *Fazienda de Ultramar* de 1150, en el Comentario exegético de Martín de León de 1203; en los Signos que aparecerán antes del juicio de Gonzalo de Berceo y en el *Lucidario* de fines del siglo XIII; y, posteriormente, en las Cantigas de Alfonso X el Sabio. Asimismo, de la zona aragonesa, los escritos apocalípticos que nos han llegado corresponden ya a fines del siglo XIII, dentro de los cuales se reconocen el *Llibre qui és contra Anticrist* de Ramón Llull; el *Tractatus de tempore adventus Antichristi et fine mundo*, la *Expositio super Apocalypsi* y la *Introductio in librum Ioachim de semine scripturarum seu de prophetiis dormientibus* de Arnaldo de Vilanova. Cfr. GUADALAJARA MEDINA, José: *El Anticristo en la España Medieval.* Madrid, Ediciones del Laberinto, 2004, pp. 48-57; CONSIGLIERI, Nadia Mariana: «Entre lo leonino, lo draconiano y lo humanoide...», *op. cit.*, pp. 84-85.

346. Cfr. BASCHET, Jérôme: «Satan ou la majesté maléfique dans les miniatures de la fin du Moyen Age», en NABERT, Nathalie (dir.): *Le mal et le diable. Leurs figures à la fin du Moyen Age.* Paris, Beauchesne, 1996, p. 198.

347. CONSIGLIERI, Nadia Mariana: «Entre lo leonino, lo draconiano y lo humanoide...», *op. cit.*, p. 85.

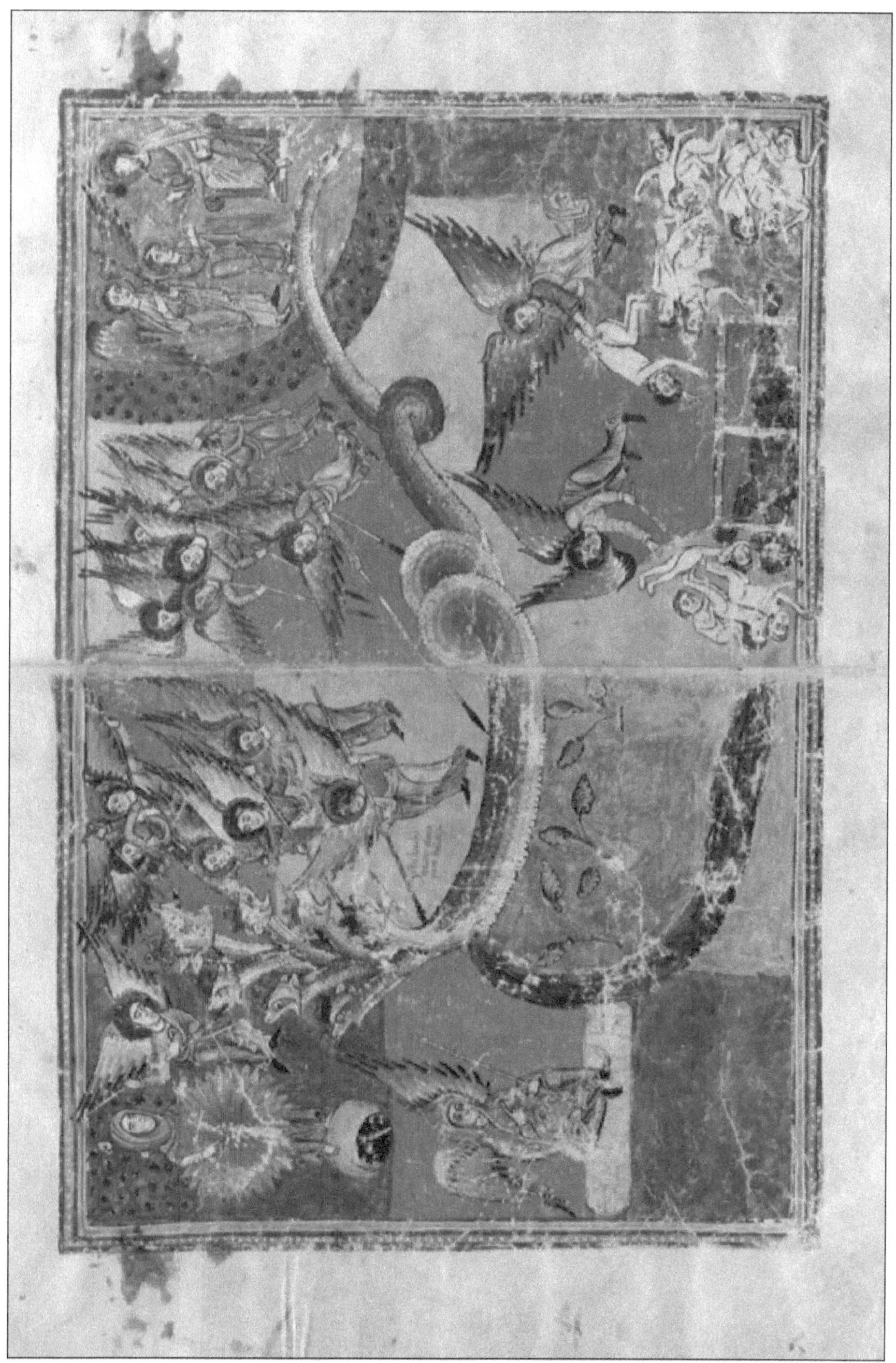

Figura 26. La mujer vestida de sol y el dragón de siete cabezas del Beato de Las Huelgas, New York, Pierpont Morgan Library. M. 429, ca. 1220. Procedencia: Burgos, Santa María la Real de Las Huelgas (?); Toledo (?), ff. 101v-102r. Credit line: The Morgan Library & Museum©. MS M.429. Purchased by J. Pierpont Morgan (1837-1913) in 1910

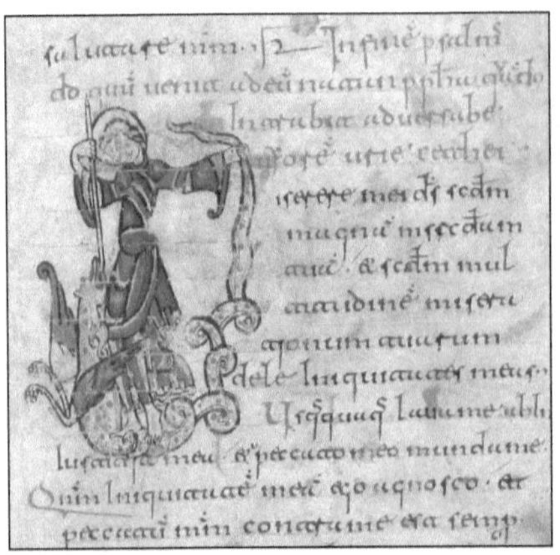

Figura 54. Detalle de San Miguel y el dragón. Biblia. A.T. Psalterium/ Liber canticorum, Madrid, ©Real Academia de la Historia, cod. 64 bis, siglo X- con agregados del siglo XII. Procedencia: San Millán de la Cogolla, f.18r. ©Reproducción, Real Academia de la Historia

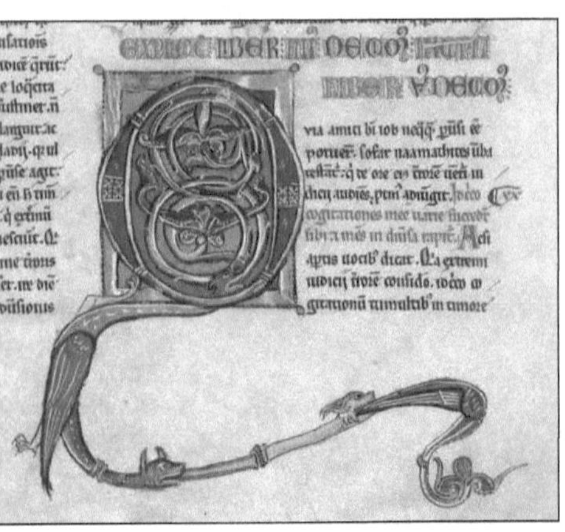

Figura 71. Detalle de Inicial Q del Liber beati Gregorii Pape Romensis in expositione beati Job. Madrid, ©Real Academia de la Historia, cod. 1, inicios del siglo XIII. Procedencia: San Millán de la Cogolla, f. 105r. ©Reproducción, Real Academia de la Historia.

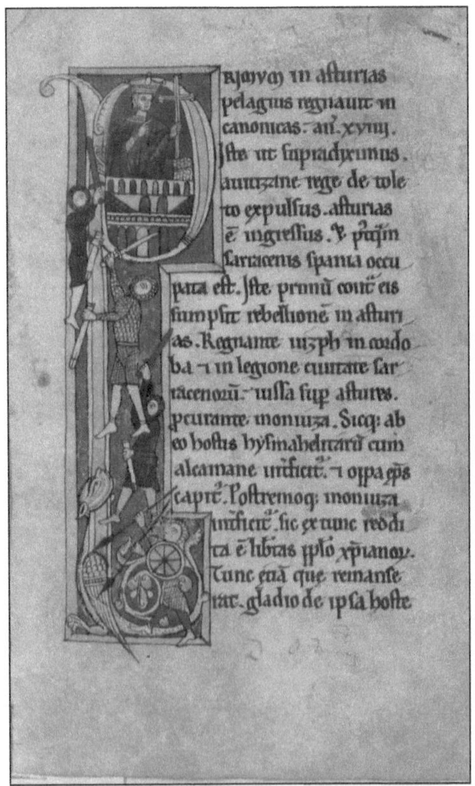

Figura 89. Inicial P. Corpus Pelagianum et alia scripta minora. Madrid, Biblioteca Nacional de España©, MSS. 2805, *ca.* 1101-1200. Procedencia: León?, f.23r. Propiedad de la Biblioteca Nacional de España (BNE)©.

➤❧ CAPÍTULO III ❦⬅

El dragón en los manuscritos de la Plena Edad Media hispánica

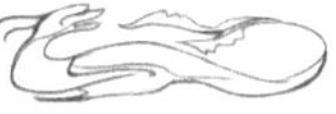

1. Panorama general de las tipologías codicológicas que incluyen al dragón y sus características de representación

Continuando con lo expuesto en el capítulo anterior, es posible señalar que las imágenes dragontinas, en sus diferentes facetas y variantes experimentaron un gran auge representativo en los manuscritos hispánicos del siglo XII y de la primera mitad del XIII. Dentro de los aparatos iconográficos codicológicos, el dragón comenzó a ser plasmado con una creciente asiduidad, pues es posible observarlo tanto en miniaturas principales como en letras capitales y en variadas clases de *marginalia* dentro de un considerable conjunto de manuscritos. Si, por un lado, el prototipo dragontino, en el contexto de ciertos relatos, comentarios o exégesis –por ejemplo, aquellos relacionados con el Apocalipsis– permitió exaltar lo bestial para representar al demonio y a las criaturas malignas derivadas de éste[348], por el otro, a través de sus formas atrayentes, dinámicas y sinuosas ofreció la flexibilidad necesaria para adaptarse a las iniciales o a los espacios marginales de los folios. En ambos casos, veremos cómo las figuras dragontinas desarrollaron importantes roles simbólicos y prácticos para la *lectio* monástica según las diversas tipologías de libros. Asimismo, su mayor presencia estuvo totalmente vinculada al importante auge y difusión del ya mencionado

---

348. Consiglieri, Nadia Mariana: «Entre lo leonino, lo draconiano y lo humanoide...», *op. cit.*, p. 82.

Estilo 1200, floreciente en toda Europa de ese momento, el cual fue adoptado con gran éxito en los *scriptoria* hispánicos.

Dentro del vasto abanico de códices confeccionados en estos escritorios encontramos biblias, breviarios, martirologios, sacramentarios, homiliarios, salterios, leccionarios, colectáneos, antifonarios, comentarios exegéticos (incluyendo en esta categoría a los conocidos Beatos), diferentes historias, glosas, *vitae sanctorum* y *corpus* de obras de diversos teólogos y Padres de la Iglesia, entre los géneros más destacados. Esta gran variedad codicológica de manufactura monástica pasó a formar parte de las bibliotecas de los mismos monasterios. Como ha sostenido Christopher de Hamel, en el siglo XII tanto la confección de libros como su conservación eran prácticas fundamentalmente monásticas, pues los monjes necesitaban códices para realizar su rutina religiosa, así como también libros litúrgicos[349]. En este sentido, los manuscritos fueron utilizados activamente por los monjes en sus actividades de *lectio* y *meditatio*, así como en la liturgia y en la oración en general. Más allá de los complejos procesos de lectura, retención de la información y meditación espiritual sobre los contenidos, es necesario destacar respecto de las actividades litúrgicas que cada dispositivo utilizado en el ritual, entre ellos los diversos códices requeridos para el oficio, tuvo un importante rol en la puesta en escena multisensorial o performativa de la misa[350] consignada a convencer a los creyentes de la doctrina[351]. Asimismo, la práctica de la oración estaba en ese momento monopolizada por estos núcleos de religiosidad y debido a que los monjes oraban tanto por los vivos como por los difuntos, los laicos que pretendían salvar su alma –principalmente nobles y aristócratas– favorecieron con creces a los monasterios por medio de diversas donaciones y tierras[352]: donaciones que generaban

---

349. HAMEL, Christopher de: *op. cit.*, p. 85.

350. Jean-Claude Schmitt refirió a la cuestión puntual del uso del latín y de las lenguas vernáculas en la lectura monástica, así como a la entonación en términos de eficacia performativa en la liturgia. Aunque la lengua latina de los clérigos encargados de la redacción de tales actos se impuso muy ampliamente hasta el siglo XIII, su uso dejó filtrar numerosas expresiones en lengua vernácula. Además, la entonación, el vigor en la locución del discurso y el ritmo de la expresión oral y gestual eran aspectos que importaban al máximo. SCHMITT, Jean-Claude: *Les rythmes au Moyen Âge*. París, Éditions Gallimard, 2016, p. 208.

351. PALAZZO, Eric: «Art et Liturgie au Moyen Âge. Nouvelles Approches Anthropologique et Epistémologique», en *Anales de Historia del Arte*, Volumen Extraordinario (2010), pp. 39-41.

352. LITTLE, Lester K.: «Monjes y religiosos», en LE GOFF, Jacques, & SCHMITT, Jean-Claude (eds.): *Diccionario razonado del Occidente Medieval*. Madrid, Ediciones Akal, 2003, p. 571. Tal como ha indicado Patrick Henriet, el desarrollo de la oración en estos contextos religiosos fue una modalidad de instrumentalización del poder, tanto de los clérigos como de los grupos laicos sirviendo a intereses particulares. Su nivel de eficacia retórica, discursiva y práctica fue materializado a través de diversos modos de disuasión y convencimiento en torno a la doctrina

riqueza y, por ende, la posibilidad de confeccionar manuscritos con materiales más costosos y en sintonía con las nuevas tendencias en iluminación procedentes del resto de Europa.

En cuanto a las tipologías codicológicas activas en esa época dentro de las cuales es posible identificar representaciones dragontinas diversas se reconoce una gran variedad de géneros y contenidos. La confección de biblias gozaba ya de una sólida tradición hispánica altomedieval[353], pues justamente la Biblia fue una de las obras más reproducidas en la Edad Media[354] ya que, en el contexto de los monasterios, ésta implicaba una lectura fundamental. Aunque ya en la liturgia mozárabe se utilizaban biblias[355], el afianzamiento de la liturgia romana en la Península Ibérica y el éxito posterior del románico en el siglo XII fueron factores que contribuyeron a acrecentar el interés por la confección de biblias iluminadas. La Biblia permitía educar en la doctrina cristiana y muchas de sus lecturas eran comúnmente recitadas en la celebración de la liturgia[356]. La versión en Vulgata, creada por san Jerónimo entre fines del siglo IV e inicios del V, fue la versión más difundida y utilizada en el Medioevo[357]. Por otra parte, en este periodo, además de la producción y consumo de biblias en *scriptoria* monásticos, estos códices también comenzaron a ser elaborados para el ámbito laico, profano y universitario[358]. Además de

predicada. Cfr. Henriet, Patrick: «*Invocatio santificatorum nominum*. Efficacité de la prière et société chrétienne (IXᵉ-XIIᵉ siècle)», en Cottier, Jean-François (ed.): *La prière en latin, de l'Antiquité au XVIe siècle. Formes, évolutions, significations*, (Collection d'études médiévales de Nice, 6). Turnhout, Brepols, 2006, p. 230.

353. Cfr. Williams, John: «A Castilian Tradition of Bible Illustration: the Romanesque Bible from San Millán», *Journal of the Warburg and Courtauld Institutes*, Vol. 28 (1965), pp. 66-85; Williams, John: «A Model for the León Bibles», *Madrider Mitteilungen*, Kt, Bd. 8, (1967), pp. 281-286; Williams, John: «The Beatus Commentaries and Spanish bible illustration», en VV. AA. (Grupo de Estudios Beato de Liébana), *Actas del Simposio para el estudio de los códices del 'Comentario al Apocalipsis' de Beato de Liébana I ***, Tomo II. Madrid, Joyas bibliográficas, 1980, pp. 203-219.

354. Rucquoi, Adeline: «La percepción de la naturaleza en la Alta Edad Media», en VV.AA.: *Natura i desenvolupament. El medi ambient a l'Edat Mitjana (XI Curs d'Estiu, Càtedra d'Estudis Medievals Comtat d'Urgell, Balaguer, 12-14 juillet 2006)*. Lleida, Pagès Editors, 2007, p. 73.

355. Yarza Luaces, Joaquín: «Ilustración y ornamento en la Biblia Románica de Burgos», en Zabalza Duque, Manuel, & Yarza Luaces, Joaquín: *La Biblia Románica de Burgos. Siglo XII. Original conservado en la Biblioteca Pública del Estado de Burgos. Estudios*. Burgos, Siloé arte y bibliofilia, 2009, p. 169.

356. Zabalza Duque, Manuel: «La Biblia Románica de Burgos. ¿Una biblia del Monasterio de Las Huelgas?», en Zabalza Duque, Manuel, & Yarza Luaces, Joaquín: *La Biblia Románica de Burgos. Siglo XII. Original conservado en la Biblioteca Pública del Estado de Burgos. Estudios*. Burgos, Siloé arte y bibliofilia, 2009, pp. 17-18.

357. *Ibidem*, p. 19.

358. Gastgeber, Christian, Fingernagel, Andreas, & Pfädtner, Karl-Georg: «I. Redacción y transmisión de las biblias desde sus orígenes hasta la Reforma. Introducción», en Fingernagel,

Bolonia, especialmente París resultó el epicentro de este cambio que continuó desarrollándose durante todo el siglo XIII, al ser rectificada la Vulgata al quitarle añadidos y estandarizar su estructura textual según las exigencias impuestas por la reforma gregoriana para su circulación y difusión normalizada, además de ser producidos ricos ejemplares miniados de formatos monumentales[359], comisionados por familias poderosas y regias. De esta manera, los contenidos del texto bíblico del Antiguo y del Nuevo Testamento resultaron asiduamente reproducidos, comentados y estudiados tanto en los ámbitos monásticos como luego en los universitarios, además de ser un material esencial para los servicios religiosos cristianos[360].

Otros libros destinados al servicio de la liturgia[361] fueron los breviarios: códices utilizados para el desarrollo de las oraciones diarias que los sacerdotes, clérigos y monjes, según cada hora canónica, usaban en conmemoración de Cristo y los Santos[362]. Los breviarios contenían diferentes tipos de himnos, salmos, lecturas y oraciones para ser recitadas en los oficios diarios, y en sus versiones más extensas y completas, contenían el conjunto completo de salmos[363]. Podían ser seculares (destinados a su uso en la iglesia) o monásticos (consigna-

---

Andreas (ed.), & GASTGEBER, Christian (red.): *Las biblias más bellas*. Viena, Österreichische Nationalbibliothek- Köln, Taschen, 2008, p. 28.

359. *Ibidem*. Véase también sobre esta serie de cambios experimentados por la Iglesia en el siglo XI, incluyendo la alusión sobre los debates referentes al uso de la denominación 'reforma gregoriana': ÁLVAREZ PALENZUELA, Vicente Ángel: «Una iglesia europea entre Roma y Cluny», en José Ignacio de la Iglesia Duarte (Coord.): *García Sánchez III "el de Nájera" un rey y un reino en la Europa del siglo XI: XV Semana de Estudios Medievales*, Nájera, Tricio y San Millán de la Cogolla del 2 al 6 de agosto de 2004, Logroño, Instituto de Estudios Riojanos, 2005, pp. 73-78 y nota al pie de página n°1, p. 73.

360. Cfr. HAMEL, Christopher de: *op. cit.*, p. 228.

361. Tal como ha explicado Christopher de Hamel, el año litúrgico de la Iglesia estaba conformado por dos ciclos de servicios simultáneos. Por un lado, estaba establecido según el Temporal, basado en las ceremonias de los Domingos y de las fiestas conmemorativas de la vida de Cristo. Partía de la víspera del primer domingo de Adviento (el domingo más próximo al 30 de noviembre) y continuaba con la Navidad, la Cuaresma, las Pascuas y la Ascensión, el cual comprendía el Pentecostés, el domingo de la Santa Trinidad, el *Corpus Christi* y los domingos posteriores a Pentecostés. Por el otro, estaba conformado por el Santoral: por las fiestas y celebraciones en honor de cada santo. Ambos ciclos muchas veces requerían de la utilización de libros diferentes, pues los diferentes contenidos estaban separados en volúmenes o códices diferentes y específicos. *Ibidem*, pp. 200-202.

362. Hacia la Baja Edad Media, existió una distinción fundamental entre los servicios litúrgicos de la misa (uno de los Sacramentos, basado en la Eucaristía, en el cual se utilizaba fundamentalmente el Misal) y aquellos destinados a la realización de los oficios diarios establecidos en base a las horas canónicas: Maitines, Laudes, Prima, Tertia, Sexta, Nona, Vísperas y Completas, destinadas a los diferentes tipos de rezos en honor a Cristo y los Santos, para los cuales eran utilizados los Breviarios, versiones abreviadas de estos oficios contenidos también en los Libros de Horas. *Ibidem*, p. 202.

363. *Ibidem*, p. 214.

dos a los monjes), aspecto reconocible tanto por el número de *lectiones* como por los días de fiesta destinados a los diferentes santos y por la orden monástica presente en su calendario[364]. Por su parte, los martirologios contenían listas de los santos mártires y las fechas conmemorativas de sus respetivos martirios. A veces, estos códices podían incorporar ciertas reglas monásticas y epistolarios[365]. También los leccionarios incluían diferentes lecturas litúrgicas comentadas que servían al clérigo o sacerdote para la realización del oficio[366].

Dentro de otras tipologías de libros con contenidos doctrinales específicos que también mencionaré en el periodo estudiado, se hallan los homiliarios (códices portadores de las homilías); los sacramentarios (códices utilizados para la administración de los diferentes sacramentos en la misa); los colectáneos (libros que reunían oraciones precedentes a la lectura de la Epístola, dependiendo del tiempo litúrgico)[367] y los salterios (manuscritos litúrgicos que contenían colecciones de salmos y cánticos). Estos últimos tuvieron un importante desarrollo en el periodo pleno y bajomedieval, llegando a estar profusamente iluminados, en especial en sus rúbricas y letras capitales de gran colorido y con inclusión de oro[368]. Asimismo, fueron decorados muchos antifonarios: libros destinados a contener los responsorios y las antífonas entonados en la misa y en cada sección musical de los oficios[369]. Estos incluían los textos de los cánticos y su notación musical[370] de tipo neumático-gregoriana entre los siglos XI y XIII. También contenían las partes musicales correspondientes a los breviarios y cada antífona era cantada en respuesta de otra que estaba al final del salmo[371].

Asimismo, dentro de la rama codicológica vinculada a los comentarios exegéticos, los protagonistas dentro de nuestro *corpus* son los Beatos. Se trata de manuscritos iluminados que contienen la exégesis sobre el Apocalipsis de Juan de Patmos escrita por Beato de Liébana hacia fines del siglo VIII. En el monasterio de San Martín de Turieno, este monje oriundo de tierras cántabras circunscribió su *Comentario* en diferentes partes. Prefacio y Prólogo son seguidos de un total de sesenta y ocho *storiae* apocalípticas y de la *explanatio* de cada una a

---

364. *Ibidem.*

365. Herrero González, Sonsoles: *op. cit.*, p. 22.

366. *Ibidem.*

367. *Ibidem.*

368. Cfr. Hamel, Christopher de: *op. cit.*, p. 218.

369. *Ibidem*, p. 222.

370. Herrero González, Sonsoles: *op. cit.*, p. 22.

371. Hamel, Christopher de: *op. cit.*, pp. 218, 222.

lo largo de doce libros[372]. Además, el *Comentario* de Jerónimo al Libro V de Daniel fue incorporado especialmente a los Beatos de la Familia II[373]. De esta manera, contamos con copias iluminadas sobrevivientes que datan de los siglos X a XIII, cuyo programa iconográfico y tratamiento plástico advirtieron modificaciones diversas en el transcurrir de los siglos. Los aparatos de imágenes de los Beatos operaron como refuerzos y nuevas aperturas visuales referidas a la interpretación del Apocalipsis. Esta clase de manuscritos, más allá de haber podido tener un posible uso litúrgico[374], fundamentalmente estuvo destinada a brindar a los monjes en su *lectio*[375] un conjunto de explicaciones de las revelaciones juaninas, para así contrarrestar la complejidad de los significados del Apocalipsis[376].

Además de códices compilatorios de historias, glosas, *vitae sanctorum*, sermones, piezas musicales, lecturas litúrgicas, milagros, himnos

---

372. Cfr. «Coloquio», en VV. AA. (GRUPO DE ESTUDIOS BEATO DE LIÉBANA): *Actas del Simposio para el estudio de los códices del 'Comentario al Apocalipsis' de Beato de Liébana **, Tomo I. Madrid, Joyas bibliográficas, 1978, p. 70; ÁLVAREZ CAMPOS, Sergio: «Fuentes literarias de Beato de Liébana», en VV. AA (GRUPO DE ESTUDIOS BEATO DE LIÉBANA): *Actas del Simposio para el estudio de los códices del 'Comentario al Apocalipsis' de Beato de Liébana **. Tomo I. Madrid, Joyas bibliográficas, 1978, pp. 125, 130.

373. WILLIAMS, John: *The Illustrated Beatus: a corpus of the illustrations of the Commentary on the Apocalypse. I. Introduction*. Londres, Harvey Miller Publishers, 1994, pp. 20, 25, 26.

374. RUÍZ LARREA, Elena: «La iconografía apocalíptica en los Beatos», en *IX Semana de estudios Medievales, Nájera, del 3 al 7 de agosto de 1998, Milenarismos y milenaristas en la Europa medieval*. Logroño, Gobierno de La Rioja-Instituto de Estudios Riojanos, 1999, pp. 102-103. Véase también: WERCKMEISTER, Otto Karl: «Pain and Death in the Beatus of Saint-Sever», *Studi Medievali*, 3ª serie, tomo 14, 1973, pp. 565-626.

375. WERCKMEISTER, Otto Karl: Intervención en «Coloquio», en VV. AA. (GRUPO DE ESTUDIOS BEATO DE LIÉBANA): *Actas del Simposio para el estudio de los códices del 'Comentario al Apocalipsis' de Beato de Liébana **, Tomo I. Madrid, Joyas bibliográficas, 1978, p. 103.

376. El Apocalipsis, al igual que el *Comentario* de Jerónimo al Libro de Daniel, responden a una literatura reveladora avocada a lo que ocurrirá en el futuro, buscando demarcar hechos trascendentes a la historia. Ambos textos fueron gestados en contextos religiosos y políticos controvertidos. Las persecuciones impartidas por Domiciano a finales del siglo I fue el escenario de creación del texto del Apocalipsis, y el del Libro de Daniel, el siglo II a.C. durante el reinado de Antíoco IV Epífanes. Cfr. DEL CAMPO HERNÁNDEZ, Alberto: «Comentario al Apocalipsis. Introducción», en BEATO DE LIÉBANA: *Obras Completas y Complementarias. I. Comentario al Apocalipsis. Himno "O Dei Verbum". Apologético.* GONZÁLEZ ECHEGARAY, Joaquín, DEL CAMPO, Alberto, & FREEMAN, Leslie G. (eds.). Madrid, Biblioteca de Autores Cristianos, 2004, p. 6; DÍAZ Y DÍAZ, Manuel Cecilio: «El texto de los Beatos», en *Los Beatos [Catálogo de exposición junio-septiembre 1986]*. Madrid, Biblioteca Nacional, 1986. Por otra parte, Carlos Miranda ha sostenido que una de las funciones primordiales de las imágenes en los Beatos consistió, en el contexto de la *lectio* monástica, en hacer memorable el contenido de cada *storia* mediante su reduplicación en la memoria, así como también de la *explanatio* mediante procesos posteriores de rememoración de los contenidos interpretados, los cuales posibilitaban insistir en los propósitos del *Comentario*. Cfr. MIRANDA, Carlos: «La retórica de la imagen: la mnemótica en el Beato de San Andrés de Arroyo», en VIVANCOS, Miguel C., OCÓN ALONSO, Dulce, BERNIS, Carmen, & MIRANDA, Carlos: *Beato de Liébana: códice del Monasterio Cisterciense de San Andrés de Arroyo*. Barcelona, Moleiro Editor, 1998, p. 344.

varios y colecciones de obras de diferentes teólogos, otros ejemplares que destacan en nuestro *corpus* son los dos volúmenes iluminados de las obras de Santo Martino, escritas entre fines del siglo XII y los primeros años del siglo XIII. Aunque Martino las reconoció en su mismo texto como *concordia* (en el sentido de interrelacionar el Antiguo Testamento con el Nuevo Testamento), los *sermones* de cada capítulo no responden a las características de ese último género de predicación, sino que más bien conforman tratados dogmáticos cristológicos que recogen sentencias de los principales Padres de la Iglesia para ser utilizados en la edificación espiritual y en la *lectio* de la misma comunidad canóniga isidoriana[377].

Estas diversas clases de manuscritos de los siglos XII y XIII tuvieron una importante cuota de diseños iluminados y, en particular, una considerable utilización de letras, rúbricas y *marginalia* destinadas a señalar específicas partes del texto y posibilitar así un determinado ritmo en la lectura[378]. Como veremos, el dragón aparece en estos soportes con gran frecuencia bajo diferentes formas y semblantes acompañando, pero también ampliando los sentidos de la palabra, ya sea en una posición central o en el aparato paratextual.

1.1. El dragón en las miniaturas principales

Dentro del *corpus* de manuscritos iluminados que ocupa este estudio, el grupo de los Beatos es el que más se destaca en cuanto al desarrollo pictórico de dragones en sus miniaturas. Sus iluminaciones principales se concentran, por lo general, en representar el sentido de cada *storia* y conforman así el programa iconográfico fundamental que atraviesa la serie. Este aspecto determina un diálogo constante entre el texto y la imagen en cuanto a los significados del discurso, mientras que las letras capitales y las *marginalia* presentan relaciones más aleatorias respecto del sentido textual, además de cumplir

---

377. Viñayo, Antonio: «Santo Martino de León: su escritorio y su obra literaria», *op. cit.*, pp. 27-29.

378. Resulta interesante destacar el concepto retórico de *ductus* en tanto camino determinado por ciertos recursos compositivos que van guiando el ojo bajo un cierto ritmo de lectura. Muchas veces está determinado no sólo por la configuración de los elementos compositivos sino también por la elección de los colores. El *ductus* se sustenta en la idea fundamental de movimiento, en tanto conducto de una mente pensante hacia su camino a través de la composición. Podemos así pensar en las formas dragontinas tanto de miniaturas centrales como especialmente del paratexto, como herramientas conceptuales y formales destinadas a establecer un *ductus* en la lectura del monje de los diferentes tipos de códices. Cfr. Carruthers, Mary: *The Craft of Thought. Meditation, Rhetoric, and the Making of Images, 400-1200*. Cambridge, Cambridge University Press, 1998, p. 77.

funciones más prácticas y de tipo paratextuales vinculadas al mismo acto de lectura.

En el caso particular de las miniaturas principales de los Beatos, dentro del contexto discursivo apocalíptico y exegético de estos códices, se percibe que, más allá de las heterogéneas formas serpentino-dragontinas que adoptan las demás bestias, el dragón rojo de siete cabezas y diez cuernos que ataca a la mujer vestida de sol es el espécimen dragontino protagonista de la serie. Su llamativa figura, así como su aspecto físico monstruoso y su carácter feroz, fueron asimilados a un semblante de bestia devoradora, causante de inundaciones (ya que dice el Apocalipsis que ésta expulsa torrentes de agua) y de agente diabólico que combate contra el bien[379]. En efecto, se trata de una criatura de enormes dimensiones, portadora de muchas cabezas en consonancia con las de la antigua hidra, ya que suele tener también una gran cola de serpiente. Lo temible de este dragón no sólo radica en sus características corporales deformes generales, sino también en su constante actitud agresiva y belicosa. Cualquier triunfo sobre el dragón significaba, para la idiosincrasia medieval, la incuestionable victoria del bien sobre el mal[380], encarnada en este caso por la justa ofensiva de san Miguel y de sus huestes celestiales que mitigan a este monstruo.

El Apocalipsis especifica que apareció un enorme dragón rojo, de siete cabezas portadoras de diademas y diez cuernos. Con su cola arrastró a la tercera parte de los astros y se aproximó a la mujer vestida de sol que tenía la luna a sus pies y una corona de doce estrellas, la cual estaba por dar a luz a su Hijo, quien regiría las naciones. A raíz de ello, se desencadenó una particular batalla en el cielo, protagonizada por san Miguel y su ejército contra el dragón. Esta bestia atacó a la mujer vomitando un río de agua para que sea arrasada por la corriente. Así, la tierra abrió sus fauces y absorbió el agua, salvándola, por lo que el dragón fue a enfrentarse a los seguidores de Dios[381]. Los monjes miniaturistas de los Beatos buscaron forjar imágenes totalmente sintéticas que condensaran el conjunto de los acontecimientos de este pasaje apocalíptico en escenas únicas. Por su parte, Beato en su Libro VI, refirió a este dragón como *draco roseus magnus* y lo equiparó con el demonio. El monje liebanense explica que este dragón fue vislumbrado en el cielo a partir de una relación maligna con el diablo

---

379. Apocalipsis 12. Cfr. CIRLOT, Victoria: «El dragón en la cultura medieval», *op. cit.*, p. 22.

380. PASTOUREAU, Michel: *Bestiaires du Moyen Âge, op. cit.*, p. 208.

381. Apocalipsis 12, 1-18.

en la Iglesia, quien inducido por la envidia quería devorar de entre los hijos de Dios a quienes cumplen con la penitencia[382].

Otro aspecto interesante para recalcar dentro del extenso comentario brindado por Beato es la importancia que este le otorga al poder de la cola dragontina y a su violencia al derribar y arrojar los astros. Esta particular parte corporal del dragón es considerada por Beato como la representación de los profetas inocuos y de los falsos predicadores que derrumban a las estrellas en la tierra, a sus seguidores[383]. Esta referencia sobre la potencia de la cola dragontina tiene su raíz en el concepto planteado por Isidoro de Sevilla en las *Etymologiae*. Recordemos que allí, el docto había indicado ya su fuerza para aniquilar[384], concepto que evidentemente retomó Beato en su exégesis para traducir el poder diabólico del dragón condensado en su poderosa cola.

En alusión a otra parte del relato apocalíptico, Beato asimiló a la figura del dragón con la antigua serpiente, y a ambos con el diablo y Satanás –el gran seductor del mundo–, el cual fue arrojado a la tierra junto con sus ángeles. Se trata del dragón príncipe que es el diablo, y sus ángeles, los hombres malos y los espíritus inmundos[385]. El áspid y la serpiente fueron mencionados por Beato al indicar que los justos caminarán sobre ellos y pisarán al león y al dragón en referencia a los caídos malignos, pues los santos caminan así con sus almas celestiales en detrimento de lo terrenal[386]. Estas diferentes variantes

---

382. "9 *Et uisum est aliut signum in celo*: ecce draco roseus magunos, id est diabolus (…) 10 In celo enim uisus est draco, id est in eclesia congregatio maligna cum diabolo, qui ecclesiae filium, id est in penitentia fortem uirum, inuidia ductus deuorare conatur (…)". *Beati Liebanensis Tractatus de Apocalipsin*. Edición de GRYSON, Roger, & DE BIÈVRE, Marie-Claire. Turnhout, Brepols, col. «Corpus Christianorum. Series Latina» (CVII C), t. 2, 2012, Liber sextus, 2 §§ 9-10 (39-47), p. 660.

383. "17 Et cauda eius trait tertiam partem stellarum celi et misit eas in terra (…) Cauda draconis prophetae iniqui et predicatores mendaces sunt, qui stellas celi adherentes sibi deiciunt in terra". *Ibidem*, Liber sextus, 2 § 17 (77-82), p. 662.

384. "(…) Vim autem non in dentibus, sed in cauda habet, et verbere potius quam rictu nocet. 5. Innoxius autem est a veneris, sed ideo huic ad mortem faciendam venena non esse necesaria, quia si quem ligarit occidit (…)". SAN ISIDORO DE SEVILLA: *op. cit.*, Libro XII, Capitulo 4, 4-5, p. 912.

385. "45 Et expulsus est draco magnus, anguis antiquus, qui dicitur diabolus et Satanás, seducens totum orbem, expulsus est in terra, et angeli eius cum eo expulsi sunt. 46 Draco príncipes diabolus est, et angeli eius homines sunt mali et spiritus inmundi". *Beati Liebanensis Tractatus de Apocalipsin…t.2, op. cit.*, Liber sextus, 2 §§ 45-46 (203-207), p. 668.

386. "(…) Ab ipsis iustis excluduntur, sicut scriptum est: Super aspidem et basiliscum ambulabis, et conculcabis leonem et draconem, 48 Non quod sancti pedibus eos conculcent, cum malum pro malo non reddent, sed cum illi amant terrena, et sancti ad celestia anelant, et nicil terrenum desiderant, et tribulationem et paupertatem equanimiter tolerant, super ipsos mente, non corpore, ambulare dicuntur (…)". *Ibidem*, Liber sextus, 2 §§ 47-48 (210-218), p. 669. (Salmo 91, 13)

de lo serpentino fueron utilizadas para la adopción de diferentes rasgos monstruosos en muchas de las bestias apocalípticas de la serie.

Volviendo al dragón rojo y a sus representaciones en nuestros Beatos más tardíos, sus marcados rasgos de serpiente, su exorbitante tamaño, su potente cola y sus cabezas multiplicadas resultan elementos predominantes y recurrentes en sus diseños. Éstos hacen recordar a las resoluciones de raíz paleocristiana de la hidra, con su cuerpo serpentino y su gran cantidad de pequeñas cabezas[387]. Esta visión del dragón vinculada tanto conceptual como formalmente a una serpiente de enormes dimensiones simbolizó a Satán y a la mayor concentración de las fuerzas malignas: una perspectiva negativa sobre este animal que resultó asiduamente retomada en los bestiarios medievales[388]. No sólo es posible observar en el Apocalipsis esta manifestación dragontina fusionada con la serpiente, sino también en los textos bíblicos relacionados con Daniel y con la serpiente idolátrica de Babilonia[389]. Estas facetas articulan a ambos animales con lo bestial y, por ende, con lo demoníaco, con el diablo y sus agentes malignos, así como también con los falsos profetas, los infieles y los pecadores[390]. Todas estas vertientes malignas relacionadas con las formas dragontinas y serpentinas se hacen presentes en diversas expresiones visuales de los Beatos.

Muchos de estos aspectos pueden reconocerse en la miniatura correspondiente al Beato de Turín[391] (Figura 22). Este códice pertenece a la Familia IIb de la serie, y fue ejecutado durante la primera parte del siglo XII, en zona catalana, aunque resulta incierto su *scriptorium* de confección específico[392]. Copia del Beato de Girona de fines

---

387. Véase Figura 10.

388. CHARBONNEAU-LASSAY, Louis: *El Bestiario de Cristo. El simbolismo animal en la Antigüedad y la Edad Media.* Vol. 1. Barcelona, Sophia Perennis, 1997, p. 397.

389. *Ibidem.* Se cuenta que existía una enorme serpiente venerada por los babilonios. El rey Ciro de Persia se dirigió a Daniel y alegó que esa serpiente era de bronce, que estaba viva, comía y bebía, como un dios vivo al que debía adorarle. Ante ello, Daniel le replicó que él sólo adoraba al Señor y le pidió permiso para matar a la serpiente sin ninguna espada ni estaca. Al asentir el rey, Daniel hizo unas bolitas de pez, grasa y pelos cocidos y las tiró a las fauces de la gran serpiente, con lo que ésta las deglutió y terminó por reventar. Luego de ello, Daniel exclamó que eso era lo que el rey veneraba. Véase Daniel 14, 22-27.

390. "La Biblia viene a amparar no sólo la representación del demonio bajo rasgos bestiales, sino también la de los pecadores e infieles". MONTEIRA ARIAS, Inés: *op. cit.,* p. 418.

391. Beato de Turín. Turín, Biblioteca Nazionale Universitaria. Sg. I.II.1. Primer cuarto del siglo XII. Procedencia: zona catalana.

392. WILLIAMS, John: *The Illustrated Beatus: a corpus of the illustrations of the Commentary on the Apocalypse. I...,* op. cit., pp. 22, 23, 26. Mauricio Herrero Jiménez indicó que el Beato de Turín fue producido en el *scriptorium* de la Catedral de Gerona, mientras que John Williams postuló su posible procedencia en ese mismo centro o en del *scriptorium* de Ripoll. Cfr. HERRERO JIMÉNEZ,

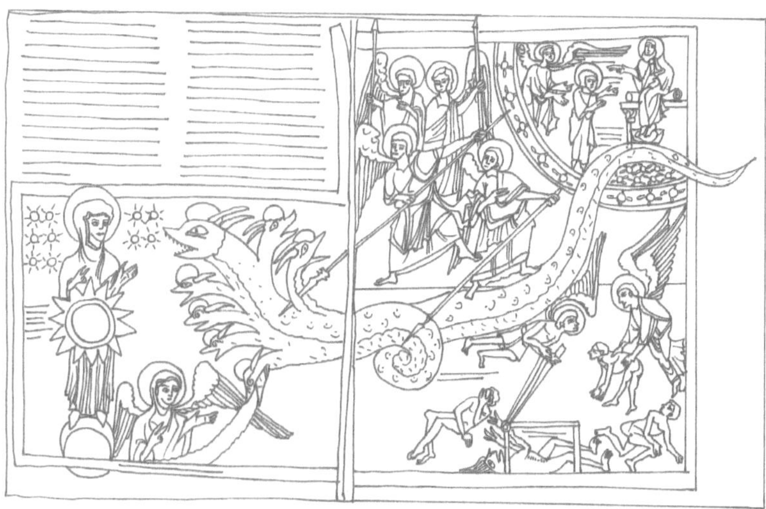

Figura 22. Esquema iconográfico de La mujer vestida de sol y el dragón de siete cabezas del Beato de Turín. Turín, Biblioteca Nazionale Universitaria. Sg. I.II.1. Primer cuarto del siglo XII. Procedencia: zona catalana, ff. 131v-132r. (Esquema iconográfico realizado por Nadia Mariana Consiglieri©)

del siglo X[393], este ejemplar ya presenta las novedades del románico catalán en cuanto a una mayor contundencia en las formas y en la utilización de una paleta cromática de gran saturación.

En esta escena pictórica enmarcada a partir de un formato irregular, la figura del dragón adquiere un enorme protagonismo, ya que su cuerpo sinuoso se expande en los dos folios contiguos, lo cual enfatiza su marcada terribilidad[394]. El monstruo dragontino presenta su lomo rojizo y su vientre anaranjado, en los cuales fueron incluidos diminutos puntos con el fin de aludir a la piel escamosa de tipo serpentina. Cada una de sus cabezas remite a formas felinas o caninas, aunque sus trompas puntiagudas hacen más ambigua la naturaleza de las diferentes fuentes iconográficas animalísticas utilizadas para su diseño. La cabeza principal es la de mayor tamaño, tiene dos cuernos y presenta fauces dentadas, mientras que las demás son más pequeñas y constan de un único cuerno. Su cuerpo anudado y alargado logra tener una fuerte presencia en el folio siguiente. El despliegue plástico

Mauricio: *Beato de Turín*. Madrid, Testimonio Compañía Editorial, 2000, p. 44; WILLIAMS, John: *The Illustrated Beatus: a corpus of the illustrations of the Commentary on the Apocalypse. 4, The Eleventh and Twelfth centuries*. London, Harvey Miller Publishers, 2002, pp. 26-27.

393. WILLIAMS, John: *The Illustrated Beatus: a corpus of the illustrations of the Commentary on the Apocalypse. 4.., op. cit.,* p. 26. Beato de Girona. Girona, Museu de la Catedral de Girona, Num. Inv. 1097B. 970. Procedencia: San Salvador de Tábara.

394. HERRERO JIMÉNEZ, Mauricio: *op. cit.,* p. 95.

tan evidente de la figura dragontina pretende resaltar tanto su ferocidad como su posterior abatimiento y control por parte de las huestes
divinas. La imagen se lee de continuo, de izquierda a derecha, y así,
incorpora diferentes tiempos en el mismo plano de representación[395].
Mientras que en el folio 131 verso, el dragón aparece amenazando a
la mujer, en el folio 132 recto es alanceado por san Miguel y su ejército celestial. Su cabeza mayor está en posición de evidente ataque,
así como también lo están las cabecillas ramificadas de su costado
izquierdo (una de ellas expide agua por su boca), mientras que las dos
del lado derecho vuelven su mirada hacia atrás, en el mismo instante
en el que son atravesadas por una lanza proveniente de la página siguiente. Este giro direccional propicia una dinámica conexión visual
entre un folio y otro, ya que ensambla dos tiempos diversos y sucesivos.

Notemos cómo ha sido resaltada pictóricamente en el folio 132
recto la cola del monstruo apocalíptico, con el objetivo de poner en
relevancia su poder destructivo al arrastrar la tercera parte de los
astros[396]; aspecto vinculado a la descripción isidoriana sobre la im-
ponente fuerza de la cola dragontina[397]. En efecto, es su maciza y
tortuosa cola el elemento que divide simbólicamente la composición,
pues gracias a ésta, queda bien demarcado en la parte superior el
ejército del bien y el ámbito divino, mientras que, en el sector inferior, el infierno y los pecadores. Además, la cola dragontina traspasa
el marco representado de la imagen. Se trata de una táctica plástica
destinada a acentuar la preeminencia y el poder de la figura. Lo metapictórico es utilizado como recurso de transgresión de los límites
del espacio de representación, pues el dragón se muestra así como
una criatura activa y viva que parece "estar allí de verdad", y que ha
dejado sobresalir de repente su cola por fuera de las fronteras de la
miniatura. Recordemos que este recurso metapictórico que consiste
en tensionar las relaciones entre representación y presentación, entre
imagen y realidad[398] también lo habíamos reconocido en el folio 59

---

395. Este conocido recurso plástico medieval basado en la incorporación de variados tiempos al
interior de la misma imagen también puede ser analizado en términos de ritmos, movimientos,
secuencias y dinamismo, condensando, como en este caso, diferentes momentos de una misma
acción en un único plano representativo. Cfr. SCHMITT, Jean-Claude: *Les rythmes au Moyen
Âge, op. cit.,* p. 532.

396. Como lo explica además el siguiente *titulus* inserto en la imagen: "Ubi dracho traxit tercia pars
stellarum". Beato de Turín, f. 132r.

397. Véase nota al pie n°247.

398. Tal como ha indicado Víctor Stoichita, el marco funciona como dispositivo de separación entre
la imagen y todo aquello que no es imagen. Aunque es un elemento que da pie a la imagen y le
da posibilidad de manifestación, no pertenece a su mismo estatuto. Este linde o límite resulta
fundamental para posibilitar que se generen diferentes mecanismos de desdoblamiento de las

recto de la miniatura anterior perteneciente al bestiario MS Harley 3244 de mediados del siglo XIII[399], la cual, aunque un poco posterior a este Beato, resalta esta misma idea, pues la cola del dragón sobresale también del irregular marco de contención. Así, los quiebres de la ficción de la imagen otorgan a estos dragones representados una importante cuota de "realidad" y de impacto visual.

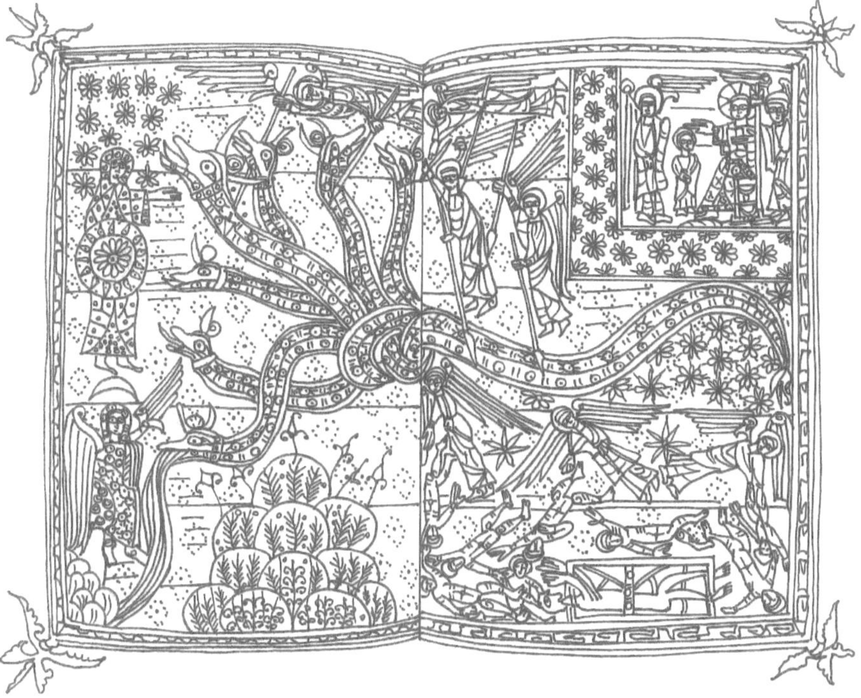

Figura 23. Esquema iconográfico de La mujer vestida de sol y el dragón de siete cabezas del Beato de Silos. Londres, The British Library, Ms. Add. 11695. Escritura terminada en 1091; miniaturas terminadas el 1 de julio de 1109. Procedencia: Santo Domingo de Silos, ff. 147v-148r. (Esquema iconográfico realizado por Nadia Mariana Consiglieri©)

Una versión dragontina diferente de esta escena la hallamos en el Beato de Silos[400] (Figura 23), ejemplar de la Familia II[a], cuya parte pictórica fue finalizada por Munnio y Petrus el 30 de junio de 1109 en el *scriptorium* del monasterio de Santo Domingo de Silos (inicial-

---

imágenes. En estos procesos intertextuales se producen diferentes relaciones entre el marco de la imagen y, y a su vez, entre ésta y los marcos pintados encajados en su interior. STOICHITA, Víctor: *La invención del cuadro. Arte, artífices y artificios en los orígenes de la pintura europea.* Madrid, Ediciones Cátedra, 2011, pp. 67-68.

399. Véase Figura 21.

400. Beato de Silos. Londres, The British Library. Ms. Add. 11695 (Escritura terminada en 1091; miniaturas terminadas el 1 de julio de 1109). Procedencia: Santo Domingo de Silos.

mente llamado San Sebastián de Silos)[401]. Aunque concluidas a inicios del siglo XII, sus iluminaciones presentan un estilo por lo general conservador, con pocos atisbos románicos de su tiempo. Sumando a ello la insistencia en el uso de letra visigótica en este manuscrito, Meyer Schapiro interpretó esto como una resistencia de los monjes silenses al cambio del rito litúrgico materializada en la confección del códice[402]. También para Williams, la utilización de tintes fuertes y contrastantes demarca una lealtad a la antigua cultura y tradición hispana, revelando su dependencia a los modelos del siglo X[403].

Por estas razones, la figura del dragón se nos presenta tan distinta a la del Beato de Turín. Ésta ocupa por completo dos folios confrontados y la miniatura posiciona de nuevo como protagonista al enorme dragón. La criatura gigantesca vuelve a organizar la imagen compensando pesos compositivos y simbólicos; estos últimos relacionados intrínsecamente con el texto apocalíptico. La posición horizontal del sinuoso monstruo, al adoptar una leve diagonal ascendente, permite que el ojo conecte los opuestos bien-mal[404], ya que sus cabezas direccionan la mirada hacia la mujer, rodeada de estrellas en el extremo superior izquierdo, mientras que su cola en el extremo inferior derecho envuelve nuevamente estrellas (pues está arrasando los astros) y su punta descendiente señala el mismo infierno. Es importante subrayar un detalle curioso: la cola remata en otra cabecilla dragontina. Pese a que el libro tiene un estilo bastante tradicional, esta característica puntual evidencia un claro guiño a los diseños románicos de dragones que estaban circulando por la cultura visual burgalesa de ese momento.

Asimismo, la multiplicación de las cabezas del dragón cobra en esta instancia un rol plástico fundamental, al estar desplegadas por casi todo el folio 147 verso. En primer lugar, la cabeza dragontina principal es destacada levemente por su mayor tamaño. Al contrario del Beato

---

401. Es menester recordar aquí, como ya se expuso en el Capítulo 1, que este Beato fue confeccionado en el proceso de cambio de dedicación del cenobio silense. Después de la muerte de Domingo Manso acontecida en 1073, comenzó a ser impulsado un creciente culto a sus reliquias y un importante caudal de peregrinaciones, además de recibir el monasterio mayor protección y donaciones regias. Cfr. *Silos y su época, op. cit.*, p. 6.

402. SCHAPIRO, Meyer: «Del mozárabe al románico en Silos», en: *Estudios sobre el Románico.* Madrid, Alianza Forma, 1984, pp. 81-84.

403. WILLIAMS, John: *The Illustrated Beatus: a corpus of the illustrations of the Commentary on the Apocalypse. 4..., op. cit.*, p. 9.

404. Michel Pastoureau, en su explicación sobre la operatoria del símbolo medieval, hizo referencia a este fenómeno de ósmosis o de conexión de opuestos. Éste se basa en la reunión de extremos que se atraen y que finalmente vuelven a unirse o conectarse. Fue ampliamente utilizado por los hacedores medievales como procedimiento plástico aplicado a contextos discursivos cristológicos. PASTOUREAU, Michel: *Una historia simbólica..., op. cit.*, p. 21.

de Turín, en el cual del cuello central del dragón surgían agrupadas hacia un lado y el otro el resto de las cabecillas, éstas aquí parten por igual de un complejo nudo que sujeta sus cuellos independientes del cual, a su vez, deriva su cola que se expande en el siguiente folio. Dos cabecillas son alanceadas, mientras que otra escupe agua. Sin lugar a duda, las formas generales de este dragón apocalíptico silense retoman fielmente los modelos antiguos de la hidra y la serpiente. Contiene claras reminiscencias a la hidra porque de la parte superior de su cuerpo y cola serpentinos, a partir de un núcleo anudado, nacen de cuellos alargados y ondulantes gran cantidad de cabezas serpentinas ramificadas, además de que una de sus cabecillas lanza agua, elemento intrínsecamente asociado a la naturaleza de la hidra antigua[405]. Este diseño del Beato de Silos nos recuerda a las figuras de las hidras clásicas griegas y a su versión catacumbaria paleocristiana[406]. Si, como hemos visto, Isidoro de Sevilla ya había ubicado a la hidra dentro de una tipología de serpiente[407], no es casual que en este diseño dragontino las formas serpentinas dominen la fisonomía de la figura, incluso a juzgar por las lenguas que surgen de sus fauces. La piel rugosa ha sido plasmada a través de círculos blancos de los que salen rayos, alineados junto con trazos cortos sobre el lomo rojizo, así como también por medio de círculos amarillos y puntos sobre el vientre grisáceo del monstruo. Los miniaturistas utilizaron motivos geométricos bastante esquemáticos, sintéticos y estandarizados para insinuar la epidermis serpentina y crear así la imagen de este dragón.

Una solución más efectista de la piel dragontina fue lograda en el tratamiento pictórico y gráfico del Beato de Manchester[408] (Figura 24). Se trata ya de un manuscrito de la serie apocalíptica correspondiente a la rama IIb, confeccionado en la segunda mitad del siglo XII, en zona burgalesa, por lo que manifiesta las novedades estilísticas nucleadas en ese importante centro urbano, religioso y cultural. En efecto, el estilo de sus miniaturas ha sido relacionado con el del Beato de Cardeña, y con la coetánea Biblia de Burgos, ya que uno de los miniaturistas de esta última trabajó en el códice de Cardeña[409]. Aunque no contamos con documentación histórica suficiente para establecer

405. Cfr. OGDEN, Daniel: *Dragons, Serpents, and Slayers…*, *op. cit.*, p. 51.

406. Véanse Figuras 6, 7, 8 y 10.

407. SAN ISIDORO DE SEVILLA: *op. cit.*, Libro XII, Capítulo 4, 23, p. 916.

408. Beato de Manchester. Manchester, John Rylands University Library. Ms. lat. 8 (ca. 1175). Procedencia: Área de Burgos, San Pedro de la Cardeña (?).

409. KLEIN, Peter K.: *Beato de Liébana: la ilustración de los manuscritos de Beato y el códice de Manchester*. Valencia, Patrimonio Ediciones, 2002, p. 25.

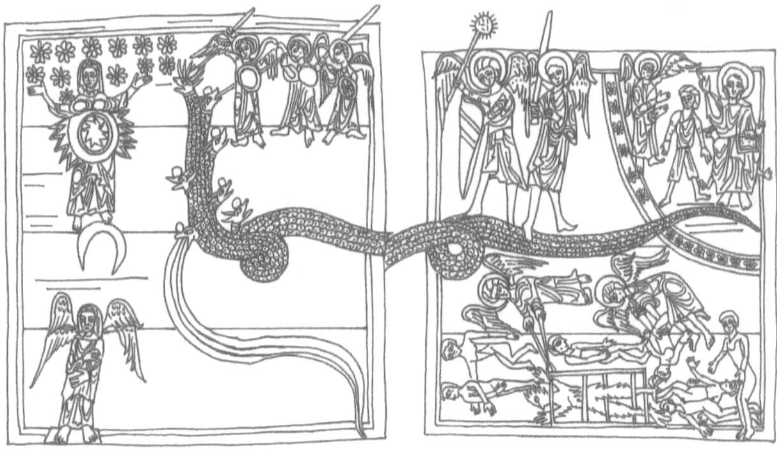

Figura 24. Esquema iconográfico de La mujer vestida de sol y el dragón de siete cabezas del Beato de Manchester. Manchester, John Rylands University Library. Ms. lat. 8, *ca*. 1175. Procedencia: Área de Burgos, San Pedro de la Cardeña (?), ff. 142v-143r. (Esquema iconográfico realizado por Nadia Mariana Consiglieri©)

la procedencia de este manuscrito a un *scriptorium* puntual, sí creo conveniente insistir en la indudable conexión estilística de estos tres manuscritos que opera como eco de la importante actividad de iluminación codicológica en sintonía con las nuevas modas europeas que se estaba entretejiendo en territorio castellano durante los siglos XII y XIII. De la mano de un románico más consolidado, comenzaron a introducirse corrientes foráneas ligadas a los inicios del *Estilo 1200* o los primeros atisbos de tendencias inglesas como *The Channel Style*. Como ya adelanté en parte en el Capítulo 1, estos nuevos enfoques plásticos trajeron consigo una fuerte impronta bizantinista propia del siglo XII[410] y se basaron en un lenguaje formal sostenido por la preponderancia de las formas curvas, sinuosas y orgánicas combinadas con componentes geométricos, por la estilización de las figuras y por la construcción de los drapeados a partir de líneas concéntricas[411], entre algunas de las características más relevantes. El *Estilo 1200* se caracterizó, entonces, tanto por un bizantinismo como por un clasicismo en las formas[412]. Desde mi punto de vista particular, esta tendencia de corte internacional buscó complementar una mayor complejidad ornamental en los diseños, con una proporcional atención

---

410. WILLIAMS, John: *The Illustrated Beatus: a corpus of the illustrations of the Commentary on the Apocalypse. 5..., op. cit.,* p. 20.

411. *Ibidem.*

412. GALVÁN FREILE, Fernando: *op. cit.,* Vol. I, p. 63.

y observación hacia las formas naturales. Prueba de ello es el modelo de dragón apocalíptico del Beato de Manchester. Además de una creciente estilización de su figura, se advierte un mayor esmero en la construcción de la textura cutánea de su cuerpo y una manifiesta intención de crear escamas que parecieran "verdaderas". Estas están logradas a partir de la superposición concatenada de pequeños círculos con un punto interno que, al ser teñidos por la degradación cromática que transita desde el azul al naranja y al blanco (es decir, el pasaje de un tono bajo, a uno medio y a otro alto, en cuanto a valor lumínico), se genera la sensación visual de volumen corpóreo. La creación de esta volumetría pictórica ocurre tanto en los cuellos de la parte superior, como en todo su extenso lomo anudado e incluso en su cola. Por otra parte, aunque esta última ha sido representada de enorme tamaño, tal como en otras copias románicas, no están plasmadas las estrellas que arrastra del cielo[413]. Sin embargo, la "veracidad" de su potencia aparece remarcada especialmente por los dos ángeles celestiales que la pisan, antes de atacarla con una maza y una espada. Igualmente, las cabezas del monstruo presentan rasgos caninos, portando orejas alargadas y puntiagudas que aquí parecen aludir a cuernos. Esta tipología de facciones fue desarrollada y replicada continuamente para la configuración del dragón prototipo románico.

En continuidad con estas formas, la miniatura del Beato de Navarra[414] expone diversas expresiones multiplicadas del dragón en esta escena apocalíptica (Figura 25). Ejecutado a fines del siglo XII en Navarra, el códice pertenece a la Familia I de los Beatos y se caracteriza por la predominancia de tonos violetas y rojizos, con composiciones de un estilo románico afianzado[415]. Además, como sostuvo Williams en relación también con el Beato de Manchester, el desarrollo artístico de las regiones de Castilla y Navarra irradiaron en este periodo el arribo de las tendencias bizantinistas internacionales, que llegaron a territorio hispánico por vía francesa y que incluso pueden apreciarse en la zona de Burgos en esmaltes silenses que replican modelos lemosinos[416]. Todas estas zonas hispanocristianas experimentaron entre los siglos XII y XIII una rica y compleja fusión de tendencias románicas con las innovaciones foráneas en boga.

---

413. KLEIN, Peter K.: *Beato de Liébana...*, *op. cit.*, p. 117.

414. Beato de Navarra, París, Bibliothèque Nationale de France. Ms. Nouv. Acq, lat. 1366 (Finales del siglo XIII). Procedencia: Navarra.

415. WILLIAMS, John: *The Illustrated Beatus: a corpus of the illustrations of the Commentary on the Apocalypse. 5...*, p. 35.

416. *Ibidem*, p. 20.

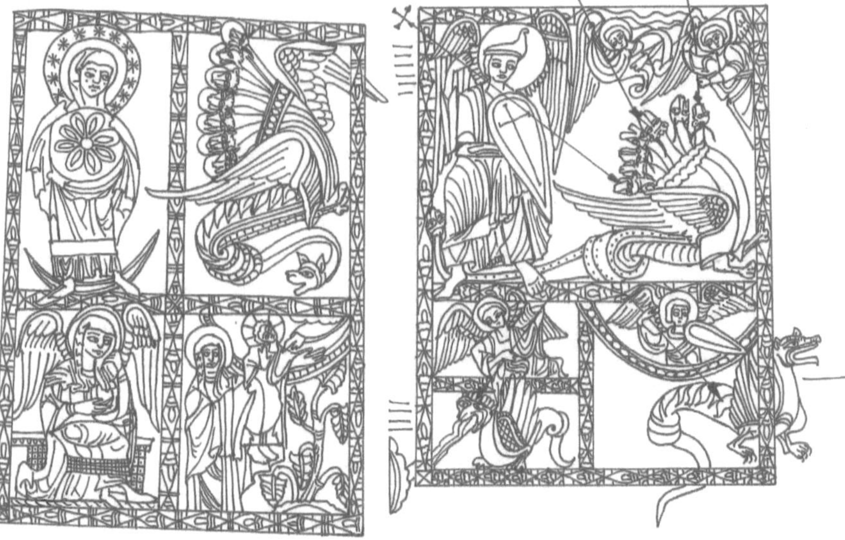

Figura 25. Esquema iconográfico de La mujer vestida de sol y el dragón de siete cabezas del Beato de Navarra. París, Bibliothèque Nationale de France. Ms. Nouv. Acq, lat.1366, finales del siglo XIII. Procedencia: Navarra, ff. 102v-103r. (Esquema iconográfico realizado por Nadia Mariana Consiglieri©)

La miniatura de la mujer vestida de sol y el dragón del Beato de Navarra envuelve un modo de composición y lectura visual muy distinto a los casos analizados anteriormente. Pese a que la representación se expande en dos folios contiguos y completos (tal como apreciamos también en otras), el relato plástico está subdividido en diferentes bloques de forma cuadrada y rectangular unidos entre sí. En esta iluminación, no hay un único dragón sino cuatro, aunque simbolizando el mismo dragón apocalíptico. Sus cuerpos en general muestran una importante cuota de formas macizas y curvas, además de portar colas con anillos concéntricos anudados, que hacen que éstas se replieguen y no que queden expandidas en el plano representativo como en los ejemplos anteriores. Estos dragones ya son bípedos alados y tienen en sus lomos una repetición de puntas descendientes que parecerían remitir a crestas. En este sentido, estos especímenes dragontinos no presentan cuerpos alargados y de raíz tan claramente serpentina, sino que sus características se encuadran más con las resoluciones del románico[417].

Si observamos la parte superior de la composición, el dragón de este episodio apocalíptico aparece duplicado, pues está amenazando

---

417. Elvira Barba, Miguel Ángel: «La iconografía del dragón en Bizancio», *op. cit.*, p. 70.

a la mujer en un folio y en el siguiente está siendo pisoteado por san Miguel[418]. Las cabecillas salen de una franja horizontal del tronco y no tienen cuernos. Ambas versiones del mismo dragón muestran una resolución particular en la serie, ya que del mismo cuello grueso, rematado por una franja, derivan en racimo todas las demás cabecillas. También, en el segundo espécimen fueron representadas algunas lenguas negras que salen de cada una de las cabecitas dragontinas multiplicadas, quizás con el objetivo de reforzar la idea de ferocidad de este monstruo multiforme que ataca incipientemente al arcángel y a sus huestes. Los dos dragones bípedos y alados, a su vez, tienen colas que terminan en cabezas dragontinas amenazantes con sus fauces abiertas, evidenciado su fuerte poder demoníaco[419], tal como ya veíamos más tímidamente en el Beato silense.

Además de todo ello, los miniaturistas decidieron crear otra novedad en esta imagen a nivel compositivo, ya que incorporaron otros dos dragoncillos en la parte inferior del folio 103 recto. El propósito fundamental de esta repetición en la figura dragontina consistió en insistir en el concepto diabólico de este gran dragón apocalíptico y en reforzar así sus significados a través de su impronta visual. Éstos, no obstante, son dragones simples que poseen una única cabeza que sale de sus troncos. En paralelo con el discurso de la imagen general, uno de ellos expulsa agua de sus fauces hacia el folio anterior[420], mientras que el otro avanza de manera opuesta, dispuesto a hacer el mal en el contexto de confrontamiento con el ejército celestial[421]. Tal es así, que su cabeza, pecho y una de sus patas delanteras transgreden el marco pintado. Esta estrategia plástica que reconocimos en otras miniaturas anteriores, como en los dragones del Beato de Turín y del bestiario latino MS Harley 3244, opera en la imagen de manera activa al jugar con la infracción de los límites del espacio pictórico y, de esa forma, crear una falsa ilusión de verosimilitud en las figuras representadas. En esta ilustración específica, el dragón que atraviesa el marco pintado busca enfatizar el imparable avance del mal por la tierra y su propagación por toda la humanidad. Un dato importante es que en esta miniatura no hay un sector infernal destinado a contener a

418. El *titulus* de la imagen es: "Sanctus Michael pugnat cum dragone", Beato de Navarra, f. 103r. Cfr. RUÍZ GARCÍA, Elisa Silva, & VERÁSTEGUI, Soledad de: *Beato de Navarra (Ms. nouv. acq. lat. 1366 de la Bibliothèque nationale de France)*. Madrid, Millennium Liber, 2007, p. 134.

419. *Ibidem*, p. 131.

420. El *titulus* que aparece en el margen inferior izquierdo del folio 103r especifica: "Draco proiecit fluvium de ore suo apud mullierem". Cfr. *Ibidem*, p. 134.

421. El *titulus* que aparece en el margen inferior derecho del folio 103r especifica: "Ubi draco proiectus foras". Cfr. *Ibidem*.

los condenados pecadores, como sí ocurre en los preliminares Beatos examinados. Ese rol lo están cumpliendo estos dos dragones de debajo de todo, que sirven a los efectos de enfatizar la idea de lo diabólico y el incontenible poder del mal que busca avanzar en todo momento.

Hallamos otra versión dragontina interesante en el Beato de Las Huelgas[422], el cual muestra la permanencia de los modelos serpentinos del dragón en este motivo iconográfico, aunque con ciertas variaciones e incorporaciones materiales (Figura 26, en pág. 113). Este manuscrito fue confeccionado en el siglo XIII, con gran probabilidad en Burgos, ya que formó parte del patrimonio del Monasterio de Santa María de las Huelgas, aunque también se ha postulado a Toledo como otra posible procedencia original[423]. Uno de sus dos colofones establece que el códice fue concluido en septiembre de 1220, aunque sin datos sobre su amanuense ni comitente. Sin embargo, se piensa que este libro realizado con materiales de muy buena calidad fue un presente encargado por Berenguela de Castilla, hija de Alfonso VIII y Leonor Plantagenet, pues la pareja regia había sido la fundadora del cenobio femenino burgalés hacia 1187[424]. Los vínculos entre este monasterio perteneciente a la orden del Císter con la órbita de poder castellano regio fueron factores que también contribuyeron en la introducción de las novedades internacionales en materia pictórica que se estaban difundiendo en ese periodo y que se observan en este Beato iluminado[425]. Además de una paleta cromática bastante amplia y de pigmentos de buena calidad, el manuscrito presenta agregados en láminas de plata y oro; elemento también presente en esta miniatura en las estrellas, en las aureolas de los personajes sagrados y en las coronas que portan las cabecillas del gran dragón rojo. Asimismo, las coronas ya no son representadas como meros círculos planimétricos, sino con formas de tres puntas. El oro y la plata adheridos a ellas pretenden ser comprendidos como esos mismos materiales, esto es, como oro y plata que forman parte de la constitución de coronas "reales", "verdaderas", tangibles. Del mismo modo que el recurso de transgresión del marco pintado contenedor de la imagen, ésta resulta otra estrategia plástica destinada a reforzar la capacidad de agencia

---

422. Beato de Las Huelgas, New York, Pierpont Morgan Library. M. 429 (*ca.* 1220). Procedencia: Burgos, Santa María la Real de Las Huelgas (?); Toledo (?).

423. WILLIAMS, John: *The Illustrated Beatus: a corpus of the illustrations of the Commentary on the Apocalypse. 5…, op. cit.,* p. 38.

424. *Ibidem*; WILLIAMS, John: «Introducción», en VV.AA.: *Estudio del manuscrito del Beato de las Huelgas M.429.* Valencia, Scriptorium, 2004, p. 5.

425. WILLIAMS, John: *The Illustrated Beatus: a corpus of the illustrations of the Commentary on the Apocalypse. 5…, op. cit.,* p. 40.

y la operatividad del medio visual. Se persiguió el propósito no ya de representar meramente a las coronas, sino de presentarlas en términos de materialidad del objeto real y así hacer más verídicas las cabezas multiplicadas del gran dragón[426]. Entonces, las imágenes en tanto artefactos, medios o móviles de transmisión de un determinado tema o motivo, funcionan a través de ciertos procedimientos materiales intrínsecamente ligados a los mismos objetivos del mensaje sobre el que buscan persuadir[427]. Incluso en este caso, además de las particulares coronas, las cabecillas dragontinas portan rasgos caninos y tienen un mayor grado de detalle en sus facciones, gestos y expresiones. Por otra parte, su cuerpo persigue las formas del dragón-serpiente[428], aunque incluye un sólido sentido volumétrico generado a partir del pasaje de valores lumínicos del color rojo. Otro aspecto por destacar consiste en la preponderancia de figuras pertenecientes a las huestes divinas que atacan a la bestia dragontina. Se trata del enaltecimiento de san Miguel como mitigador del mal, un motivo iconográfico que comenzó a tener una progresiva importancia hacia la segunda mitad del siglo XII, durante todo el siglo XIII y cada vez más en época bajomedieval. Asimismo, esta miniatura evidencia la incorporación del *Estilo 1200* no sólo en las fisonomías caninas y feroces de las cabecillas dragontinas, sino también en un elemento fitomorfo característico de esta tendencia, ubicado en la mitad del folio 101 verso: una tipología de hojas de bordes ondulados que cierran en una especie de rulos, la cual veremos continuamente expresada en composiciones principales, ornamentaciones y letras capitales del periodo.

---

426. "Lo que importa es la respuesta, que se basa en la idea de la presencia, no en el hecho de la representación (…) En tales casos, lo representado se subordina a la presencia (…) nos concentramos conscientemente en la imagen y, una vez más, lo que en ella está representado se hace presente (…) Es decisivo este paso de la representación a la presentación (…)". FREEDBERG, David: *op. cit.*, 1992, p. 46.

427. En este sentido, el *qué* o motivo que busca representar una imagen no puede ir separado del *cómo* o de la materialidad y del lenguaje visual que opera en la constitución misma de la imagen, y que la transforma en un enunciado visual único y particular. Cfr., BELTING, Hans: *Antropología de la imagen, op. cit.*, p. 15; MARIN, Louis: *Destruir la pintura*. Ciudad Autónoma de Buenos Aires, Fiordo, 2015.

428. KLEIN, Peter K.: «Las ilustraciones del Códice de Las Huelgas», en VV.AA.: *Estudio del manuscrito del Beato de las Huelgas M.429*. Valencia, Scriptorium, 2004, p. 55.

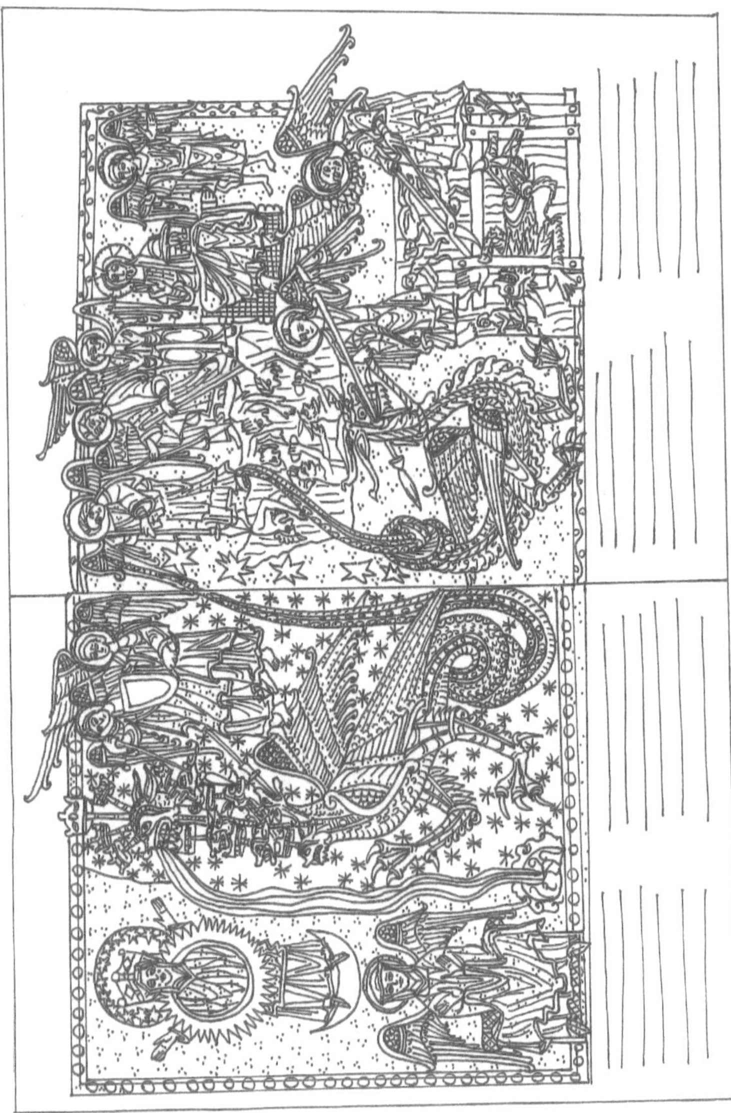

Figura 27. Esquema iconográfico de La mujer vestida de sol y el dragón de siete cabezas del Beato de San Andrés de Arroyo. París, Bibliothèque nationale de France. Ms. nouv. Acq. Lat. 2290, ca. 1220-1235, Procedencia: Área de Burgos, San Pedro de la Cardeña (?), ff. 110v-111r. (Esquema iconográfico realizado por Nadia Mariana Consiglieri©)

La versión más tardía de este motivo, la podemos encontrar en el Beato de San Andrés de Arroyo[429] (Figura 27), ejemplar de la Familia IIb, confeccionado entre 1220 y 1235 en Burgos, posiblemente en el *scriptorium* de San Pedro de la Cardeña[430]. El códice habría sido donado por Fernando III al monasterio cisterciense de San Andrés de Arroyo, fundado en 1185 por Doña Mencía. Al ser abadesa del cenobio, Mencía dio un importante impulso a las reformas edilicias del monasterio, las cuales finalizó hacia 1230, en el mismo momento de unificación de los reinos de León y Castilla, y además de ello, se preocupó por acrecentar la colección de su biblioteca[431]. John Williams reconoció sus características estilísticas burgalesas que lo conectan con el Beato de Cardeña y sus marcadas tendencias bizantinizantes propias del *Estilo 1200* que permiten ubicarlo igualmente dentro de un vigoroso estilo románico con tempranos rasgos góticos[432]. De hecho, el planteo cromático de todo el programa iconográfico de este manuscrito recurre a un vocabulario visual basado en el uso de fondos rojos y azules: colores recurrentes en las iniciales góticas. Estos fondos de color pleno suelen estar invadidos por diferentes texturas visuales conformadas por componentes geométricos. En esta miniatura, se alternan sobre un plano rojo pequeñas estrellas construidas por medio del entrecruzamiento de líneas, mientras que sobre los planos azules se despliegan grupos conformados por tres puntos blancos en forma triangular, con la punta hacia abajo: otro elemento ornamental común y recurrente del *Estilo 1200*.

Sin embargo, las figuras dragontinas experimentan cambios importantes. La disposición es bastante similar a la del Beato de Navarra, en el sentido de que aparece una especie de desglose temporal de cada uno de los sucesos que representan las imágenes. En el folio 110 verso irrumpe el gran dragón apocalíptico de siete cabezas, ubicado de manera vertical, con un diseño más complejo y naturalista. Su extrema hibridez hace recordar la tradición representativa dragontina de la Antigua Mesopotamia; en especial a las figuras de Tiamat y del *mušḫuššu*[433]: seres heterogéneos conformados por diferentes par-

429. Beato de San Andrés de Arroyo, París, Bibliothèque nationale de France. Ms. nouv. Acq. Lat. 2290. Procedencia: Área de Burgos, San Pedro de la Cardeña (?).

430. WILLIAMS, John: *The Illustrated Beatus: a corpus of the illustrations of the Commentary on the Apocalypse. 5…, op. cit.*, p. 43.

431. *Ibidem*, p. 44; VV.AA.: *Beato de Liébana: códice del Monasterio Cisterciense de San Andrés de Arroyo*. Barcelona, Moleiro Editor, 1998, p. 58.

432. WILLIAMS, John: *The Illustrated Beatus: a corpus of the illustrations of the Commentary on the Apocalypse. 5…, op. cit.*, p. 43.

433. Véanse Figuras 4 y 5 en páginas 72 y 74 respectivamente.

tes de otros animales. Efectivamente, la naturaleza imaginaria del dragón posibilitó la construcción de su imagen haciendo uso de una aglomeración de fragmentos de especies conocidas: serpientes, reptiles, anfibios, canes, leones y águilas. Este dragón apocalíptico posee una cabeza central y mayor con cuatro cuernos puntiagudos, que sostienen cada uno una corona suntuosa, muy semejantes a las coronas ilusionistas del dragón de Las Huelgas, aunque éstas no poseen dorado ni plateado como materiales agregados. Esta cabeza principal expulsa de sus fauces un caudal de agua hacia la tierra. Las demás cabecillas dragontinas insisten en el mismo diseño que la mayor, aunque con un solo cuerno y corona. Muestran orejas apuntadas, prominentes dientes, lenguas amenazantes y muchos pliegues cutáneos. Sus rasgos combinan una mezcla de serpientes, con elementos felinos y caninos.

Se trata de un dragón bípedo y alado. Toda la superficie de su cuerpo incluye diversas grafías que pretenden, a través de su repetición y acumulación, dar la sensación visual de las escamas serpentinas. Por otra parte, la disposición de su cola anudada resulta totalmente dinámica, ya que además de curvarse al extremo continúa en el folio siguiente. Volvemos a constatar la permanencia aún en el siglo XIII de los fundamentos greco-latinos y luego isidorianos acerca de la potencia de la cola dragontina. Aquí, una vez más, esta concepción ha sido trasladada al lenguaje plástico y también cumple la función de conectar visualmente ambos folios. Asimismo, el otro dragón que aparece en el folio 111 recto, el cual también simboliza al gran dragón apocalíptico, funciona de la misma manera que los dos dragones inferiores repetidos del Beato de Navarra, insistiendo en las ideas de lo maligno y lo demoníaco. Las alas de este último dragón contienen pequeños círculos multiplicados con un punto central, además de líneas rectas que van en paralelo con puntos divisorios diminutos y toda la parte del vientre rematada en formas onduladas. Este aparato de texturas gráficas apunta a generar una mayor verosimilitud en la piel de la bestia. Además, este dragón cuenta con dos patas que terminan en filosas garras y una amplia simulación de escamas con remates que parecen en parte encrestados[434]. Los dragones de este Beato no sólo exponen un marcado vocabulario visual románico, sino también una importante aproximación a la tipología dragontina propia del *Estilo 1200*, basada en especímenes con cuerpos extremadamente curvos, cola extensa y alas y orejas estilizadas.

Comprobamos entonces que el dragón de siete cabezas es uno de los motivos iconográficos dragontinos más importantes dentro de la serie

---

434. Cfr. VV.AA.: *Beato de Liébana: códice del ..., op. cit.*, p. 253.

de los Beatos, el cual en la mayoría de los ejemplos brindados adquirió una construcción plástica heredera de las formas serpentinas. Su diseño parte indiscutiblemente del formato de gran serpiente con nudos en su cuerpo y cola terminada en punta. Sobre esta base, se le fueron adosando ciertos elementos específicos para "ajustarla" a las características particulares de este monstruo dragontino: cabezas ramificadas, con rasgos serpentinos, caninos o felinos, además de cuernos y/o orejas con imitaciones de escamas. En las cabecillas dragontinas del Beato de Las Huelgas y, especialmente, en los dragones secundarios del Beato de Navarra y del Beato de San Andrés de Arroyo, este puro carácter serpentino del dragón comenzó a perderse –aunque permanecieron sus características sustanciales–[435]. El objetivo consistió en lograr una imagen más autónoma e identitaria del dragón en tanto híbrido bípedo y alado conformado por fisonomías animalísticas diversas. En este sentido, considero que los miniaturistas acudieron a una utilización particular de determinados elementos plásticos agrupados, tales como círculos, puntos, líneas rectas y curvas, para así generar una imagen más sintética, pero a su vez verosímil del semblante dragontino. Estas texturas visuales buscaron crear el efecto visual de pelos, púas, escamas, crestas y alas presentes en especies conocidas como leones, perros, serpientes, águilas y reptiles variados con el fin de conformar prototipos diversos de hibridez dragontina. Además, resulta indispensable pensar cómo estas innovadoras representaciones del dragón, además de responder a los parámetros del *Estilo 1200*, también estuvieron en completa sintonía con la nueva actitud mucho más empírica hacia la naturaleza y sus seres propia del siglo XIII.

Si bien hacia el siglo XII las obras naturalistas aristotélicas habían sido redescubiertas y habían comenzado a ser difundidas poco a poco entre la cultura latina medieval, fue recién en el siglo XIII cuando autores vinculados a la Escolástica y a las universidades, como Tomás de Cantimpré, Alberto Magno o Tomás de Aquino, las tradujeron del griego y el árabe al latín y las comentaron con mayor regularidad,

---

435. Si bien las representaciones del dragón hacia el siglo XIII adquirieron rasgos progresivamente más específicos que lo fueron configurando como una criatura de cuerpo cada vez más macizo, rotundo, deforme, mixto y monstruoso, ciertas características serpentinas se mantuvieron constantes en su figura. Esto ocurrió en partes corporales específicas, como en su rostro, lengua, piel escamosa y cola extensa. Incluso, como indicó Inés Monteira Arias, la pervivencia de las metáforas literarias en torno a la figura de la serpiente en tanto animal maligno y pernicioso, pueden observarse en la *Vida de Santo Domingo de Silos*; obra escrita a mediados del siglo XIII por Gonzalo de Berceo: "328. Prendié forma de sierpe el traïdor provado, / poniéseli delante el pescueço alçado; / oras se facié chico, oras grand desguisado, / a las veces bien gruesso, a las veces delgado". Berceo, Gonzalo de: *La vida de Santo Domingo de Silos, Obras Completas IV*, Estudio y edición crítica por Dutton, Brian, London, Tamesis Books Limited, 1978, Libro II, v.328, p. 86; Cfr. Monteira Arias, Inés: «Entre bestias y hombres…», *op. cit.*, 2012, p. 416.

pues en ese momento adquirió un rol fundamental en la escena hispánica la Escuela de traductores de Toledo: centro de confluencia de conocimientos de sabios cristianos, judíos y musulmanes[436]. *Meteorológicos, Sobre el cielo* y la importante *Física* son los escritos naturalistas de Aristóteles que comenzaron a traducirse gradualmente en estas esferas de traducción docta hispánicas. En efecto, Gerardo de Cremona, un traductor procedente de la ciudad homónima, activo en el Toledo del siglo XII, fue el responsable de la traducción de los *Meteorológicos* y de *De Caelo* (obra también conocida en época medieval bajo la denominación *De mundi*)[437]. La filosofía natural basada en una metodología empírica y una capacidad causal propia de la perspectiva aristotélica, helenística y árabe irrumpieron en el horizonte cultural de los siglos XII y XIII, promoviendo una concepción del universo, de la naturaleza y de sus seres cada vez más ligada a la percepción del hombre[438]. Esta visión más empírica atravesó incluso los tratados animalísticos aristotélicos, obras que también fueron redescubiertas en esa época, cuya traducción al latín fue realizándose paulatinamente y su recepción amplia fue más tardía. En ellos, el mundo animal es analizado según la variedad de las especies, su movilidad y sus modos de reproducción. Inclusive la *Física* de Aristóteles fue una obra que comenzó a ser trabajada en los círculos universitarios escolásticos (Daniel de Morley, Guillermo de Conches, Thierry de Chartres, entre otros), los cuales plantearon nuevos debates en torno al cosmos y a la naturaleza, a través de un saber más secularizado que comenzó a pujar por su lugar, a la vez que muchos aspectos doctrinales y exegéticos empezaron a ser repensados desde fundamentos causales y racionales que fueran más allá de las explicaciones simbólicas[439].

Además de producirse un resurgimiento de la alquimia, de la astrología y de la astronomía desde las tradiciones helenísticas y árabes[440], germinaron nuevas teorías sobre la visión y la óptica. Contamos con notables figuras circunscritas al ámbito universitario y docto interesadas en indagar los modos de percepción humana sobre el mundo. Una de ellas fue Roger Bacon, quien luego de una estancia en la facultad

---

436. CONSIGLIERI, Nadia Mariana: «Entre lo leonino, lo draconiano y lo humanoide…», *op. cit.*, p. 71.

437. VERNET, Juan: *Lo que Europa debe al islam de España.* Barcelona, El Alcantilado, 1999, p. 197.

438. GREGORI, Tullio: *op. cit.*, p. 591.

439. A partir del siglo XII, los enfoques en torno a la nueva física condicionaron las exégesis bíblicas. En este sentido, el desarrollo de estos saberes repensados en base a fundamentos helenísticos y aristotélicos, tuvieron un importante impacto en el funcionamiento de la teología tradicional. La apuesta a las estructuras racionales influyó más allá de las constantes referencias a cuestiones de corte simbólico. *Ibidem*, p. 592.

440. VERNET, Juan: *Lo que Europa debe al islam de España, op. cit.,* pp. 230-234.

de artes de Paris entre 1247 y 1250, retornó a Oxford y condensó sus conocimientos sobre óptica en múltiples escritos, como *Perspectiva*, las partes 4 y 6 del *Opus maius, Opus tertium*, la parte I de *Communia naturalium, De multiplicatione specierum*, entre otros[441]. Otro personaje crucial fue Witelo, quien trabajó bajo la protección de William de Moerbeke (confesor papal y traductor de obras filosóficas y científicas del griego al latín), a quien le dedicó posteriormente su obra *Perspectiva*: un tratado de óptica en el cual estudió la visión y la causalidad entre los cuerpos corpóreos e intelectuales surgidos por emanación de la luz divina; temas en donde el conocimiento empírico cobró una marcada relevancia[442]. Igualmente, otra figura fundamental fue John Peckham, quien creó su *Perspectiva communis*, influenciado por la *Perspectiva* de Alhazen; este último un científico árabe de mediados del siglo XI que había reformulado teorías griegas en su trabajo *Kitab al-manazir*, traducido al latín entre los siglos XII y XIII. Peckhman postuló una teoría sobre la visión directa y analizó, entre otros aspectos, los efectos de brillo y luz en el ojo humano[443]. Asimismo, otra revolución en la historia de la ciencia se produjo en el siglo XIII, en el corazón de Oxford, a través de las teorías de Robert Grosseteste, quien postuló la verificación experimental a través de métodos sustentados en la óptica sistemática[444]; contribuyó con planteos sobre la conformación del arco iris (*De iride*), e indagó en las esferas de la

---

441. LINDBERG, David C.: «Lines of Influence in Thirteenth-Century Optics: Bacon, Witelo, and Pecham», *Speculum*, Vol. 46, 1 (1971), pp. 67-72. Consultado en línea (25/03/2019) URL: <http://www.jstor.org/stable/2855089>.

442. *Ibidem*, p. 72. Las teorías ópticas de Witelo presentan muchos puntos en común con las de Bacon, pues el primero estaba familiarizado con los trabajos del escolástico inglés. Por ejemplo, resultan emblemáticas las investigaciones que ambos emprendieron en torno a la naturaleza del arcoíris en tanto fenómeno óptico. Los dos autores sostuvieron que el arcoíris es producido por la reflexión de gotas individuales, produciendo cada una de ellas la conformación de los colores en un arco y no en un círculo, debido a que los rayos son reflejados al ojo sólo por las gotas a la periferia de la región iluminada. *Ibidem*, p. 73. Estos aspectos son muy interesantes en nuestra discusión, especialmente porque demuestran un naciente interés por observar los fenómenos naturales y por indagar cómo funciona el ojo y la visión humana en la acción de obtener imágenes de la realidad mundana y causal. Como ha apuntado Michel Pastoureau, "El arco iris llama la atención de los científicos más importantes que, en algunos casos, también son teólogos. Todos descubren o redescubren los *Meteorológicos* de Aristóteles y la óptica árabe, en particular la de Alhazen (Ibn al-Haytham, 965-1039). De este modo, el discurso del Occidente cristiano sobre el arco iris no sólo es poético o simbólico, sino que también se vuelve verdaderamente físico y considera la curvatura del arco, su posición respecto del Sol, la naturaleza de las nubes y, sobre todo, los fenómenos de reflexión y refracción de los rayos luminosos (…) Entre dichos autores, hay que citar varios nombres prestigiosos de la historia medieval de las ciencias del siglo XIII: Robert Grosseteste, John Pechham, Roger Bacon, Thierry de Freiberg, Witelo". PASTOUREAU, Michel: *Una historia simbólica ..., op. cit.*, p. 135.

443. Cfr. LINDBERG, David C.: *op. cit.*, pp. 75-83.

444. TURBAYNE, Colin M.: «Grosseteste and an Ancient Optical Principle», *Isis*, Vol. 50, 4 (1959), p. 467. Consultado en línea (25/03/2019) URL: <http://www.jstor.org/stable/226431>.

naturaleza nutriéndose de las bases aristotélicas mediante su activo estudio y comentario. Entonces, estas nuevas tendencias internacionales principalmente concentradas en Inglaterra y en Francia, surgidas en las universidades de Oxford y de París, comenzaron a tener una importante difusión y a repercutir en los modos de observar, de pensar e incluso de representar la naturaleza.

No debemos olvidar, por otra parte, que también durante los siglos XII y XIII se produjo el momento de mayor auge, copia y circulación por toda Europa del género codicológico de los bestiarios, gracias a su formidable producción en Inglaterra y Francia. El aparato textual de estos manuscritos pseudoenciclopédicos iluminados, además de aludir a las características propias de cada especie animal, se basó en incorporar diversos sentidos doctrinales y moralizantes para así fundamentar su naturaleza[445]. Aunque los bestiarios envolvieron una posición más simbólica que verdaderamente "científica" sobre los animales, los tratados naturalistas antiguos fueron importantes fundamentos de muchos escritos zoológicos medievales producidos en el ámbito de los monasterios[446], al mismo tiempo que todas las perspectivas escolásticas coetáneas incidieron poco a poco en sus aportes y enfoques sobre los animales y la naturaleza en sí misma. En efecto, en los bestiarios del siglo XIII, las representaciones faunísticas son cada vez más naturalistas y apuestan a una mayor cuota de verosimilitud. Esto es el resultado también de una mayor observación empírica de las especies conocidas y utilizadas como base modélica para disponer las figuraciones de los bestiarios. Por todo ello, insistiré en que el siglo XIII propuso una nueva visión hacia la naturaleza a través de una perspectiva pseudocientífica que procuró ir gradualmente más allá de la doctrina cristiana, incluyéndola en las argumentaciones, pero al mismo tiempo incorporando observaciones empíricas y prácticas. La naturaleza y los animales comenzaron a ser progresivamente observados y descritos con mayor minuciosidad. A partir de una combinación innovadora de sus características y fisonomías, los miniaturistas de los bestiarios crearon imágenes de especies desconocidas o imaginadas –como es el caso de los mismos dragones–, y como pudimos percibir también en los ejemplares dragontinos de los Beatos más tardíos.

Dentro de esta serie apocalíptica, otros personajes que encarnan dragones aparecen igualmente en más contextos iconográficos. Es el

---

445. Pastoureau, Michel: *Bestiaires du Moyen Âge, op. cit.*, p. 23.

446. Vernet, Juan: *La Cultura Hispanoárabe en Oriente y Occidente*. Barcelona, Editorial Ariel Historia, 1978, p. 255.

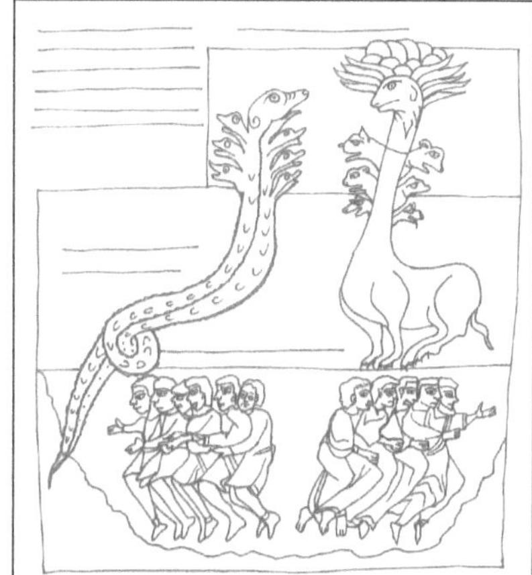

Figura 28. Esquema iconográfico de la adoración de la bestia que sale del mar y del dragón del Beato de Turín. Turín, Biblioteca Nazionale Universitaria. Sg. I.II.1., Primer cuarto del siglo XII. Procedencia: zona catalana, f.135r. (Esquema iconográfico realizado por Nadia Mariana Consiglieri©)

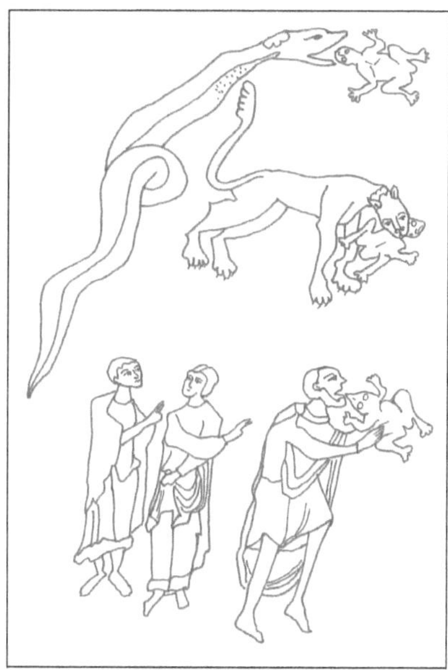

Figura 29. Esquema iconográfico de los espíritus inmundos en forma de ranas que salen de las bocas del dragón, de la bestia y de los falsos profetas, del Beato de Turín. Turín, Biblioteca Nazionale Universitaria. Sg. I.II.1., primer cuarto del siglo XII. Procedencia: zona catalana, f.156v. (Esquema iconográfico realizado por Nadia Mariana Consiglieri©)

caso de la ilustración del Beato de Turín sobre la adoración de la bestia que sale del mar y del dragón[447] (Figura 28), pues el Apocalipsis indica que surgió una bestia del mar de diez cuernos y siete cabezas con diademas, parecida a un leopardo, con patas de oso y fauces de león, a la cual que el dragón le concedió su poder y su trono[448]. Según

---

447. Apocalipsis 13, 1-8.

448. "3 Et uidi ascendentem bestiam de mari, habentem cornua decem et capita septem, et super cornua eius decem diademata, et super capita eius nomen blasphemiae. Et bestia quam vidi similis erat pardo, et pedes eius sicut ursi, os eius ut leonis". *Beati Liebanensis Tractatus de Apocalipsin...t.2, op. cit.,* Liber sextus, 3 § (1-5), p. 675.

Beato, los falsos creyentes se postraron ante el dragón al haberle dado el poderío a la nueva bestia, aunque ellos aducen adorar a Dios, quien le dio el poderío a Cristo[449]. Bajo esta exégesis, Beato no pretendió más que volver a exponer la falsedad y la mentira que envuelve a esta bestia y a sus seguidores. Esto se muestra en la miniatura del Beato catalán, en donde la nueva bestia cuadrúpeda es colocada en frente del dragón, el cual vuelve a ostentar su clara estructura serpentina, con las múltiples cabezas, esta vez sin cuernos[450].

En el mismo códice, el dragón aparece nuevamente en otra miniatura que representa a los espíritus inmundos en forma de ranas que salen de las bocas del dragón, de la bestia y de los falsos profetas[451] (Figura 29). En este diseño, además de incorporarse una bestia cuadrúpeda con evidentes formas leoninas, se manifiesta un vínculo particular entre el dragón y las ranas: animales con características físicas comunes que comparten serpientes y anfibios, portadores todos de sentidos diabólicos[452]. En este caso, el dragón adopta por completo el formato de gran serpiente con una sola cabeza, cuyas fauces expulsan una rana. Su cuerpo serpentiforme con un nudo central evidencia la necesidad de remarcar el gran tamaño del monstruo, tanto por medio de su grosor, como por su extensión, si la comparamos con la del resto de las figuras representadas. Expresa un gesto feroz y parece tener una pequeña oreja, además de que acusa una agrupación de puntos en su pecho para hacer alusión así a su epidermis viscosa y escamosa[453].

---

449. "Et adorauerunt draconem, quoniam dedit poteſtatem beſtiae. 30 Illi in lingua dicunt adorare se dominum, qui dedit poteſtatem Chriſto, id eſt Chriſtum cognoscunt in carne uenisse". *Ibidem*, Liber sextus, 3 §§ 29-30 (126-129), p. 683.

450. Una parte del *titulus* de la imagen, en efecto, aclara ello: "Ubi reges terre beſtia et draco eos adorant".

451. Apocalipsis 16, 13-16.

452. Beato reitera que el dragón es el diablo, la beſtia es el pueblo malo y el falso profeta son los falsos sacerdotes: son tres, pero son uno solo, porque tienen al diablo en su cabeza y los espíritus malignos son sus palabras, inspiradas en el diablo y con forma de ranas porque eſtos son animales vanidosos que vociferan de manera moleſta e inoportuna sin ninguna utilidad. "*7,1 Et uidi ex ore draconis et ex ore beſtiae et ex ore pseudoprophetae spiritus tres inmundos. Iam supra draconem diabolum diximus, beſtia muero omnem populum malum, hoc eſt corpus eius. Pseudo tamen propheta ipsi pseudosaerdotes sunt, quem beſtia cum duobos cornibus supra explosuimus. 2 Hii tres unum sunt. Tres spiritus se uidisse teſtatur, sed unum spiritum habent, quia et unum caput habent diabolum. Cuius membra esse credentur. 3 Hii spiritus uerba ipsorum sunt, quia quod diabolus eis inspirat, hoc loquitur populus, qui beſtia dicitur, hoc et pseudopropheta, qui eorum sacerdotes esse dicuntur (…) Quasi ranae sunt enim spiritus demoniorum facientes signa ranae. 5 Rana eſt enim loquassima uanitas; nicil enim ad aliut animal utile eſt, nisi quod sumus uocis inprobis et inportunis clamoribus reddet". Beati Liebanensis Tractatus de Apocalipsin…* t. 2, op. cit., Liber octauus, 7 §§1-5 (1-18), pp. 789-790.

453. El *titulus* de la imagen lo especifica: "Ubi draco et beſtia et pseudo propheta tres spiritus inmundi oſtendunt avasi rane". Beato de Turín, f. 156v.

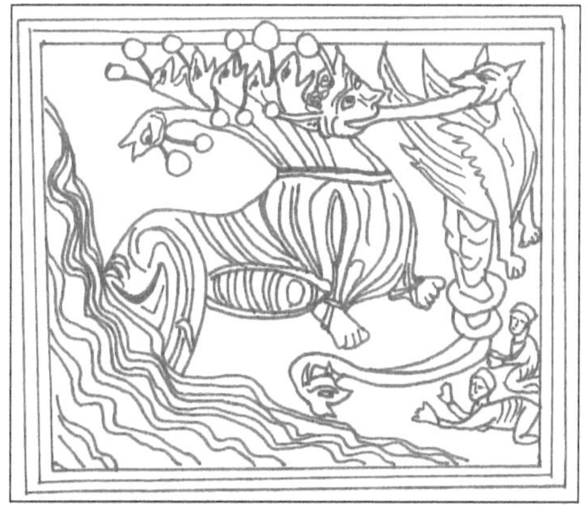

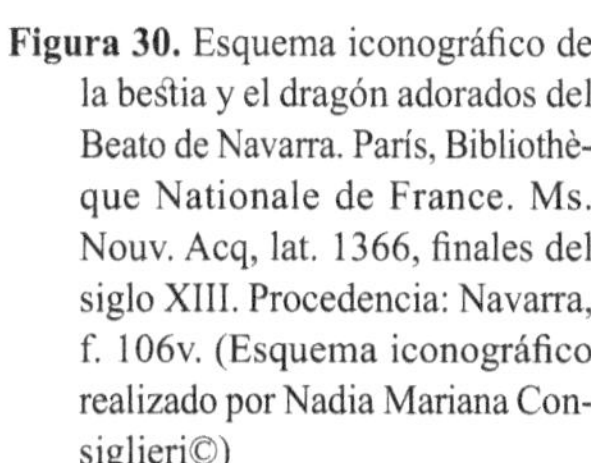

Figura 30. Esquema iconográfico de la beſtia y el dragón adorados del Beato de Navarra. París, Bibliothèque Nationale de France. Ms. Nouv. Acq, lat. 1366, finales del siglo XIII. Procedencia: Navarra, f. 106v. (Esquema iconográfico realizado por Nadia Mariana Consiglieri©)

Por su parte, el Beato de Navarra muestra a la bestia cuadrúpeda y al dragón unidos por la misma lengua (Figura 30). Notemos cómo en esta miniatura el dragón recobra la tipología románica, al ser bípedo, alado y de extensa cola que termina en otra cabecilla dragontina que a su vez se vuelve hacia los falsos adoradores.

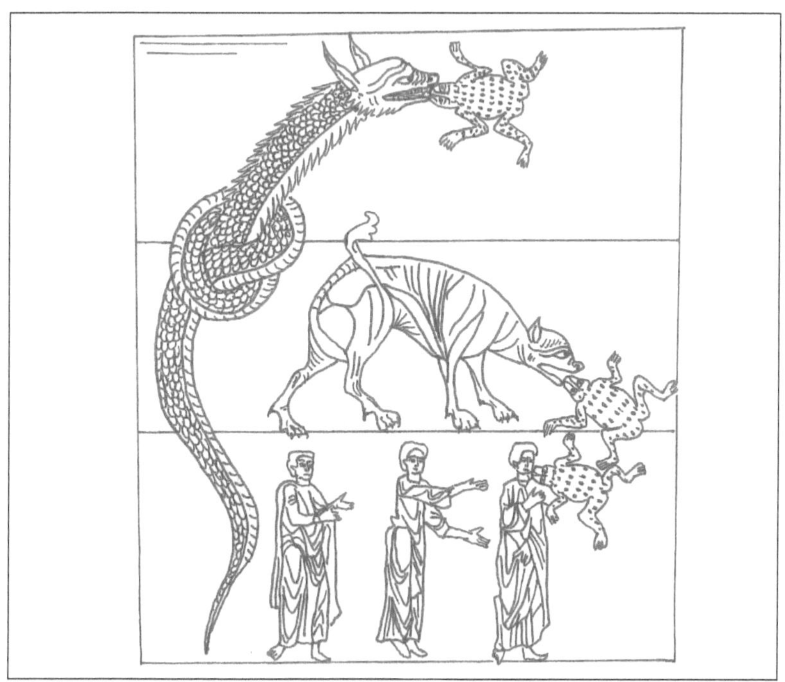

Figura 31. Esquema iconográfico de los espíritus inmundos en forma de ranas que salen de las bocas del dragón, de la beſtia y de los falsos profetas, del Beato de Mancheſter. Mancheſter, John Rylands University Library. Ms. lat. 8, *ca.* 1175. Procedencia: Área de Burgos, San Pedro de la Cardeña (?), f.171r. (Esquema iconográfico realizado por Nadia Mariana Consiglieri©)

No obstante, existen ricas variantes de este motivo en el resto de los Beatos de nuestro *corpus*. En su versión del Beato de Manchester (Figura 31), el dragón mantiene una preponderante forma serpentina, aunque con cambios radicales. Se trata de una gran serpiente, pero con mayores características del dragón románico en tanto espécimen monstruoso. Su rostro es adusto y cruel, tanto por su mirada como por sus dientes amenazantes, además de todas las arrugas de su hocico y fauces. Tiene dos orejas puntiagudas y extensas que parecen cuernos y todo su cuerpo adopta una imitación más naturalista de las escamas. De esta manera, su grosor corporal está acentuado por los efectos volumétricos causados por el pasaje gradual de valor entre dos tonos contrastantes, mientras que su torso presenta escamas sobresalientes que se asimilan a peligrosas púas.

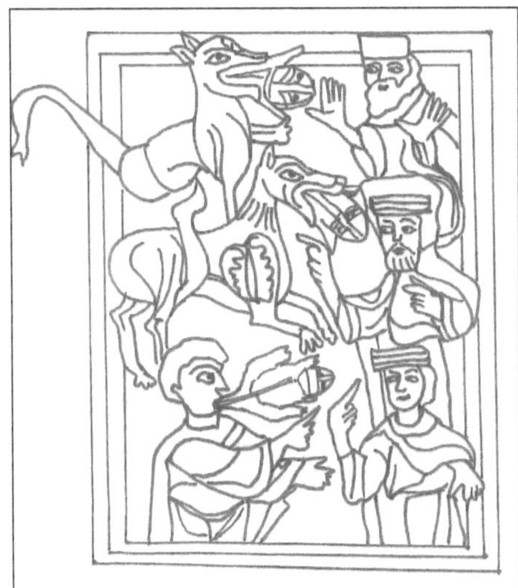

Figura 32. Esquema iconográfico de los espíritus inmundos en forma de ranas que salen de las bocas del dragón, de la bestia y de los falsos profetas del Beato de Navarra. París, Bibliothèque Nationale de France. Ms. Nouv. Acq, lat. 1366, finales del siglo XIII. Procedencia: Navarra, f.125v. (Esquema iconográfico realizado por Nadia Mariana Consiglieri©)

El Beato de Navarra convirtió a este personaje zoomorfo en un indudable dragón bípedo (Figura 32). Su fisonomía está más simplificada, aunque exhibe rasgos caninos y dos orejas pequeñas. No está alado, pero su cuerpo está conformado por su torso del que salen sus dos patas delanteras, y en su parte trasera presenta una cola comprimida y enroscada en punta que quebranta y atraviesa el marco por arriba. En esta imagen, una vez más, es la figura del dragón la que genera esta transgresión visual sistémica, aprovechando indudablemente la flexibilidad de la forma y la posición de su larga cola, aspecto que veremos en demasía en expresiones marginales de nuestros manuscritos.

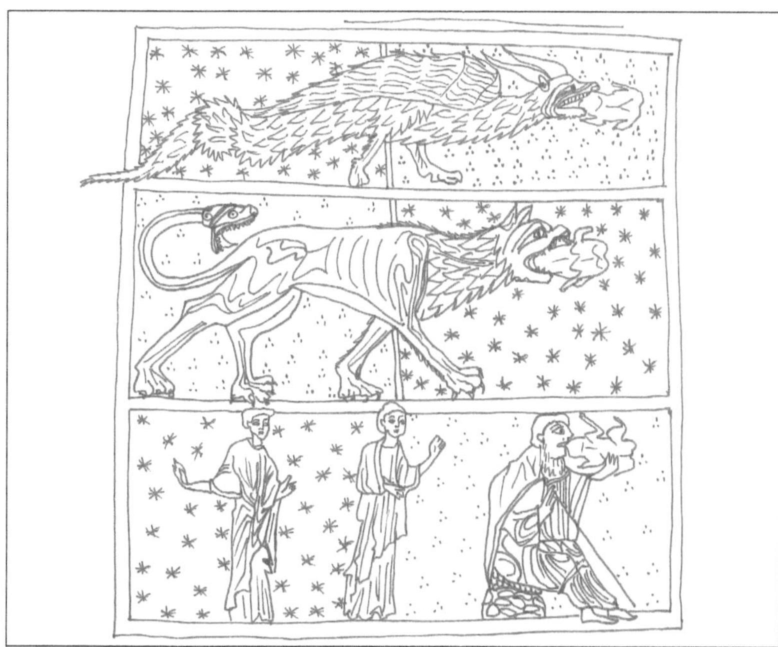

Figura 33. Esquema iconográfico de los espíritus inmundos en forma de ranas que salen de las bocas del dragón, de la bestia y de los falsos profetas, del Beato de Las Huelgas, New York, Pierpont Morgan Library. M. 429, *ca.* 1220. Procedencia: Burgos, Santa María la Real de Las Huelgas (?); Toledo (?), f.122r. (Esquema iconográfico realizado por Nadia Mariana Consiglieri©)

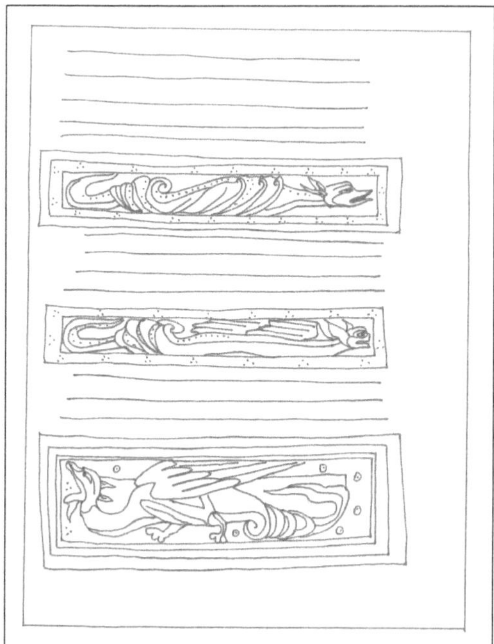

Figura 34. Esquema iconográfico de variedades de serpientes pertenecientes al bestiario de San Petersburgo, San Petersburgo, Biblioteca Nacional de Rusia, ms. Lat. Q.v.V.1, siglo XII. Procedencia: Inglaterra, f. 87r. (Esquema iconográfico realizado por Nadia Mariana Consiglieri©)

Sin embargo, el Beato de Las Huelgas brinda otra propuesta de representación acorde a los cambios establecidos en el siglo XIII (Figura 33). Las figuras están dispuestas individualmente en una sucesión de registros horizontales con fondos plenos invadidos por diferentes tipos de texturas gráficas y circunscritos por un marco pintado doble. El dragón que aparece representado en la parte superior se ajusta a las novedades estilísticas por sus características de extrema estilización, sus orejas largas, sus grandes alas cuya forma se adapta al formato curvo del cuerpo dragontino, sus dos patas con garras y por su gran cola que también excede el marco de contención pintado. Se trata de un dragón románico, aunque indefectiblemente pasado por el tamiz del *Estilo 1200*. Su figura logra atraer con creces la mirada, pues además incorpora una mayor cuota de verosimilitud debido a la inclusión de púas alargadas en su torso, que parecen pelos. Su ala superior replica una textura más fina, imitando así pelos o plumas. Estos cambios están relacionados con los nuevos modos de ver y pensar la naturaleza desde la vertiente aristotélica y los debates escolásticos en torno a la óptica ya referenciados. En este motivo se percibe cómo evidentemente los miniaturistas tuvieron que observar con detenimiento diversas escamas, pelajes, plumas y otros elementos corporales de animales de su entorno para, de esa manera, reunir las fuentes visuales para la configuración de este dragón. Además, el formato y diseño apaisado de esta criatura se corresponde con algunas versiones de las variantes serpentinas en los bestiarios de la época, como es el caso del bestiario inglés de San Petersburgo del siglo XII (Figura 34). En su sección dedicada a las serpientes y refiriendo a algunas de ellas (*seps, boas, iaculis*) hallamos representaciones apaisadas que manifiestan verdaderos especímenes dragontinos, muy cercanos al del Beato de las Huelgas, al estar circunscriptos en un formato horizontal prolongado al cual adaptan la posición de su cuerpo. Sus colas alargadas y anudadas en varias vueltas, sus alas y orejas estilizadas, y la textura de tres puntos agrupados también evidencian la aplicación de un cierto prototipo dragontino nuevo del 1200, cuyos modelos circularon en el horizonte medieval europeo de ese periodo.

Asimismo, el Beato de Manchester vuelve a plasmar al dragón bajo una forma serpentina en la miniatura que representa el momento en el cual el Cordero vence a la bestia, al dragón y al falso profeta[454] (Figura 35). Beato explicó que Cristo le otorga su poder a la Iglesia, mientras el dragón, que es el diablo, da su poder y potestad a su congregación de seguidores malignos, y asimila también a este último a la

---

454. Apocalipsis 17, 14-18.

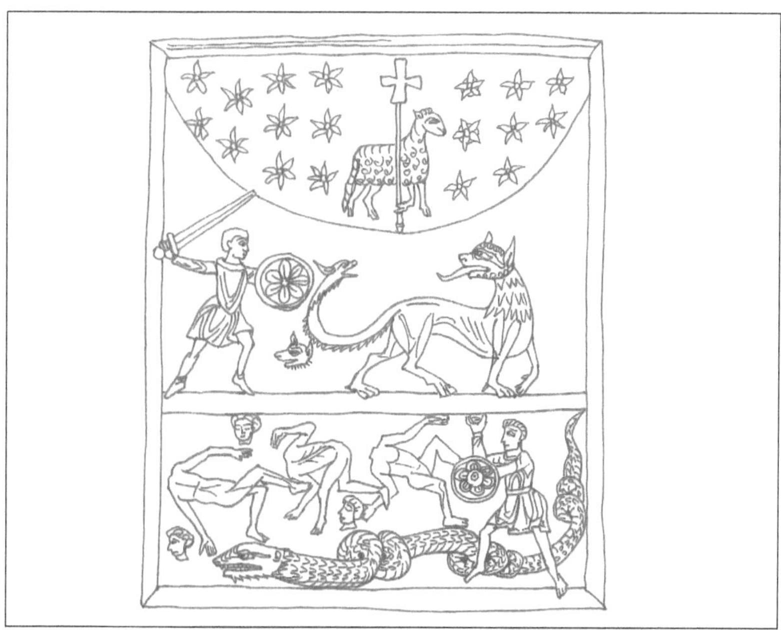

Figura 35. Esquema iconográfico del Cordero que vence a la bestia, al dragón y al falso profeta del Beato de Manchester. Manchester, John Rylands University Library. Ms. lat. 8, *ca.* 1175. Procedencia: Área de Burgos, San Pedro de la Cardeña (?), f. 179v. (Esquema iconográfico realizado por Nadia Mariana Consiglieri©)

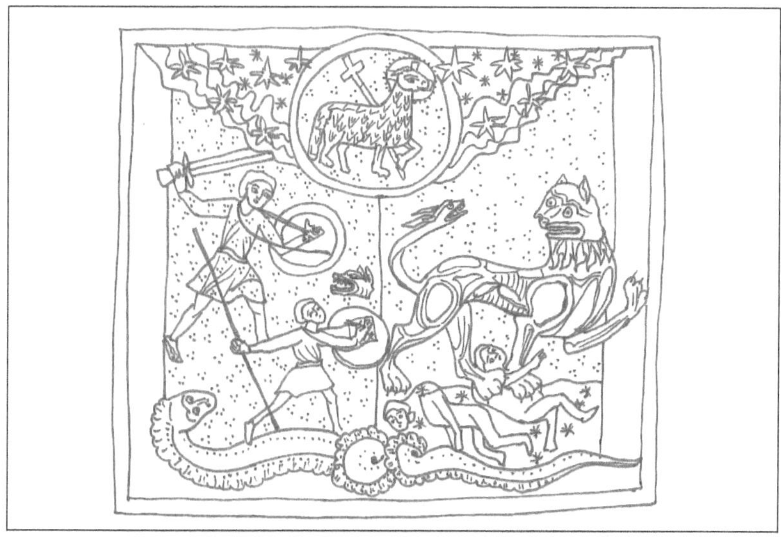

Figura 36. Esquema iconográfico del Cordero que vence a la bestia, al dragón y al falso profeta del Beato de Las Huelgas. New York, Pierpont Morgan Library. M. 429, *ca.* 1220. Procedencia: Burgos, Santa María la Real de Las Huelgas (?); Toledo (?), f. 128r. (Esquema iconográfico realizado por Nadia Mariana Consiglieri©)

bestia que siempre va contraria al Cordero[455]. La ilustración acentúa esta oposición entre el bien y el mal por medio de un preciso lenguaje zoomorfo. En la parte superior, domina la composición el Cordero triunfante, contenido en un semicírculo con estrellas mientras que, en el sector inferior, el dragón-serpiente se muestra feroz, pues está siendo derrotado, al mismo tiempo que repta sobre cadáveres y cabezas cortadas. El cuerpo serpentino del dragón está profusamente trabajado con diferentes tipologías de líneas y con formas internas que imitan la rugosidad de su piel, así como su cabeza está rodeada por una serie de pinches o púas agudas. Sin embargo, el Beato de Las Huelgas muestra un dragón más cercano a los del bestiario de Petersburgo (Figura 36). Uno de los bordes de su cuerpo es curvilíneo e irregular −se asemeja a una babosa−, aspecto que le aporta mayor verosimilitud al insinuar su piel fría, húmeda y viscosa.

En este sentido, las variantes dragontinas en los Beatos presentan interesantes matices. Por ejemplo, en la imagen del ángel que apresa al dragón[456] del último Beato mencionado, éste vuelve a adoptar el diseño serpentino más tradicional, aunque con múltiples detalles en su epidermis (Figura 37). En el Beato de San Andrés de Arroyo, hay figuras monstruosas que adoptan características dragontinas, como es el caso de las langostas infernales[457]: híbridos semejantes a caballos, pero con rostros humanos, cabellos femeninos y colas de escorpión[458] (Figura 38). En la miniatura vemos cómo estas extrañas "langostas" con rostros humanos y coronas, muestran cuerpos prácticamente leoninos alados, aunque con elementos que recuerdan en cierto punto a las formas dragontinas, como las alas, sus patas con fuertes garras y sus extensas colas. Se apela a vincular a estos seres malos y pecadores con lo oriental, tanto por su ostentosidad como por sus posturas que recuerdan a la dragona Tiamat babilónica[459]. El mismo códice, en el episodio de la aparición de los caballos fantásticos[460] muestra a seis criaturas con rasgos equinos y cabezas de león, pero con colas

---

455. "Et agnus ecclesiae suae dat poteſtatem, qui eſt Chriſtus, et uirtutem suam et gloriam suam ei dat, et draco, qui eſt diabolus, uirtutem suam et poteſtatem suam ecclesiae suae, id eſt congregationi malignae dat, et eſt beſtia agno semper contraria". *Beati Liebanensis Tractatus de Apocalipsin...t.2, op. cit.,* Liber nonus, 3 § 13 (48-52), p. 828.

456. Apocalipsis 20, 1-3.

457. Apocalipsis 9, 7-12.

458. "Et habebant super se regem angelum abyssi, id eſt diabolum uel regem huius seculi. Abyssus enim populus eſt, in quo diabolus in occulto cordis eorum ligatus tenetur, et rex huius seculi prespicue principatur. 18 Nomen habet ebrayce Abbadon, grece Apollion, latine perdens (...)". *Beati Liebanensis Tractatus de Apocalipsin...t.2, op. cit.,* Liber quintus, 7 §§ 17-18 (59-63), p. 610.

459. Véase Figura 4 en página 72.

460. Apocalipsis 9, 17-21.

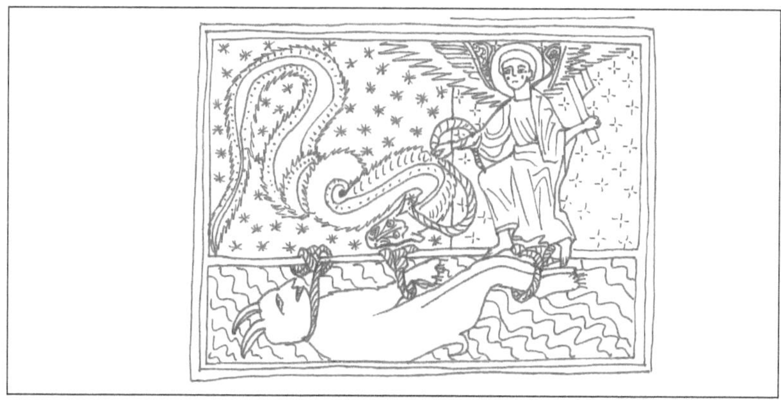

Figura 37. Esquema iconográfico del ángel apresa al dragón que es el diablo del Beato de Las Huelgas. New York, Pierpont Morgan Library. M. 429, *ca.* 1220. Procedencia: Burgos, Santa María la Real de Las Huelgas (?); Toledo (?), f.135r. (Esquema iconográfico realizado por Nadia Mariana Consiglieri©)

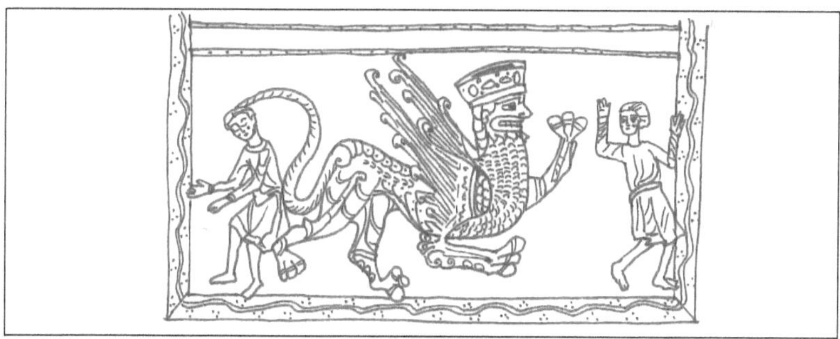

Figura 38. Esquema iconográfico de un detalle de las langostas infernales del Beato de San Andrés de Arroyo. París, Bibliothèque nationale de France. Ms. nouv. Acq. Lat. 2290, *ca.* 1220-1235. Procedencia: Área de Burgos, San Pedro de la Cardeña (?), f. 98r. (Esquema iconográfico realizado por Nadia Mariana Consiglieri©)

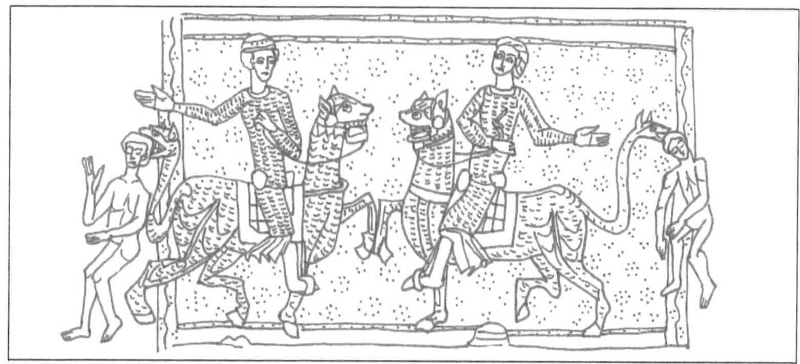

Figura 39. Esquema iconográfico de un detalle de las langostas infernales del Beato de San Andrés de Arroyo. París, Bibliothèque nationale de France. Ms. nouv. Acq. Lat. 2290, *ca.* 1220-1235. Procedencia: Área de Burgos, San Pedro de la Cardeña (?), f. 98r. (Esquema iconográfico realizado por Nadia Mariana Consiglieri©)

que rematan en cabezas dragontinas que atacan y muerden a los pecadores[461] (Figura 39). El texto refiere a colas de serpientes, aunque
alega que el poder de estos caballos está en sus bocas y en sus colas:
en la palabra, en sus obras y cargos, pues simbolizan a obispos que
no son más que falsos profetas[462]. Es curioso ver cómo los artífices
optaron por reutilizar las formas románicas del dragón tan en boga
en ese momento, posiblemente con la intención de reforzar la idea de
nocividad de la cola de estos seres, una característica adjudicada de
manera exclusiva a los dragones por la tradición isidoriana.

Por otro lado, encontramos en los Beatos otra escena en la cual
el prototipo de dragón-serpiente resulta reeditado. Me refiero a las
representaciones de Babilonia[463], que corresponden al *Comentario* al
Libro de Daniel de San Jerónimo: miniaturas ubicadas en los últimos folios de los manuscritos que las contienen. Este motivo alude
al castigo divino por el cual cayó Babilonia por la depredación del
Templo de Jerusalén causada por Nabucodonosor[464]. Por lo general,
la ciudad de Babilonia, considerada como un sitio de perdición y pecado, es ubicada en el centro de las miniaturas a página completa,
e incluye diversos componentes arquitectónicos tales como arcadas,
torres y portones. La urbe está rodeada por dos grandes serpientes
contrapuestas, las cuales eran adoradas por sus habitantes en tanto
gran dragón o serpiente[465]. Debido a que los sacerdotes desafiaron al

---

461. Ignacio Malaxecheverría también refirió a los caballos apocalípticos de los Beatos con colas
terminadas en cabezas de serpientes. Cfr. MALAXECHEVERRÍA, Ignacio: «La lucha contra la
regresión.», p. 143.

462. "6 *Potestas enim equorum in ore et in caudis eorum*, id est in sermone et opera et oficio. Caudas
enim prepositos, id est episcopos diximus, qui sunt pseudoprophetae. 7 Caudae enim eorum
similes sepentibus habentes capita –in capita principes mundo esse dicimus– et in his nocent.
Sine his enim prepositi mali intra ecclesiam nocere non possunt". *Beati Liebanensis Tractatus
de Apocalipsin... t. 2, op. cit.,* Liber quintus, 9 §§ 6-7 (24-30), p. 618.

463. Esta miniatura aparece particularmente en los Beatos de la rama IIb y también en el Beato de
Saint-Sever. Cfr. KLEIN, Peter K.: «Las ilustraciones del Códice de Las Huelgas», *op. cit.,* p. 77.

464. 4 Reyes XXV, 13.

465. Resulta muy interesante cómo este tema de la ciudad sitiada por grandes monstruos serpentinos
fue retomado en una parte de la *Vita Sancti Isidori*: un compendio hagiográfico en relación
con la figura de Isidoro de Sevilla atribuido a Lucas de Tuy, y confeccionado entre finales
del siglo XII e inicios del siglo XIII. Allí aparece un curioso episodio: Isidoro es testigo de la
ciudad de Sevilla que está siendo amenazada por una enorme serpiente que se asimila al mismo
Mahoma. Éste es un demonio camuflado en ángel y Profeta del islam que pretendía convertir a la
Península Ibérica a su fe, finalmente derrotado por Isidoro, quien logró expulsarlo a África. Aquí
algunos fragmentos de este extracto latino: "(19a) Profectus inde Beatus antistes, egritudinum
curaciones simul et pluuie comitabantur eum. Veniente autem eo aut procul ab Yspalensi urbe,
nunciatum este i quod quídam celeratissimus Machometus inauditarum opinionum uipereo ore
inficeret audientes. Perlatum est eciam quod ab eius discessu draco incredibilis magnitudinis,
magne trabis quantitatem excedens, flammiuomo ore circumquaque deuastando , plura suburbia
redegerat in solitudinem [...] Exterritus itaque Machometus accelerauit fugam atque in Affricam

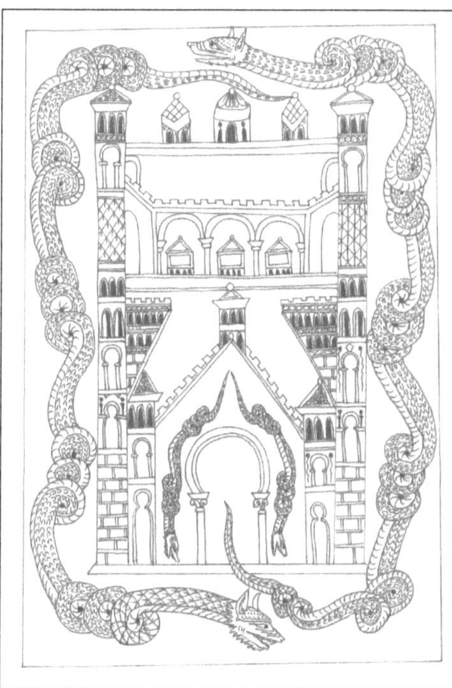

Figura 40. Esquema iconográfico de Babilonia del Beato de Manchester. Mancheśter, John Rylands University Library. Ms. lat. 8, ca. 1175. Procedencia: Área de Burgos, San Pedro de la Cardeña (?), f.204r. (Esquema iconográfico realizado por Nadia Mariana Consiglieri©)

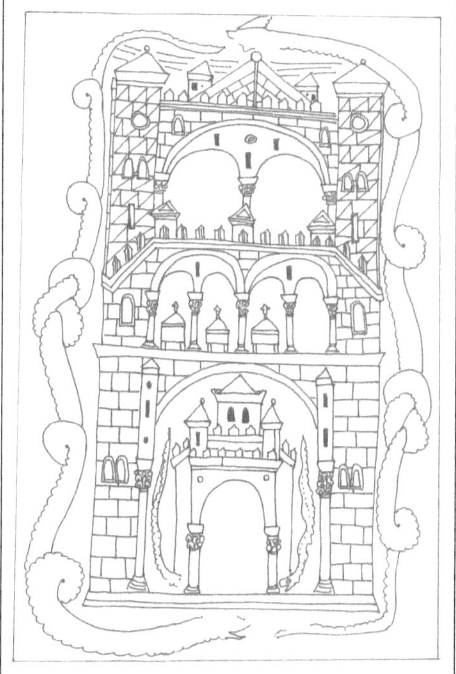

Figura 41. Esquema iconográfico de Babilonia del Beato de Las Huelgas. New York, Pierpont Morgan Library. M. 429, *ca.* 1220. Procedencia: Burgos, Santa María la Real de Las Huelgas (?); Toledo (?), f.147r. (Esquema iconográfico realizado por Nadia Mariana Consiglieri©)

profeta bíblico Daniel a sustituir a su dios invisible por uno viviente, éste se enfrentó al dragón, lo envenenó y lo aniquiló[466].

En el Beato de Manchester los dragones serpientes se replican a ambos lados de la puerta central, la cual es señalada a su vez por la punta de la cola del que está a la derecha, circunscribiendo el sentido negativo tanto en el interior de la ciudad como en su exterior, pues los monstruos que la rodean funcionan simbólicamente como muralla diabólica (Figura 40). Estos especímenes presentan una densa grafía evocadora de las escamas. En el Beato de Las Huelgas[467] sucede lo mismo, aunque aquí estas bestias adquieren una mayor solidez y sensación visual de volumetría producida por los pasajes de valor en sus extensos cuerpos (Figura 41). Por otra parte, ambas cabezas dragontinas aparecen indefinidas por haber sido raspadas con la intención de retirar la pintura y eliminar esa parte. La acción destructiva sobre las imágenes, que guarda precedentes históricos en la *damnatio*

---

ueniens innumeram Hysmaelitarum multitudinem nefariis predicacionibus seduxit. Venientes autem missi beati antiſtis Cordubam et quesitum non inuenientes, ad mare usque prosequentes, quibusdam de suis captis, reuersi sunt, sancto doctore, ubi draco erat, parante itinere. Accedente autem eo in locum qui Sancta Eulalia uocatur, aparauit orrende uisionis inmanissima belua, ex cuius ore cuasi inun | dantis torrentis rapidissimi cum flamarum crepitu sonus audiebatur. Ortabatur uero suos sanctus ut, depulso timore, muniti noſtre redempcionis signo aucdacter accederent. Appropinquantibus illis, draco, qui seuissimus occurrebat, demisso capite, ſtetit quasi preceptum suſtinens inperantis. Cui sanctus: "In nomine, ait, Ihesu Chriſti, filii Dei, precipio tibi ut eas in locum ubi nulli noceas creature". *Scripta medii aevi de Vita Isidori Hispalensis Episcopi*, edidit José Carlos Martín-Iglesias, Corpus Chriſtianorum Continuatio Mediaeualis 230 CCCM 281, Turnhout, Brepols Publishers, 2016, Vita Sancti Isidori (CPL 1214, BHL 4486) Necnon, Adbreviatio Bravlii Caesaravgvſtani Episcopi de Vita Sancti Isidori Hispaniarvm Doctoris (CPL 2015, BHL 4486°), (19a), pp. 52-54. Cfr. HENRIET, Patrick: «Mahomet expulsé d'Espagne par Isidore de Séville. Sur la poſtérité moderne d'un épisode hagiographique rejeté par les bollandiſtes», in FERRERO HERNÁNDEZ, Cándida y CRUZ PALMA, Óscar de la (Eds.), *Vitae Mahometi. Reescritura e invención en la literatura criſtiana de controversia*, (Simposio internacional, Universitat Autònoma de Barcelona (España), 19-20 de marzo, 2013. Nueva Roma 41, Madrid, Consejo Superior de Inveſtigaciones Científicas, 2014, pp. 255-256.

466. Daniel 14, 23-27.

467. Peter Klein explicó que eſta miniatura correspondiente al Beato de Las Huelgas contiene dos inscripciones: una en la parte superior y la otra en la inferior. En el primer caso, se eſtablece la hiſtoria de Babilonia en tanto urbe fundada por Nimrod (un gigante). Se habla de su deſtrucción poſterior por parte de los medos y los caldeos, así como de su reconſtrucción por Semíramis. Igualmente se eſtablece que en ella eſtán los reſtos de los santos Ananías, Azarías y Misael. En la segunda inscripción se especifica que debido a las acciones de Nabocodonosor, quien usufructuó los vasos del templo de Jerusalén, dragones y aveſtruces pasaron a ser seres deſtinados a la protección de Babilonia de la ira de Dios, incluyendo éſta en su interior, la presencia de búhos y de sirenas que con sus cánticos seducen. Klein alegó que, pese a que en eſta miniatura del Beato eſtas dos últimas criaturas vinculadas al pecado no aparecen plasmadas, eſtas ideas ya eſtán condensadas en las beſtias que sí son representadas: las serpientes-dragontinas. KLEIN, Peter K.: «Las iluſtraciones del Códice de Las Huelgas», p. 78. Eſta inscripción dice: "Et vas [a] domini a nabucodonosor rege de iherusalem ablata sunt in ámbito uero eius prelia [pre ira] furoris domini habitants ibi drachones et ſtructiones [ſtructuiones] et philosi habitants [ea ulule et sirene in delubriis uoluptatibus cantant per ea]". *Ibidem*, nota al pie n° 327, p. 78.

memoriae de la Antigüedad, aunque con diferentes intenciones, por lo general era realizada por los mismos monjes que leían y consumían en lo cotidiano estos manuscritos, especialmente sobre figuras que representaban al mal y al diablo[468]. Esta práctica tan común en estos contextos monásticos estaba destinada a evitar el mal de ojo y a procurar "frenar" los poderes o fuerzas que se suponía contenían estos personajes malignos o estas imágenes en general. Dicho tipo de acciones destructivas fueron propiciadas cada vez más en tanto las figuras comenzaron a ser pintadas con una mayor verosimilitud y, en este sentido, empezaron a parecer cada vez "más reales". Es el caso de las cabezas de estos dragones-serpientes. Además, el rostro y el sector de la mirada constituyeron los principales blancos a intentar percudir o eliminar en los personajes diabólicos, ya que era el poder de la mirada en donde se creía que residía su máxima vitalidad[469]. Otra variante de esta operatoria la encontramos en la figura de la serpiente que irrumpe entre Adán y Eva en la biblia de Burgos (Figura 42). Este ejemplar en Vulgata producido en Burgos hacia fines del siglo XII en un *scriptorium* aún sin especificar –probablemente en el de San Pedro de Cardeña, el cual mantenía continuas relaciones con el de Las Huelgas–, presenta un vocabulario visual propio del románico tardío con claros elementos del *Estilo 1200*[470]. En el contexto de representación de la Caída y la Redención, aparece la escena de la tentación de Adán y Eva. La alusión al ambiente natural del Paraíso está sintetizada por árboles cuyas copas agrupan hojas blancas rizadas o rematadas en pequeñas ondas, denominadas hojas de pulpo[471] o también *octopus acanthus*[472] como elementos fitomorfos característicos del Estilo 1200, también vinculadas en el caso peninsular, a la tipología de hojas de ataurique presentes en expresiones del al-Ándalus. Todo el plano del fondo que representa el cielo está plagado por agrupaciones de tres puntos que conforman una textura gráfica típica de esta tendencia pictórica internacional. En uno de los árboles, trepa la serpiente con un diseño físico muy similar a muchos

---

468. Cfr. YARZA LUACES, Joaquín: «'*Fascinum*'. Reflets de la croyance au mauvais oeil dans l'art médiéval hispanique», *Razo*, 8 (1988), pp. 113-127.

469. FREEDBERG, David: *op. cit.*, p. 111.

470. ZABALZA DUQUE, Manuel: «La Biblia Románica de Burgos» pp. 23-24. Se reconoció la intervención de dos maestros miniaturistas: uno procedente de Inglaterra (de quien puede apreciarse su intervención en el folio 12v) y otro local de menor experticia. Cfr. YARZA LUACES, Joaquín: «Códices iluminados en el monasterio de Las Huelgas», *Reales Sitios*, año XXVIII, 107 (1991), p. 50.

471. YARZA LUACES, Joaquín: «Ilustración y ornamento en la Biblia Románica de Burgos», *op. cit.*, p. 188.

472. OAKESHOTT, Walter: *Sigena. Romanesque Paintings in Spain & the Winchester Bible Artists*. London, Harvey Miller & Medcalf Ltd, 1972, p. 91.

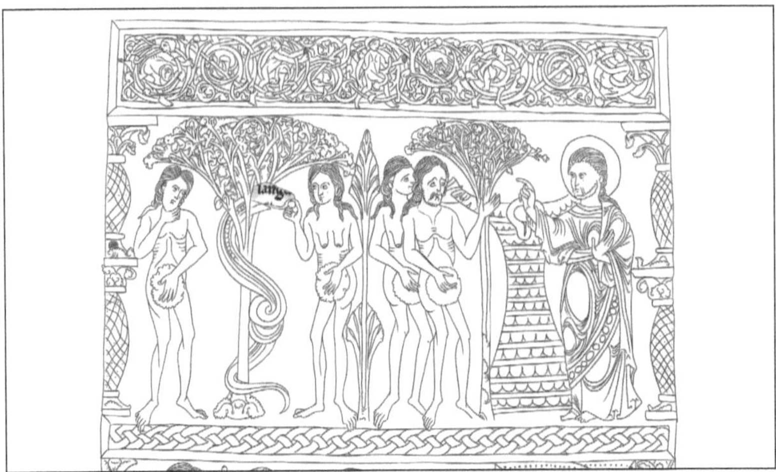

Figura 42. Esquema iconográfico de la escena de Adán y Eva con serpiente en la Caída y Redención
tipológica de la Biblia de Burgos, Biblioteca Pública del Estado, Burgos, Ms. 846, *ca*. 1175.
Procedencia: Burgos, San Pedro de la Cardeña (?), f.12. (Esquema iconográfico realizado por
Verónica Velazco©)

de los dragones con formas predominantes serpentinas que apreciamos en estos Beatos tardíos. Lo curioso es que la parte destinada a representar su cabeza ha sido mutilada mediante la acción de recortar y agujerear el folio. En paralelo con las prácticas de raspado del material en los especímenes babilónicos que vimos en el Beato de Las Huelgas, esta otra acción coetánea de recorte vuelve a demostrar el importante impacto visual que infaliblemente ejercían estas figuras serpentino dragontinas[473] demoníacas en los monjes que leían estos códices: eran símbolo encarnado de tentación y del diablo, por lo que resultaba menester quitarles sus poderes dañinos incidiendo la materia.

Por otra parte, la miniatura del Beato de San Andrés de Arroyo presenta a los dos dragones serpentinos con cuerpos que contienen múltiples líneas y texturas, las cuales evidencian las excesivas escamas de ambos seres, contribuyendo así a incrementar su carácter monstruoso y bestial (Figura 43). Además, sus fauces tienen dientes agudos y poderosos que refuerzan las ideas de ferocidad y agresividad.

Los prototipos dragontinos aparecen también en otros motivos iconográficos en los Beatos. En muchas ocasiones, éstos cumplen el rol de ser personajes complementarios o secundarios de ciertas acciones o escenas. En efecto, otro tema dragontino serpentino es el que representa el combate entre el ave y la serpiente que aparece dentro de los folios preliminares de ciertos ejemplares, como es el caso del

---

473. MALAXECHEVERRÍA, Ignacio: "La lucha contra la regresión.", p. 156.

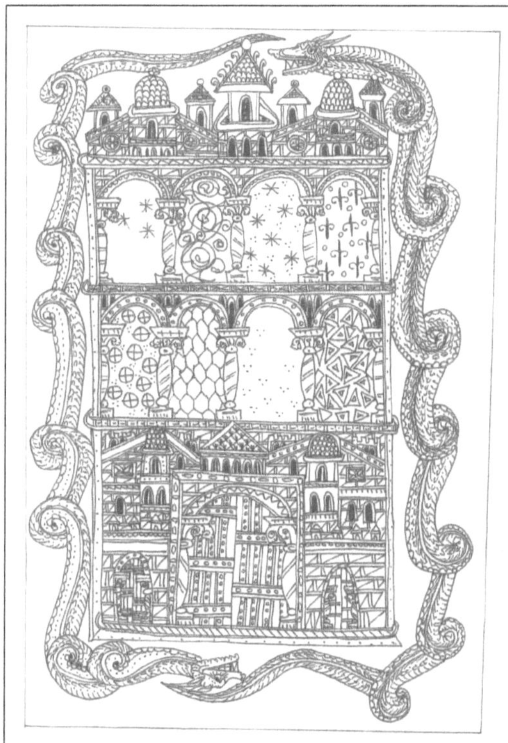

Figura 43. Esquema iconográfico de Babilonia del Beato de San Andrés de Arroyo. París, Bibliothèque Nationale de France. Ms. nouv. Acq. Lat. 2290, *ca.* 1220-1235. Procedencia: Área de Burgos, San Pedro de la Cardeña (?), f. 166r. (Esquema iconográfico realizado por Nadia Mariana Consiglieri©)

Beato de Manchester (Figura 44). Esta miniatura ilustra una breve fábula mencionada en el folio anterior: un ave originaria de Oriente cubrió sus plumas con barro, para así camuflarse y engañar a la serpiente, a la cual atacó por su cabeza[474]. El texto utiliza el vocablo latino *draco* (*draconem*)[475], aunque la representación pictórica parece adherirse al concepto isidoriano del dragón como gran serpiente, tal como sucedía en las miniaturas referidas a Babilonia. Se trata de una

---

474. KLEIN, Peter K.: *Beato de Liébana…, op. cit.,* p. 60. También aparece el mismo motivo en los folios 6v y 7r de la Biblia de San Millán de la Cogolla del siglo XIII (Real Academia de la Historia, cod.2), conservando prácticamente las mismas características en la representación de esta criatura bestial, aunque con una mayor preponderancia de rasgos serpentinos, especialmente debido a su cuerpo fino y delgado.

475. "Quedam esse avis in regione orientalis asseritur, quae grandi et perduro armatoque rostro contra draconem quem audacibus lacessit sibilis pugnaturam coenum de industria expetit, e cuius volatubro tetro habitu infecta sordescit et diversorum gemmas colorum quibus eam indulgentiam natura depinxit. Et humili despecta vestitu ita hostem novitate deterreat et quasi vilitatis suae securitate decipiat. Caudam velut scutum ante faciem suam quadam arte bellatoris opponit audaci ímpetu in capud adversarii furentis adsurgit, improviso oris sui telo stupentis bestiae cerebrum fodit, et sic mirae calliditatis ingenio immanem prosternit inimicum". Transcripción de: NEUSS, Wilhelm: *Die Apokalypse des Hl.Johannes in der altspanischen und altchristlichen Bibel-Illustration.* Vol. 1. Münster in Westfalen, 1931, p. 133.

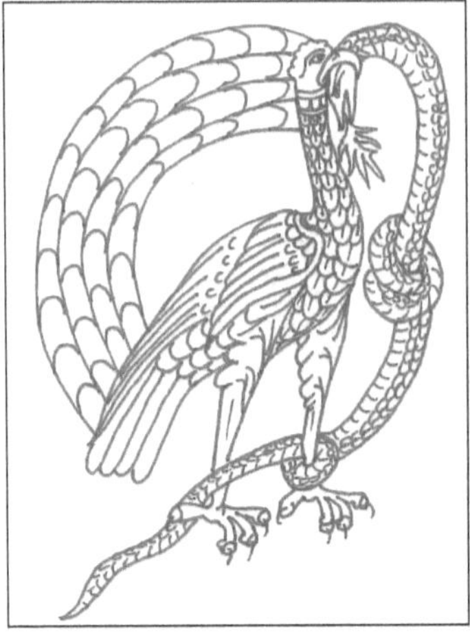

Figura 44. Esquema iconográfico del pájaro y la serpiente del Beato de Mancheſter. Mancheſter, John Rylands University Library. Ms. lat. 8, *ca.* 1175. Procedencia: Área de Burgos, San Pedro de la Cardeña (?), f. 14r. (Esquema iconográfico realizado por Nadia Mariana Consiglieri©)

alegoría de Cristo venciendo a Satán, cuestión que Rudolf Wittkower relacionó con la historia del *ichneumon* alegando que fue indudablemente tomada del *Physiologus*, al compartir muchas características en común con esta metáfora[476]. Este punto resulta crucial para nuestro análisis, porque está demostrando una evidente circulación de la literatura de fisiólogos en territorio ibérico ya desde el siglo X (dado que este motivo también lo vemos en el Beato de Girona de 975) y, por ende, de una recepción de estas fuentes en el marco de los *scriptoria* monásticos. Además del estudio realizado por el mismo especialista en torno al motivo clásico del águila y la serpiente[477], Peter Klein agregó posteriormente que éste tuvo una importante permanencia en la Tardoantigüedad y en el arte paleocristiano, siendo reinterpretado en el área hispánica al arribar –ya sea por Bizancio o por parte de los musulmanes–, la figura del ave con características de pavo real[478]. No obstante, la atención de los estudiosos se concentró fundamentalmente en el pájaro, y no así tanto en la serpiente. Resulta interesante observar cómo, una vez más, la concepción de *draco* fue interpretada de diversas maneras por los miniaturistas, siempre partiendo de la definición isidoriana. En el caso expuesto, además, es posible que mantuvieran la representación de una gran serpiente, al adaptar el

---

476. Wittkower, Rudolf: «'Physiologus' in Beatus Manuscripts», *Journal of the Warburg Inſtitute*, Vol.1, 3 (1938), pp. 253-254. Consultado en línea (20/05/2020), URL: <http://www.jſtor.org/ſtable/750013>.

477. Cfr. Wittkower, Rudolf: «Eagle and Serpent. A ſtudy in the Migration of Symbols», *Journal of the Warburg Inſtitute*, Vol.2, n°4 (Apr., 1939), pp. 293-325. Consultado en línea (20/05/2020), URL: <http://www.jſtor.org/ſtable/750041>.

478. Klein, Peter K.: *Beato de Liébana...*, *op. cit.*, p. 63.

motivo del águila y la serpiente devenido de tiempos antiguos. El diseño del Beato de Manchester se mantiene fiel a las representaciones dragontinas de sus otras iluminaciones, incluso adaptando la forma a los nuevos requerimientos iconográficos de esta escena: veamos cómo uno de los nudos del cuerpo del reptil sujeta una de las patas del pájaro, en señal de lucha, mientras que su extensa lengua ramificada en varias vertientes sale de sus fauces al ser su cabeza picoteada. Si encontramos este motivo en este Beato castellano de la segunda mitad del siglo XII, también veremos su presencia en la casi coetánea Biblia de 1162 realizada en el área leonesa (Figura 45). Ésta es una copia de la Biblia de 960, realizada en el *scriptorium* de San Isidoro de León, pues era una práctica común en el siglo XII la reproducción de manuscritos conservados en las bibliotecas de los mismos monasterios hispánicos[479]. Aquí el dragón-serpiente presenta dos nudos en su cuerpo, sobre el que el ave posa sus profundas garras. Las escamas están profusamente demarcadas, así como la textura lineal de su vientre. Existe una mayor complejidad en su fisonomía bestial, ya que incluye una especie de cresta sobre su cabeza. La escena cobra un mayor dramatismo ya que, además de bifurcarse su lengua probablemente incluso en múltiples hilos de sangre (igual que en el Beato de Manchester), el ave picotea y mutila su ojo.

También en el Libro II del *Comentario* de Beato aparece el tema del Arca de Noé vinculada al Génesis 6-7 y a *De Arca Noe* de Gregorio de Elvira, en tanto prefiguración de la Iglesia[480]. En la miniatura correspondiente al Beato de Manchester, dentro de la estructura arquitectónica compartimentada, aparecen en los sectores inferiores destinados a las bestias y fieras tres parejas de dragones enfrentados[481] (Figura 46). Estos especímenes dragontinos bípedos son variados. De izquierda a derecha, los dos primeros poseen alas desplegadas hacia arriba, morros ganchudos, orejas extensas y quijadas; los que les siguen tienen alas pegadas al cuerpo y parecen estar interactuando debido a las posiciones dinámicas de sus patas; mientras que los últimos son plasmados de cuerpo entero, tienen largas colas y trompas curvas, asemejándose sus cabezas a las de los grifos. Estos grupos

---

479. HERNÁNDEZ FERREIRÓS, Ana: «Modelos y copias de la Biblia en el siglo XII: León y Oña», *op. cit.*, pp. 600, 602.

480. KLEIN, Peter K.: *Beato de Liébana…*, *op. cit.*, p. 64.

481. Un antecedente importante en cuanto a la inclusión de dragones en este motivo iconográfico dentro de la serie de Beatos lo podemos hallar en el folio 109r del Beato de Fernando I y Sancha del siglo XI (Madrid, Biblioteca Nacional de España. Ms. Vitrina 14-2, 1047, Procedencia: León), en donde en la segunda franja (contando desde abajo hacia arriba) hay un dragón bípedo de cuerpo violeta y alas azules, con gran cantidad de nudos en su cola. Este modelo ya se ajusta en gran medida a los modelos dragontinos románicos.

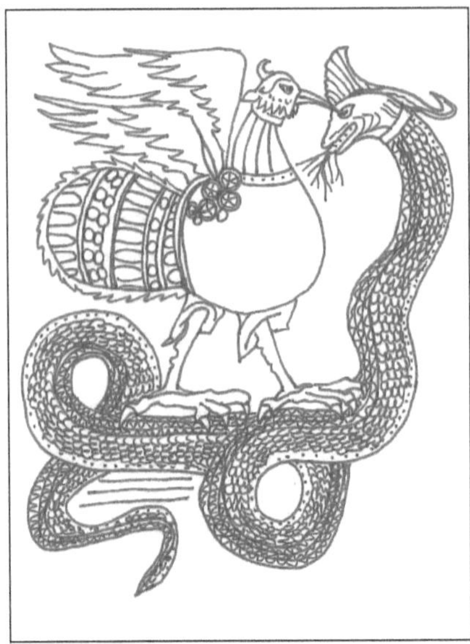

Figura 45. Esquema iconográfico del ave y serpiente de la Biblia de León de 1162. León, Archivo de la Real Colegiata de San Isidoro de León, MS. III.1, 1162. Procedencia: San Isidoro de León, Vol. II, f. 6r. (Esquema iconográfico realizado por Nadia Mariana Consiglieri©)

dragontinos están flanqueados por una especie de arpías (sirenas se-gún Peter Klein)[482] y por camellos, aunque debajo aparece una pareja de hidras. Resulta sustancial reconocer la necesidad de incluir varias representaciones y "tipos" dragontinos en el Arca de este Beato, aun dentro de los seres exóticos e imaginados[483] y de los animales vincu-lados comúnmente al diablo, además de querer mostrar sus expre-siones, sus variantes corporales y sus diversos modos de interacción. Estos modelos están en total consonancia con los prototipos dragon-tinos románicos tan en boga de ese momento. Sin embargo, en el mis-mo manuscrito, percibimos en la parte del infierno correspondiente al Juicio Final[484] a otro dragón que retoma los modelos serpentinos e hídricas (Figura 47). En el contexto de un escenario de castigos y torturas a los desnudos condenados envueltos por las llamas, aparece un dragón de dos cabezas conducido por un gran diablo para devorar a estos pecadores. Claramente, esta criatura monstruosa nos recuer-

---

482. KLEIN, Peter K.: *Beato de Liébana…, op. cit.,* p. 67. Las formas que presentan estas figuras y su ambiguo reconocimiento pueden explicarse desde la tradición clásica antigua de las arpías como: "Seres dañinos identificados por el pueblo griego con los vientos tumultuosos y capaces como ellos de arrastrar a los humanos. Su representación es de aves con cabeza de mujer, en lo que coinciden con las sirenas". REVILLA, Federico: *op. cit.,* p. 58. Sin embargo, desde mi punto de vista se trata más bien de una variante de las arpías que de las sirenas, puesto que en la Edad Media estas últimas fueron representadas con cola de pez. Cfr. LECLERCQ-MARX, Jacqueline: *La sirène dans la pensée et dans l'art de l'Antiquité et du Moyen Âge: du mythe païen au symbole chrétien.* Bruselas, Académie Royale de Belgique, 1997.

483. KLEIN, Peter K.: *Beato de Liébana…, op. cit.,* p. 67.

484. Apocalipsis 20, 11-15.

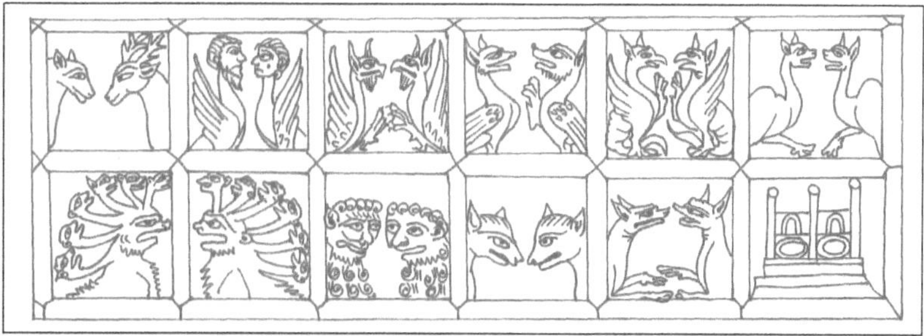

Figura 46. Esquema iconográfico con dragones en un detalle del Arca de Noé del Beato de Manchester. Manchester, John Rylands University Library. Ms. lat. 8, *ca.* 1175. Procedencia: Área de Burgos, San Pedro de la Cardeña (?), f. 15r. (Esquema iconográfico realizado por Nadia Mariana Consiglieri©)

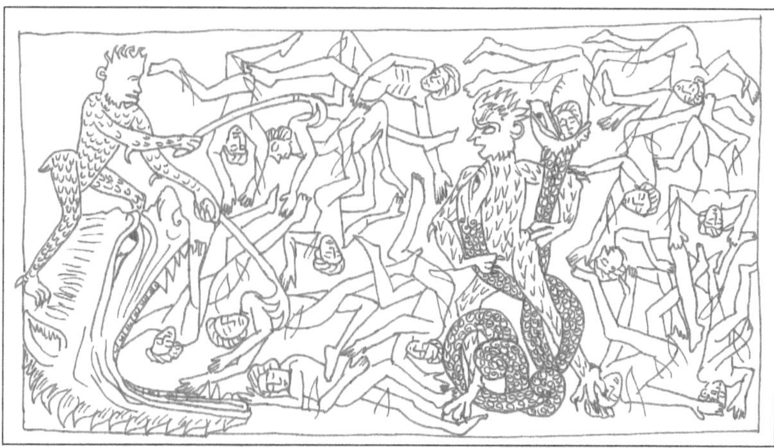

Figura 47. Esquema iconográfico de un detalle del infierno en el Juicio Final del Beato de Manchester. Manchester, John Rylands University Library. Ms. lat. 8, *ca.* 1175. Procedencia: Área de Burgos, San Pedro de la Cardeña (?), f. 196r. (Esquema iconográfico realizado por Nadia Mariana Consiglieri©)

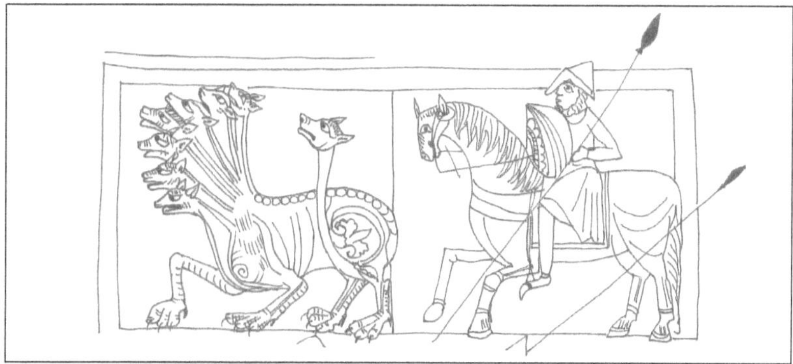

Figura 48. Esquema iconográfico de un detalle del triunfo del jinete sobre la bestia del Beato de Navarra. París, Bibliothèque Nationale de France. Ms. Nouv. Acq, lat.1366, finales del siglo XIII. Procedencia: Navarra, f. 141r. (Esquema iconográfico realizado por Nadia Mariana Consiglieri©)

da a la hidra, por tener más de una cabeza, además de que la figura diabólica pareciera reemplazar el lugar iconográfico de Hércules. Sin embargo, aquí no hay una relación de oposición o lucha entre ambos personajes como en el mito clásico, sino por el contrario, al ser ambos agentes del mal, actúan al unísono para torturar a las almas condenadas. Este diablo con sus garras toma al dragón por sus dos cuellos, y parece montarlo, mientras sus piernas peludas son cercadas por la enredada cola de la bestia. La cabeza derecha del dragón engulle a un condenado. Estas formas dragontinas serpentinas e hídricas son las mismas que los artífices del mismo códice habían utilizado para representar al dragón de siete cabezas.

Esta alternancia en la incorporación de diferentes soluciones plásticas en la figura del dragón en los Beatos, también se hace patente en la ilustración del triunfo del jinete sobre la bestia[485] correspondiente al Beato de Navarra (Figura 48). En ese pasaje apocalíptico, se trata la batalla entre las huestes divinas y las de la bestia, y cómo ésta finalmente es derrotada[486]. Mientras que en la mayoría de los manuscritos apocalípticos de esta serie esta bestia es interpretada pictóricamente con una sola cabeza y sujetada por uno de sus cuernos para ser aniquilada[487], aquí se optó por repetir el modelo dragontino de siete cabezas, aunque con cuerpo cuadrúpedo como la bestia que surgió del mar. Se le agregó una octava cabeza, que aparece en la terminación de la cola, la cual al estar erguida a la altura del lomo, se asemeja totalmente a las de la parte delantera. Además, la parte trasera de esta criatura concentra todos los nuevos prototipos dragontinos románicos, además de incluir profusos detalles fitomorfos propios del *Estilo 1200*, como la planta o flor tripartita de bordes ondulados que ya distinguimos en la Biblia de Burgos.

Empero, la representación que coronó estas series de cambios iconográficos dragontinos fue la de san Miguel combatiendo contra el dragón[488], incorporada en reemplazo de la del ave y la serpiente en el Beato de las Huelgas[489] (Figura 49).

---

485. Apocalipsis 19, 19-21.

486. El *titulus* superior de la miniatura explica: "beſtia et reges ad pugnam procedunt contra sedentem in equo", Beato de Navarra, f. 141r. Cfr. Ruíz García, Elisa Silva, & Verástegui, Soledad de: *op. cit.,* p. 155.

487. *Ibidem.*

488. Apocalipsis 12, 7-9.

489. La incorporación de eſta miniatura a página completa en los inicios del manuscrito guarda prácticamente el mismo sentido simbólico que la del ave contra la serpiente-dragón, pues ambas encarnan el triunfo de Criſto sobre el diablo, del bien sobre el mal, de la Iglesia contra satán. De hecho, el folio anterior (12v) contiene el breve texto latino del ave contra la serpiente, lo que

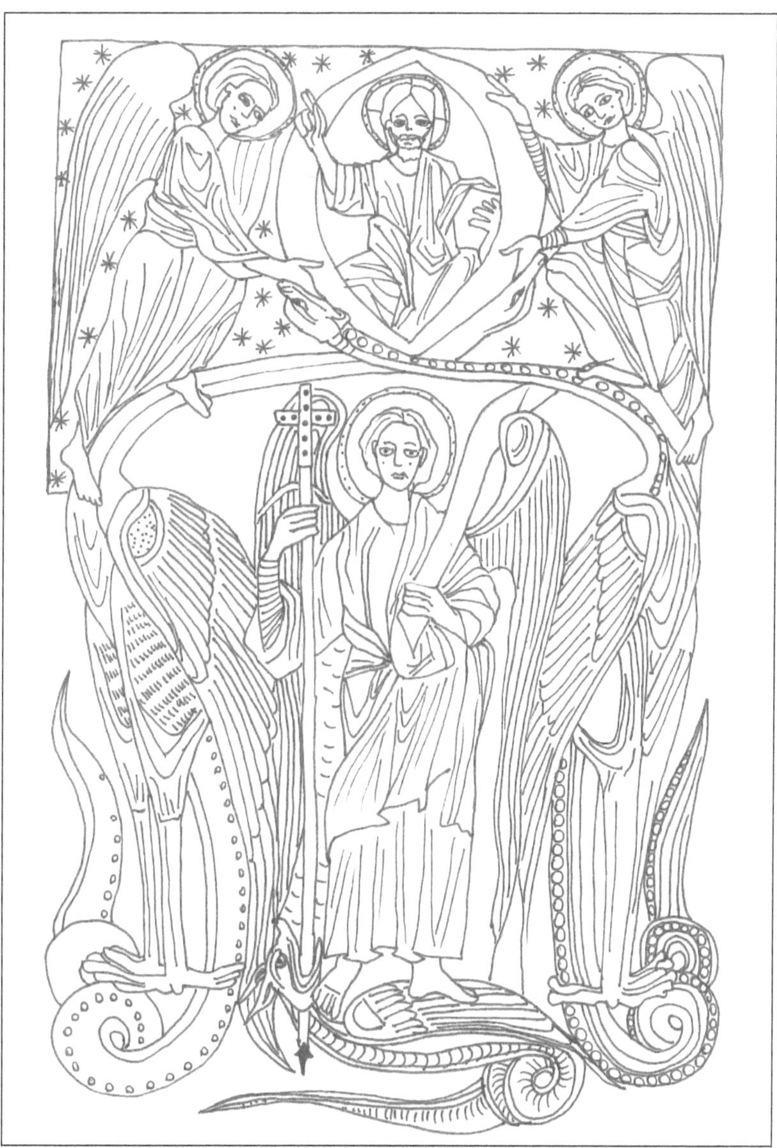

Figura 49. Esquema iconográfico de San Miguel y el dragón del Beato de Las Huelgas. New York, Pierpont Morgan Library. M. 429, *ca.* 1220. Procedencia: Burgos, Santa María la Real de Las Huelgas (?); Toledo (?), f. 13r. (Esquema iconográfico realizado por Nadia Mariana Consiglieri©)

indica el reemplazo del motivo pictórico por uno más "moderno" y acorde a la imaginería que estaba circulando por el Occidente medieval de la primera mitad del siglo XIII. Cfr. WILLIAMS, John: *The Illustrated Beatus: a corpus of the illustrations of the Commentary on the Apocalypse. 5...*, *op. cit.*, p. 39.

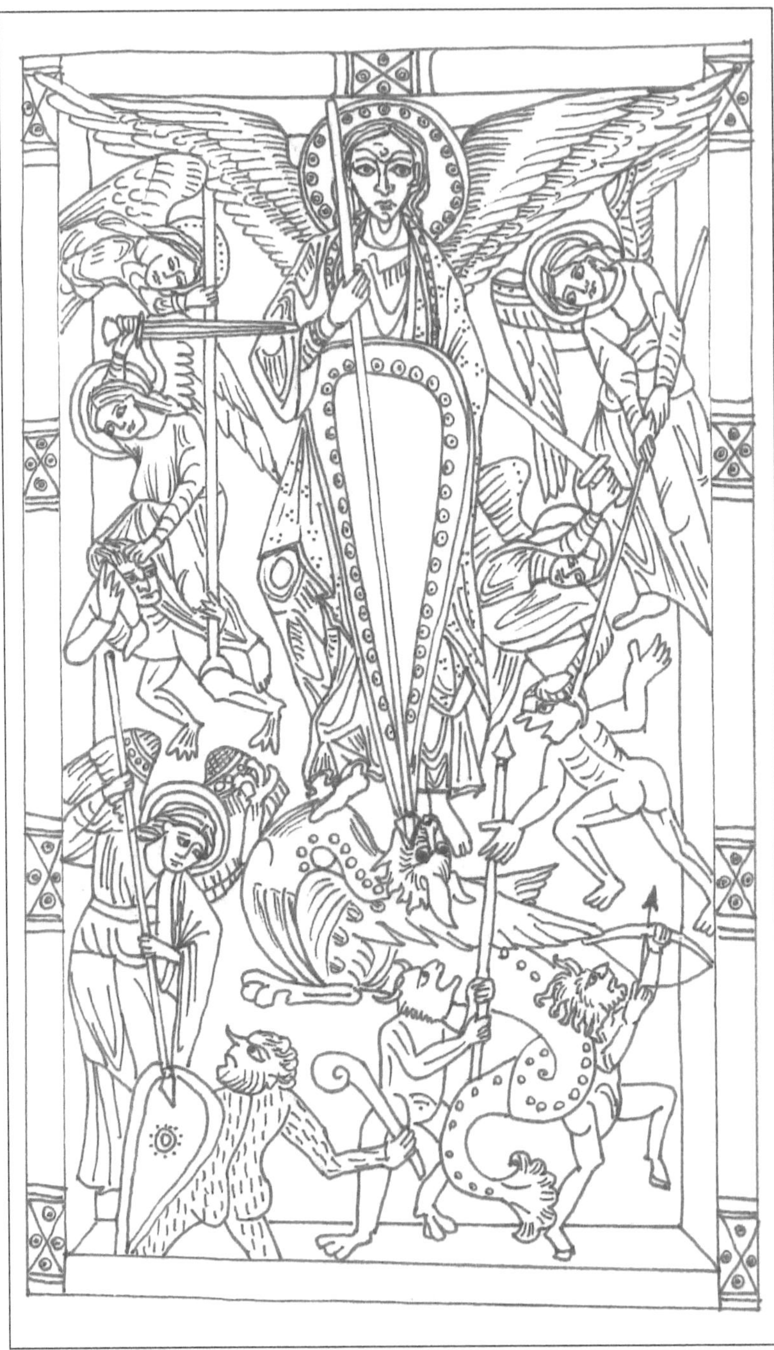

Figura 50. Esquema iconográfico de San Miguel luchando contra el dragón del Misal de Stammheim, Paul Getty Museum, Ms.64, Hildesheim, *ca.* 1170, f. 152r. (Esquema iconográfico realizado por Nadia Mariana Consiglieri©)

Esto resultó una verdadera novedad en la tradición de estos códices apocalípticos[490]. Este giro iconográfico no fue fortuito sino acorde al éxito que estaba teniendo la imagen de san Miguel como guerrero vencedor del dragón, en la cultura visual de la Plena Edad Media. Este fenómeno también puede comprobarse en un diseño pictórico del Misal Stammheim confeccionado en Hildesheim a fines del siglo XII[491] (Figura 50). No obstante, si volvemos nuestra mirada sobre la iluminación del Beato de Las Huelgas, podemos observar que tanto la composición como los personajes incorporan formas completamente románicas. No sólo es interesante la escena central en la que san Miguel pisa y mata al dragón con una lanza rematada en una cruz plateada[492], sino también las dos figuras dragontinas que se unen por sus cuellos y que sostienen desde abajo la mandorla cristológica, soportada ésta a su vez por los dos ángeles de los costados. En tanto el dragón serpentino vencido por el santo cuenta con extensas alas y cuerpo anudado, los otros dos dragones que envuelven la escena de manera especular son bípedos y tienen alas anchas que rematan en puntas curvas, además de colas alargadas y muy anudadas. No obstante, sus extensos cuellos son los que terminan por cerrar la composición. Ambos ángeles a su vez los pisotean, por lo que más que un motivo decorativo destinado a enmarcar el *clipeum* de Cristo[493], convendría repensar el rol simbólico de estos dragones en el contexto discursivo del manuscrito. Al posicionarse en el lugar del motivo del ave y la serpiente, este grupo de dragones vencidos y dominados funcionan como un potente mensaje redentor, reforzado y reactualizado por la figura bélica del arcángel triunfante, incluso antes de que comience la exégesis apocalíptica de Beato en el códice. Son recordatorios de que el bien y Cristo siempre terminan por vencer al mal, de uno u otro modo.

Estos aspectos evidencian la creciente circulación de fórmulas iconográficas dragontinas en boga a nivel internacional incluso en la Península Ibérica. El mismo Beato de Las Huelgas fue confeccionado en Burgos, zona en la que también se encuentra el monasterio de Silos, el cual parece haber contado con un taller de esmaltes local con estrechas relaciones con los de Limoges. Las novedades

---

490. KLEIN, Peter K.: «Las ilustraciones del Códice de Las Huelgas», *op. cit.*, p. 26.

491. En ambas imágenes se muestra a san Miguel como arcángel alado. La figura de san Jorge, por su parte, entró en su mayor apogeo hacia la Baja Edad Media. Cfr. RÉAU, Louis: *Iconografía del arte cristiano. Iconografía de los santos. De la G a la O.* Tomo 2. Volumen 4. Barcelona, Ediciones del Serbal, 1997, p. 71.

492. CIRLOT, Victoria: «El dragón en la cultura medieval (Preámbulo a una exposición)», *op. cit.*, p. 23.

493. KLEIN, Peter K.: «Las ilustraciones del Códice de Las Huelgas», *op. cit.*, p. 25.

estilísticas de ese periodo también fueron introducidas en el norte ibérico por esa vía, como lo demuestran los híbridos alados que remiten en parte a aves y en parte a dragones de una placa esmaltada correspondiente a la Urna de Santo Domingo de Silos datada entre 1150 y 1170[494] (Figura 51).

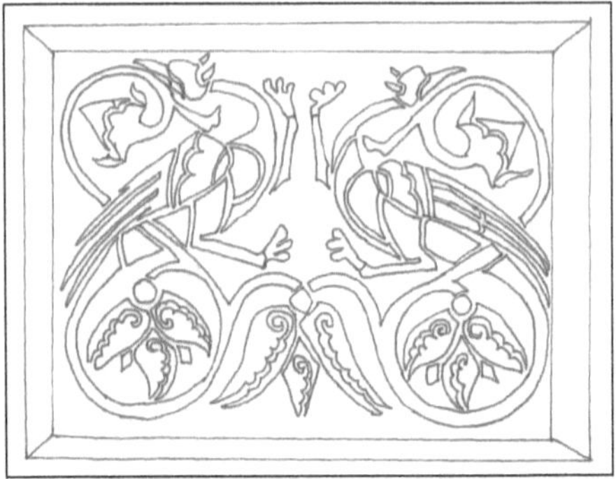

Figura 51. Esquema iconográfico de seres alados dragontinos correspondientes a un panel esmaltado de la Urna de Santo Domingo de Silos, Museo de Burgos, *ca.* 1150-1170. Procedencia: Silos (?) (Esquema iconográfico realizado por Nadia Mariana Consiglieri©)

Estos zoomorfismos dragontinos especulares afines a los insistentes motivos de entrelazos de la época alcanzaron también una importante difusión incluso en la escultura claustral del monasterio silense. Los complejos entramados dragontinos estaban teniendo su cuota de expresión incluso en la orfebrería de Francia, como lo demuestran los dragoncillos intercalados con los elementos fitomorfos propios del 1200 en las tapas de la Biblia de Souvigny[495] (Figura 52). Así, los dragones agregados a los costados de san Miguel en la miniatura del Beato burgalés responden a la misma simbología de redención del mal y a las nuevas formas dragontinas que circulaban en diferentes soportes y materialidades en la época. Si incluir en esa parte inicial de los Beatos el motivo del combate de san Miguel y el dragón implicó una actitud acorde a la mayor difusión que tuvo este santo y su imagen en el siglo XIII, introducir estas figuras dragontinas especulares también puede ser considerado como un gesto de actualización estilística.

---

494. Martín Ansón, María Luisa: «Los esmaltes silenses: problemática sobre su origen», en VV.AA.: *De Limoges a Silos [Catálogo de exposición; 15 de noviembre de 2001-28 de abril de 2002. Madrid, Brsuleas, santo Domingo de Silos, Biblioteca Nacional, Espace Culturel BBL, Monasterio de Santo Domingo de Silos]*. Madrid, Sociedad Estatal para la Acción Cultural Exterior, 2001, p. 269.

495. *Enamels of Limoges* 1100-1350, Catálogo de exposición realizada en el Musée du Louvre, Paris, 23 de octubre de 1995-22 de enero de 1996 y en The Metropolitan Museum of Art, New York, 5 de marzo-16 de junio de 1996. New York, The Metropolitan Museum of Art, 1996, pp. 148-151.

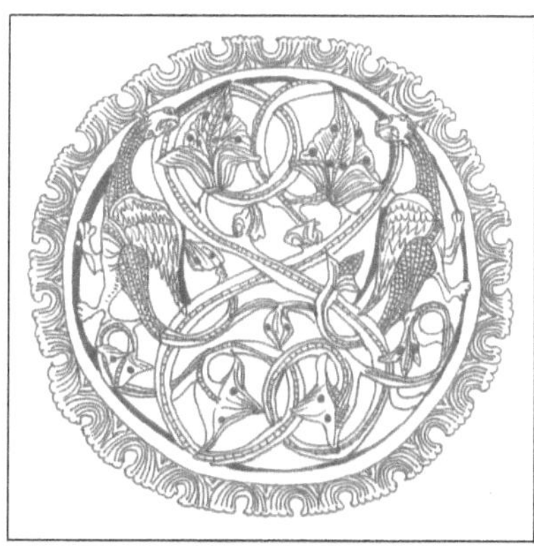

Figura 52. Esquema iconográfico correspondiente a un aplique circular de bronce con dragones alados perteneciente a las tapas de la Biblia de Souvigny. Bronce grabado, *ca.* 1175-1185, Moulins, Bibliothèque Municipale, Procedencia: Limoges(?) (Esquema iconográfico realizado por Nadia Mariana Consiglieri©)

En sintonía con la actitud más secularizada también visible en los círculos doctos y universitarios, la imagen de san Miguel comenzó a ser construida a partir de componentes eminentemente más laicos. Según Louis Réau:

"El arte francés del siglo XIII hizo de san Miguel un caballero de la cruzada. Se deben distinguir dos versiones, según que el arcángel combata a pie o a caballo"[496].

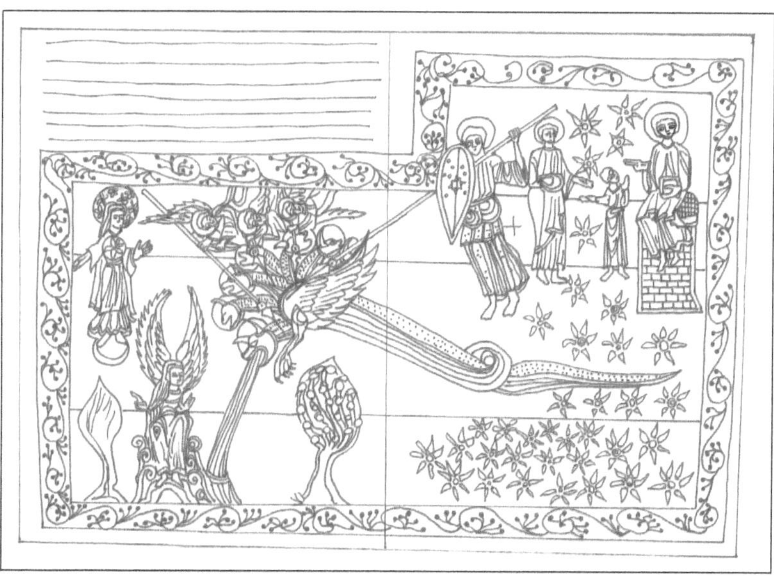

Figura 53. Esquema iconográfico del dragón rojo apocalíptico del Beato de San Millán de la Cogolla. Madrid, Real Academia de la Historia. Cod. 33. Parte mozárabe (Último cuarto del siglo X; RAH 33); Parte románica (Primer cuarto del siglo XIII; RAH 33). Procedencia: Parte mozárabe (Castilla?); Parte románica (San Millán de la Cogolla?), ff. 159v-160r. (Esquema iconográfico realizado por Nadia Mariana Consiglieri©)

496. RÉAU, Louis: *op. cit.*, p. 73.

Estos aspectos también fueron traducidos en la representación más asidua del santo con una incrementación en las características de guerrero. Podemos comprobarlo en la miniatura que muestra su lucha contra el dragón de siete cabezas en la parte románica del Beato de San Millán de la Cogolla correspondiente al primer cuarto del siglo XIII (Figura 53). San Miguel incorpora aquí el componente santo con un aspecto guerrero y a la vez caballeresco, especialmente por su gran escudo con planos bipartitos de color –de gran reminiscencia heráldica– y por el importante tamaño de su lanza de metal con la cual embiste al dragón[497]. Al mismo tiempo, la bestia cuenta con rasgos más convincentes: sus cornamentas están bien conformadas, además de que la cabeza que figura en el primer plano y que vomita agua parece ser la principal y la que sostiene al resto. Le fue agregada una prominente pata con garras, además de enormes alas, que lo hacen un perfecto ejemplar dragontino románico. Así, los diversos modelos del dragón que parten de la base serpentina e hídrica fueron poco a poco independizándose de estas formas, para adquirir características animalísticas propias. De esta manera, el dragón pasó a estructurarse en el ámbito ibérico en su prototipo monstruoso y adquirió gran popularidad y auge[498] en las representaciones medievales de los siglos XII y XIII.

1.2. El dragón en las imágenes secundarias y paratextuales

El éxito de las imágenes dragontinas también se expandió al aparato paratextual y a los márgenes de los manuscritos. Dentro del *corpus* de códices iluminados seleccionado en este estudio hallamos numerosas manifestaciones del dragón ubicado por fuera de las miniaturas principales, aspecto que indagaré a continuación[499].

---

497. El destaque explícito de este motivo de combate entre san Miguel y el dragón puede hallarse en los Beatos más tardíos, a saber, en los códices de la familia IIa y IIb, y en el de Navarra de la familia I, así como en la miniatura de la mujer vestida de sol contra el dragón rojo apocalíptico en la parte románica del Beato de San Millán de la Cogolla. Cfr. RUÍZ GARCÍA, Elisa Silva, & VERÁSTEGUI, Soledad de: *op. cit.*, p. 134.

498. SADAUNE, Samuel: *Le fantastique au Moyen Âge*. Rennes, Editions Ouest-France - Edilarge, 2016, p. 128.

499. Es menester aclarar que dentro de la gran cantidad de ejemplos de dragones en los ámbitos paratextuales que encontré en este *corpus* de manuscritos iluminados he optado por elegir los casos más relevantes y que considero más interesantes, para de esa manera intentar determinar los principales modos de funcionamiento formal de esta iconografía.

1.2.1. El dragón en las letras capitales y motivos ornamentales

Los diversos diseños de letras capitales románicas con elementos del *Estilo 1200* en los manuscritos hispánicos encontraron en las formas dragontinas un vehículo de expresión perfecto a los fines de acompañar y dialogar de diferentes maneras con el aparato textual. Numerosas letras que inician un párrafo en un folio suelen incorporar al dragón como elemento compositivo por excelencia, ya que sus formas corporales alargadas, estilizadas y flexibles, permiten adaptarse al formato de la letra y adecuarse también a la caja textual. A lo largo de los siguientes ejemplos que analizaré, conviene reflexionar sobre las maneras en que las formas orgánicas dragontinas resultaron un dispositivo rico, flexible y práctico que posibilitó el destaque del texto en la lectura de estos libros, fundamentalmente de contenido religioso-doctrinal.

EL COMBATE SANTO CONTRA EL DRAGÓN

Continuando con la importancia del tópico de san Miguel combatiendo con el dragón que veíamos en algunas miniaturas de los Beatos más tardíos, la *Biblia, Psalterium* y *Liber canticorum* emilianense lo incorporó de una manera particular (Figura 54, en pág. 114). Aunque el manuscrito fue confeccionado mayormente durante el siglo X, en ese momento se reservaron ciertos espacios que quedaron en blanco, los cuales en el siglo XII fueron rematados con motivos pictóricos románicos[500]. Es el caso del folio 18 recto, en el cual aparece la figura de san Miguel alanceando al dragón a partir de un lenguaje íntegramente románico. El santo con aureola está pisando al animal salvaje a la vez que incrustándole una lanza en medio de sus fauces, mientras que lo toma con la otra mano por su cola. La intención de representar al santo como un verdadero guerrero divino puede percatarse en su postura corporal activa contra la bestia, la cual ya parece ser controlada y mitigada, a juzgar por sus patas delanteras y su cola anudada, ambas en tensión y retorcidas por causa del dolor. Así, esta forma dragontina circunscribe la pequeña composición.

---

500. Silva y Verástegui, Soledad de: «El Monasterio de San Millán de la Cogolla...», *op. cit.*, p. 43. Elisa Ruíz García señaló: "Hay espacios previstos para el trazado de letras que han quedado sin hacer o a medio ejecutar (...) En otros casos, la inicial se realizó posteriormente, dentro de una tradición artística románica. Se trata de personajes o animales muy elaborados y hechos en tonos marrones y rojizos (ff. 18v, 38r, 45v, 56v y 113r)". Ruíz García, Elisa: *Catálogo de la sección de códices de la Real Academia de la Historia*. Madrid, Real Academia de la Historia, 1997, p. 344 (disponible en Google Books; consultado en línea: 02/04/2019).

Como indicó Soledad de Silva y Verástegui, aunque este motivo iconográfico no guarda ninguna relación directa con el texto que está
a su costado, evidencia la precoz expansión del culto a san Miguel
en el ámbito riojano hacia el siglo XII[501]. Igualmente, agregaré que
es prueba del hábil uso por parte del miniaturista de los contornos
corporales dragontinos curvados para delimitar la imagen y generar
así una visualización dinámica de la caja textual.

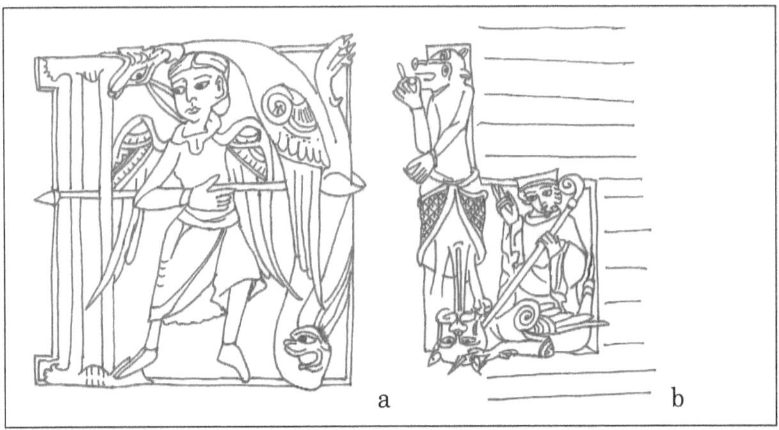

Figura 55. Esquemas iconográficos de: a- inicial N con motivo de san Miguel y el dragón; b- inicial
L con el motivo de un eclesiástico matando al dragón del Leccionario cisterciense (Lectionarium
misae), Las Huelgas Ms. 49, Real Monasterio de Santa María de las Huelgas, siglo XII. Procedencia: Las Huelgas. (Esquemas iconográficos realizados por Nadia Mariana Consiglieri©)

Podemos reconocer este tema también en una letra inicial N[502] perteneciente al Leccionario cisterciense del siglo XII del Real Monasterio de las Huelgas, en Burgos (Figura 55 a). Se trata de una inicial
de bordes monocromos y con la combinación de rojo y azul en el fondo[503], a cuyo sector curvo derecho se adapta perfectamente el cuerpo
del dragón que san Miguel está aniquilando. El santo es ubicado en
el espacio intermedio de la letra, mientras que la estructura de ésta
depende exclusivamente de la forma dragontina que la envuelve a
través de dos cabezas: una trasera que nace de la cola y que muerde
el tabique rectangular de la N y otra delantera, de grandes cuernos,
que vuelve la mirada sobre el atacante y que remata la inicial de
manera delicada. Una vez más, el modelo dragontino utilizado es el

---

501. SILVA Y VERÁSTEGUI, Soledad de: «El Monasterio de San Millán de la Cogolla...», *op. cit.*, p.
43.

502. Cfr. HERRERO GONZÁLEZ, Sonsoles: *op. cit.*, p. 45.

503. *Ibidem*, p. 23.

románico, bípedo y con dos alas estilizadas. En el mismo manuscrito la dupla zoo-antropomorfa en lucha adopta otra variable, al ser reemplazado san Miguel por un obispo con cuyo báculo traspasa el cuello de un dragón tumbado[504] (Figura 55 b). El animal yace pisado por el eclesiástico, con su ala plegada, su cola de dos nudos apenas elevada y sus patas flexionadas contra el piso. Las facciones de su rostro son extrañas, pues responde a una tipología de cabezas mascarones románicas, con rasgos esquemáticos, labios gruesos y curvos con aspectos felinos o caninos. Estas características también las encontramos en la cabeza de la criatura que sale sus de fauces, aunque ella presenta aspectos antropomorfos mixturados con otros correspondientes a una especie de cuadrúpedo[505]. Así, la letra capital L es conformada por esta extraña tríada, cuya base se sostiene en gran medida por el cuerpo yaciente y derrotado del dragón. Comprobamos entonces, cómo el motivo iconográfico de san Miguel matando al dragón es retomado en la construcción de letras iniciales en estos manuscritos, tanto por ser un tema de gran auge en el siglo XII, así como por contener un importante simbolismo condensado de la aniquilación de las fuerzas diabólicas por la potestad divina, siendo el dragón un prototipo del mal vencido.

EL DRAGÓN EN LETRAS GEOMETRIZADAS P E I

Asimismo, el dragón también aparece como un componente estructural de diversas letras capitales –principalmente en las iniciales P e I– que presentan una forma rectangular vertical predominante junto con algún tipo de remate curvo. Dentro de esta clase de formatos geométricos, el dragón suele irrumpir en la base de la letra, en su interior o creando las partes curvilíneas. En la mencionada Biblia de 1162 de León[506], una inicial P presenta un tabique vertical con entrelazos en su interior. El mismo es sostenido por las bocas de dos dragoncillos a sus pies y es sujetado en la parte superior por otro espécimen más grande que cierra la curvatura de la P con su cola (Figura 56).

---

504. Cfr. HERRERO GONZÁLEZ, Sonsoles: *op. cit.*, p. 35.

505. *Ibidem*, pp. 24, 26.

506. Para profundizar más en la tradición de biblias hispánicas, consúltese: HERNÁNDEZ FERREIRÓS, Ana: *Tradición y copia en la ilustración de manuscritos bíblicos en la Península Ibérica. Las biblias de San Isidoro de León (1162) y san Millán de la Cogolla (ca. 1200)*. Tesis doctoral. Madrid, Universidad Complutense de Madrid, 2016. URL: <https://eprints.ucm.es/42530/>.

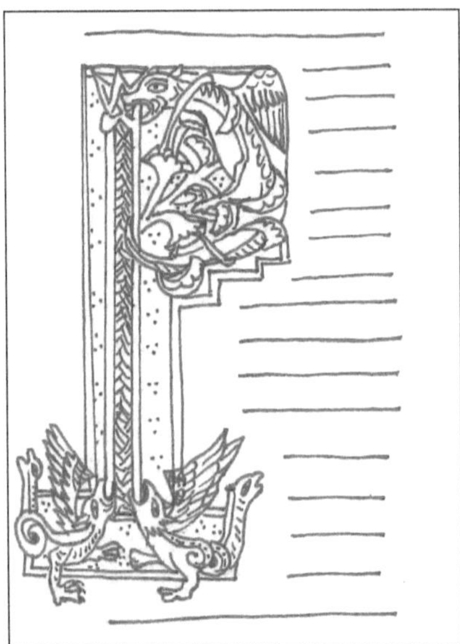

Figura 56. Esquema iconográfico de Inicial P de la Biblia de León de 1162. León, Archivo de la Real Colegiata de San Isidoro de León, MS. III.1, 1162, Procedencia: San Isidoro de León, Vol. I, f. 35v. (Esquema iconográfico realizado por Nadia Mariana Consiglieri©)

La paleta cromática general se sustenta en el uso del rojo y del azul (típicos colores que serán propios del gótico, incluso de su caligrafía), pues los pequeños dragones inferiores de colas anudadas y cabezas que las rematan contienen estos tonos alternados de manera especular. Las alas del dragón de arriba de todo armonizan formalmente con los motivos vegetales que también abrazan el cuerpo de la bestia: elementos fitomorfos que llegarían a su mayor auge en torno al 1200. De hecho, el fondo también presenta los conocidos grupos de puntos en tríada, en tanto característica identitaria de esta nueva corriente estilística que estaba comenzando a desarrollarse de manera incipiente. En otro diseño de una letra P perteneciente a un códice de las *Epístolas de San Pablo* de Pedro Lombardo, realizado entre fines del siglo XII e inicios del XIII, existe un desarrollo ornamental del tabique de la letra bastante similar, aunque esta vez en forma de cordón y con un dragón alado con cabeza antropomorfa que aparece en la parte curvada de la inicial y que no establece una conexión directa con el texto inmediato[507] (Figura 57). Allí, esta criatura dragontina extraña y heterogénea –que veremos repetidas veces– es abatida por la lanza de un hombre, recordando en parte el motivo de san Miguel y el dragón, aunque según Fernando Galván Freile guarda mayor relación en este caso con el texto que le sigue sobre la Venida de Cristo y su oposición contra el Anticristo[508]. Las formas ambiguas dragon-

---

507. GALVÁN FREILE, Fernando: *op. cit.*, Vol. I, p. 223.

508. *Ibidem*, pp. 223-224.

tinas admiten este tipo de adiciones de partes de otros seres afines a la intención de sostener una impronta monstruosa.

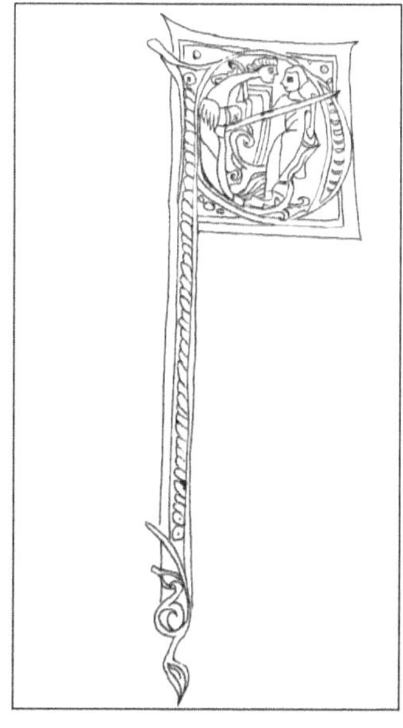

Figura 57. Esquema iconográfico de Inicial P en Pedro Lombardo, Comentarios a las Epístolas de San Pablo, Salamanca, Biblioteca General de la Universidad, MS. 558, *ca.* 1180-1200. Procedencia: León?, Francia? Hispania?, f.185r. (Esquema iconográfico realizado por Nadia Mariana Consiglieri©)

Por otro lado, en este tipo de letras, el dragón puede aparecer solitario o en compañía de figuras antropomorfas, además de adoptar ubicaciones siempre dinámicas y cambiantes, como por ejemplo ocurre en una letra capital I correspondiente al sector del Génesis en la Biblia de Burgos (Figura 58). En ella se establece un lenguaje ornamental zoomorfo a la vez que fitomorfo, ya que la base de la letra está conformada por dos dragones en posición especular cuyas colas terminan en forma de tallos, que a su vez rodean y envuelven sus cuerpos, revelando un románico avanzado[509]. La pareja de dragones encierra un fondo dorado, y sus patas se apoyan casi traspasando el marco geométrico de la letra. Sus cuerpos presentan una textura lineal rayada y curvilínea, que acompaña el volumen de sus torsos, a la vez que portan alas de importante plumaje. Además, los tallos que salen de las bocas de ambos dragones terminan por enmarañarse a la manera de círculos superpuestos en la parte superior de la inicial, y derivan en pequeñas cabecillas dragontinas[510]. Las formas vegeta-

---

509. YARZA LUACES, Joaquín: «Ilustración y ornamento en la Biblia Románica de Burgos», *op. cit.,* p. 194.

510. Joaquín Yarza Luaces postuló que se tratan de cabecillas de aves. Cfr. *Ibidem*. No obstante, observando detenidamente la imagen se comprueba que en verdad se trata de pequeñas cabezas de dragones.

les orgánicas terminadas en hojas onduladas y los conjuntos de tallos enredados ya preludian componentes básicos del naciente *Estilo 1200*.

Por su parte, la Biblia de Burgos también nos muestra varios casos en donde hay una inclusión de figuras humanoides en el cuerpo de la letra interactuando de diferentes maneras con dragones. Una inicial P perteneciente a un folio de la Biblia burgalesa luego anexado a la denominada Biblia antigua de las Huelgas (Ms. 5) contiene en su área central a una figura humana masculina de tipo sirénido con un dragón que conforma la parte curva de la P y se vuelve mordiéndole su pecho[511] (Figura 59). El hombre con cola de pez, de cuerpo estilizado y torso con musculatura y huesos demarcados –elementos característicos del románico para la representación de figuras humanas– sostiene la cola fitomorfa del dragón, el cual abre su boca y lo muerde por uno de sus costados. El cuerpo del monstruo se curva y sus patas se abren empujando el marco de contención de la inicial, jugando una vez más con el límite entre la ficción de lo representado y lo "real". El dragón parece tener rasgos felinos en su cabeza, cuerpo con formas geométricas simples y una extensa cola que se diversifica en varios tallos vegetales con hojas carnosas y lobuladas[512] que rellenan el espacio cerrado de su lomo curvo. Otra dupla parecida está presente también en el mencionado códice Ms.558 de Pedro Lombardo, en la letra P que da inicio a la primera Carta a Timoteo dentro de las epístolas paulinas[513] (Figura 60). Esta ostenta un hombre-pez igualmente con un casco o gorro circular quien, en este caso, sostiene con ambas manos un conjunto circular de roleos y hojas. Algunas cabezas de cánidos se entrelazan en el tumulto vegetal[514] aunque, desde mi punto de vista, una de ellas parece formar parte del cuerpo dragontino que envuelve y configura la letra cuya cola se pierde visualmente en la maraña de roleos.

---

511. Herrero González, Sonsoles: *op. cit.,* p. 89; Yarza Luaces, Joaquín: «Códices iluminados en el monasterio de Las Huelgas», *op. cit.*, p. 51.

512. *Ibidem*, pp. 89-90. Cabe destacar que este tipo de formas vegetales y onduladas comenzaron a expandirse cada vez más por los espacios internos de las letras capitales, conformando junto con otras figuras humanas o animales, diseños de un evidente *horror vacui* visual generado por la acumulación y proliferación de sus componentes. Dentro de los innumerables ejemplos de este fenómeno, consúltese el folio 133v del Breviario y ritual de León o de San Pedro de la Cardeña en donde el mencionado *horror vacui* es estructurado a través de la conjunción de diversos elementos y personajes (geométricos, zoomorfos, fitomorfos, antropomorfos) mediante filigranas entrelazadas, con poca pigmentación ya que quedaron de un tono ocre amarillento (Breviario y ritual, Archivo de la Real Colegiata de San Isidoro de León, MS. XII, 2° mitad siglo XII, *ca.* 1170-1180, San Isidoro de León?, San Pedro de la Cardeña?) Cfr. Galván Freile, Fernando: *op. cit.*, Vol. I, pp. 118-119.

513. *Ibidem*, p. 225.

514. *Ibidem*, p. 226.

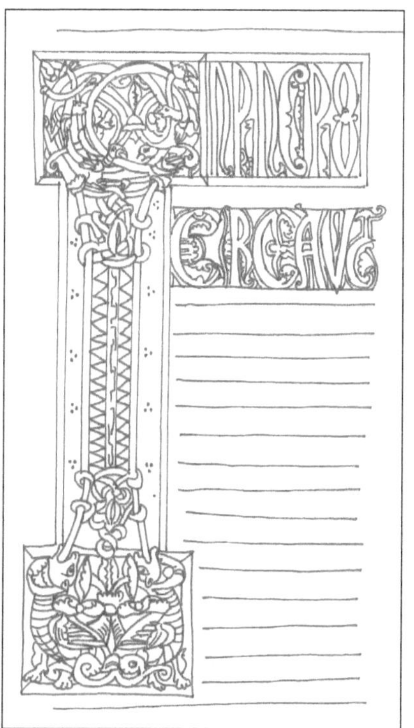

Figura 58. Esquema iconográfico de inicial I del Génesis de la Biblia de Burgos. Burgos, Biblioteca Pública del Estado, Ms. 846, *ca.* 1175. Procedencia: Burgos, San Pedro de la Cardeña (?), f. 13v. (Esquema iconográfico realizado por Nadia Mariana Consiglieri©)

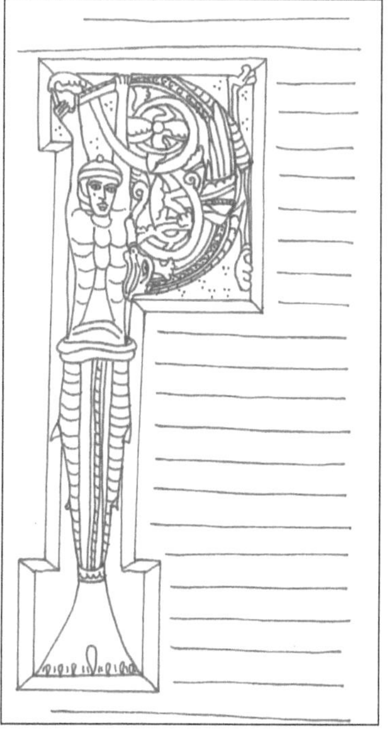

Figura 59. Esquema iconográfico de inicial P de la Biblia de Burgos. Burgos, Biblioteca Pública del Estado, Ms. 846, *ca.* 1175. Procedencia: Burgos, San Pedro de la Cardeña (?), f. 130v (anexado a la Biblia antigua de las Huelgas Ms. 5). (Esquema iconográfico realizado por Nadia Mariana Consiglieri©)

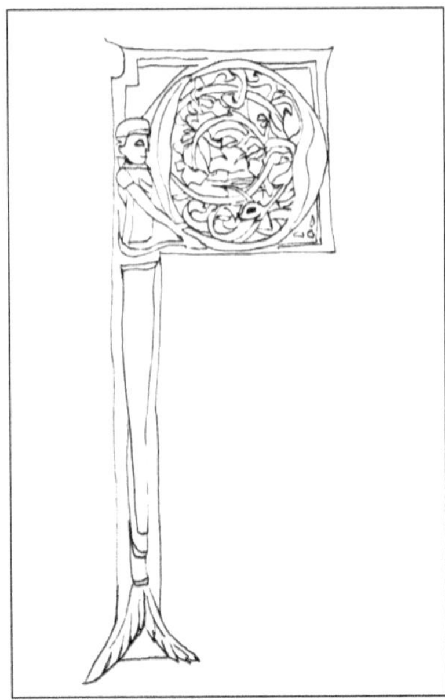

Figura 60. Esquema iconográfico de inicial P en Pedro Lombardo. Comentarios a las Epístolas de San Pablo. Salamanca, Biblioteca General de la Universidad, MS. 558, *ca.* 1180-1200. Procedencia: León?, Francia?, Hispania?, f.194r. (Esquema iconográfico realizado por Nadia Mariana Consiglieri©)

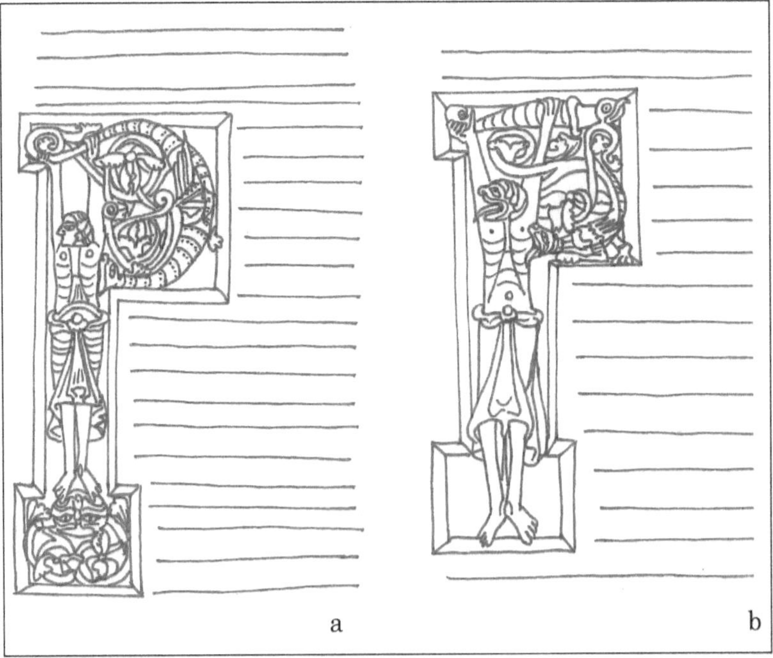

Figura 61. Esquema iconográfico de: a- inicial P; b- inicial I en la sección Jueces de la Biblia de Burgos. Burgos, Biblioteca Pública del Estado, Ms. 846, *ca.* 1175. Procedencia: Burgos, San Pedro de la Cardeña (?), f. 104v; f.117r. (Esquemas iconográficos realizados por Nadia Mariana Consiglieri©)

La Biblia de Burgos ofrece otras variantes de este tipo de letras con la combinación de un componente antropomorfo y otro dragontino. Una letra P ubicada en la sección Jueces muestra esta vez a un gran hombre –una suerte de atlante según Joaquín Yarza Luaces–[515] con sus dos piernas apoyadas sobre una boca leonina, con cabeza de perfil y brazos en lo alto sujetando por la cola a un dragón que insiste en morderle su torso (Figura 61 a). El maestro miniaturista hispánico que trabajó en estas imágenes procuró remarcar la volumetría de los cuerpos[516], repitiendo prácticamente el mismo modelo dragontino utilizado en la letra del sireno, aunque esta vez representando una sola pata visible del animal. Otra variante en una letra I de la parte destinada a I Reyes (Figura 61 b), muestra también a una especie de atlante, aunque cinocéfalo[517] o con rasgos de simio desde mi perspectiva, a juzgar por su hocico y su aspecto grotesco y burlón. Este personaje sustenta esta vez un extraño ser que se asemeja a un pez, sostenido por los roleos que salen de la cola del dragón, que a su vez vuelve a morder a la figura antropomorfa, cerrando así el recorrido visual interno de la letra. Al tratarse de una I, no se requirió de un cuerpo curvo dragontino prominente y por eso, posiblemente el miniaturista optó por introducir a este otro animal que estructura la horizontalidad de la parte superior de la letra. Asimismo, este dragón envuelve una postura corporal más dinámica, pues parece que con sus patas está marchando, al mismo tiempo que su cola ramificada en látigos circulares centrípetos que terminan en hojas parece flotar en el espacio interno de la inicial, otorgándole al diseño zoomorfo una suave fluidez. En otra inicial P de la sección destinada a Reyes (Figura 62), la figura humanoide aparece vestida como si se tratara de un rey con corona, y por detrás de sus pies corre una liebre o conejo[518], mientras sostiene nuevamente la cola del dragón que retrocede para atacarlo. Joaquín Yarza Luaces postuló que esta modificación del atlante a la figura de un monarca guardaría relación con los re-

---

515. Según lo apuntado por Joaquín Yarza Luaces, se trataría de un atlante: figura de raigambre clásica antigua que durante la Alta Edad Media y el románico su significado y simbolismo negativo estaba ampliamente difundido. Se trataba de un personaje relacionado con el pecado y con el mal, siendo aplastado por el bien, aunque en este ejemplo particular, esta figura sólo adoptaría una función ornamental. YARZA LUACES, Joaquín: «Ilustración y ornamento en la Biblia Románica de Burgos», *op. cit.*, p. 200. Particularmente considero que los sentidos negativos del atlante concuerdan también con la común combinación entre sirena u hombre-pez y dragón que aparece en otras letras capitales, tratándose de seres representantes del mal por antonomasia en la Edad Media; aspecto que no entraría en contradicción alguna con que además éstos tengan una función ornamental.

516. *Ibidem*, p. 200.

517. *Ibidem*, p. 204.

518. *Ibidem*, p. 209.

yes que causan la ira de Yahvé mencionados en esta parte puntual veterotestamentaria, en particular con Ocozías[519], que es rey nombrado por el texto más cercano a la inicial[520], por lo que concuerda con el significado nocivo que encarna igualmente el dragón. El animal presenta aquí un cuerpo curvo y con un mayor *horror vacui* vegetal en el espacio que encierra su lomo, además de desplegarse sobre un fondo lleno de grupos de tres puntos blancos. Su imagen exhibe gran cantidad de detalles en las partes de su cuerpo y en las texturas diversas de su piel y de sus alas.

En los *Moralia in Job* procedente del *scriptorium* de San Isidoro de León de mediados del siglo XII e inicios del siglo XIII encontramos dentro del segundo volumen[521] otra situación interactiva entre un personaje humano y otro dragontino. Estos habitan una letra de formato geométrico vertical, esta vez encarnando una especie de profeta que pisa a un dragón (Figura 63). La inicial I guía la lectura del texto, aunque no lo ilustra directamente. Fernando Galván Freile aludió a un posible vínculo del dragón con una referencia al diablo presente en el aparato textual de esa parte, aunque sin poder asegurarlo con total certeza[522]. Tampoco existen atributos iconográficos que permitan indicar con seguridad la identidad del personaje barbado en relación con un determinado santo, aunque éste presenta las características típicas de los profetas[523]. Lo cierto es que se trata de una figura vinculada a lo sagrado y al bien que repite en gran medida el mismo mecanismo simbólico que vimos en san Miguel contra el dragón para aludir a la victoria del bien contra las fuerzas diabólicas encarnadas en el dragón. De hecho, este concepto dicotómico de vencedor-vencido también se recalca en uno y otro caso a partir de la disposición compositiva de las figuras: siempre el personaje divino está ubicado en la parte superior y el dragón en la inferior. En cuanto a esta forma dragontina en particular, resultan interesantes las largas orejas del espécimen y su cola extensa rematada en una terminación vegetal o floral[524], además de sobresalir del marco una de sus garras.

---

519. 1 Reyes 22, 52-53; 2 Reyes 1, 1-18.

520. Yarza Luaces, Joaquín: «Ilustración y ornamento en la Biblia Románica de Burgos», *op. cit.*, p. 209.

521. Dicha obra está conformada por dos volúmenes (MSS. X.1 y X.2). Este estudio menciona en particular el segundo (MSS. X.2) ya que presenta interesantes casos de expresiones plásticas dragontinas.

522. Galván Freile, Fernando: *op. cit.*, Vol. I, p. 366.

523. *Ibidem*, pp. 364, 366.

524. *Ibidem*, p. 365.

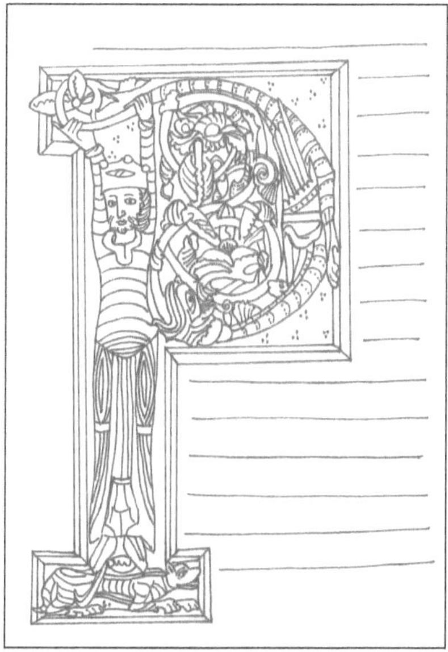

Figura 62. Esquema iconográfico de inicial P en la sección IV Reyes. Biblia de Burgos. Burgos, Biblioteca Pública del Estado, Ms. 846, *ca.* 1175. Procedencia: Burgos, San Pedro de la Cardeña (?), f. 154v. (Esquema iconográfico realizado por Nadia Mariana Consiglieri©)

Volviendo a este formato en las letras P, conviene hacer referencia a otro ejemplo perteneciente al códice mencionado de las *Epístolas de San Pablo* de Pedro Lombardo en el cual hay una inicial que determina la parte introductoria de la obra (*Principius*) (Figura 64). Ella presenta un estilizado tabique conformado por un ser zoomorfo ambiguo, con rasgos de ofidio[525], cola y cresta de tipo vegetal. De su boca surge un dragón con rostro antropomorfo, cuyo cuerpo alado envuelve el sector curvo de la letra y genera así un importante ritmo circular centrípeto en el que se intercalan pequeños cuadrúpedos y hojas. Ambas criaturas ambiguas estructuran la inicial[526], al mismo tiempo que le otorgan una notable cadencia visual sustentada en la continuidad de las figuras zoomorfas y fitomorfas. Por otra parte, siguiendo con esta tipología de letra capital, encontramos que la Biblia que contiene el Nuevo Testamento y las Epístolas de Pablo procedente del Monasterio de San Millán de la Cogolla incorpora algunos casos sugestivos de letras P conformadas por seres dragontinos diversos. Este códice del siglo XIII, de letra gótica extrapeninsular, contiene iniciales con detalles de oro bruñido que incluyen estructuras con terminación en formas bífidas[527]. La conocida bicromía rojo-azul para la construcción del fondo con puntos agrupados de a tres, así como al interior de

---

525. *Ibidem*, p. 212.

526. *Ibidem*.

527. Ruíz García, Elisa: *Catálogo de la sección de códices…, op. cit.*, p. 269.

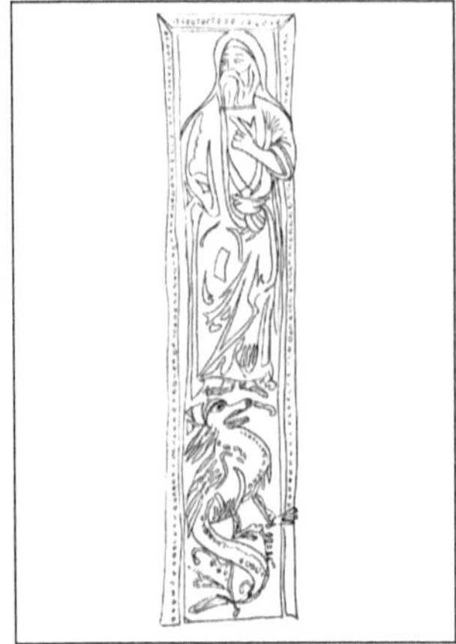

Figura 63. Esquema iconográfico de Letra I en Moralia in Job. León, Archivo de la Real Colegiata de San Isidoro de León, MS. X.2, fines del siglo XII-inicios del siglo XIII. Procedencia: San Isidoro de León, f. 246v. (Esquema iconográfico realizado por Nadia Mariana Consiglieri©)

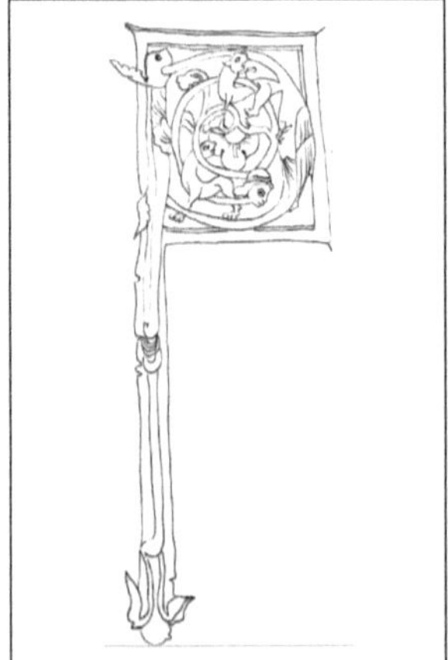

Figura 64. Esquema iconográfico inicial P en Pedro Lombardo. Comentarios a las Epístolas de San Pablo. Salamanca, Biblioteca General de la Universidad, MS. 558, ca. 1180-1200. Procedencia: León?, Francia?, Hispania?, f.1r. (Esquema iconográfico realizado por Nadia Mariana Consiglieri©)

los sectores curvos de la letra aparece complementada por extraños seres de formas dragontinas, entre ellos un espécimen de dos pares de alas y cabeza de mono[528] (Figura 65 a); otro con cabeza antropomorfa masculina (Figura 65 b) y finalmente otro que es totalmente un dragón con cola terminada en otra cabeza dragontina (Figura 65 c). En todos estos casos, el objetivo del miniaturista consistió en ge-

---

528. Si bien el mono resultó a los ojos medievales un animal parecido físicamente al hombre, en realidad su aspecto muchas veces deforme junto con sus actitudes obscenas y repugnantes lo distanciaban totalmente de éste, en tanto creación a imagen y semejanza de Dios. Justamente hacia mediados del siglo XIII, las corrientes escolásticas comenzaron a definir al mono en su "parecido" con el hombre en tanto artificio (*artificiem*) ya que esta criatura simula (*simius*). En este sentido, también para los bestiarios, el mono fue considerado como un animal diabólico, pues como el demonio mismo trata de emular a Dios. Con su carácter cambiante, engaña y simula como el diablo. Cfr. PASTOUREAU, Michel: *Bestiaires du Moyen Âge, op. cit.,* pp. 86-88. Así, es posible observar cómo la visión negativa sobre este animal coincide en gran medida con la del dragón, por lo que no es casual que ambas iconografías sean asimiladas en una nueva forma bestial o criatura monstruosa.

nerar variantes monstruosas de lo dragontino para así producir un mayor atractivo en la imagen inserta en las letras capitales e incitar a la lectura del texto.

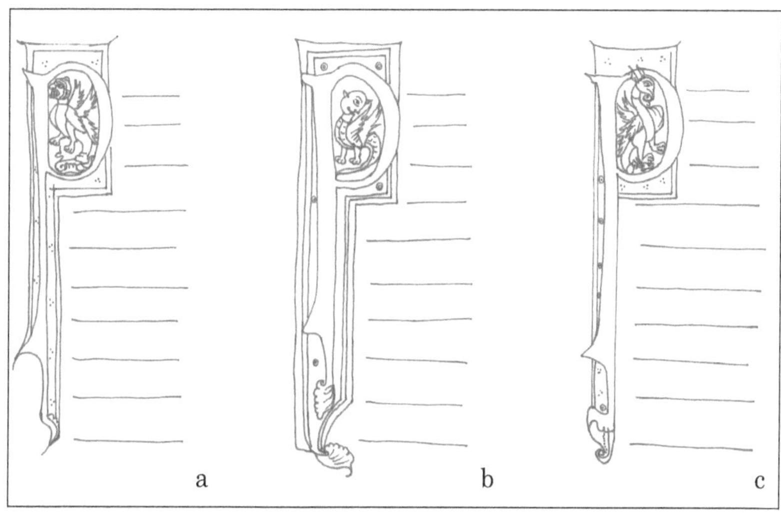

Figura 65. Esquemas iconográficos de iniciales P de Biblia. N.T. Epístolas de Pablo. Madrid, Real Academia de la Historia, cod. 42, siglo XIII. Procedencia: San Millán de la Cogolla, f. 162r; f. 177r; f. 186v. (Esquemas iconográficos realizados por Nadia Mariana Consiglieri©)

PARTES DEL DRAGÓN TRANSGREDIENDO EL MARCO DE LAS LETRAS:
EL RECURSO DEL CUELLO Y LA COLA DRAGONTINOS

Otro recurso plástico destinado a llamar la atención visual basado en el uso de la figura dragontina en las letras capitales consistió en dejar salir de los márgenes de la inicial las partes más extensas y multiformes de este animal: su cuello y su cola. En la misma serie de los Beatos encontramos ricos ejemplos de ello. Dentro de los folios que inician el manuscrito, una inicial Q del Beato de Navarra ostenta una figura dragontina interesante, pues ésta constituye el tabique inferior de la letra (Figura 66). La composición de esta letra es heredera de las letras insulares, cuya tradición fue trasladada al continente europeo[529] por medio de la temprana movilidad de monjes irlandeses en sus tareas de evangelización y propagación de la doctrina por el continente[530]. A partir de un complejo motivo de entrelazos al interior del círculo que conforma la letra y del marco cuadrangular

---

529. RUÍZ GARCÍA, Elisa Silva, & VERÁSTEGUI, Soledad de: *op. cit.,* p. 52.

530. Cfr. *Ibidem*, p. 53.

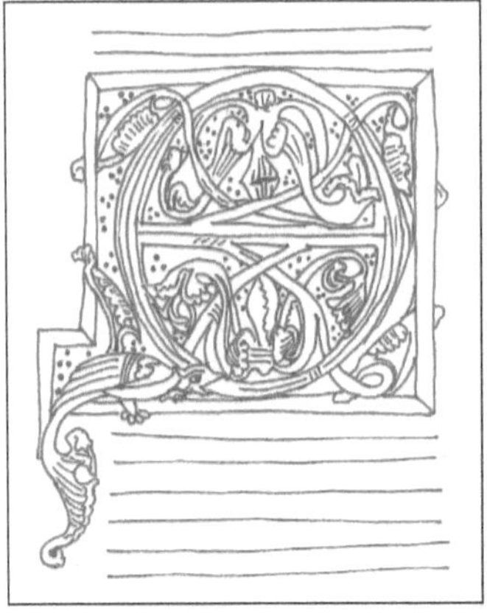

Figura 66. Esquema iconográfico de inicial Q del Beato de Navarra. París, Bibliothèque nationale de France. Ms. Nouv. Acq, lat.1366, finales del siglo XIII. Procedencia: Navarra, f. 1r. (Esquema iconográfico realizado por Nadia Mariana Consiglieri©)

que a su vez la contiene, un dragoncillo bípedo sujeta la inicial por su boca y su extensa cola terminada en un remate vegetal en forma de abanico quiebra los límites del recuadro e invade el fondo del pergamino. Estas estructuras fitomorfas ya están en consonancia con las que serán típicas del *Estilo 1200*, lo que otorga a la imagen y a la figura del dragón gran dinamismo y organicidad, invitando al acto de la *lectio*. Asimismo, en un códice sobre los *Moralia* de San Gregorio Magno[531], ejecutado en el *scriptorium* emilianense durante su renovada etapa de esplendor en el XIII[532], una letra capital Q, de contorno geométrico irregular y ricamente iluminada, nos muestra un dragón estilizado realizando la misma acción (Figura 67). Su porte, totalmente estilizado y ondulado, forma el tabique de la Q al enroscar su cuello en el cuerpo de la letra. Sus patas muestran movimiento de avance sobre el fondo con la conocida textura punteada del estilo del siglo XIII y del incipiente gótico. Tanto su cuerpo alargado como su cola que se enrula en un motivo vegetal llegan hasta más abajo del párrafo, enmarcan el texto y guían al ojo a seguir un recorrido visual escalonado y descendiente de la imagen según la dirección de lectura. Además, la parte central de la letra está invadida de flora,

---

531. Este manuscrito iluminado confeccionado en el *scriptorium* de San Millán de la Cogolla a inicios del siglo XIII es una copia de un ejemplar del siglo X realizado en el mismo monasterio (Cod.5). Cfr. Ruíz García, Elisa: *Catálogo de la sección de códices…, op. cit.,* p. 65.

532. Silva y Verástegui, Soledad de: *La miniatura en el Monasterio de San Millán de la Cogolla,* p. 272. La riqueza ornamental y en los materiales utilizados de este manuscrito demuestran que efectivamente fue copiado en un momento de importante desarrollo del *scriptorium* emilianense en el siglo XIII. Su estilo además se adecua a las tendencias internacionales en estilo caligráfico e iluminación codicológica al incluir mayúsculas góticas plasmadas sobre fondos afiligranados con la preponderancia de la dupla cromática rojo-azul, iniciales historiadas y animadas con lacerías e inclusión de láminas de oro. Cfr. Ruíz García, Elisa: *Catálogo de la sección de códices…, op. cit.,* p. 65.

pues como ya apuntó Soledad de Silva y Verástegui a propósito de los códices de San Millán e incluso de su Biblia:

> (...) estos motivos vegetales y los dragones alados constituyen el *"leiv motiv"* de la decoración de iniciales de los manuscritos de principios del siglo XIII[533].

Una inicial Q bastante similar irrumpe en otro manuscrito emilianense coetáneo que contiene la *Hystoria scolastica* de Petrus Comestor, basada en la inclusión de extractos del Antiguo y del Nuevo Testamento, luego explicados a través de una exégesis[534] (Figura 68).

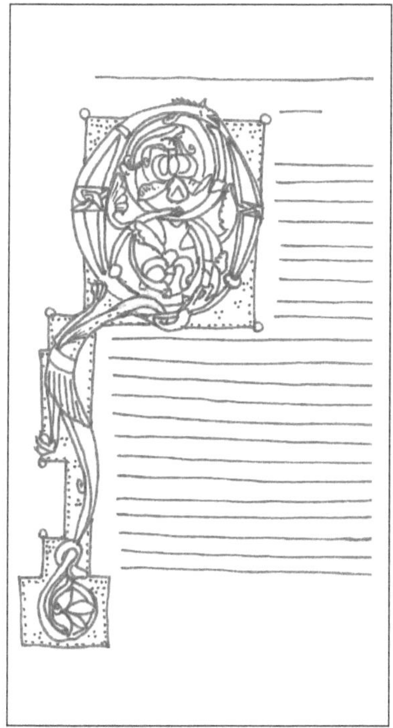

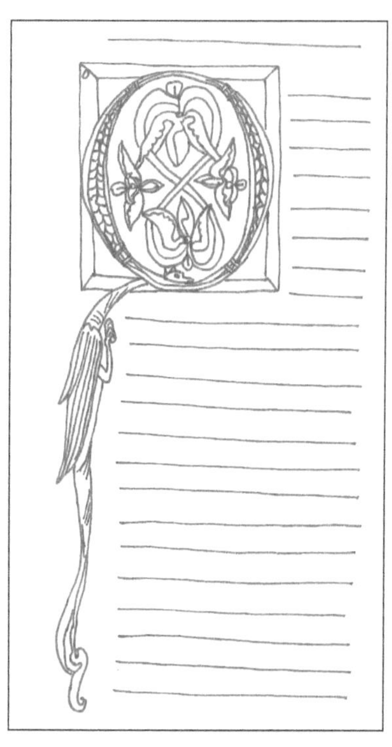

Figura 67. Esquema iconográfico de inicial Q del Liber beati Gregorii Pape Romensis in expositione beati Job. Madrid, Real Academia de la Historia, cod. 1, inicios del siglo XIII. Procedencia: San Millán de la Cogolla, f.110v. (Esquema iconográfico realizado por Nadia Mariana Consiglieri©)

Figura 68. Esquema iconográfico de inicial Q de la Hystoria scolastica / Petrus Comestor. Madrid, Real Academia de la Historia, cod. 11, siglo XIII. Procedencia: San Millán de la Cogolla, f.73r. (Esquema iconográfico realizado por Nadia Mariana Consiglieri©)

---

533. SILVA Y VERÁSTEGUI, Soledad de: *La miniatura en el Monasterio de San Millán de la Cogolla, op. cit.,* p. 282.

534. *Ibidem*, p. 298.

La decoración es mucho más austera, basada en tonalidades azules, rojas y verdes con ciertos toques ocres, aunque también repitiendo el motivo común de formas vegetales y dragones[535], como es el caso de esta inicial. Aquí el dragón estilizado también se sujeta del círculo principal de motivos florales blancos, y deja salir su cuerpo sobre el fondo del pergamino en dirección envolvente al texto. Sus garras cruzadas, sus alas con las puntas hacia arriba y su cola terminada en una forma orgánica curvilínea aligeran la composición.

Pese a que contamos con mayor cantidad de ejemplos en los que la cola dragontina es la que irrumpe y sale de los límites de la letra, también destacan algunos casos en los que la cabeza y el largo cuello del animal son los protagonistas de esta ruptura visual. En el códice leonés de fines del siglo XII que contiene las *Homilías*, el cuello de un dragón quebranta los límites izquierdos del marco en una inicial D (Figura 69). La decoración de este manuscrito es de gran calidad incluso en los temas ornamentales[536], lo que igualmente se percibe en el diseño cuidado e inteligente de esta letra capital. Un dragón con cuerpo de ofidio cuya cola remata en elementos fitomorfos que a su vez la envuelven[537], constituye la parte curva de la letra. Su cuello, que se escapa por fuera del marco, no cumple ninguna función estructural, sino que actúa más bien como una terminación ornamental, a la vez que atrae la mirada al promover una visión en planos sucesivos: el animal, el marco y el fondo[538]. Esto genera una disposición activa del ojo en el recorrido de las formas y en el seguimiento del texto del costado. Dentro de la misma línea ornamental, hallamos otra variante en una letra capital A que inicia la palabra *angelo* del Beato de San Andrés de Arroyo, en la cual el cuello dragontino intercepta el marco hacia arriba (Figura 70). Decorada con lámina de oro y portando lacerías con estilizaciones zoomorfas[539], el contorno de esta letra está conformado por dos dragones alados que se enlazan entre sí por sus cuellos. Uno de ellos transgrede el ángulo superior izquierdo del marco y se extiende por fuera del área de la letra. Su cuello arqueado y la gran lengua ondulante que sale de su boca proporcionan también un importante dinamismo en la inicial, recargada en su núcleo por gran cantidad de elementos vegetales que funcionan como pivotes que agilizan el recorrido del ojo por la letra.

---

535. *Ibidem*, p. 300.

536. GALVÁN FREILE, Fernando: *op. cit.*, Vol. I, p. 241.

537. *Ibidem*, p. 249.

538. *Ibidem*, p. 250.

539. VV.AA.: *Beato de Liébana, op. cit.*, p. 88.

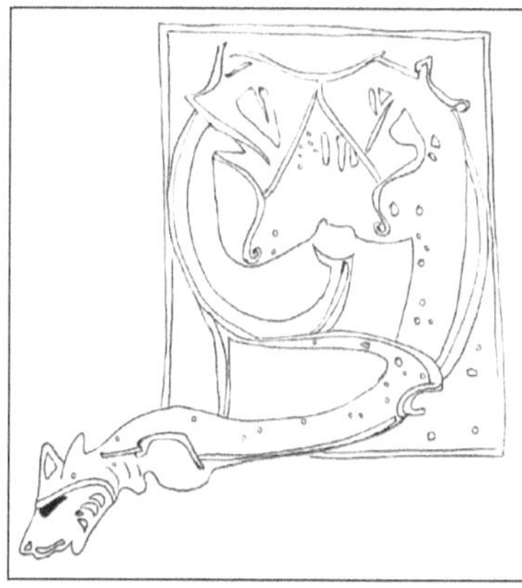

Figura 69. Esquema iconográfico de inicial D de las Homilías. León, Archivo de la Real Colegiata de San Isidoro de León, MS. IX, fines del siglo XII. Procedencia: San Isidoro de León, f.21r. (Esquema iconográfico realizado por Nadia Mariana Consiglieri©)

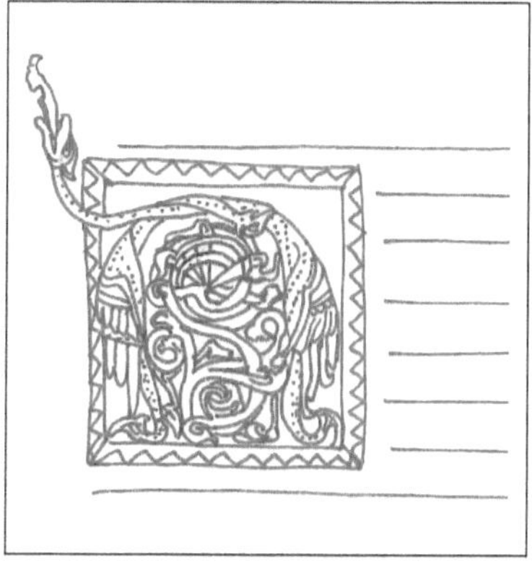

Figura 70. Esquema iconográfico de inicial A del Beato de San Andrés de Arroyo. París, Bibliothèque Nationale de France. Ms. nouv. Acq. Lat. 2290, *ca.* 1220-1235. Procedencia: Área de Burgos, San Pedro de la Cardeña (?), f. 25v. (Esquema iconográfico realizado por Nadia Mariana Consiglieri©)

Retornando a la utilización de la cola dragontina para generar estos desvíos visuales que atraen la mirada hacia el texto, nuevamente hallamos otro ejemplo en los mencionados *Moralia* de San Gregorio Magno emilianeneses (Figura 71, en pág. 114).

Casi a los pies del folio 105 recto, una inicial Q propone una variante más dinámica en la confección del tabique inferior de la inicial, a través de una especie de triple dragón que se va automultiplicando, y que termina por generar una forma en curva y en contracurva. Se trata de un diseño creativo destinado a circunscribir el párrafo y a conducir la mirada del monje lector al folio verso siguiente. El primer dragón que engancha su cabeza en el formato circular de la Q contornea su cuerpo verde con alas violetas, quedando sus patas hacia la izquierda, mientras su cola remata en otra cabeza dragontina con orejas paradas, de cuya boca surge el cuerpo serpentino del segundo dragón. Los colores de este último van mutando del verde al amarillo y tiene sus orejas hacia atrás, pues de sus fauces nace un tercer espécimen alado y sin cabeza, con cola finalizada en una punta vegetal. El miniaturista resolvió inteligentemente cómo diseñar el tabique inferior de la letra de manera que quede estilizado y alargado hasta la derecha de los márgenes mediante una sucesión de figuras dragontinas cuyos cuerpos lábiles permiten generar estas formas.

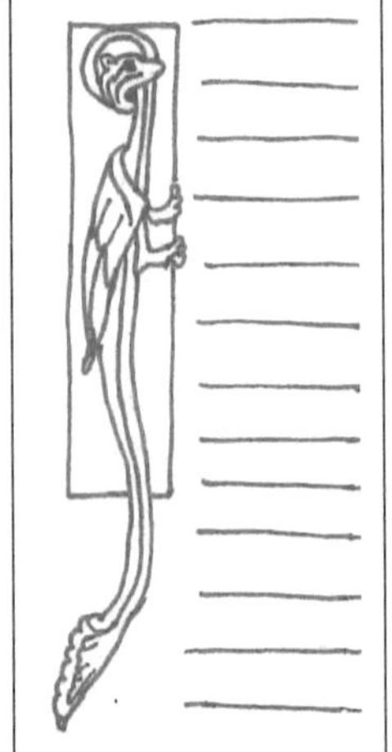

Figura 72. Esquema iconográfico de inicial I de la Opera Sancti Martini Legionensis. León, Archivo de la Real Colegiata de San Isidoro de León, MSS. XI.1, fines del siglo XII y primeros años del siglo XIII. Procedencia: San Isidoro de León, TI, 2° parte, f. 145v. (Esquema iconográfico realizado por Nadia Mariana Consiglieri©)

En el área leonesa, más precisamente en el *scriptorium* de San Isidoro, fueron realizados entre fines del siglo XII e inicios del XIII los dos volúmenes de las obras de Santo Martino. Estos códices contienen un contundente aparato paratextual iluminado sustentado en el *Estilo 1200*[540] y en su sincretismo de tendencias clásicas, insulares y bizantinas[541]. Como estableció Etelvina Fernández González, en las letras capitales totalmente pintadas en su interior, se utilizó una paleta cromática propia de la tradición pictórica bizantina: gamas de verdes, rojos, azules, blancos, y amarillos, además de la inclusión de oro; todos ellos materiales y tendencias de iluminación en boga en los *scriptoria* ingleses y del norte francés en esa época[542]. Se plantea una vez más una combinación de elementos zoomorfos y fitomorfos, en especial para la creación de dragones estilizados, como puede observarse en iniciales I y A. En el primer caso, el dragón responde al

---

540. Fernández González, Etelvina: «Abecedario bestiario de los códices de Santo Martino», en Viñayo, Antonio, & Fernández González, Etelvina: *Abecedario-bestiario de los códices de Santo Martino*. León, Isidoriana Editorial - Ediciones Leonesas, 1985, p. 42.

541. Suárez González, Ana: «Los códices XI.1 y XI.2 de San Isidoro de León ¿Manuscritos 'de autor' o monumentos conmemorativos?», *Lope de Barrientos. Seminario de cultura*, 4 (2011), p. 269.

542. Fernández González, Etelvina: «Abecedario bestiario de los códices de Santo Martino», *op. cit.*, pp. 42-43.

prototipo románico muy común también en capiteles catedralicios franceses[543] (Figura 72). Su figura contenida en el rectángulo de la I parece caminar sobre el borde derecho de la letra, a la vez que enrosca su cuello y su cola de remate floral infringiendo los límites de la letra. En el segundo, la A incorpora una importante estilización a partir del alargamiento de la cola dragontina que se extiende más allá del marco y que termina en un típico diseño fitomorfo del *Estilo 1200*, también frecuente en la tendencia coetánea de iluminación de manuscritos de Winchester[544] (Figura 73). Su cola ha sido exageradamente aumentada en su tamaño, lo que hace que se aligere el diseño de la inicial.

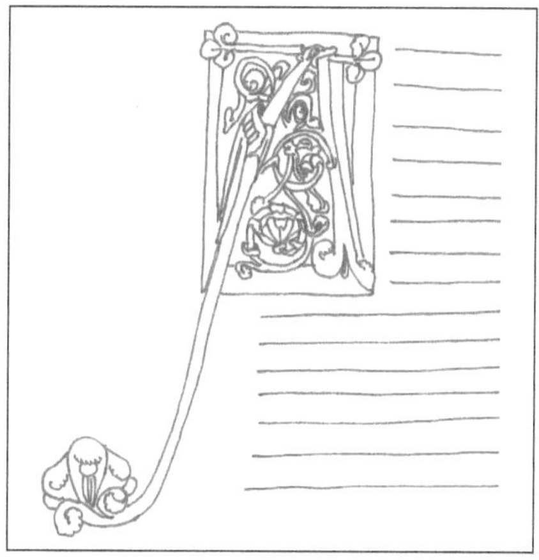

Figura 73. Esquema iconográfico de inicial A de la Opera Sancti Martini Legionensis. León, Archivo de la Real Colegiata de San Isidoro de León, MSS. XI.2, fines del siglo XII y primeros años del siglo XIII. Procedencia: San Isidoro de León, TII, f. 1v. (Esquema iconográfico realizado por Nadia Mariana Consiglieri©)

Sin embargo, indagando más profundamente los formatos de letras capitales I, en los códices de Santo Martino, algunos diseños incorporan un apóstol o un profeta aprovechando la enérgica verticalidad de la letra, aunque incluyendo a sus pies un dragón: figura encargada de generar una ruptura en los límites de la inicial y una continuidad gráfica que se desprende de la letra, que desciende y acompaña la caja textual. En la inicial I, el profeta nimbado Iheremias[545] sostiene un rollo que sobresale a la letra hacia la izquierda repitiendo la misma inclinación de la cola de la criatura dragontina, la cual desborda hacia abajo y cae como si se tratase de una cascada, terminando en una hoja tripartita (Figura 74). En otra que contiene la figura de Ihohannes, también nombrado en el texto, se observa de manera más evidente cómo el apóstol pisa la cabeza y el lomo del

---

543. *Ibidem*, p. 77.

544. *Ibidem*, p. 75.

545. *Ibidem*, p. 69.

dragón, el cual parece no poder sostenerse en el borde de la letra y estar a punto de caer; aspectos reforzados por la posición de sus alas y de su cola que se desliza hacia abajo (Figura 75). Una vez más se percibe cómo el mensaje de victoria cristiana contra las fuerzas diabólicas y el pecado[546] había logrado instalarse con fuerza por medio de la iconografía de san Miguel contra el dragón y cómo ésta derivó en otras múltiples variantes.

En relación con esta clase de cola dragontina estilizada y rematada en una forma vegetal o floral propia del *Estilo 1200*, es posible pensar en la necesidad de utilizar su forma sinuosa, dinámica y sutil para

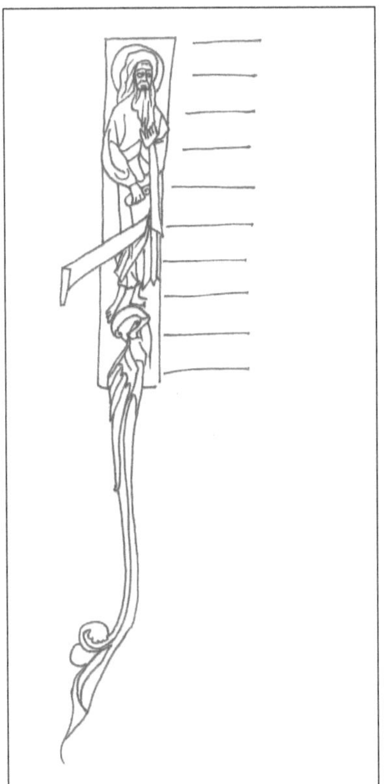

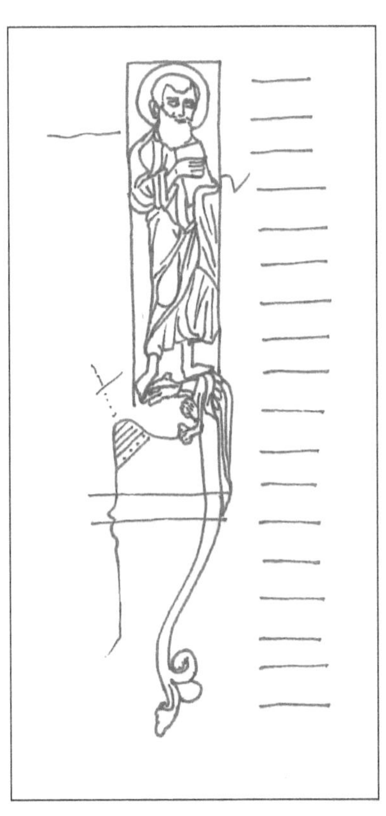

Figura 74. Esquema iconográfico de inicial I de la Opera Sancti Martini Legionensis. León, Archivo de la Real Colegiata de San Isidoro de León, MSS. XI.1, fines del siglo XII y primeros años del siglo XIII. Procedencia: San Isidoro de León, TI, 1° parte, f.2r. (Esquema iconográfico realizado por Nadia Mariana Consiglieri©)

Figura 75. Esquema iconográfico de inicial I de la Opera Sancti Martini Legionensis. León, Archivo de la Real Colegiata de San Isidoro de León, MSS. XI.2, fines del siglo XII y primeros años del siglo XIII, San Isidoro de León, TII, f. 5v. (Esquema iconográfico realizado por Nadia Mariana Consiglieri©)

---

546. *Ibidem*, p. 84.

cerrar la extensión de la letra y acompañar el párrafo textual a la manera de sostén visual. Es curioso cómo este mismo diseño de raíz serpentino-vegetal reincide en manuscritos coetáneos incluso de manera individual y separada de la figura del dragón, como simples formas lineales que finalizan en hojas o flores[547]. La clave fundamental de este tipo de motivo es su verticalidad y su capacidad de generar diseños formales flexibles y adaptables incluso a los intercolumnios de los folios y al trazado del texto. Siguiendo esta misma disposición, las criaturas dragontinas dispuestas verticalmente en iniciales I se adaptan a la perfección al formato de la letra, como ocurre en algunos folios del segundo volumen de la Biblia de San Millán de la Cogolla del siglo XIII (Cod.3)[548]. En la correspondiente al folio 140 recto, el cuerpo multicolor del dragón con su ala lateral dorada resalta con viveza y se adecua al formato empinado de la letra de fondo azul (Figura 76).

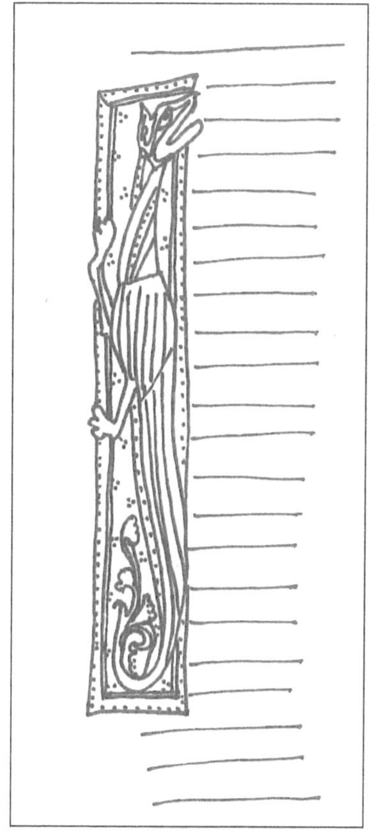

Figura 76. Inicial I. Biblia de San Millán de la Cogolla. Madrid, Real Academia de la Historia, cod. 3, inicios del siglo XIII. Procedencia: San Millán de la Cogolla, f.140r. (Esquema iconográfico realizado por Nadia Mariana Consiglieri©)

---

547. Un ejemplo de ello puede reconocerse en una letra capital I del folio 38r perteneciente al *Corpus pelagianum et alia scripta minora* de la misma época, realizado posiblemente en suelo leonés. Se trata de un códice con textos misceláneos que van desde escritos jurídicos, hasta crónicas y anales, entre otros. Véase: Corpus pelagianum et alia scripta minora. Madrid, Biblioteca Nacional de España, MSS. 1358, ca. 1101 y 1200. Procedencia: León?, f. 38r.

548. Esta biblia constituida por dos códices (Cod. 2- 3) presenta, además de gran cantidad de letras capitales iluminadas, una importante serie de miniaturas que ilustran fundamentalmente escenas del Antiguo Testamento. John Williams ha destacado que dentro de los siglos XII y XIII, esta Biblia emilianense y las de León representan un grupo distintivo dentro de la tradición hispánica de biblias. Cfr. WILLIAMS, John: «A Castilian Tradition of Bible Illustration», *op. cit.*, pp. 66, 71. Por su parte, Soledad de Silva y Verástegui la relacionó con la tradición de biblias hispánicas castellano-leonesas de los siglos X a XII (Biblia de Oña, Biblia de León de 960, Biblia de Valvanera, Biblia románica de 1162, Biblia de Calahorra), pues todas ellas se basan en la Vulgata con la inclusión de notas marginales de la Vetus Latina. Cfr. SILVA Y VERÁSTEGUI, Soledad de: *La miniatura en el Monasterio de San Millán de la Cogolla, op. cit.*, p. 131.

Al igual que otro presente en el folio 213 recto del mismo manuscrito, sus colas terminadas en abanicos florales ramificados se pliegan hacia arriba, siguiendo también la orientación ascendente. Las patas se apoyan sobre un lado del marco y sobresalen de éste tanto como sus bocas abiertas, que parecen emitir un sonido y no casualmente señalan la primera palabra del párrafo. Pareciera que ese aullido mudo, expresado tan sólo a través de la imagen, es el que traduce el lenguaje escrito.

Este tipo de estructura dragontina en vertical no sólo puede hallarse en las letras I, sino también en partes de otras iniciales conformadas por tabiques, como es el caso de una inicial P de los *Moralia* de San Gregorio Magno[549] (Figura 77).

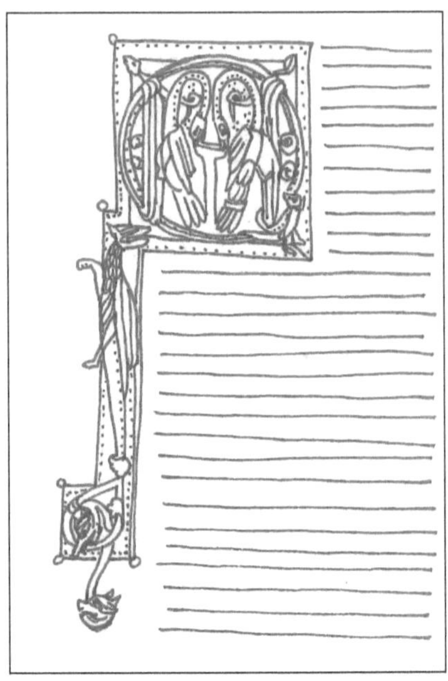

Figura 77. Esquema iconográfico de inicial P del *Liber beati Gregorii Pape Romensis in expositione beati Job*. Madrid, Real Academia de la Historia, cod. 1, inicios del siglo XIII. Procedencia: San Millán de la Cogolla, f.22v. (Esquema iconográfico realizado por Nadia Mariana Consiglieri©)

En ella, un complejo dragón se ubica en la estrecha parte recta de la letra, con sus dos patas que sulfuran el marco, ensanchándose la letra en un recuadro final para contener la amplia cola de la criatura, conformada por dos hojas que la envuelven y por dos cabecillas dragontinas que la rematan, una de las cuales cuelga hacia afuera. Al ser un dragón confeccionado en el siglo XIII, resulta sorprendente la cantidad de detalles cada vez más miméticos que presenta su cuerpo: arrugas en las cabezas, escamas onduladas en su cuello, surcos rugosos en su vientre, espesas plumas en sus alas y pequeños puntos blancos en su cola y cuerpo que denotan su epidermis rugosa. Estos detalles parten de la observación y de un conocimiento conceptual y visual de otras especies reptilianas afines, tal como analizamos en los dragones de los Beatos tardíos. Este mismo esmero descriptivo,

---

549. En el mismo manuscrito también puede encontrarse un ejemplo parecido en el folio 82v.

lo hallamos en otra inicial I del mismo códice (Figura 78), por la cual comienza un *Incipit*.

La letra fina y rectangular abarca prácticamente toda la caja de escritura del párrafo funcionando como un pivote tanto de inicio para la lectura como de contención estructural del texto. La cola del dragón resulta extensísima (ocupa casi la mitad de la letra), se enrosca y ramifica en roleos, por lo que es nuevamente subrayada en su protagonismo, inclusive al desbordar ligeramente los límites de la inicial en el extremo inferior derecho. En este sentido, una visión más descriptiva del animal se combina poco a poco con un afán ornamental, recargado y hasta "barroco" del dragón.

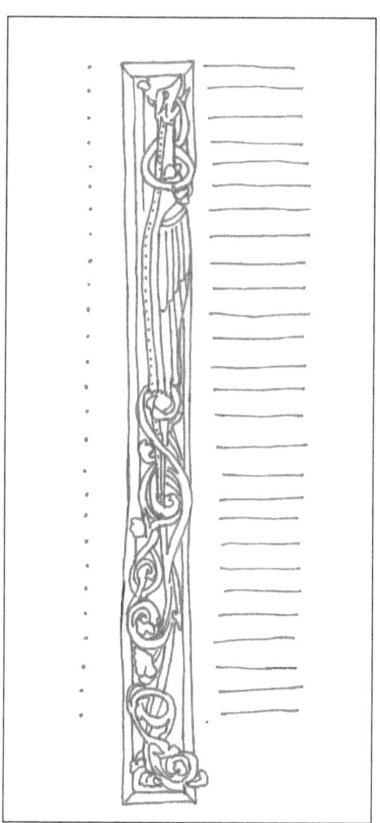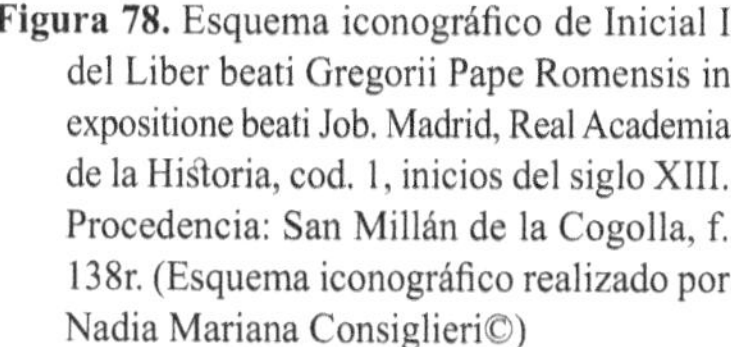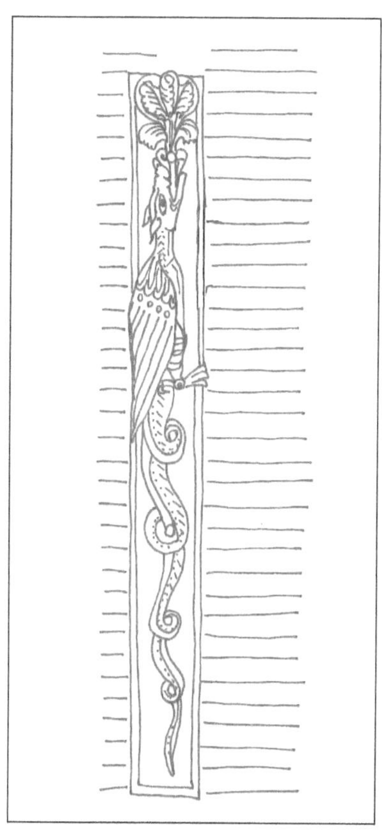

Figura 78. Esquema iconográfico de Inicial I del Liber beati Gregorii Pape Romensis in expositione beati Job. Madrid, Real Academia de la Historia, cod. 1, inicios del siglo XIII. Procedencia: San Millán de la Cogolla, f. 138r. (Esquema iconográfico realizado por Nadia Mariana Consiglieri©)

Figura 79. Esquema iconográfico de inicial I de las Vitae sanctorum. Madrid, Real Academia de la Historia, cod. 10 (2), primera mitad del siglo XIII. Procedencia: San Millán de la Cogolla, f. Xr. (Esquema iconográfico realizado por Nadia Mariana Consiglieri©)

Por supuesto que las variantes y resoluciones formales dragontinas en estos soportes son múltiples. En un códice emilianense de la misma época que recoge las *Vidas de los Santos*, encontramos una letra I, en donde la cola del dragón, aunque compleja y sumamente anudada, no se escapa de los bordes de la inicial y de su boca surge una extraña planta (Figura 79). El rectángulo de la letra divide en este caso las dos columnas textuales. En el mismo códice, otra inicial V, plantea una estilización esquemática en su base al estar constituida por una compacta superficie de entrelazos con líneas rojas –con clara herencia de la miniatura irlandesa– que forman parte del cuerpo unificado de dos cabezas de dragones opuestas que surgen en la parte superior (Figura 80)[550]. Esta estructura caligráfica dragontina abarca todo el largo del folio, operando también como un punto de inicio de la lectura y como enmarque del texto en la parte inferior, en donde se abre en dos lazos vegetales que se asemejan a dos puntas de colas de las mismas criaturas, las cuales evidentemente se corresponden con las cabezas desdobladas de arriba.

EL DRAGÓN MORDIENDO Y SIENDO MORDIDO

Al momento, hemos comprobado que la cola del dragón y también en gran medida su cuello, han sido utilizados por los artífices como recursos plásticos y formales con frecuencia. Esto les permitió acentuar las iniciales y crear una irregularidad en su estructura geométrica para así atraer la mirada del monje lector. Al tratarse de partes corporales estilizadas y maleables, éstas a su vez podían ser adaptadas a cualquier espacio. Sin embargo, otra herramienta compositiva de la que se valieron los iluminadores consistió en estructurar las iniciales a partir de que el dragón se mordiera a sí mismo, a parte de la letra o a algún otro espécimen animalístico. Otra variante consistió también en la del dragón siendo mordido por otra criatura. Tales recursos hicieron posible la creación de composiciones organizadas al interior de las letras capitales, de manera tal que el ojo lector generara itinerarios visuales dinámicos, pasando de un elemento formal concatenado al siguiente. Los ejemplos de uso de esta estrategia plástica son innumerables, e incluso aparece en algunos de los casos anteriormente

---

550. En este manuscrito el lenguaje de las letras capitales se desarrolla a partir de los motivos de entrelazos, roleos, hojas y flores de tipo acanto comunes en la miniatura inglesa, y de una combinación de elementos zoomorfos variados, dentro de los cuales los dragones son preponderantes. SILVA Y VERÁSTEGUI, Soledad de: *La miniatura en el Monasterio de San Millán de la Cogolla, op. cit.,* p. 294.

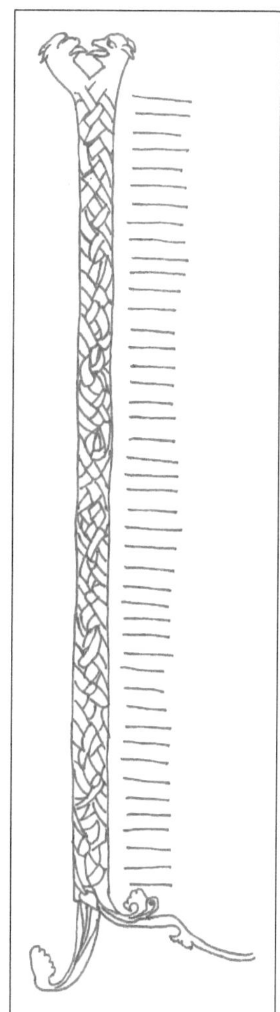

Figura 80. Esquema iconográfico de inicial V. Vitae sanctorum. Madrid, Real Academia de la Historia, cod. 10 (2), primera mitad del siglo XIII. Procedencia: San Millán de la Cogolla, f.Iv. (Esquema iconográfico realizado por Nadia Mariana Consiglieri©)

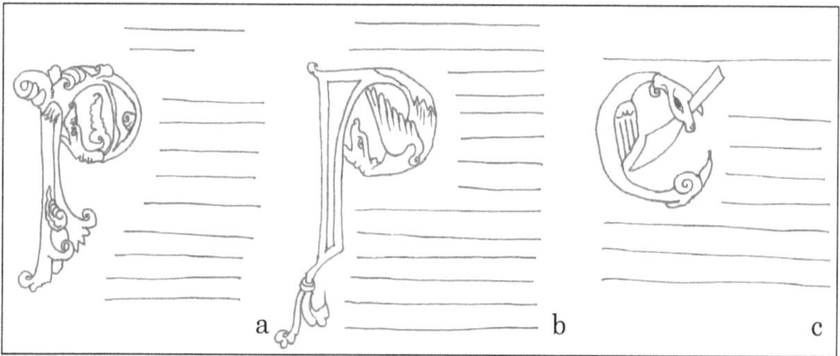

Figura 81. Esquemas iconográficos de: a, b: iniciales P; c- inicial Q del Beato de Turín. Turín, Biblioteca Nazionale Universitaria. Sg. I.II.1., primer cuarto del siglo XII. Procedencia: zona catalana, f. 151r; f.164v; f.152v. (Esquemas iconográficos realizados por Nadia Mariana Consiglieri©)

discutidos. No obstante, conviene analizar los más importantes, en algunas de sus diferentes vertientes y variables.

Encontramos, en primer lugar, una gran cantidad de operatorias que los dragones realizan con sus bocas, algo sin embargo extraño, ya que recordemos que Isidoro de Sevilla indicaba que la fuerza del dragón residía en su cola y no en sus fauces. Sin embargo, evidentemente los miniaturistas decidieron explorar la capacidad de prender y aprisionar de la boca dragontina para construir formas concatenadas en las letras. Primero exploraron acciones vinculadas a tocar o hurgar las superficies de la inicial, como lo vemos en algunas letras del Beato de Turín hasta llegar a acciones consistentes en sujetar con las fauces ciertos elementos secundarios (Figura 81)[551]. Esta diversidad también es visible en un *sacramentario* isidoriano de fines del siglo XII e inicios del XIII[552] en el que hay un enorme repertorio de pequeñas iniciales en donde el dragón, dentro de los seres híbridos representados, asume un rol sustancial. Por lo común, todos los dragoncillos presentan alas estilizadas, patas que se asemejan a las de aves, aunque con garras de cuadrúpedo y rasgos caninos en sus cabezas (Figura 82). Uno sujeta su cola y saca su prominente lengua, dando una señal de ataque con la boca (Figura 82 a); otro arroja una forma vegetal de sus fauces (Figura 82 b), mientras que otro, agazapado sobre su propio lomo, expide por la boca una hoja (Figura 82 c). También tenemos un dragoncillo que ya se muerde su propia cola, generando esto una importante continuidad visual a partir del diálogo entre curvas y contracurvas que va creando su propio cuerpo, en una relación interesante en este tipo de casos, con la figura del *ouroboros* (Figura 82 d). Otro extraño espécimen dragontino de cuatro patas y de cola laminada acciona de la misma manera (Figura 82 e) y otro, con la torsión exagerada de su cuerpo, construye un círculo perfecto al morderse su cola anudada doblemente (Figura 82 f). Asimismo, otros insisten en morder elementos vegetales como especies de tallos con hojas (Figura 82 g)[553], los cuales también vimos relacionados siempre de manera preponderante con la estirpe dragontina románica y del

---

551. Otro extraño ejemplo puede encontrarse en el folio 170r del mencionado Beato de Turín, pues una inicial B presenta una figura de rasgos dragontinos, aunque mezclados con características aviarias, mordiendo su propia cola.

552. Fernando Galván Freile ha indicado que se trataría de un códice en principio destinado a las actividades litúrgicas de Santiago de Compostela, a juzgar por su contenido jacobeo: una oración en honor a Santiago en un Ordo Missal que el códice incluye; misas votivas; la celebración del día del santo y de sus discípulos y muchas alusiones generales al santo. Cfr. GALVÁN FREILE, Fernando: *op. cit.,* Vol. I, p. 168.

553. Un motivo similar puede hallarse también en el folio 102 v del mismo manuscrito.

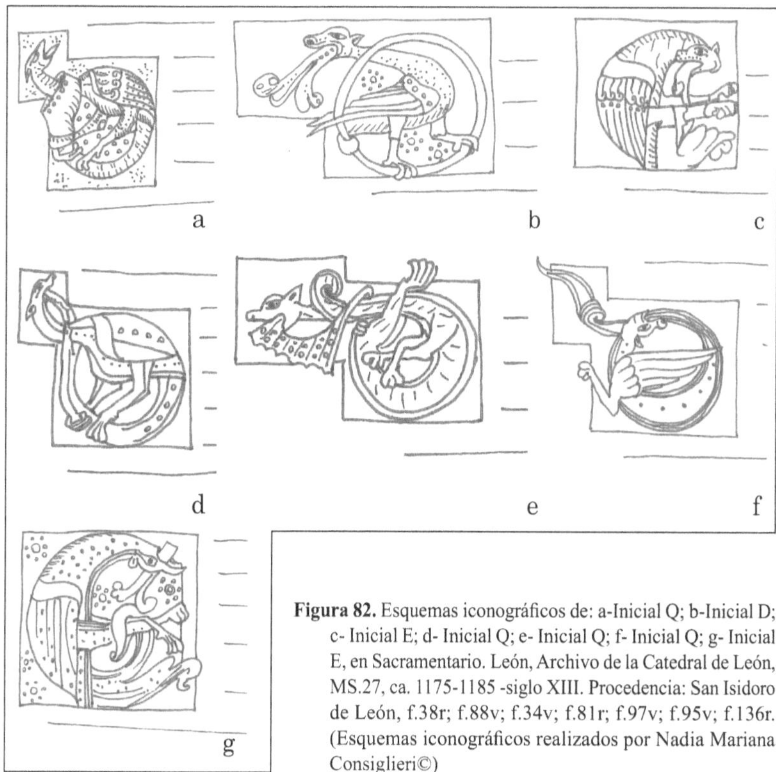

Figura 82. Esquemas iconográficos de: a-Inicial Q; b-Inicial D; c- Inicial E; d- Inicial Q; e- Inicial Q; f- Inicial Q; g- Inicial E, en Sacramentario. León, Archivo de la Catedral de León, MS.27, ca. 1175-1185 -siglo XIII. Procedencia: San Isidoro de León, f.38r; f.88v; f.34v; f.81r; f.97v; f.95v; f.136r. (Esquemas iconográficos realizados por Nadia Mariana Consiglieri©)

Estilo 1200. En estos ejemplos, las figuras suelen concernir a letras iniciales de pequeño tamaño y las formas, aunque simples, ostentan ciertos ornamentos curvos y orgánicos que tendrán su máxima expresión en el mencionado estilo internacional. Este último aspecto lo vemos de manera más desarrollada en el códice de las *Vitae sanctorum emilianenses*, pues allí una H está conformada por el cuerpo curvo de un dragón de características más bien serpentinas, que se diversifican en distintos lazos vegetales rematados en hojas y extrañas cabecillas humanas, incluso al final de su cola (Figura 83). La gran hoja central de la letra corresponde al estilo de flores con forma de pulpo[554] propias de la corriente internacional inglesa. Este dragón-serpiente muerde el tabique vertical de la letra. En la parte superior se repite esta misma acción al haber dos pequeñas cabezas dragontinas apresando con sus fauces un rostro grotesco. Así, la actitud consistente en "morder" implicó a su vez, la acción de sujetar y, por ende, de unir partes diversas para estructurar las letras.

---

554. YARZA LUACES, Joaquín: «Ilustración y ornamento en la Biblia Románica de Burgos», *op. cit.*, p. 186.

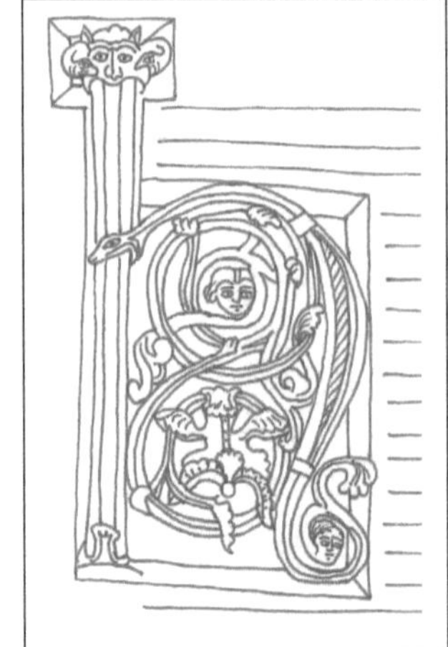

Figura 83. Esquema iconográfico de inicial H de las Vitae sanctorum. Madrid, Real Academia de la Historia, cod. 10 (2), primera mitad del siglo XIII. Procedencia: San Millán de la Cogolla, f.116r. (Esquema iconográfico realizado por Nadia Mariana Consiglieri©)

Esto ocurre en una inicial de la *Vita sancti Brendanii* de San Millán de la Cogolla en donde un dragón alado y delgado muerde una especie de rama vegetal blanca, que a su vez se enrosca y se camufla en su propio cuerpo (Figura 84). Dicho recurso también es muy común en los *Concordia* de Santo Martino, en donde los dragones y dragoncillos suelen morder parte de la estructura de la letra, que a su vez coincide con una forma vegetal[555] (Figura 85).

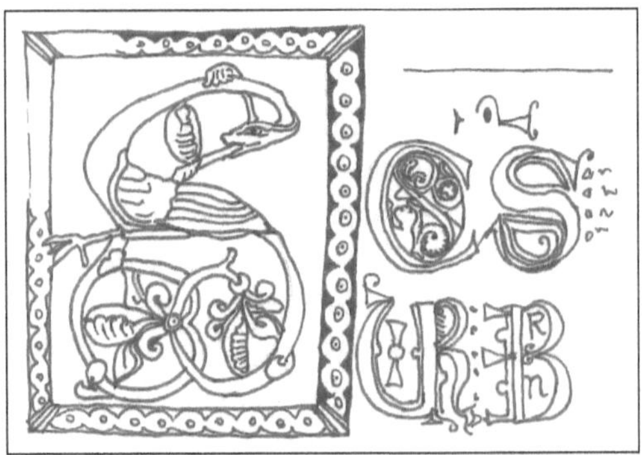

Figura 84. Esquema iconográfico de inicial S en las Vita sancti Brendanii, Madrid, Real Academia de la Historia, cod. 10 (1), siglos XII-XIII. Procedencia: San Millán de la Cogolla, f.1r. (Esquema iconográfico realizado por Nadia Mariana Consiglieri©)

No obstante, también tenemos graciosas y creativas variantes, en donde el dragón es mordido por otros seres. En las *Homilías* isidorianas, un híbrido dragontino serpentino con características de ofidio, según Fernando Galván Freile[556], es atacado y mordido por dos perros, lo que permite la conformación de la letra F (Figura 86). Comproba-

---

555. Fernández González, Etelvina: «Abecedario bestiario de los códices de Santo Martino», p. 72. También lo vemos en otras letras (f.144r, f.186r, entre otros.)

556. Galván Freile, Fernando: *op. cit.,* Vol. I, p. 303.

mos así cómo alternativamente en estos siglos continúa utilizándose el formato de dragón-serpiente que ya veíamos en los Beatos, especialmente cuando se requiere de formas estilizadas y lineales para la confección de las letras.

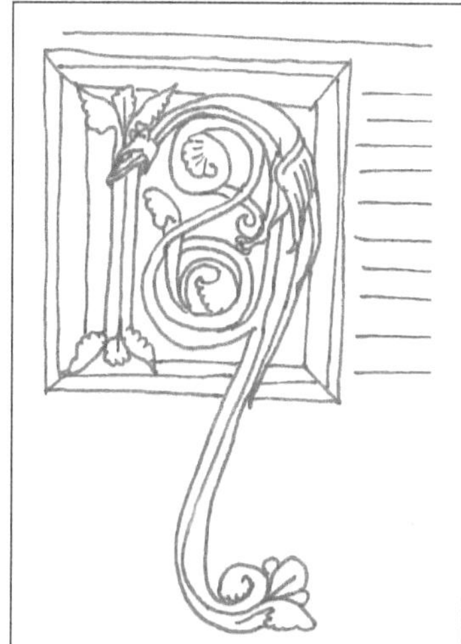

Figura 85. Esquema iconográfico de inicial H de las Vitae sanctorum. Madrid, Real Academia de la Historia, cod. 10 (2), primera mitad del siglo XIII. Procedencia: San Millán de la Cogolla, f.116r. (Esquema iconográfico realizado por Nadia Mariana Consiglieri©)

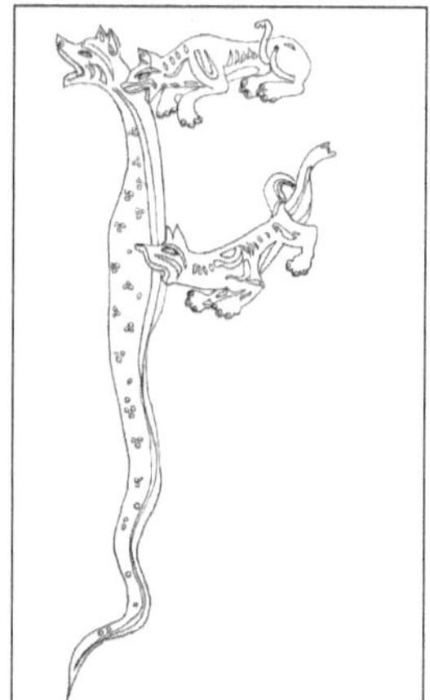

Figura 86. Esquema iconográfico de inicial F en las Homilías. León, Archivo de la Real Colegiata de San Isidoro de León, MS. IX, fines del siglo XII. Procedencia: San Isidoro de León, f.268r. (Esquema iconográfico realizado por Nadia Mariana Consiglieri©)

Estas acciones vinculadas a "morder" adquirieron amplias variantes en las iniciales P, ya sea en la construcción de su parte curva o en el desarrollo historiado del tronco recto de la letra. En cuanto a lo primero, un Martirologio isidoriano de fines del siglo XII[557] contiene una única letra miniada P en la totalidad del códice, en la que un dragón blanco sostiene en su boca, expide o muerde un tallo vegetal bifurcado

---

557. Este Martirologio responde al tipo denominado Usuardo: un modelo confeccionado a fines del siglo IX que incluía el santoral mozárabe. El ejemplar contiene el calendario litúrgico cuya lectura monástica se realizaba cotidianamente en la Hora Prima. *Ibidem*, p. 133.

por entre medio del cual mete una pata, lo que posibilita el extremo contorneo de su cuerpo formando la curva de la letra (Figura 87).

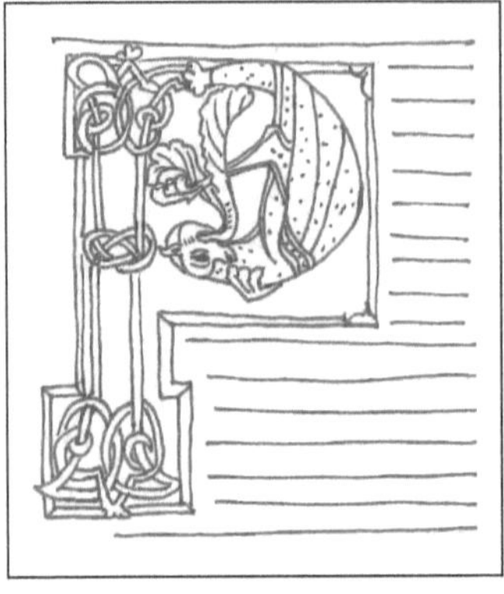

Figura 87. Esquema iconográfico de inicial P en Martirologio. León, Archivo de la Catedral de León, MS.38, último cuarto del siglo XII. Procedencia: San Isidoro de León, f. 1v. (Esquema iconográfico realizado por Nadia Mariana Consiglieri©)

Aunque Galván Freile postuló que aquí operan diferentes planos representativos[558], particularmente considero que esta imagen se desarrolla en un único plano sin profundidad, exceptuando la figura dragontina que contiene leves sombras ocrizas y una textura de puntos. Otra variante de la P en la *Hystoria Scholastica* emilianense muestra a un dragoncillo blanco mordiendo con creces el tabique vertical de la letra, funcionando como engarce de la parte curva totalmente floreada y constituida por su propia cola[559] (Figura 88).

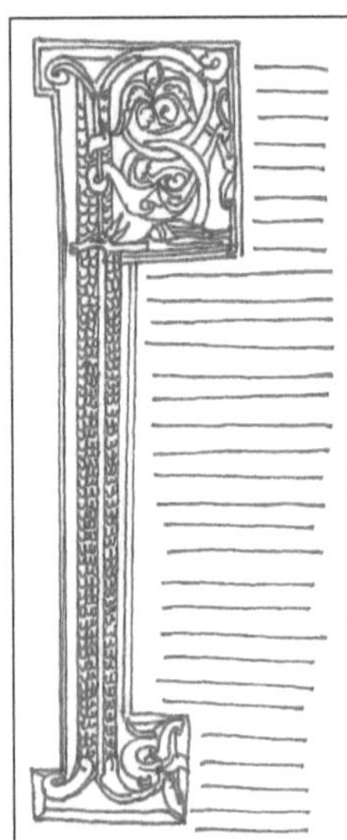

Figura 88. Esquema iconográfico de inicial P de la Hyſtoria scolaſtica / Petrus Comeſtor. Madrid, Real Academia de la Hiſtoria, cod. 11, siglo XIII. Procedencia: San Millán de la Cogolla, f.120r. (Esquema iconográfico realizado por Nadia Mariana Consiglieri©)

---

558. *Ibidem*, p. 135.

559. En eſte códice, también encontramos un ejemplo similar en el folio 184v.

En lo que respecta al segundo aspecto, en una P del mencionado *Corpus pelagianum*, se desarrolla una verdadera escena historiada que parece estar en relación con lo que dice el párrafo textual. Éste refiere al reinado de Pelagio sobre Asturias y lo que se representa en la letra es un rey en la parte superior y guerreros que trepan por el tabique, el cual es mordido por un dragón y parece fusionarse en su propio cuerpo (Figura 89, en pág. 114). Los guerreros están lanceando al gran monstruo, el cual a su vez los envuelve y enrosca con su cola. Aquí el dragón, además de representar la adversidad y el poder de los sarracenos que dominaban el sur ibérico[560], está cumpliendo una función estructural en la construcción de la letra.

Otro dragón de los *Moralia* de Gregorio Magno muestra una variante más ornamental (Figura 90). Con su cola curvada en múltiples círculos concéntricos muerde desde abajo la línea vertical de la P, conformando su punto de inicio. Si seguimos un recorrido visual por la letra, veremos cómo su parte circular remata en otro dragón que mordisquea la línea y funciona como un punto final en su lectura. Este último dragón presenta gran cantidad de detalles ornamentales, sus alas están hechas con lámina de oro y su cola se pierde y entremezcla con roleos vegetales que capturan a un hombre desnudo. Asimismo, en otro códice sobre la obra pelagiana (Figura 91), nuevamente un dragón inicia el tabique vertical de la letra, aunque esta vez está por delante y muerde una especie de tronco o rama que surge de ella.

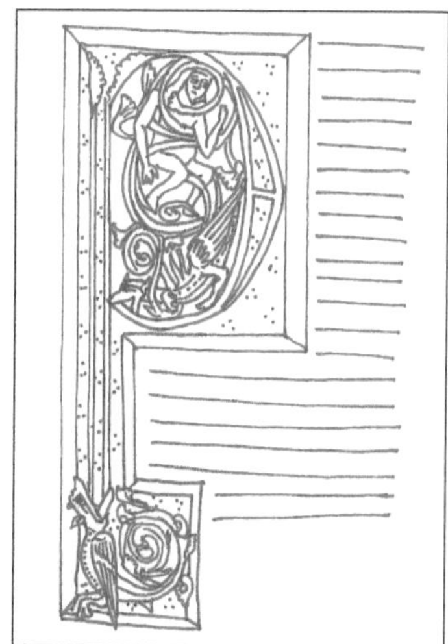

Figura 90. Esquema iconográfico de inicial P del Liber beati Gregorii Pape Romensis in expositione beati Job. Madrid, Real Academia de la Historia, cod. 1, inicios del siglo XIII. Procedencia: San Millán de la Cogolla, f.149r. (Esquema iconográfico realizado por Nadia Mariana Consiglieri©)

---

560. El texto rodeado por la inicial hace referencia directa a los sarracenos: "Regnante Iusuph in Cordoba et in legione ciuitate sarracenorum". *Corpus Pelagianum et alia scripta minora*, Biblioteca Nacional de España, MSS. 2805, ca.1101-1200, León?, f.23r.

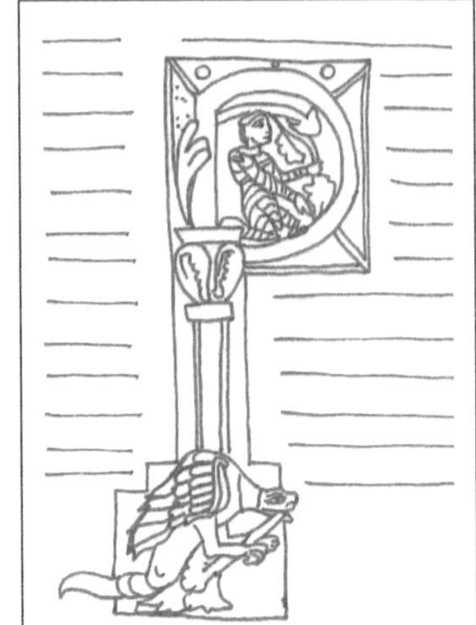

Figura 91. Esquema iconográfico de inicial P del Corpus pelagianum et alia scripta minora. Madrid, Biblioteca Nacional de España, MSS. 1358, *ca.* 1101 y 1200. Procedencia: León?, f.18r. (Esquema iconográfico realizado por Nadia Mariana Consiglieri©)

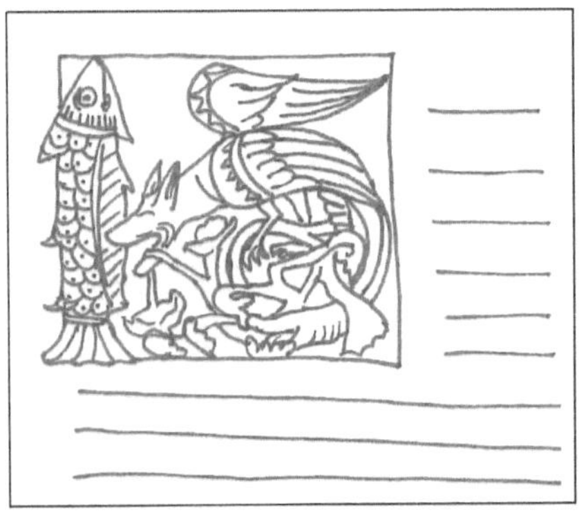

Figura 92. Esquema iconográfico de inicial H de la Biblia de León de 1162. León, Archivo de la Real Colegiata de San Isidoro de León, MS. III.1, 1162. Procedencia: San Isidoro de León, Vol. II, f. 79v. (Esquema iconográfico realizado por Nadia Mariana Consiglieri©)

Por otra parte, otras escenas interesantes que aparecen en el vasto universo de las letras capitales se vinculan a la acción dragontina de morder o comer un pez. Recordemos que ya desde la temprana iconografía paleocristiana los peces simbolizaban a Cristo y a sus milagros, a causa especialmente del suceso de la multiplicación de los panes y los peces[561]. Por lo tanto, más allá de que la dupla animal resultó un recurso efectivo para diseñar las letras, es posible pensar estas construcciones zoomorfas también bajo el sentido de la interminable lucha de fuerzas opuestas. Si en las imágenes de san Miguel, el mal aparece vencido, aquí podemos considerar algún tipo de alusión a las fuerzas malignas encarnadas en el dragón que amenazan constantemente al bien. Por lo demás, las escenas de lucha faunística siempre han sido

---

561. Mateo 14, 17-19.

utilizadas en las iluminaciones de manuscritos como una herramienta lúdica para atraer la atención del lector y generar así un mayor dinamismo en la visualización del folio. La Biblia de León de 1162 contiene una inicial conformada por un dragón alado, con cola terminada en un conjunto floral de lacerías, que está por atacar con su boca a un pez vertical (Figura 92). Otro extraño caso, aparece en el *Corpus Pelagianum*, en donde la letra acusa una compleja composición, a partir de una serie de juegos formales y lineales que unen en un *continuum* visual a ambos animales (Figura 93). Se trata de un dragón propio del *Estilo 1200*, pues incorpora una marcada estilización formal, una predominancia de curvas y contracurvas, de formas circulares concéntricas en su cola multiplicada en roleos vegetales y flores curvilíneas, así como otras cabecillas que lo muerden a él mismo. Las texturas de su epidermis y alas son extremadamente detalladas y sus orejas son largas y puntiagudas.

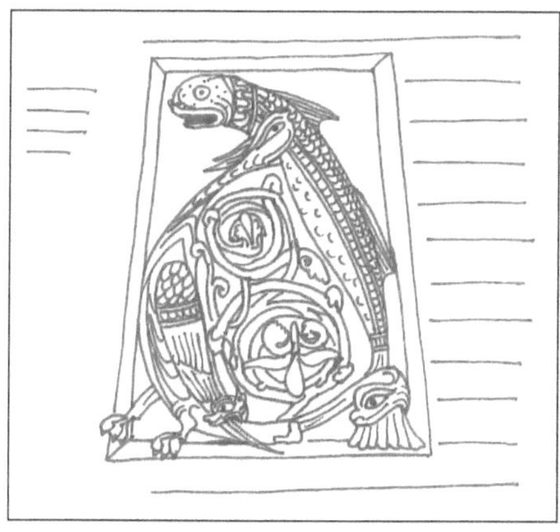

Figura 93. Esquema iconográfico de inicial A del Corpus Pelagianum et alia scripta minora. Madrid, Biblioteca Nacional de España, MSS. 2805, *ca.*1101 -1200. Procedencia: León?, f.89v. (Esquema iconográfico realizado por Nadia Mariana Consiglieri©)

El dragón muerde a un enorme pez por arriba y por debajo, mediante otra cabecilla dragontina con la que remata su cola. Una glosa de la izquierda hace referencia a la aparición y victoria de Santiago, así como al privilegio de su culto[562] en el contexto de la historia del linaje regio hispánico que circunscribe el texto. Por ende, aquí es extraño y ambiguo el sentido de esta inicial, aludiendo claramente a las fuerzas del mal que siempre amenazan al bien, así como al bien redimido y victorioso más allá del sacrificio y la muerte. No obstante, considero que en este caso se ha aplicado un motivo cristológico conocido con fines fundamentalmente ornamentales y de atracción visual

---

562. En efecto, la glosa indica: "Et de apparitione et uictoria Sancti Iacobi. Et de priuilegio cultis eius".

hacia la letra[563]. Este tipo de diseño que encontramos en estos manuscritos ibéricos también tuvo un amplio espectro de uso en códices extrapeninsulares. En uno procedente de Canterbury de la primera mitad del siglo XII, una letra A[564] exhibe a un dragón de cola larga y fitomorfa que lucha contra un hombre por poseer un pez, mientras que otro dragoncillo sin alas es pisado por la persona y de su boca sale una planta (Figura 94). Recordando las crecientes relaciones que la nobleza castellano-leonesa logró establecer con Inglaterra, es posible pensar ya en este momento lazos de conexión en el tratamiento innovador de este motivo ornamental entre los *scriptoria* de ambas zonas.

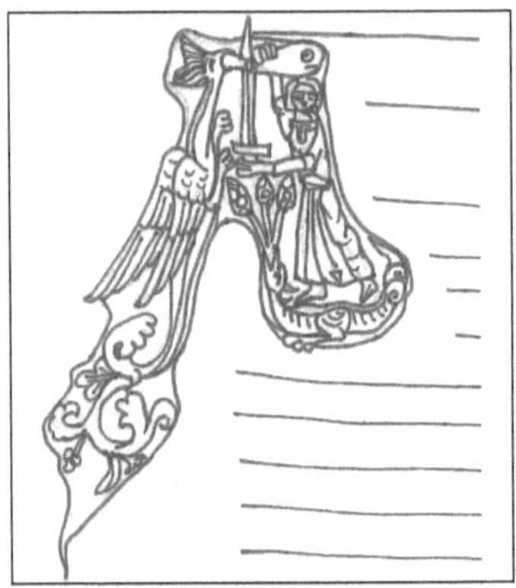

Figura 94. Esquema iconográfico de inicial H de la Biblia de León de 1162. León, Archivo de la Real Colegiata de San Isidoro de León, MS. III.1, 1162. Procedencia: San Isidoro de León, Vol. II, f. 79v. (Esquema iconográfico realizado por Nadia Mariana Consiglieri©)

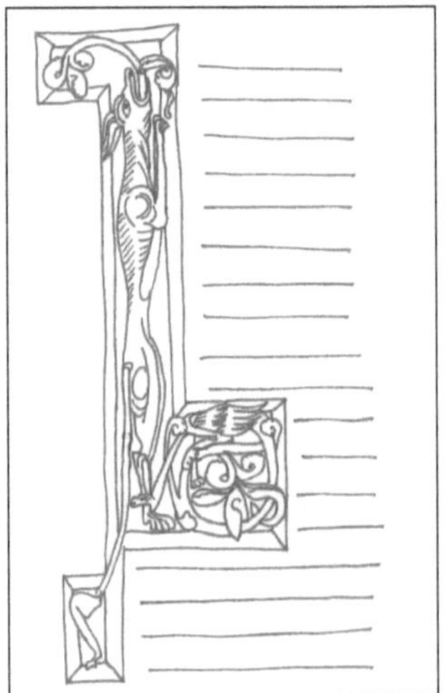

Figura 95. Esquema iconográfico de inicial L de la Hystoria scolastica / Petrus Comestor. Madrid, Real Academia de la Historia, cod. 11, siglo XIII. Procedencia: San Millán de la Cogolla, f.92r. (Esquema iconográfico realizado por Nadia Mariana Consiglieri©)

---

563. Otro diseño parecido lo hallamos en una T del *Comentario sobre el valor de los salmos* de inicios del siglo XIII, del Monasterio de Las Huelgas en donde a través de un vocabulario cromático más estridente (uso de azul, rojo, amarillo y verde altamente puros) un dragón de cola vegetal caza con sus fauces a un pez que forma el tabique horizontal de la letra en la parte superior. Cfr. HERRERO GONZÁLEZ, Sonsoles: *op. cit.,* p. 95

564. Cfr. HAMEL, Christopher de: *op. cit.,* p. 96.

Otra intrigante versión es propuesta en una letra capital L del manuscrito de San Millán de la Cogolla que contiene la *Hystoria scolastica*: un delgado dragoncillo blanco muerde las patas de un gran perro de cuyas fauces salen formas vegetales (Figura 95)[565]. Mientras que el dragón está apoyado sobre su cola circular que termina en una hoja, en posición horizontal, el can corre en dirección vertical y hacia arriba; elementos que hacen a la estructura de la letra. También en la denominada Biblia antigua[566], la cual es en verdad un Leccionario bíblico de Oficio pre-gótico[567], una inicial P muestra a un dragón pequeño que mordisquea el muslo de un estilizado cuadrúpedo en fuga hacia arriba, mientras que de su boca surge otro dragón de marcados rasgos serpentinos el cual, a su vez, muerde su pecho (Figura 96)[568].

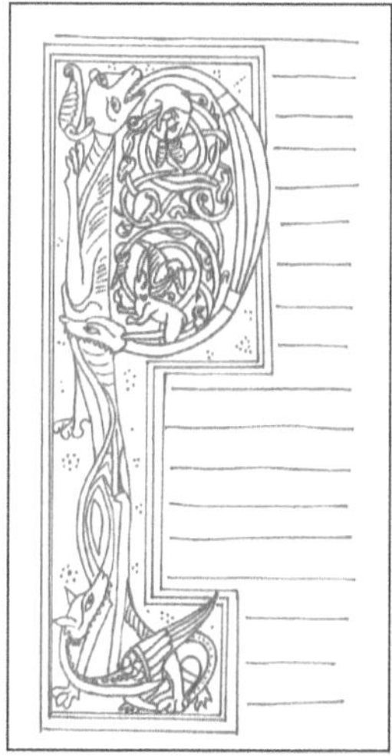

Figura 96. Esquema iconográfico de inicial P de Biblia antigua. Real Monasterio de las Huelgas, Ms.5, último cuarto del siglo XII-inicios del siglo XIII. Procedencia: Las Huelgas. (Esquema iconográfico realizado por Nadia Mariana Consiglieri©)

En este códice, en donde hay una abundante representación de dragones, observamos entonces este diseño zoomorfo en la letra P, con un dragón que marca el inicio en su base y otro su cierre; ambos

---

565. En el Martirologio de Las Huelgas hay también un motivo similar en una inicial en donde un dragón muerde al cuadrúpedo. Cfr. HERRERO GONZÁLEZ, Sonsoles: *op. cit.,* p. 62.

566. Joaquín Yarza Luaces sugirió una datación del códice a comienzos del siglo XIII. Según el académico éste fue iluminado por un miniaturista próximo a los círculos de Santiago de Compostela y de León, al contener reminiscencias de obras italianas, además de proponer que pudo haber tenido contacto con la Biblia de Burgos y haber tomado como referencia algunos aspectos compositivos de ésta. YARZA LUACES, Joaquín: «Códices iluminados en el monasterio de Las Huelgas», *op. cit.,* p. 53.

567. Cfr. SUÁREZ GONZÁLEZ, Ana: «'No soy una biblia' (primeras respuestas del Ms.5 de Las Huelgas, Burgos)», en: MARÍN LÓPEZ, Rafael (coord.): *Homenaje al prof. Dr. D. José Ignacio Fernández de Viana y Vieites.* Granada, Universidad de Granada, 2012, pp. 581-597.

568. Cfr. HERRERO GONZÁLEZ, Sonsoles: *op. cit.,* p. 84.

realizando la acción de morder para de esa manera generar una articulación dinámica de cada parte. Igualmente, los dragones aparecen mordiendo directamente a personas, como ocurre en otra inicial de la *Hystoria scolastica* emilianense (Figura 97). Allí, un dragoncillo sin patas y de cuerpo serpentino torsionado muerde el pie de una mujer que corre desnuda y despavorida. Esta inicial tiene la intención de generar una cuota de humor y con ella de atracción de la mirada. Al mismo tiempo, ambas figuras parecen vincularse con el pecado y con los bajos vicios: la cabeza del dragón deriva de una planta enroscada en un gran tallo, que nos recuerda a la serpiente trepada al árbol con los frutos de la tentación del Génesis, presente incluso en la Biblia de Burgos.

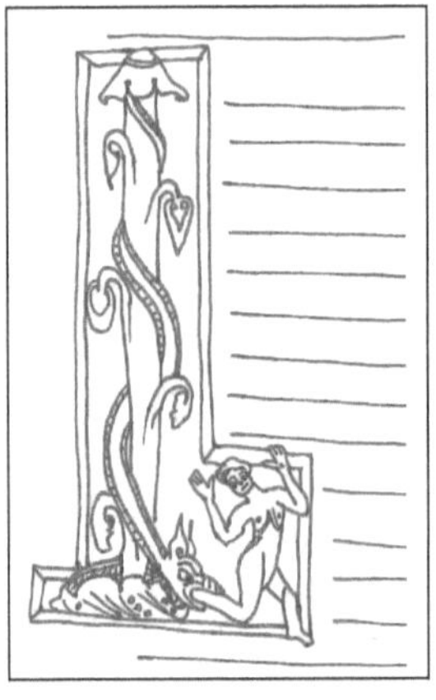

Figura 97. Esquema iconográfico de inicial L de la Hystoria scolastica / Petrus Comestor. Madrid, Real Academia de la Historia, cod. 11, siglo XIII. Procedencia: San Millán de la Cogolla, f.97r. (Esquema iconográfico realizado por Nadia Mariana Consiglieri©)

Figura 98. Esquema iconográfico de inicial D de la Biblia de León de 1162. León, Archivo de la Real Colegiata de San Isidoro de León, MS. III.1, 1162. Procedencia: San Isidoro de León, Vol. I, f. 19v. (Esquema iconográfico realizado por Nadia Mariana Consiglieri©)

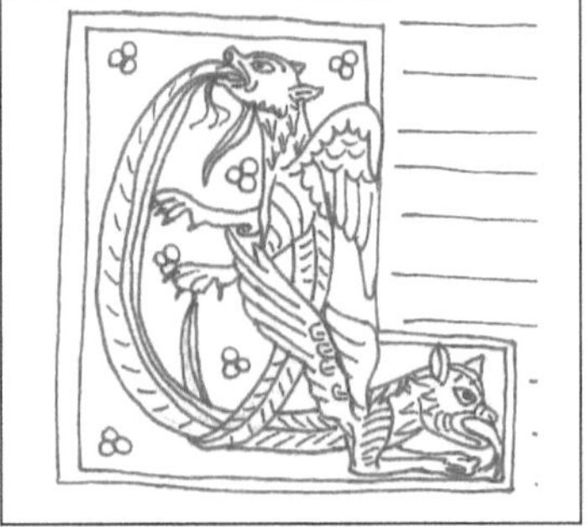

También el dragón irrumpe en las letras capitales mordiendo a otros dragoncillos de su especie, como ocurre en una inicial D de la Biblia leonesa de 1162 (Figura 98), en la cual el dragón muerde por la cola a otro, o incluso en una compleja Q del conocido *Codex Calixtinus*, manuscrito misceláneo vinculado con el culto al apóstol Santiago[569], en la cual se sucede una multiplicación circular dragontina (Figura 99).

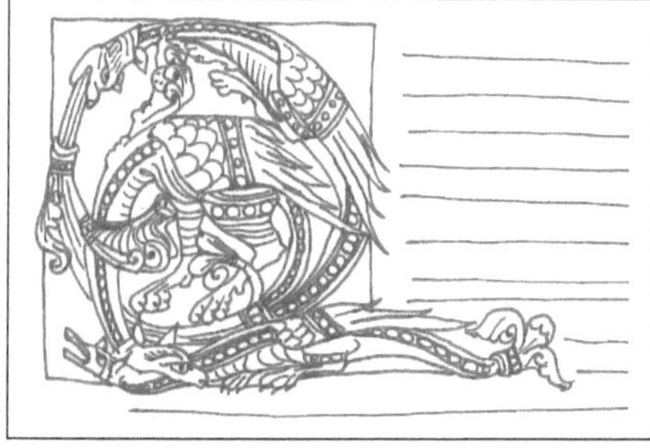

Figura 99. Esquema iconográfico de inicial Q del Codex Calixtinus. Santiago de Compostela, Archivo de la Catedral, fines del siglo XII, *ca.* 1160-1180, f. cleIII, 192. (Esquema iconográfico realizado por Nadia Mariana Consiglieri©)

En esta letra, de las fauces del dragón superior nace la cola del dragón central, que a su vez muerde con ímpetu el cuello de un tercer dragón que está en el suelo, con su boca abierta pareciendo emitir un grito de dolor y conformando el tabique de la **Q**. Estos tres especímenes presentan importantes detalles de sus escamas y plumajes, manifestados a través de un exhaustivo trabajo lineal que se expande incluso hasta sus remates florales.

DOBLES DRAGONES ENTRELAZADOS Y ESPECULARES

Asimismo, otro modelo compositivo recurrente radicó en la estructuración de las letras capitales a través de la disposición doble de los dragones. Por lo general, esta tipología fue utilizada para diseñar letras de formato circular (como la **Q**) o constituidas por dos trazos laterales a los que también se les otorgó una resolución curva (como la **A** o la **N**). Así, los dragones ubicados de a pares suelen estar unidos por alguna parte de su cuerpo (preferentemente por sus cuellos o colas) o por medio de un personaje secundario central, funcionando esto como un elemento articulador de las dos figuras. Siempre dejando un espacio vacío en el centro de la inicial, los dragones pueden adoptar una postura especular[570].

---

569. Se trata de una versión del Liber Sancti Iacobi, en tanto compilación miscelánea de textos litúrgicos, hagiográficos y de milagros relacionados con el Apóstol Santiago. Además, contiene la "Historia de Turpin o de Pseudo-Turpin", la guía de peregrinación e inclusión de música polifónica. Está organizado en cinco libros y dos apéndices. Cfr. DÍAZ Y DÍAZ, Manuel Cecilio: *El Códice Calixtino de la Catedral de Santiago. Estudio Codicológico y de contenido.* Santiago de Compostela, Centro de Estudios Jacobeos, 1988.

570. Esto sucede en una inicial A del mencionado Leccionario Cisterciense Ms. 49 del Real Monasterio de Santa María de las Huelgas, conformada por dos dragones en posición especular, aunque con sus cabezas hacia abajo generan de remates ornamentales en las patas de la letra. Es un diseño totalmente geométrico y regular, pues incluso sus delgadas patas sirven de contención

Una letra A de los *Códices* de Santo Martino adquiere una resolución formal lineal y geométrica a partir de la cual los dragones afrontados construyen una forma triangular estructurada a través de un eje central[571] (Figura 100). Sin embargo, resultan muy interesantes los diferentes remates curvos de los cuerpos dragontinos, que le otorgan una gran plasticidad a la inicial. Estos terminan en formas vegetales carnosas y de bordes ondulados propias del Estilo *1200*. El diseño funciona de una manera tan orgánica, que incluso el mismo fondo se integra a las figuras dragontinas a través de una franja que pasa por arriba de sus cuellos.

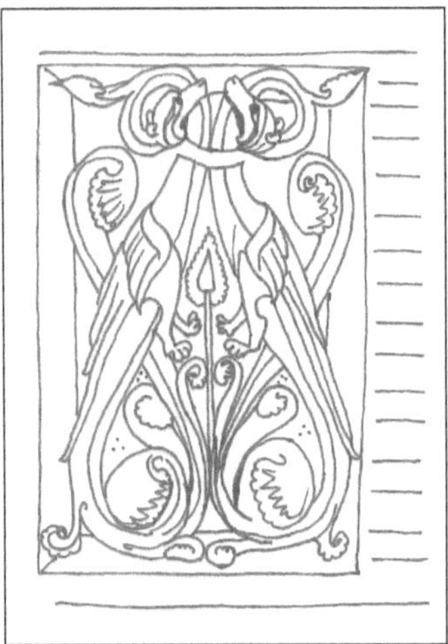

Figura 100. Esquema iconográfico de inicial A de la Opera Sancti Martini Legionensis. León, Archivo de la Real Colegiata de San Isidoro de León, MSS. XI.1, fines del siglo XII y primeros años del siglo XIII. Procedencia: San Isidoro de León, TI, 1° parte, f.1r. (Esquema iconográfico realizado por Nadia Mariana Consiglieri©)

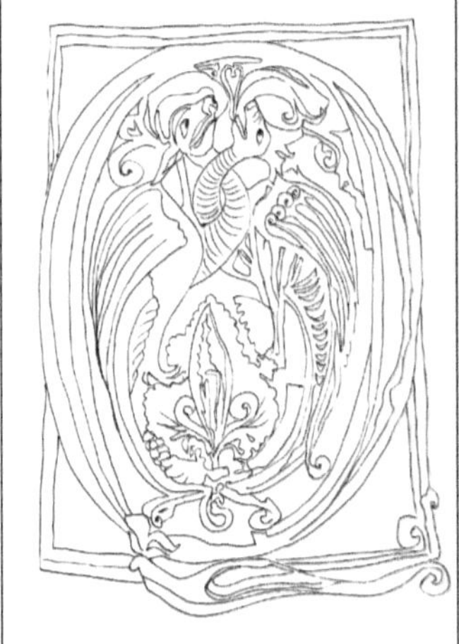

Figura 101. Esquema iconográfico de inicial Q de los Moralia in Job. León, Archivo de la Real Colegiata de San Isidoro de León, MS. X.2, fines del siglo XII, inicios del siglo XIII. Procedencia: San Isidoro de León, f.56r. (Esquema iconográfico realizado por Nadia Mariana Consiglieri©)

---

de la letra contra el marco. Los dragones comparten una misma cola, la cual cierra la letra hacia arriba. En la parte central hay una especie de planta o forma vegetal plasmada a partir de un eje axial que nace del tabique horizontal de la letra, sostenido a su vez por las lenguas dragontinas. En el pequeño espacio restante, aparece representado una clase de cuadrúpedo pequeño, con rasgos de jabalí. El fondo rojo y azul funciona como una superficie atrayente a nivel cromático y contrastante respecto de las figuras animales. Cfr. Yarza Luaces, Joaquín: «Códices iluminados en el monasterio de Las Huelgas», *op. cit.*, p. 51; Cfr. Herrero González, Sonsoles: *op. cit.*, p.31.

571. Fernández González, Etelvina: «Abecedario bestiario de los códices de Santo Martino», *op. cit.*, p. 69.

La letra Q también utiliza este tipo de recurso, especialmente por contener un formato circular que permite introducir figuras en su interior, organizándolas de manera simétrica o replicada. Los *Moralia in Job* de San Isidoro de León contienen un interesante caso, en donde el espacio central circular está habitado por dos dragones con sus cuerpos enfrentados de manera especular, aunque unidos por sus largos cuellos enroscados (Figura 101). En medio de ambas figuras, hay una flor-pulpo en clara sintonía con las tendencias inglesas predominantes, que demarca el corazón de la composición y da pie al apéndice de la Q conformado por un tercer personaje animal: una especie de dragoncillo alado de cola bífida[572]. Este último es el elemento zoomorfo que genera una distinción: un quiebre en la simetría especular central. También encontramos casos en los que el área del centro de la Q posee un menor grado de *horror vacui* ornamental, como sucede en una Q del Beato de Las Huelgas (Figura 102).

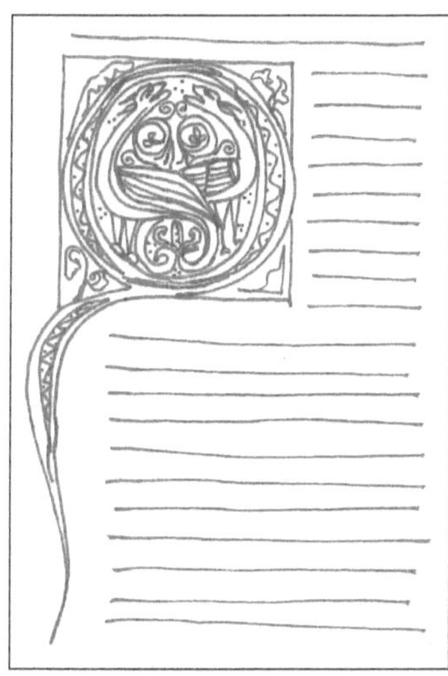

Figura 102. Esquema iconográfico de inicial Q del Beato de Las Huelgas. New York, Pierpont Morgan Library. M. 429, *ca.* 1220. Procedencia: Burgos, Santa María la Real de Las Huelgas (?); Toledo (?), f.14r. (Esquema iconográfico realizado por Nadia Mariana Consiglieri©)

En ella, los dragones especulares son de menor tamaño, sus colas se superponen y sus cuellos se arquean hacia adentro, dejando entrever un amplio fondo con una textura de roleos lineales. Los dragones aquí no hacen tampoco a la estructura de la letra, aunque ésta se halla conformada por diferentes texturas geométricas y por un degradé tonal que le brinda sensación de volumetría, a la vez que el tabique curvo termina en punta, asemejándose en su totalidad al cuerpo y a la cola dragontinos.

---

572. Galván Freile, Fernando: *op. cit.*, Vol. I, p. 354.

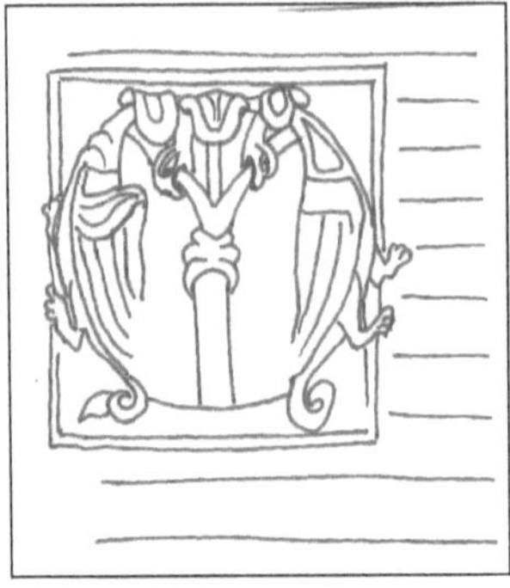

Figura 103. Esquema iconográfico de inicial M del Corpus pelagianum et alia scripta minora. Madrid, Biblioteca Nacional de España, MSS. 1358, *ca.* 1101 y 1200. Procedencia: León?, f.29r. (Esquema iconográfico realizado por Nadia Mariana Consiglieri©)

Las iniciales M también aportan ricas variantes de dragones. En algunas, las figuras especulares resultan ambiguas a nivel formal, ya que, si bien tienen determinados rasgos dragontinos como alas y dos patas, llegan a asimilarse o fusionarse con extraños pájaros (Figura 103), o por contar con cuerpos alargados sin alas, parecen volver a ciertas formas serpentinas originarias (Figura 104). Existen también versiones constituidas por formas corporales dragontinas y líneas de roleos vegetales de color blanco sobre fondos de alto cromatismo. En ellas, el tabique central de la M puede estar compuesto a partir de una especie de gran tronco que sale de las fauces de una cabeza de rasgos leoninos compartida por los dos dragones especulares (Figura 105)[573]. En este sentido, como indicó Sonsoles Herrero González, estos zoomorfismos sirven a la configuración de las letras o bien sirven a una operatividad decorativa al plasmarse sobre los fondos de las iniciales[574].

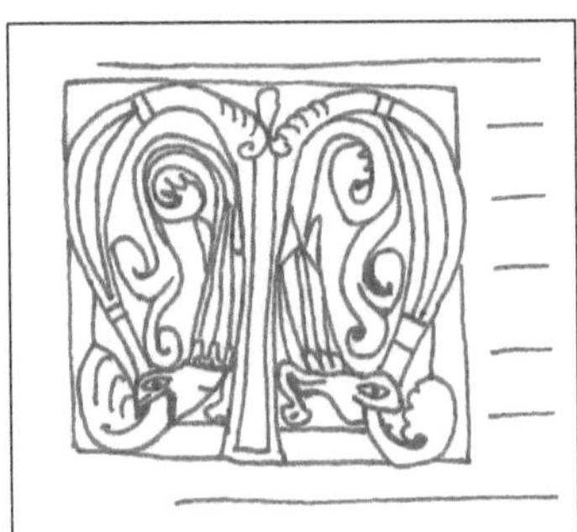

Figura 104. Esquema iconográfico de inicial M de las Vitae sanctorum. Madrid, Real Academia de la Historia, cod. 10 (2), primera mitad del siglo XIII. Procedencia: San Millán de la Cogolla, f.CIIr. (Esquema iconográfico realizado por Nadia Mariana Consiglieri©)

---

573. Otra variante aparece en una inicial M del mencionado *Comentario sobre el valor de los salmos* del Real Monasterio de Las Huelgas. Ésta contiene un grueso tallo vegetal del que surgen los arcos de la letra, en cuyo interior se ubican los dragones en simetría especular. Cfr. HERRERO GONZÁLEZ, Sonsoles: *op. cit.,* p. 98.

574. *Ibidem*, p. 96.

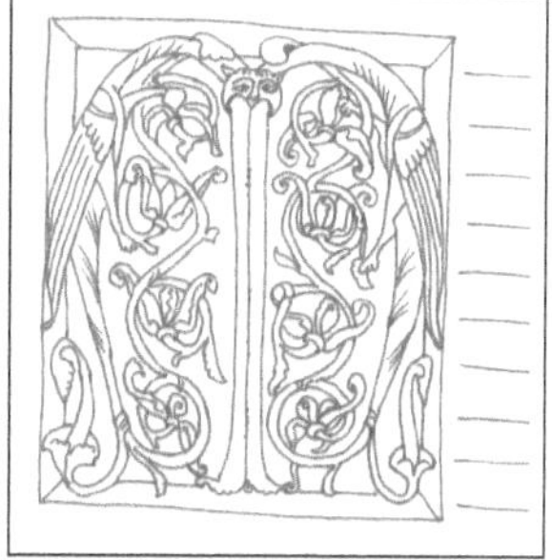

Figura 105. Esquema iconográfico de inicial M de la Hyſtoria scolaſtica / Petrus Comeſtor. Madrid, Real Academia de la Hiſtoria, cod. 11, siglo XIII. Procedencia: San Millan de la Cogolla, f.206v. (Esquema iconográfico realizado por Nadia Mariana Consiglieri©)

Asimismo, ciertos diseños de letras capitales M están conformados partir de la tríada dragón-hombre-dragón, siendo la figura antropomorfa el componente articulador de las dos partes simétricas al estar en el lugar del tabique vertical. Esta iconografía puede rastrearse desde la Antigüedad mesopotámica en las representaciones del héroe o del monarca dominando a las fieras hasta la iconografía de Daniel en el foso de los leones, muy difundida en la escultura de capiteles románicos[575]. En los Códices de Santo Martino, una M de la palabra Moisés es construida a partir de un hombre con túnica (que no puede ser reconocido como una figura divina o santa ya que no posee ningún atributo específico), el cual sostiene los dos cuellos de los dominados dragones que lo flanquean, remitiendo aquí claramente al tema mesopotámico mencionado[576] (Figura 106). Este motivo también funcionó como una variable simbólica del recurrente significado del combate contra el mal –representado en el dragón–, mitigado y vencido por el bien.

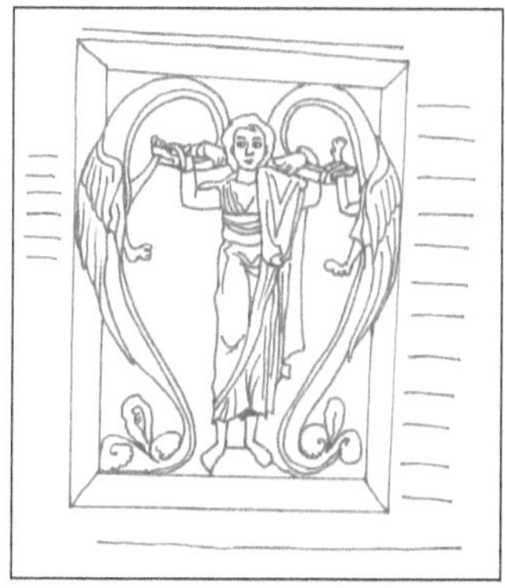

Figura 106. Esquema iconográfico de inicial M de la Opera Sancti Martini Legionensis. León, Archivo de la Real Colegiata de San Isidoro de León, MSS. XI.1, fines del siglo XII y primeros años del siglo XIII. Procedencia: San Isidoro de León, TI, 2° parte, f.84v. (Esquema iconográfico realizado por Nadia Mariana Consiglieri©)

575. Monteira Arias, Inés: *op. cit.*, pp. 417-418. En el Leccionario ciſterciense de las Huelgas (Ms. 49) una letra M eſtá conſtituida por una figura humana ataviada con una túnica que sujeta por sus cuellos curvos a dos dragones especulares, los cuales parecen abatidos. Cfr. Herrero González, Sonsoles: *op. cit.*, pp. 29-30.

576. Fernández González, Etelvina: «Abecedario beſtiario de los códices de Santo Martino», *op. cit.*, p. 69. Galván Freile, Fernando: *op. cit.*, Vol. I, p. 74.

Además de muchas otras variantes de los dragones duplicados y especulares[577], quisiera destacar el desarrollo de este motivo en una gran inicial A que ocupara casi la totalidad del folio 1 verso del Antifonario de Las Huelgas (Figura 107). Joaquín Yarza Luaces ha pensado en la posibilidad de que este manuscrito fuese importado de Inglaterra, ya que esta tipología tan compleja y trabajada de iniciales fue propia de los *scriptoria* ingleses del siglo XIII[578]. El principal arco estructural y de enmarque de la letra está organizado a partir de dos delgados dragones especulares y unidos por sus largos cuellos anudados.

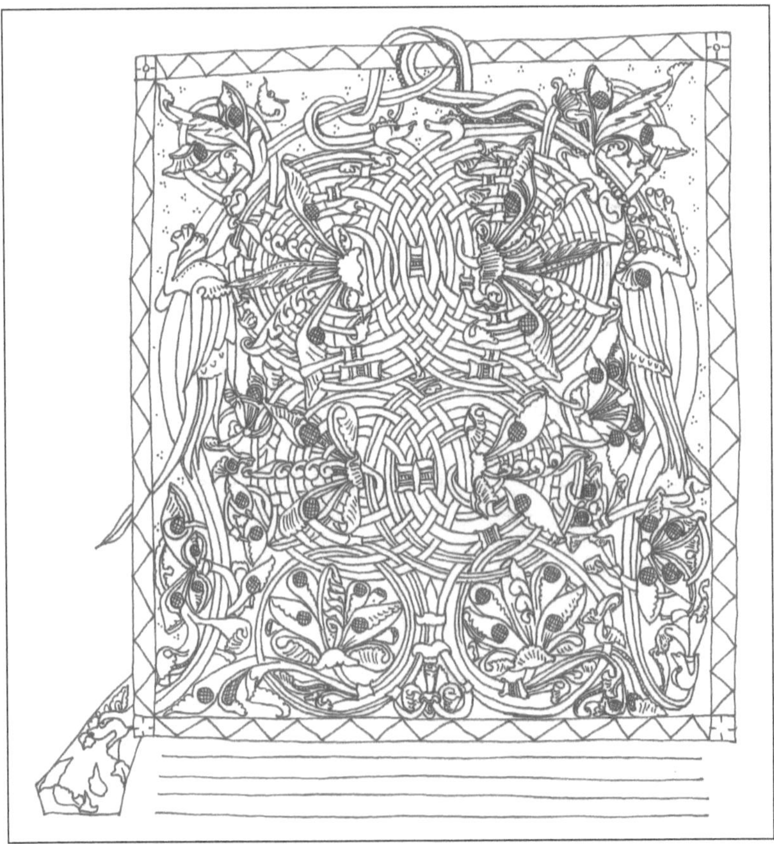

Figura 107. Esquema iconográfico de inicial A de Antifonario. Real Monasterio de Santa María de Las Huelgas, Ms VIII, siglo XIII. Procedencia: España? Inglaterra?, f.1v. (Esquema iconográfico realizado por Nadia Mariana Consiglieri©)

577. Dentro de otras de las tantas versiones, también encontramos dragones especulares en iniciales de la Biblia Antigua de Las Huelgas (f.49r) y del Liber beati Gregorii Pape Romensis in expositione beati Job (f.16v), entre otros.

578. Yarza Luaces, Joaquín: «Códices iluminados en el monasterio de Las Huelgas», *op. cit.*, p. 54.

El de la derecha destaca porque su lomo presenta una textura escamosa compuesta por sucesivos círculos que van disminuyendo en su tamaño hasta llegar a la cabeza del monstruo: detalle que lo hace más tangible. Sus colas rematan en otras cabecillas con rasgos cánidos o felinos, e incluso la de la izquierda pasa por debajo del marco, como si estuviera deslizándose sigilosamente. Sus alas generan una contracurva especular respecto del movimiento curvo de sus torsos generando esto un interesante juego visual que dinamiza la imagen pero que también compensa los pesos compositivos. En el medio de las figuras, se superponen seis flores que originan lazos en concéntricos espirales, rematados en otras hojas y pétalos, mientras que los espirales superiores son devorados por ambos dragones[579]. Así, vemos cómo también los recursos analizados se fueron integrando y superponiendo en el espectro de las imágenes dragontinas para crear diseños cada vez más efectivos e impactantes en las letras capitales.

EL DRAGÓN EN LETRAS CAPITALES COMPACTAS Y CIRCULARES

Si bien los dragones aparecen, como acabamos de apreciar, tanto en los contornos estructurales como en el interior de una importante diversidad de iniciales, examinaremos ahora cómo éstos encuentran un lugar privilegiado de expresión en letras de formato preferentemente compacto y cerrado. Los esquemas geométricos circulares posibilitaron que los miniaturistas pudieran introducir con gran maleabilidad y libertad las formas caprichosas del cuerpo dragontino, combinándolo a su vez con sinuosos tallos vegetales. Estos elementos permitieron no sólo estructurar los límites de las letras, como vemos en una inicial T de la *Hystoria scolastica* (Figura 108), sino también rellenar sus espacios vacíos internos, tal como sucede en una inicial E de la Biblia de Burgos (Figura 109).

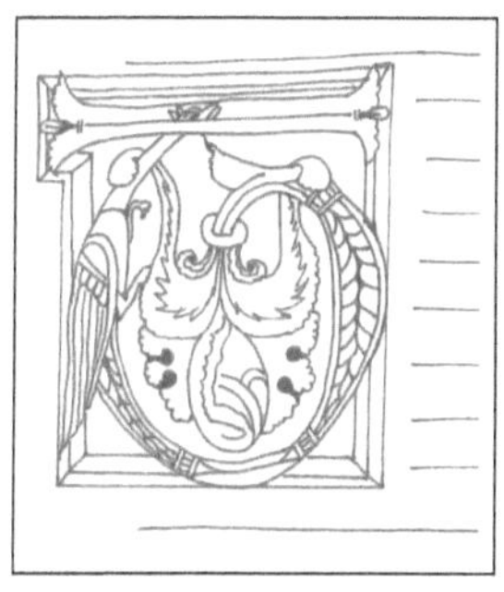

Figura 108. Esquema iconográfico de inicial T de la Hystoria scolastica / Petrus Comeſtor. Madrid, Real Academia de la Hiſtoria, cod. 11, siglo XIII. Procedencia: San Millán de la Cogolla, f.64r. (Esquema iconográfico realizado por Nadia Mariana Consiglieri©)

---

579. *Ibidem*, p. 55.

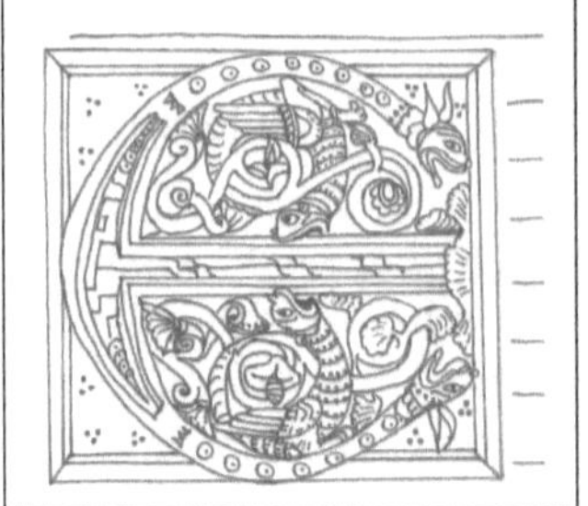

Figura 109. Esquema iconográfico de inicial E de la Biblia de Burgos. Burgos, Biblioteca Pública del Eſtado, Ms. 846, ca. 1175, Procedencia: Burgos, San Pedro de la Cardeña (?), f.178r. (Esquema iconográfico realizado por Nadia Mariana Consiglieri©)

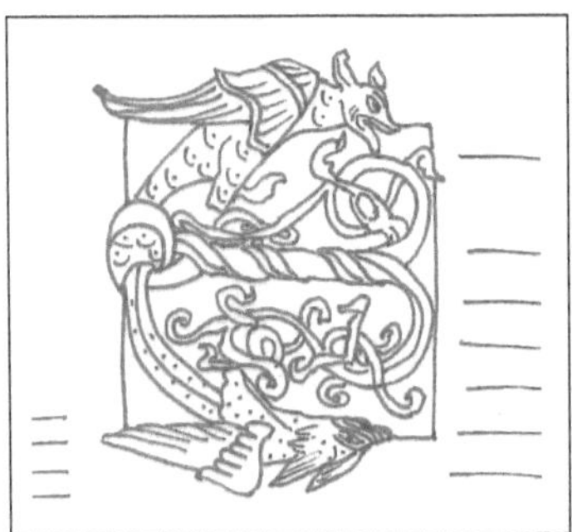

Figura 110. Esquema iconográfico de inicial E de la Biblia de León de 1162. León, Archivo de la Real Colegiata de San Isidoro de León, MS. III.1, 1162. Procedencia: San Isidoro de León, Vol. II, f. 141r. (Esquema iconográfico realizado por Nadia Mariana Consiglieri©)

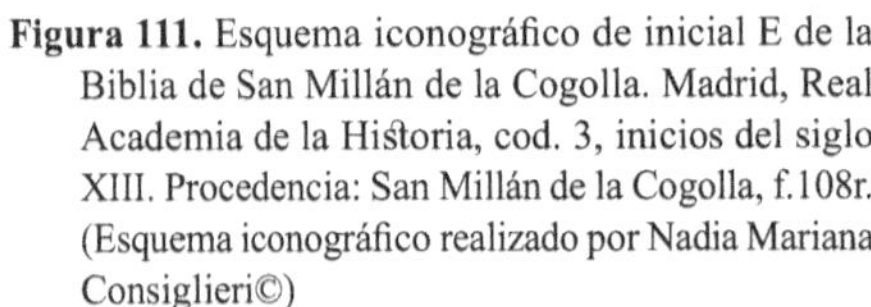

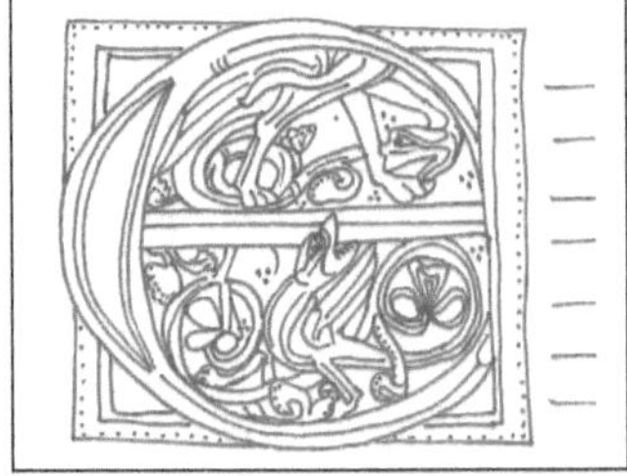

Figura 111. Esquema iconográfico de inicial E de la Biblia de San Millán de la Cogolla. Madrid, Real Academia de la Hiſtoria, cod. 3, inicios del siglo XIII. Procedencia: San Millán de la Cogolla, f.108r. (Esquema iconográfico realizado por Nadia Mariana Consiglieri©)

Al igual que otras E de la Biblia leonesa de 1162 (Figura 110) y de la Biblia de San Millán de la Cogolla (Figura 111), la letra está configurada de una manera cerrada, forjando una forma circular dividida por un tabique horizontal central. En los tres casos, los espacios que quedan en su interior están repletos de ornamentación vegetal, la cual repite las direcciones concéntricas. En la E de la Biblia burgalesa, dos personajes dragontinos serpentinos establecen el límite de la letra, mientras que en los intersticios centrales aparecen dos dragoncillos más, esta vez alados, de cola enroscada en espirales y mordiendo la línea divisoria central. La E de la Biblia de 1162 presenta su línea curva estructural conformada por dos dragoncillos alados unidos por su cuerpo y sus colas que se enredan para disponer el tabique divisorio que se transforma de una multiplicación de hojas y tallos. La correspondiente a la Biblia emilianense demarca una estructura lineal independiente a los cuerpos dragontinos, los cuales irrumpen dinámicamente en los espacios internos de la letra.

Las iniciales Q propiciaron tanto la introducción de dragones especulares como también figuras dragontinas solitarias y enredadas en marañas vegetales. Esto sucede en los *Moralia* de San Gregorio Magno (Figura 112)[580], en donde un estilizado dragoncillo de finas alas está posado sobre roleos concéntricos, confundiéndose o camuflándose en medio de la vegetación. Pero si esa letra presenta colores oscuros contrastantes con el oro, las versiones de otras letras compactas presentes en el Beato de Manchester y en el de Cardeña revelan la utilización de tonalidades más claras y luminosas (Figura 113 y Figura 114).

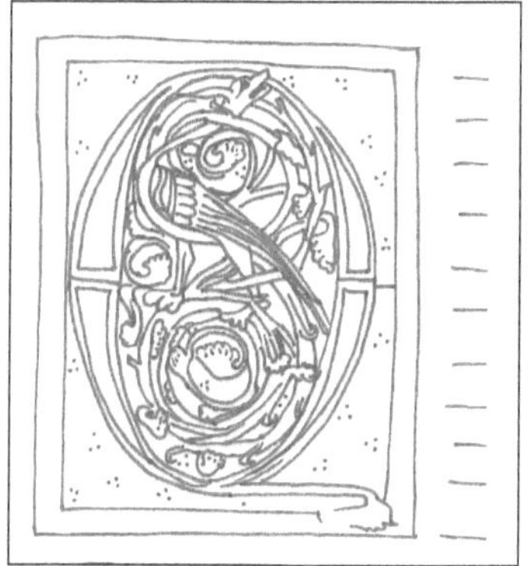

Figura 112. Esquema iconográfico de inicial Q del Liber beati Gregorii Pape Romensis in expositione beati Job. Madrid, Real Academia de la Historia, cod. 1, fines del siglo XII- inicios del siglo XIII. Procedencia: San Millán de la Cogolla, f. 174v. (Esquema iconográfico realizado por Nadia Mariana Consiglieri©)

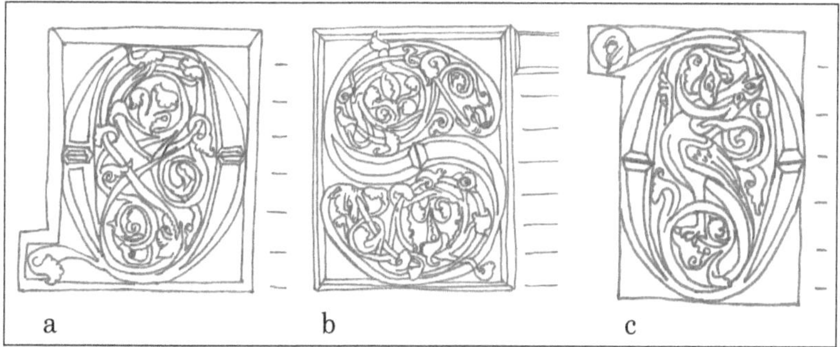

Figura 113. Esquemas iconográficos de: a- Inicial Q; b- Inicial S; c- Inicial D del Beato de Manchester. Manchester, John Rylands University Library. Ms. lat.8, *ca.* 1175. Procedencia: Área de Burgos, San Pedro de la Cardeña (?), f.16r; f. 25r; f.16v. (Esquemas iconográficos realizados por Nadia Mariana Consiglieri©)

Diversos planos blancos y líneas sinuosas propias del *Estilo 1200* son los elementos formales constituyentes de los dragones y de las matas fitomorfas que configuran estas letras capitales. Ya Peter Klein sostuvo que elementos estilísticos en común entre ambos Beatos –in-

---

580. También puede apreciarse en los folios 76r, 129v, 155r y 188v.

cluyendo entre otros, los efectos ornamentales blancos o "de mármol" tal como el estudioso los denominó– también se conectan con los de la Biblia de Burgos, lo que demostraría que inclusive el Beato de Manchester procedería del mismo escritorio de producción de manuscritos iluminados[581]. A esa tipología de follajes y de formas zoomorfas ornamentales del 1200 también la apreciamos en esta Biblia en la escena de Adán y Eva[582], de igual manera que la vemos en un friso ornamental inferior de La adoración del Cordero y la multitud de los elegidos[583] del Beato de Manchester. En esa parte de la miniatura hacen su aparición marcando una fuerte contraposición con la figura del Cordero que está más arriba, dos dragones identificados de manera especular por medio de entrelazos vegetales[584], como emblemas de lo maligno (Figura 115).

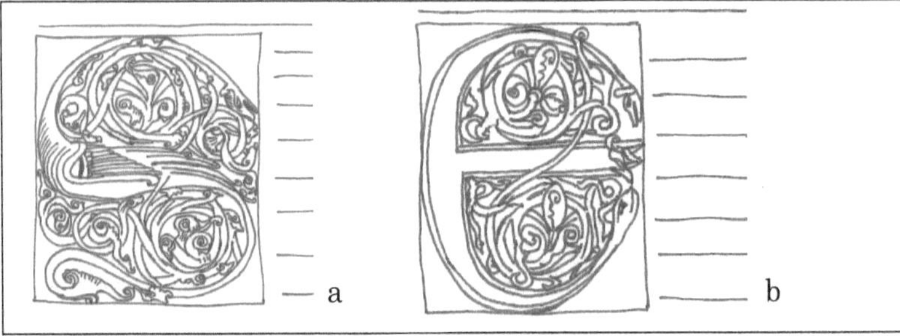

Figura 114. Esquemas iconográficos de: a-Inicial B; b- Inicial E del Beato de Cardeña, Madrid, Museo Arqueológico Nacional, MS 2; New York, Metropolitan Musuem of Art; Madrid, Coll. Francisco de Zabálburu y Basabe; Girona, Museu d'Art de Giron, Num. Inv, 47, *ca.* 1180. Procedencia: Castilla, San Pedro de la Cardeña?, Toledo?, f.19v; f.31v. (Esquemas iconográficos realizados por Nadia Mariana Consiglieri©)

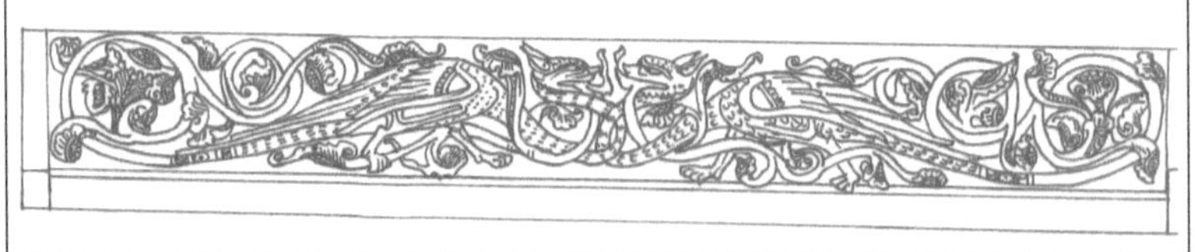

Figura 115. Esquema iconográfico de detalle de decoración inferior con dragones entrelazados en La adoración del Cordero y la multitud de los elegidos del Beato de Manchester. Manchester, John Rylands University Library. Ms. lat. 8, *ca.* 1175. Procedencia: Área de Burgos, San Pedro de la Cardeña (?), f. 113r. (Esquema iconográfico realizado por Nadia Mariana Consiglieri©)

---

581. Klein, Peter K.: *Beato de Liébana…, op. cit.,* p. 26.

582. Véase Figura 42, en página 156.

583. Apocalipsis 7, 4-12.

584. Peter Klein explicó que estas similitudes formales y estilísticas hacen más fuerte la hipótesis de un posible *scriptorium* común de origen tanto del Beato de Manchester como del de Cardeña y la Biblia de Burgos. Cfr. Klein, Peter K.: *Beato de Liébana…, op. cit.,* p. 97.

Esto mismo aparece en algunas de las iniciales cerradas del Beato de Manchester, en donde cabecillas de dragoncillos que parecen surgir a la vez que deglutir las lacerías vegetales, transforman el centro de las letras en un compacto *horror vacui* visual (Figura 113 a y Figura 113 b). En otra letra del mismo manuscrito, un dragón parece estar en marcha debido a sus patas rampantes a la vez que muerde un roleo, mientras su cola se transfigura en uno de ellos (Figura 113 c). Por su parte, las pocas iniciales iluminadas del Beato de Cardeña, realizado hacia 1180 en zona castellano-burgalesa o en Toledo, también acusan las mismas características. Una prominente inicial B muestra una forma totalmente cerrada y contrastada con el fondo de oro (Figura 114 a). El formato sinuoso de la letra está dado por la presencia de un dragón que se asemeja a un ave, especialmente por la tipología de su ala pero que claramente puede ser reconocido como un dragón por los rasgos de su cabeza y por su cola que se reproduce en roleos y hojas de acanto[585]. Otra inicial E con un formato cerrado del mismo códice es conformada en sus límites por dos dragones serpentinos en los que es indistinto su cuello, su cuerpo y su cola, que se transmuta en componentes vegetales poblando los espacios internos[586] (Figura 114 b). Esta modalidad de representación está conectada al bizantinismo del "The Channel Style" inglés con repercusión también en Francia y en la misma ciudad ibérica de Burgos[587]. El renombrado Salterio de Winchester de hecho manifiesta formas ornamentales dragontinas similares asimiladas igualmente tanto a los diseños de capiteles claustrales coetáneos[588] como a la eboraria[589]. Una sintonía en estos

585. WILLIAMS, John: *The Illustrated Beatus: a corpus of the illustrations of the Commentary on the Apocalypse. 5...*, *op. cit.*, p. 27. Cabe aclarar que John Williams reconoció a esta figura como un ave. Sin embargo, por las razones que planteadas, encuentro características que hacen al personaje zoomorfo un ejemplar indudablemente dragontino.

586. En el Beato de Cardeña también es posible observar otro ejemplo de representación dragontina en una letra inicial A correspondiente al folio 38v. Ésta se encuentra trazada a la manera gótica mediante líneas de color rojo y azul y posee un pequeño dragoncillo en su interior que vuelve su cabeza sobre su cola de manera envolvente.

587. WILLIAMS, John: *The Illustrated Beatus: a corpus of the illustrations of the Commentary on the Apocalypse. 5...*, *op. cit.*, p. 26.

588. En este sentido, la escultura claustral del Monasterio de Santo Domingo de Silos (mediados del siglo XII e inicios del siglo XIII) generó una importante repercusión en la iconografía del arte de la miniatura. En la galería oeste del claustro superior hay un capitel con parejas afrontadas de dragones con cuellos y cuerpos entrelazados mediante lacerías vegetales similares a las analizadas anteriormente. Joaquín Yarza Luaces señaló, en efecto, el sustancial impacto de una importante variedad de fauna monstruosa románica que se propagó en diferentes soportes, como lo demuestra el mismo claustro silense. Cfr. YARZA LUACES, Joaquín: «Silos: el claustro», en PALACIOS, Mariano, YARZA LUACES, Joaquín, & TORRES, Rafael: *El Monasterio de Santo Domingo de Silos*. León, Everest, 1973, p. 33.

589. FRANCO MATA, Ángela (coord.): *Beato de Liébana: Códice del Monasterio de San Pedro de Cardeña*. Barcelona, Moleiro Editor, 2001, p. 97.

diseños es apreciable en el ya mencionado *Codex Calixtinus*, en el cual otro dragón que comienza a incorporar incipientemente estas características conforma la estructura de una letra S con todo su cuerpo junto con los roleos que germinan de su cola sinuosa (Figura 117).

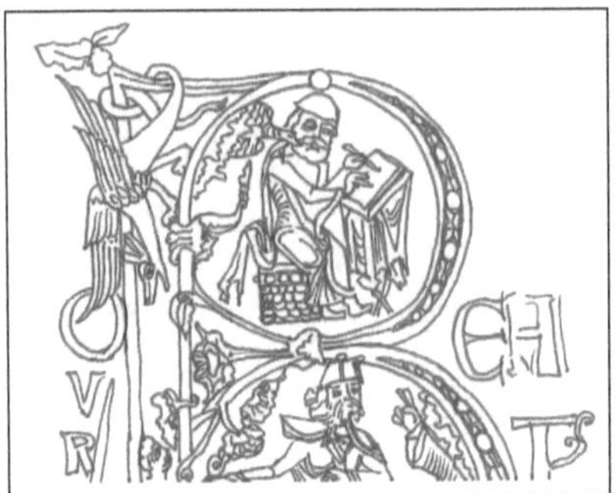

Figura 116. Esquema ornamental de detalle de flores y dragones del The Winche∫ter Psalter, Londres, The British Library, Cotton MS Nero C IV, mediados del siglo XII-segunda mitad del siglo XIII. Procedencia: probablemente Winche∫ter, Inglaterra, f.64r. (Esquema iconográfico realizado por Nadia Mariana Consiglieri©)

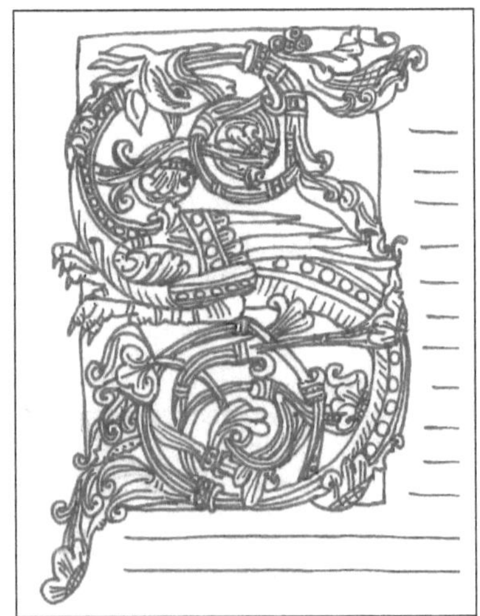

Figura 117. Esquema iconográfico de inicial S del Codex Calixtinus. Santiago de Compo∫tela, Archivo de la Catedral, fines del siglo XII, *ca.* 1160-1180, f. ccl. (Esquema iconográfico realizado por Nadia Mariana Consiglieri©)

Por otra parte, volviendo a las letras capitales compactas pero realizadas con tonalidades más oscuras, encontramos en el *Martirologio* de Las Huelgas iniciales que condensan un vigoroso *Estilo 1200* vinculado a modelos franceses e ingleses, en los que aparecen pequeños dragoncillos con cabezas leoninas[590] que forman la letra o que también interactúan con los roleos vegetales (Figura 118). Además, es interesante observar fondos cada vez más complejos, invadidos por agrupaciones de tres puntos blancos o también con estrellas de ocho puntas, mientras que, en los espacios internos de las letras, se

---

590. Yarza Luaces, Joaquín: «Códices iluminados en el mona∫terio de Las Huelgas», *op. cit.,* p. 54.

desarrollan roleos y espirales continuos, constituidos muchas veces por las mismas colas de los dragoncillos[591]. Así, todos estos ejemplos examinados permiten demostrar la asidua utilización de la figura y de las formas dragontinas, incluso en la creación de letras con formas mayormente cerradas y circulares.

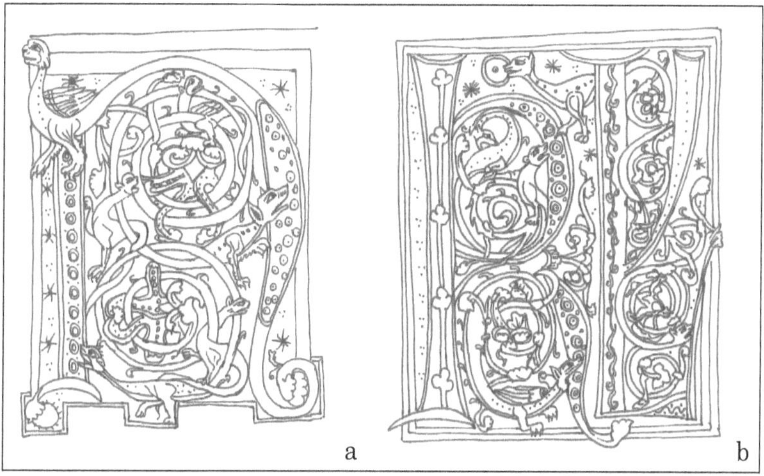

Figura 118. Esquemas iconográficos de: a- Inicial N; b- Iniciales K L del Martirologio. Real Monasterio de Santa María de las Huelgas, ca. 1200, Procedencia: Francia?, Inglaterra?, f.103v; f. 112v. (Esquemas iconográficos realizados por Nadia Mariana Consiglieri©)

CRIATURAS DRAGONTINAS HETEROGÉNEAS

Si bien el dragón goza de ciertos rasgos característicos que se repiten a través de diferentes combinaciones, también encontramos algunos casos en donde su figura varía considerablemente, pasando a constituir una categoría mayor de híbridos o de criaturas heterogéneas. Muchas de ellas presentan interesantes y curiosos cruces con partes de otros animales, tanto reales como imaginarios. Es el caso de un híbrido de una representación marginal del Beato de Turín en el inicio

---

591. HERRERO GONZÁLEZ, Sonsoles: *op. cit.*, p. 56. Asimismo, cabe destacar el diseño de otra letra perteneciente a la denominada "Biblia Antigua" de Las Huelgas, en la que predomina el formato circular-compacto que introduce la parte de Isaías e incluye una representación del profeta en su interior. En esta inicial U del folio 75r del Ms.5 de Las Huelgas, Isaías está sentado sobre una silla y gira su cuerpo hacia adelante, estando acompañado por otra figura. Sin embargo, lo verdaderamente intrigante es la resolución de la línea estructural de la letra, que envuelve y engloba la escena a través de una gran forma curva estructurada por dos dragones que parecen constituir una especie de barca (imitando las de proa zoomorfa procedentes de diferentes culturas de la Antigüedad), rematada por la cola de uno e iniciada por la cabeza y el torso del otro. Cfr. YARZA LUACES, Joaquín: «Códices iluminados en el monasterio de Las Huelgas», *op. cit.,* p. 52.

de la *storia* del Libro III (Figura 119). Mientras que en las páginas anteriores se representó el Arca de Noé y en la siguiente, La visión del trono y los veinticuatro ancianos, este folio solo presenta este diseño en los márgenes directamente pintado sobre el pergamino y sin relación inmediata con el texto. Un extraño ser antropomorfo con cabeza dragontina y lengua extremadamente larga tiene bajo sus pies a otra insólita criatura mixta de un solo cuerpo curvo y dos cabezas. Si bien he analizado muchos casos en los que los dragones tienen una cabecilla pequeña que remata en su cola, este último espécimen resulta bastante atípico y distinto. Su cuerpo es grueso y homogéneo; tiene cabezas de similar tamaño, a la vez que un ala y un par de patas, generándose una especie de "visión reversible" de sí mismo. ¿Qué cabeza inicia el monstruo y cuál lo remata? ¿Cuál es el comienzo y cuál es el fin de su cuerpo? Es imposible dilucidarlo. Por ello, este ser ambiguo y monstruoso dragontino, junto con la otra criatura, parecen hacer referencia al mal en clave de sentencia apocalíptica.

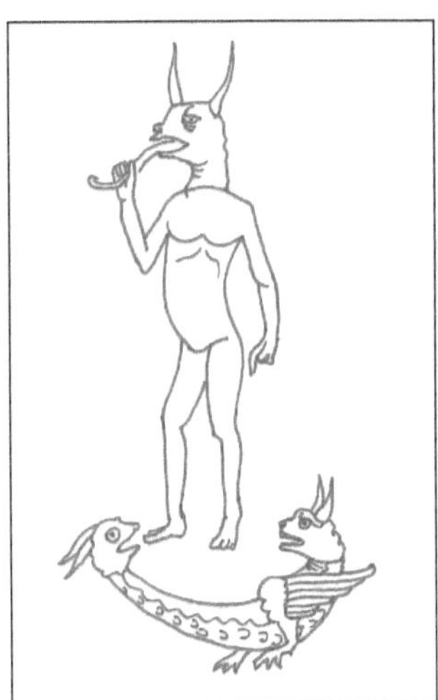

Figura 119. Esquema iconográfico de figura híbrida dragontina marginal del Beato de Turín. Turín, Biblioteca Nazionale Universitaria. Sg. I.II.1., primer cuarto del siglo XII. Procedencia: zona catalana, f.73r. (Esquema iconográfico realizado por Nadia Mariana Consiglieri©)

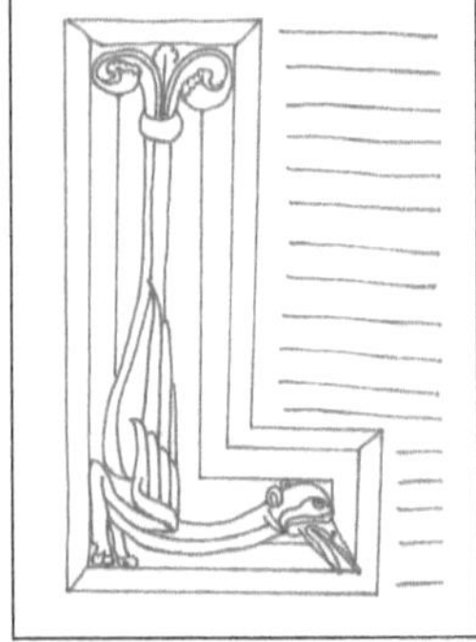

Figura 120. Esquema iconográfico de inicial L de la Opera Sancti Martini Legionensis. León, Archivo de la Real Colegiata de San Isidoro de León, MSS. XI.2, fines del siglo XII y primeros años del siglo XIII. Procedencia: San Isidoro de León, TII, f. 94r. (Esquema iconográfico realizado por Nadia Mariana Consiglieri©)

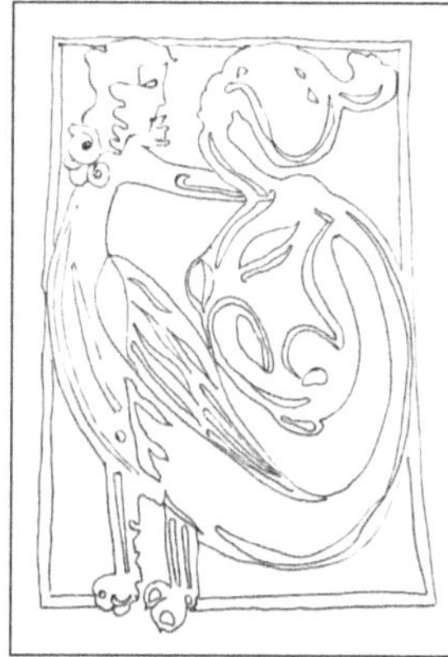

Figura 121. Esquema iconográfico de inicial V de Homilías. León, Archivo de la Real Colegiata de San Isidoro de León, MS. IX, fines del siglo XII. Procedencia: San Isidoro de León, f.215r. (Esquema iconográfico realizado por Nadia Mariana Consiglieri©)

Figura 122. Esquema iconográfico de inicial B del Liber beati Gregorii Pape Romensis in expositione beati Job. Madrid, Real Academia de la Historia, cod. 1, fines del siglo XII- inicios del siglo XIII. Procedencia: San Millán de la Cogolla, f. 196r. (Esquema icono-gráfico realizado por Nadia Mariana Consiglieri©)

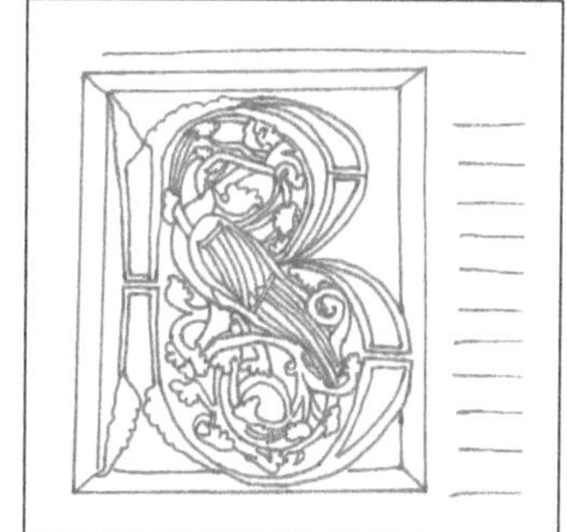

También hay otras figuras animales que contienen elementos dra-gontinos, lo que genera un aspecto confuso. Por ejemplo, en los Có-dices de Santo Martino hallamos una especie de ave de largo pico vinculada a un pelícano[592], aunque su cuerpo y su cola terminada en formas vegetales se asimilan a la fisonomía dragontina (Figura 120). Sin embargo, una situación inquietante en cuanto a este tipo de ambigüedad es el caso de arpías que incorporan partes corporales similares a los dragones de esta época. Representante de los vicios y de las fuerzas maléficas ya desde la Antigüedad[593], este personaje zoo-antropomorfo aparece en el códice isidoriano de las *Homilías* confor-mando una letra V[594] (Figura 121). La figura presenta cara humana pero lo que debería ser un cuerpo de ave, en realidad envuelve una gran semejanza con las características dragontinas ya vistas, pues su cuerpo y su cola tiene una terminación fitomorfa utilizada en las

---

592. Fernández González, Etelvina: «Abecedario bestiario de los códices de Santo Martino», *op. cit.*, p. 86.

593. Cirlot, Juan Eduardo: *op. cit.,* p. 84.

594. Galván Freile, Fernando: *op. cit.,* Vol. I, p. 291.

figuras de dragones. No es casual ni fortuita la fusión o, mejor dicho, la reutilización de ciertos elementos iconográficos dragontinos en la construcción de las arpías tardo-románicas, ya que, al fin y al cabo, se trata de dos criaturas vinculadas al mal que engendran diversas hibridaciones[595]. Tanto en los *Moralia* de San Gregorio[596] (Figura 122) como en la Biblia de Burgos[597] (Figura 123) encontramos iniciales con arpías de cabello corto, con un importante desarrollo de sus colas rematadas en roleos vegetales que guardan mucha relación con los modelos dragontinos vistos.

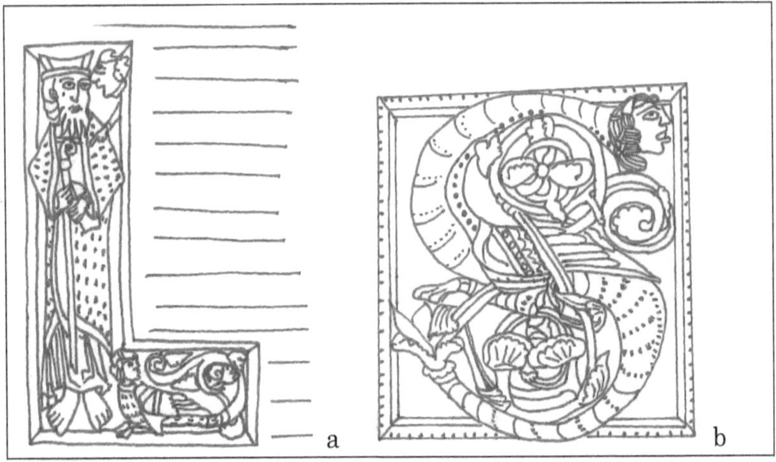

Figura 123. Esquemas iconográficos de: a-Inicial L; b- Inicial S de la Biblia de Burgos. Burgos, Biblioteca Pública del Estado, Ms. 846, *ca.* 1175, Procedencia: Burgos, San Pedro de la Cardeña (?), f.62v; f.166r. (Esquemas iconográficos realizados por Nadia Mariana Consiglieri©)

Incluso hay manuscritos que incorporan combinaciones mixtas de este tipo de seres vinculados al mal, como ocurre en una tríada de una letra P correspondiente al Leccionario cisterciense de Las Huel-

---

595. Como ha explicado Inés Monteira Arias, las arpías son seres procedentes de la mitología clásica cuyos cantos, se decía, resultaban letales para los navegantes. Su simbología vinculada a la fatalidad y a la tentación continuó en la Edad Media, siendo acompañada en este significado negativo por otro híbrido: la sirena. Sin embargo, la mujer-pájaro románica consistente en ser un híbrido con cabeza humana, cuerpo de ave y cola con forma de serpiente o de escorpión, suele desviarse del modelo clásico antiguo de la arpía, teniendo mayores similitudes formales con las langostas del Apocalipsis. Cfr. MONTEIRA ARIAS, Inés: «Entre bestias y hombres…», *op. cit.,* pp. 437-438, 461. Véase también nota al pie n°123 de la misma obra.

596. También encontramos un caso bastante similar en este códice en el folio 205r.

597. Hallamos un caso parecido, aunque de un tipo de arpía masculina y de extensísima cola de estilo dragontina en una inicial L de los Códices de Santo Martino (MSS. XI.2, TII, f. 21r), así como también el caso particular de una inicial en los *Moralia* de San Gregorio (cod. 1, f. 215v) con una figura mixta de cabeza humana y cuerpo y cola serpentino dragontinos, terminando ésta en una completa cabeza de dragón.

gas (Figura 124)[598]. En ella, aparece una arpía cuyo cuerpo conserva claros rasgos dragontinos, sostenida por una gran sirena con cola de pez rematada por dos dragoncillos que a su vez parecen morderla. Existe entonces una evidente asociación simbólica, formal y compositiva entre estos seres de carácter negativo y dañino relacionados con lo demoníaco[599].

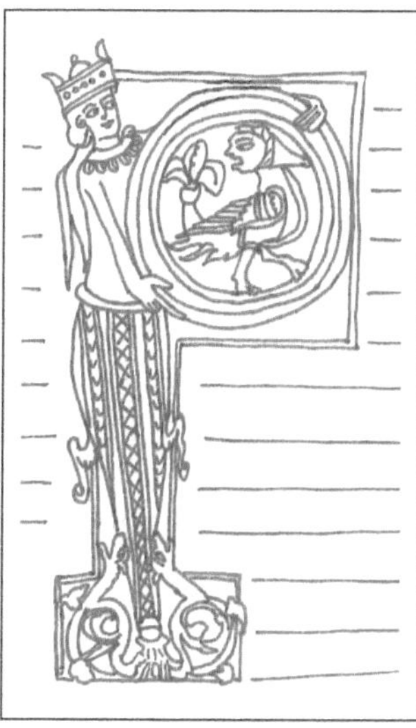

Figura 124. Esquema iconográfico de inicial P del Leccionario cisterciense (Lectionarium misae), Las Huelgas Ms. 49, Real Monasterio de Santa María de las Huelgas, siglo XII. Procedencia: Las Huelgas. (Esquema iconográfico realizado por Nadia Mariana Consiglieri©)

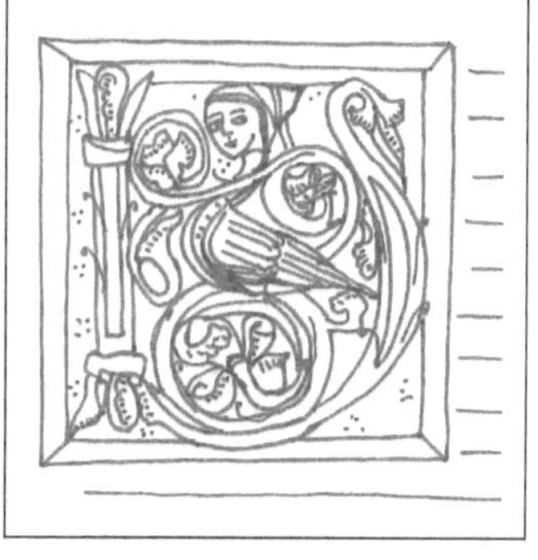

Figura 125. Esquema iconográfico de inicial V de la Biblia de San Millán de la Cogolla. Madrid, Real Academia de la Historia, cod. 3, inicios del siglo XIII. Procedencia: San Millán de la Cogolla, f.29r. (Esquema iconográfico realizado por Nadia Mariana Consiglieri©)

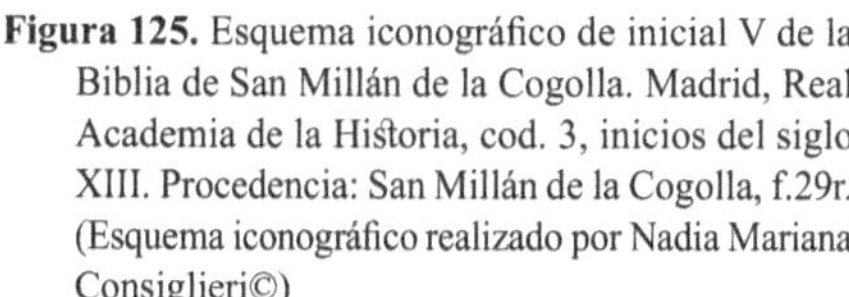

---

598. Cfr. HERRERO GONZÁLEZ, Sonsoles: *op. cit.*, p. 43.

599. En el mismo Leccionario, una letra Q también incluye una arpía con alas frontalmente desplegadas y un dragón que forma el tabique de la inicial al enroscar su cola en el círculo estructural de ésta. Gran parte del tratamiento formal del cuerpo y cola de la arpía es igual al del dragoncillo. En otra Q existe una interacción entre un dragón y una sirena, aunque se suma una especie de cuadrúpedo dragontino muy parecido al híbrido del Beato de Turín de dos cabezas y cuerpo curvo homogéneo. Éste se arquea siguiendo el contorno de la letra para morder la cola de la sirena, sin que ella lo ataque sino limitándose a recogerla. *Ibidem*, pp. 26-27.

Otra variante frecuente consistió en la arpía con rasgos físicos dragontinos, pero con una especie de capucha en su cabeza, como las que aparecen en la anterior letra del Leccionario y en la Biblia de San Millán de la Cogolla[600] (Figura 125). Como ha sostenido Inés Monteira Arias, la arpía románica estuvo vinculada a diferentes clases de tocados: al bonete de tipo cónico y alargado, y a la capucha terminada en punta, cernida al cuello con o sin pliegues que caen lateralmente[601]. En este último caso, la capucha está prácticamente pegada a la cabeza y se relaciona con la tradición iconográfica del gorro frigio utilizada con frecuencia en el contexto de la Plena Edad Media para caracterizar a musulmanes y judíos en tanto "otredades" respecto de los cristianos[602]. En el ejemplo particular de este códice, no existe ninguna alusión puntual a estos grupos, aunque resulta interesante reflexionar sobre la incorporación de esta prenda negativa en el marco de un personaje también ligado al mal, que a su vez incorpora un diseño corporal semejante a los casos dragontinos examinados. En la misma Biblia hallamos otra figura zoo-antropomorfa pero esta vez de arpía masculina, con físico de dragón y bonete puntiagudo o caperuza cónica, prendas simbólicamente vinculadas también a los infieles, a los seres deformes y a las bestias[603] (Figura 126).

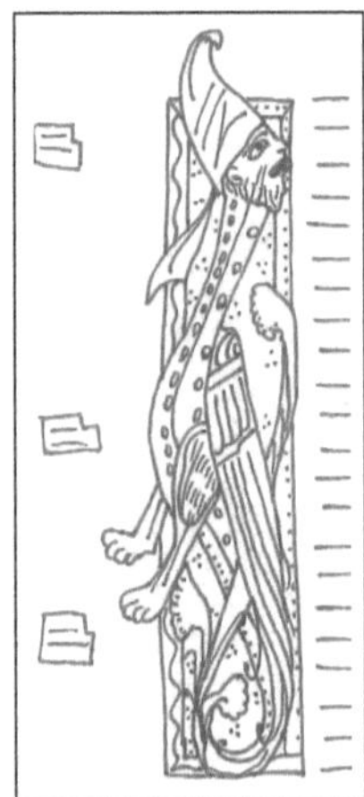

Figura 126. Esquema iconográfico de inicial I de la Biblia de San Millán de la Cogolla. Madrid, Real Academia de la Historia, cod. 3, inicios del siglo XIII. Procedencia: San Millán de la Cogolla, f. 243v. (Esquema iconográfico realizado por Nadia Mariana Consiglieri©)

---

600. En este mismo manuscrito iluminado, hallamos ejemplos bastante similares en los folios 99r y 116r.

601. Monteira Arias, Inés: «Entre bestias y hombres...», *op. cit.,* p. 464.

602. *Ibidem,* pp. 465, 476.

603. *Ibidem,* p. 473. Monteira Arias ha explicado también el carácter discriminador del uso de este tipo de bonete apuntado en la iconografía que representa a los judíos durante el siglo XIII, sabiendo incluso que al menos en Italia y en el área renana, efectivamente lo utilizaban en la vida cotidiana. También encontró la inclusión iconográfica de esta prenda en las representaciones de figuras con rasgos negroides. Cfr. *Ibidem,* pp. 465, 474.

También es posible percibir esta iconografía heterogénea y mixta en gran cantidad de ejemplos de la escultura monumental románica. Especialmente quisiera destacar un capitel analizado por Inés Monteira Arias perteneciente a Rebolledo de la Torre en Burgos, el cual contiene una arpía masculina con capucha apuntada[604], que guarda grandes coincidencias con la inicial de nuestro manuscrito. Resulta preponderante el desarrollo de las formas dragontinas en el cuerpo y en la cola de ambos seres, e incluso en la imitación de ciertas texturas rugosas de la epidermis a través de la incorporación de pequeños puntos sucesivos en fila, pintados de color blanco en la letra inicial y esculpidos con gran esmero en el capitel. Todo ello nos habla de la gran difusión que tuvo el modelo dragontino en esta época, inclusive en diferentes soportes y materiales.

1.2.2. El dragón en indicadores de lectura marginales

Por último, en lo que concierne a las representaciones marginales de los códices de nuestro *corpus*, es fundamental destacar un caso particular en el que los márgenes están repletos de figuras dragontinas. Me refiero a los ya analizados Códices de Santo Martino, copiados e ilustrados hacia 1185 en el *scriptorium* de San Isidoro de León[605]. En ellos, además de las letras capitales, existe una cantidad de figuras zoomorfas reales y fantásticas que, según Etelvina Fernández González operan como "calderones" invadiendo diversos intercolumnios y folios[606]. Este rico repertorio dragontino marginal es construido a

---

604. *Ibidem*, p. 464; véase Figura 59 de la misma obra: Arpía masculina con cuerpo dragontino y bonete apuntado. Capitel de la iglesia de Rebolledo de la Torre, Burgos, fines del siglo XII.

605. Es menester aclarar que en este apartado tomaré sólo algunos ejemplos puntuales de los Códices de Santo Martino, ya que la cantidad de dragones heterogéneos que aparecen en los márgenes, así como en las letras capitales resultan numerosísimos. Solo por nombrar y ampliar la mención de otros folios en donde aparecen estos dragones correspondientes al Tomo I, examinados exhaustivamente *in situ* en la Biblioteca de San Isidoro de León: ff. 1r, 2r, 16v, 17r, 18v, 20r, 21r, 21v, 22r, 22v, 23v, 24r, 24v, 25r, 25v, 26r, 27r, 27v, 28r, 28v, 30r, 31r, 31v, 32r, 32v, 33r, 33v, 34r, 34v, 35r, 35v, 36v, 37r, 37v, 38r, 38v, 39r, 39v, 40r, 40v, 41v, 42r, 42v, 43r, 44r, 44v, 45r, 45v, 46v, 47v, 48r, 48v, 49v, 51r, 51v, 52v, 53r, 53v, 54v, 55v, 56v, 57r, 57v, 58v, 60v, 61v, 62v, 63r, 63v, 64r, 65r, 65v, 66v, 67r, 67v, 68v, 69r, 69v, 71r, 71v, 73r, 73v,74v, 76v, 77v, 78r, 80v, 82r, 82v, 84r, 84v, 85r, 85v, 86v, 88v, 89r, 89v, 90r, 90v, 91v, 92r, 92v, 93v, 94v, 95r, 95v, 96r, 96v, 97v, 98r, 101v, 102r, 102v, 103r, 104v, 105r, 105v, 106v, 107v, 108r, 108v, 109v, 110r, 110v, 111r, 112v, 113v, 114r, 115v, 116r, 116v, 118r, 118v, 119r, 120r, 120v, 121r, 122r, 123r, 123v, 124r, 124v, 125r, 125v, 126v, 127r, 128v, 129r, 129v, 130r, 131v, 132r, 132v, 133v, 134v, 135r, 135v, 136v, 137v, 139v, 141r, 141v, 142r, 143v, 144r, 145v, 146v, 147v, 149r, 149v, 150v, 154v, 152r, 153v, 154v, 156r, 157r, 158v, 161v, 163v, 164r, 164v, 165r, 165v, 166v, 168r, 169v, 171v, 172v, 173r, 173v, 174v, 176r, 178r, 179r, 180r, 181r, 181v, 182r, 182v, 183r, 183v, 184r, 186r, 187r, 187v, 188v, 189r, 189v, 190v, 191r, 191v, 192r, 193r, 194v, 195r, 195v.

606. SUÁREZ GONZÁLEZ, Ana: «Los códices XI.1 y XI.2 de …», *op. cit.*, p. 268.

partir de diversas figuras que funcionan como indicadores o marcadores de lectura. Estos dragoncillos, principalmente plasmados con varias líneas de colores, adoptan diferentes actitudes para señalar ciertas partes del texto. En este caso, como en la mayoría de las letras capitales examinadas por lo general, la simbología del dragón no guarda una relación directa ni específica con el contenido textual. Más bien, sus formas y diseños son explotados en sus máximos recursos plásticos para señalar, indicar y quizás afianzar la memorización de ciertas partes textuales, como si se trataran de "glosas" en imágenes. Estos diseños zoomorfos, además de señalizar y decorar, conforman una especie de *drôlerie* que aporta una mixtura de componentes religiosos y satírico profanos[607]. Como indiqué anteriormente, no se trata de formas dragontinas pintadas en su interior, ni decoradas con oro como en las letras capitales, sino que parecen ser rápidos y espontáneos esbozos dibujísticos lineales realizados en partes secundarias y marginales de los folios. Sus cuerpos adquieren diversas tipologías, incorporando rasgos antropomorfos, aviarios, serpentinos, ofídicos y reptilianos. En este sentido, se puede hablar en gran cantidad de casos de la existencia de prolíferos híbridos dragontinos.

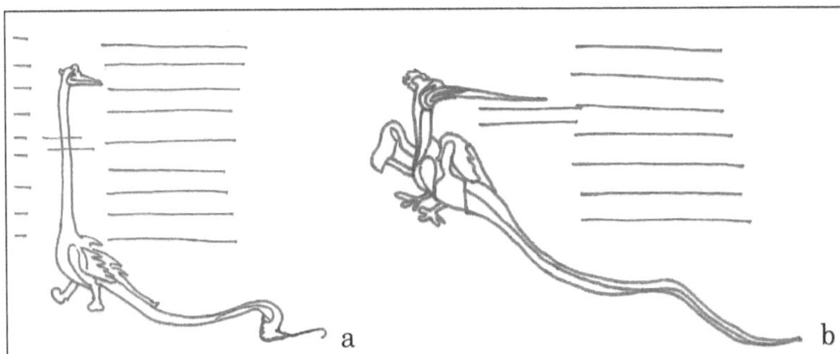

Figura 127. Esquemas iconográficos de híbridos dragontinos con forma de ave de la Opera Sancti Martini Legionensis. León, Archivo de la Real Colegiata de San Isidoro de León, MSS. XI.1, fines del siglo XII y primeros años del siglo XIII. Procedencia: San Isidoro de León, a- TI, 1°parte, f. 54r; b- TI, 2° parte, f. 39v. (Esquemas iconográficos realizados por Nadia Mariana Consiglieri©)

Una variante común de esta tipología zoomorfa heterogénea son los dragones con rasgos de pájaros: especímenes de largo cuello (adaptable al especio de los intercolumnios), extenso pico que parte de cabezas vueltas hacia atrás (elemento que permite hacer la señalización en el texto) y onduladas colas que posibilitan una finalización sutil de

---

607. Fernández González, Etelvina: «Abecedario beſtiario de los códices de Santo Martino», *op. cit.*, p. 53.

las figuras[608] (Figura 127 y Figura 128). Es importante notar la importancia de la línea como componente plástico configurador de las figuras, la cual establece delgados planos plenos, dejando que el fondo del pergamino dialogue entre ellos.

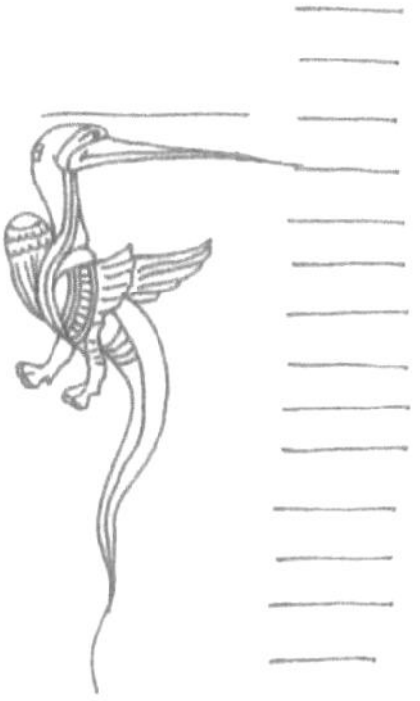

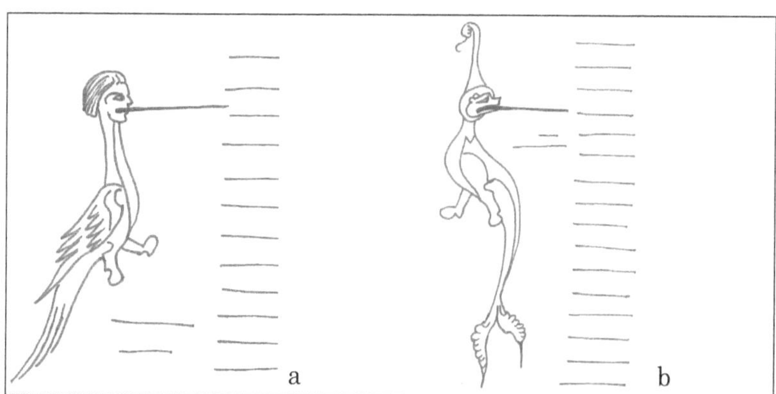

Figura 128. Esquema iconográfico de híbrido dragontino con forma de ave de la Opera Sancti Martini Legionensis. León, Archivo de la Real Colegiata de San Isidoro de León, MSS. XI.2, fines del siglo XII y primeros años del siglo XIII. Procedencia: San Isidoro de León, TII, f. 226v. (Esquema iconográfico realizado por Nadia Mariana Consiglieri©)

Curiosos seres dragontinos con forma de arpías irrumpen en los márgenes, al igual que como vimos en gran cantidad de iniciales. Una criatura con cuerpo de arpía y dragón, pero con cabeza humana[609], estira su larga lengua lineal para indicar una palabra (Figura 129 a), mientras que otra también hace la misma acción, aunque se trata de un ejemplar con cabeza puramente dragontina y capucha apuntada rematada con el mismo motivo vegetal que su cola bífida[610] (Figura 129 b).

Figura 129. Esquemas iconográficos de híbridos dragontinos-arpías de la Opera Sancti Martini Legionensis. León, Archivo de la Real Colegiata de San Isidoro de León, MSS. XI.1, fines del siglo XII y primeros años del siglo XIII. Procedencia: San Isidoro de León, TI, 1°parte, f. 48v; f. 24v. (Esquemas iconográficos realizados por Nadia Mariana Consiglieri©)

---

608. Cfr. *Ibidem*, pp. 90-92.

609. *Ibidem*, p. 90.

610. *Ibidem*, p. 89.

En relación con este último motivo, ya en una Biblia prácticamente coetánea procedente del Monasterio cisterciense de Lilienfeld (Baja Austria), hallamos también un dragoncillo grotesco encapuchado en una inicial H (*Hec sunt*) que da inicio a la parte del Éxodo, aunque aquí su incorporación no responde a ninguna referencia en el texto bíblico, sino en tanto elemento decorativo[611] (Figura 130).

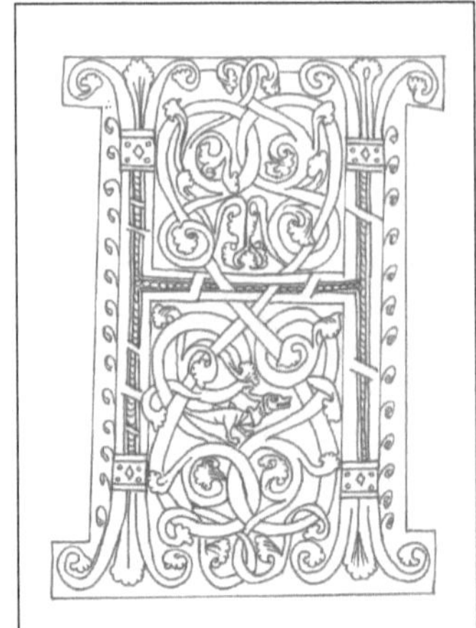

Figura 130. Esquema iconográfico de inicial H con un híbrido dragontino-arpía de la Biblia de Lilienfeld, Viena, ÖNB, cod. ser. N. 2594, segundo cuarto del siglo XIII. Procedencia: Monasterio cisterciense de Lilienfeld, Baja Austria, f. 52r. (Esquema iconográfico realizado por Nadia Mariana Consiglieri©)

Volviendo a los casos de arpías dragontinas, pero con rostro antropomorfo, la mayoría repite el uso de la lengua en forma de línea recta para señalar alguna palabra del texto u oración. No obstante, éstas utilizan diferentes tipos de sombreros: de tipo bonete con base acampanada (Figura 131) o puntiagudo hacia el costado con remate vegetal (Figura 132 y Figura 133). Estos modelos están en total relación con lo que apuntábamos respecto a las letras capitales de la misma clase, pues el capirote y la caperuza cónica con sus variantes eran por lo común insertos en determinados personajes para demarcar su carácter bestial, demoníaco e incluso grotesco o satírico, pues incluso se asimilaron en representaciones de músicos[612] y también de juglares. Estos aspectos son visibles igualmente en los gestos faciales de estas figuras, los cuales rozan en muchos casos lo irrisible y lo caricaturesco. Su carácter jocoso, propio de la *drôlerie*, se manifiesta también en otro ser, una mezcla entre arpía y dragón, aunque con una cabeza humana con la fisonomía prototípica de un monje, a juzgar

---

611. Cfr. FINGERNAGEL, Andreas (ed.), & GASTGEBER, Christian (red.): *Las biblias más bellas*. Viena, Österreichische Nationalbibliothek- Köln, Taschen, 2008, pp. 70-73.

612. MONTEIRA ARIAS, Inés: «Entre bestias y hombres…», *op. cit.,* pp. 464, 465, 473.

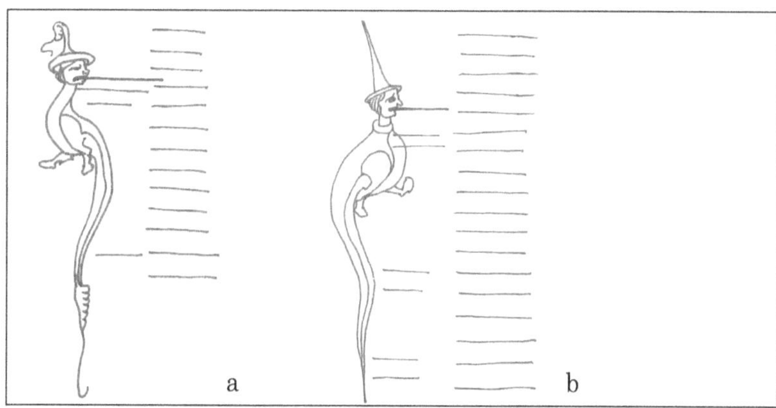

Figura 131. Esquemas iconográficos de híbridos dragontinos-arpías de la Opera Sancti Martini Legionensis. León, Archivo de la Real Colegiata de San Isidoro de León, MSS. XI.1, fines del siglo XII y primeros años del siglo XIII. Procedencia: San Isidoro de León, TI, 1°parte, f. 28v; f. 37v. (Esquemas iconográficos realizados por Nadia Mariana Consiglieri©)

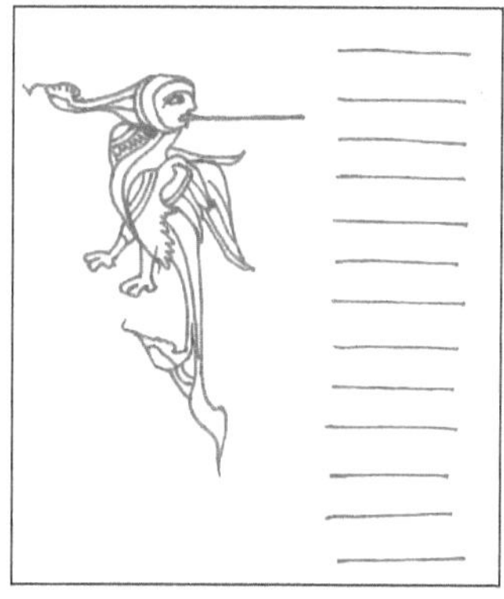

Figura 132. Esquema iconográfico de híbrido dragontino-arpía de la Opera Sancti Martini Legionensis. León, Archivo de la Real Colegiata de San Isidoro de León, MSS. XI.1, fines del siglo XII y primeros años del siglo XIII. Procedencia: San Isidoro de León, TI, 2°parte, f. 40v. (Esquema iconográfico realizado por Nadia Mariana Consiglieri©)

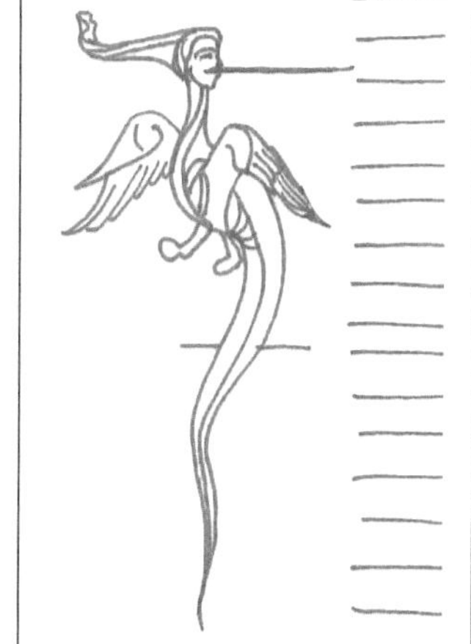

Figura 133. Esquema iconográfico de híbrido dragontino-arpía de la Opera Sancti Martini Legionensis. León, Archivo de la Real Colegiata de San Isidoro de León, MSS. XI.2, fines del siglo XII y primeros años del siglo XIII. Procedencia: San Isidoro de León, TII, f. 249v. (Esquema iconográfico realizado por Nadia Mariana Consiglieri©)

por su peinado característico (Figura 134). El hecho de que este tipo
de ser con rostro de prelado y cuerpo monstruoso dragontino saque
su extensa lengua, permite pensar en este tipo de juegos discursivos
jocosos y hasta en una posible crítica moralizante[613] a la tentación o
los vicios mundanos.

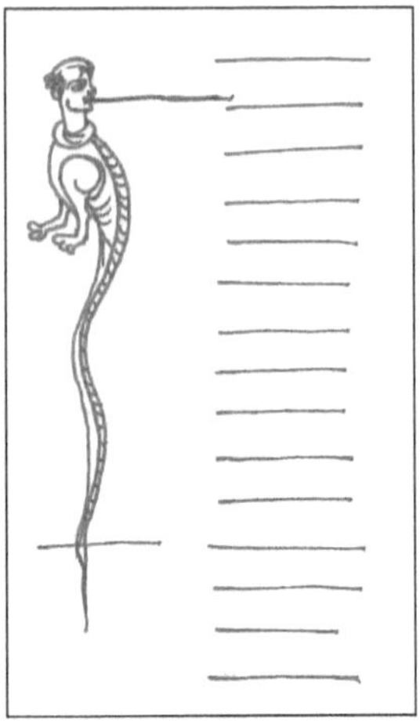

Figura 134. Esquema iconográfico de híbrido dragontino-arpía
de la Opera Sancti Martini Legionensis. León, Archivo de
la Real Colegiata de San Isidoro de León, MSS. XI.2, fines
del siglo XII y primeros años del siglo XIII. Procedencia:
San Isidoro de León, TII, f. 14v. (Esquema iconográfico
realizado por Nadia Mariana Consiglieri©)

Por otra parte, atendiendo a las figuras dragontinas totales, éstas
hacen su aparición en los márgenes también con remarcada frecuencia. Podemos reconocer algunas de cuellos largos, bípedas y sin alas,
que contornean sus cuerpos para señalizar el texto (Figura 135 a y
Figura135 b), mientras que otras se asemejan mucho más al típico
dragón del románico y del *Estilo 1200* al ser bípedas, con alas volup-
tuosas y colas largas (Figura 135 c) y con orejas extensas y puntiagudas, además de cola terminada en un florón vegetal (Figura 135 d).
Este último ejemplar es posible vincularlo a la figura dragontina que
contiene un Evangeliario de la Abadía de San Agustín en Canterbury,
de mediados del siglo XII, pues se trata de un dragón resuelto principalmente a partir de la línea y con una cola ya mucho más exacerbada en cuanto a remates vegetales y fitomorfos[614] (Figura 136). Esto
prueba la gran difusión y expansión de estas tendencias estilísticas
internacionales en territorio ibérico.

---

613. Ya hacia fines del siglo XII, las páginas de los manuscritos comenzaron a contener mayor
cantidad de glosas y de ilustraciones marginales. Esto repercutió tanto en la *lectio* como en la
meditatio monásticas (y por supuesto en la literatura universitaria), es decir, en los modos de
consumir y leer los libros. De esta manera se buscó conformar un sistema visual de signos para
remarcar palabras, ideas y conceptos, el cual produjo un desarrollo fundamental de la imaginería
marginal. Cfr. CAMILLE, Michael: *Image on the Edge. The Margins of Medieval Art*. London,
Reaktion Books, 1992, p. 20.

614. HAMEL, Christopher de: *op. cit.,* p. 104.

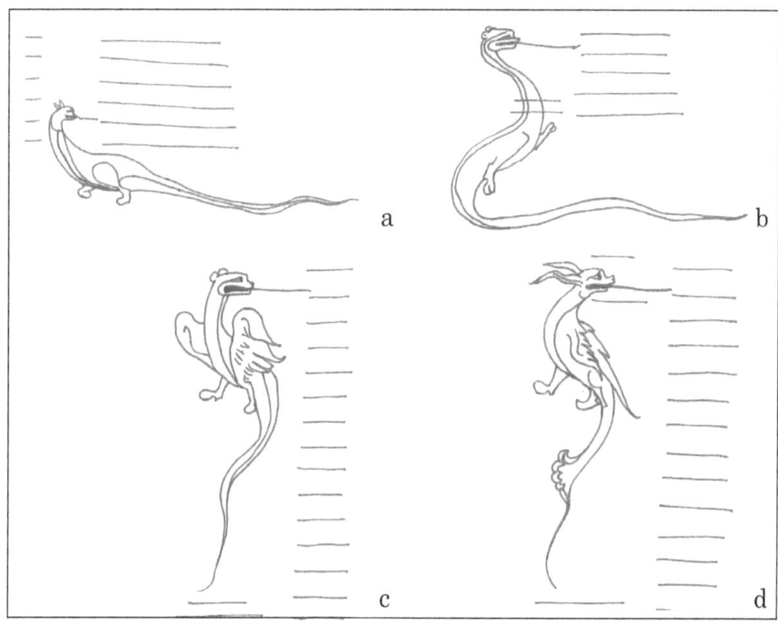

Figura 135. Esque   nes de la Opera Sancti Martini Legionensis. León, Archivo de la Real Colegiata de San Isidoro de León, MSS. XI.1, fines del siglo XII y primeros años del siglo XIII. Procedencia: San Isidoro de León, TI, 1°parte, f. 39r; f. 39v; f. 62v; f. 80v. (Esquemas iconográficos realizados por Nadia Mariana Consiglieri©)

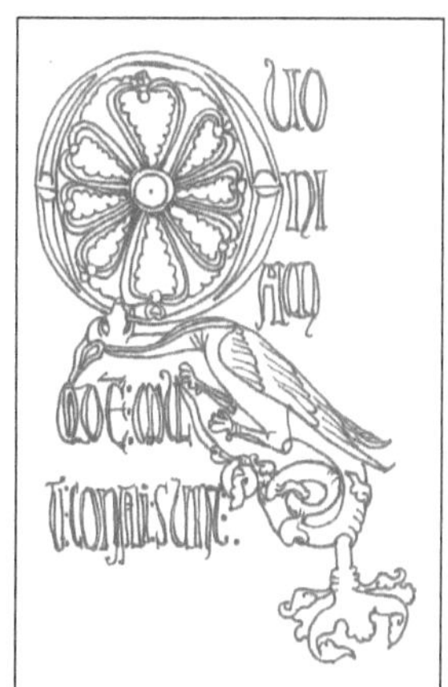

Figura 136. Esquema iconográfico de dragón en el inicio de la página de San Lucas de Evangeliario. Londres, British Library, Royal MS.I.B.XI, mediados del siglo XII. Procedencia: Abadía de San Agustín, Canterbury, f. 72r. (Esquema iconográfico realizado por Nadia Mariana Consiglieri©)

Asimismo, encontramos divertidas posturas corporales y características formales que adoptan estos dragones con tal de ser eficaces a la hora de indicar partes textuales, como es el caso de un dragoncillo que avanza boca abajo, contorneando su cuerpo (Figura 137); de otro de extensas y puntiagudas alas y orejas (Figura 138) o de otro que tiene una larguísima cola anudada con retoños vegetales que nacen en toda su extensión, como si se tratara de una planta (Figura 139).

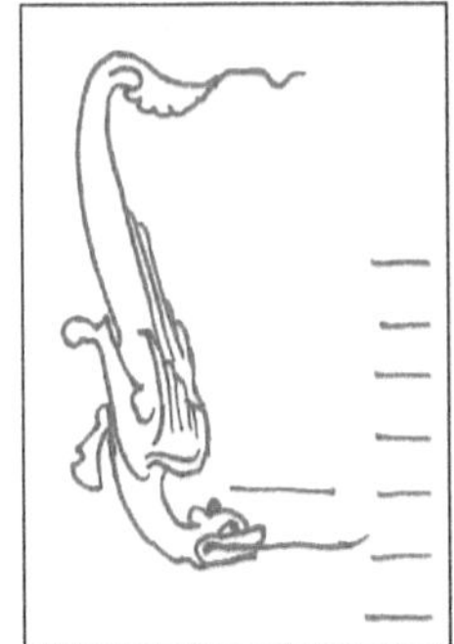

Figura 137. Esquema iconográfico de dragón de la Opera Sancti Martini Legionensis. León, Archivo de la Real Colegiata de San Isidoro de León, MSS. XI.1, fines del siglo XII y primeros años del siglo XIII. Procedencia: San Isidoro de León, TI, 1°parte, f. 92v. (Esquema iconográfico realizado por Nadia Mariana Consiglieri©)

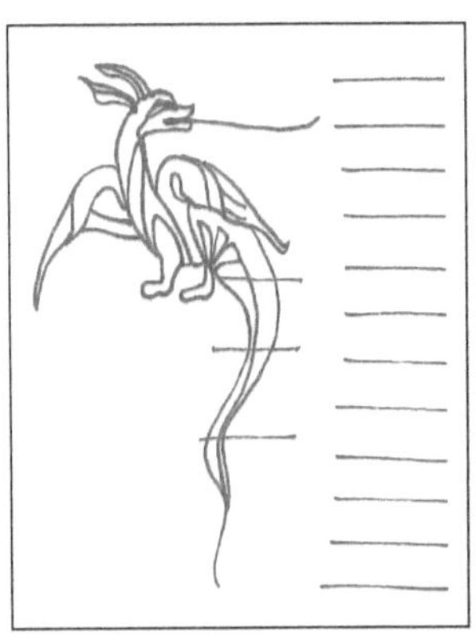

Figura 138. Esquema iconográfico de dragón de la Opera Sancti Martini Legionensis. León, Archivo de la Real Colegiata de San Isidoro de León, MSS. XI.2, fines del siglo XII y primeros años del siglo XIII. Procedencia: San Isidoro de León, TII, f. 230v. (Esquema iconográfico realizado por Nadia Mariana Consiglieri©)

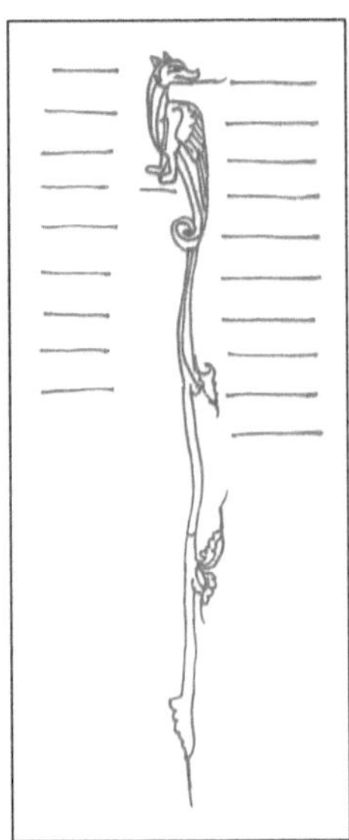

Figura 139. Esquema iconográfico de dragón de la Opera Sancti Martini Legionensis. León, Archivo de la Real Colegiata de San Isidoro de León, MSS. XI.1, fines del siglo XII y primeros años del siglo XIII. Procedencia: San Isidoro de León, TI, 2°parte, f. 56v. (Esquema iconográfico realizado por Nadia Mariana Consiglieri©)

Siguiendo la utilidad del trazo largo y vertical para enmarcar y contener el texto entre los intercolumnios, también los miniaturistas del *scriptorium* isidoriano decidieron volver a recurrir al modelo de dragón serpentino clásico (Figura 140); elemento que también es visible en *marginalia* del Beato de Silos confeccionado un siglo antes (Figura 141). De esta manera, los Códices de Santo Martino ofrecen una rica muestra de cómo especialmente la figura dragontina fue utilizada como recurso paratextual a los fines de indicar y resaltar partes del texto, repercutiendo esto en las prácticas de lectura y estudio de los libros por los monjes.

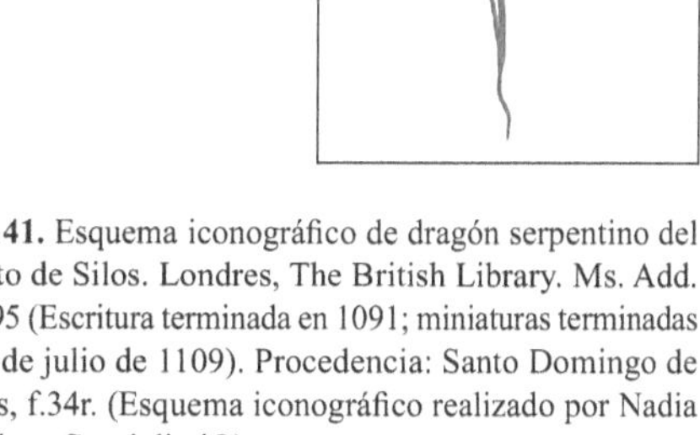

Figura 140. Esquema iconográfico de dragón serpentino de la Opera Sancti Martini Legionensis. León, Archivo de la Real Colegiata de San Isidoro de León, MSS. XI.2, fines del siglo XII y primeros años del siglo XIII. Procedencia: San Isidoro de León, TII, f. 2r. (Esquema iconográfico realizado por Nadia Mariana Consiglieri©)

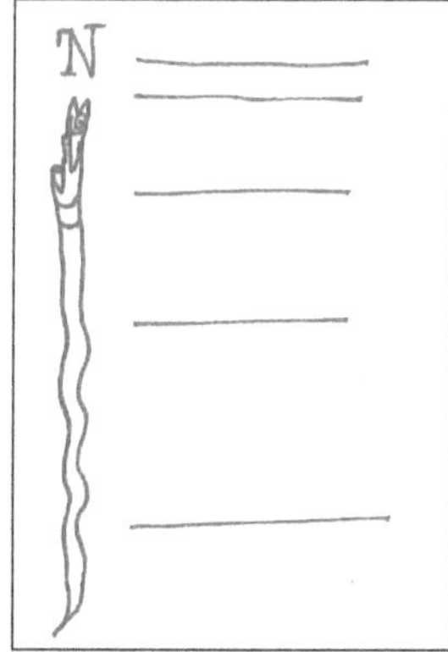

Figura 141. Esquema iconográfico de dragón serpentino del Beato de Silos. Londres, The British Library. Ms. Add. 11695 (Escritura terminada en 1091; miniaturas terminadas el 1 de julio de 1109). Procedencia: Santo Domingo de Silos, f.34r. (Esquema iconográfico realizado por Nadia Mariana Consiglieri©)

2. Algunos ejemplos del dragón sobre otros soportes bidimensionales en la Plena Edad Media hispánica

Como hemos podido comprobar, entre el siglo XII y la primera mitad del XIII, tuvo lugar una exacerbada figuración del dragón que pobló los manuscritos iluminados hispánicos. Este gusto por la imagen dragontina también se manifestó en otros formatos y soportes visuales bidimensionales. A continuación, analizaré algunos ejemplos puntuales de pintura mural y pintura sobre tabla que también revelan una asidua utilización de las fórmulas dragontinas, incluso dentro de específicas escenas correspondientes a los relatos bíblicos y hagiográficos.

Por lo general, el diseño dragontino más difundido en la pintura de grandes dimensiones coincide con la tipología de dragón románico que se exacerbó y completó hacia el siglo XIII con el *Estilo 1200*: dragones bípedos, alados, con cuerpos más robustos y colas anudadas, a los que se les añadieron cada vez más detalles, como orejas alargadas similares a cuernos, arrugas y gestos adustos en sus caras, imitación naturalista de escamas y plumas, garras y crestas. Algunas manifestaciones visuales realizadas en pintura mural (al fresco y con retoques posteriores en seco) pueden reconocerse en la Sala Capitular (primer piso de la Torre del Tesoro) del monasterio benedictino de San Pedro de Arlanza, situado en la ciudad de Burgos[615].

Bajo la conducción del abad Vicente, en torno al año 1080, se había comenzado la construcción edilicia inspirada en gran medida en el modelo de basílica románica[616]. Hacia el siglo XII, se edificó al este la mencionada Sala Capitular a la cual se incluyó una rica decoración mural en torno al 1200[617]. Este sector, que contaba con dos plantas unidas por medio de una escalinata, pudo también cumplir la función de estancia palatina[618]. Recordemos que, a inicios del siglo

---

615. Castiñeiras González, Manuel: «La pintura mural», en Castiñeiras González, Manuel, & Camps I Soria, Jordi: *El Románico en las Colecciones del MNAC*. Barcelona, Museu Nacional d'Art de Catalunya y Lunwerg Editores, 2008, p. 86. Debemos tener en cuenta que la etapa fundacional de dicho cenobio estuvo en relacionada con el Conde Fernán González y a su esposa Sancha hacia inicios del siglo X. Fue creado en el contexto de las importantes fundaciones de otras instituciones monásticas castellanas tales como Cardeña, Silos y Oña, entre los más destacados. Estos jugaron un rol importante en la difusión del románico burgalés a partir de la dinámica del Camino a Santiago. Cfr. Martínez Díez, Gonzalo: «El románico en la provincia de Burgos. Marco histórico», en García Guinea, Miguel Ángel, (dir.), Pérez González, José María (dir.), & Rodríguez Montañés, José Manuel (coord.): *Burgos: enciclopedia del románico en Castilla y León*. Palencia-Aguilar de Campoo, Fundación Santa María La Real, Centro de Estudios del Románico, 2009, p. 27; Vallejo Bozal, Javier, & Teijeira Pablos, María Dolores: «Fuentes para el estudio de la iglesia del monasterio de San Pedro de Arlanza en los inicios del románico pleno en España», *Boletín del Museo Arqueológico Nacional*, Tomo XIII, 1 y 2 (1995), p. 64. Consultado en línea (09/04/2019) URL: <http://www.man.es/man/dms/man/estudio/publicaciones/boletin-man/MAN-Bol-1995/MAN-Bol-1995-Vallejo-Bozal.pdf>; Consiglieri, Nadia Mariana: «Entre lo leonino, lo draconiano y lo humanoide…», *op. cit.*, pp. 90-91.

616. Martínez Díez, Gonzalo: «El románico en la provincia de Burgos. Marco histórico», *op. cit.*, p. 28. Como indicó José Luis Senra Gabriel y Galán, la planta modélica de los monasterios de raíz benedictina funcionaba en sus diferentes galerías y partes edilicias partiendo del claustro. Con gran probabilidad, la cabecera central estaría articulada en relación con las naves a través de dobles columnas. Cfr. Senra Gabriel y Galán, José Luis: «Monasterio de San Pedro de Arlanza», en *Enciclopedia del románico en Castilla y León. Burgos (IV)*. Salamanca, CER y Caja Duero, 2002, pp. 2369-2373; Consiglieri, Nadia Mariana: «Entre lo leonino, lo draconiano y lo humanoide…», *op. cit.*, pp. 90-91.

617. Vallejo Bozal, Javier, & Teijeira Pablos, María Dolores: *op. cit.*, pp. 69-70.

618. Sureda, Joan: *op. cit.*, p. 390.

XIII, Alfonso VIII había logrado crear fluidos vínculos con San Pedro de Arlanza como parte de su accionar político tendiente a ampliar y enriquecer su reino[619]. Es en este contexto de promoción regia en Burgos que esta sala logró ostentar un importante conjunto de pinturas parietales probablemente de comienzos del siglo XIII. Éstas se extienden en tres paredes que presentan una disposición pictórica organizada en cuatro bandas sobre las que fueron representados diversos personajes zoomorfos. La franja superior presenta motivos fitomorfos y geométricos ornamentales, seguida de las bandas centrales con animales de grandes dimensiones, de un sector con variedad de personajes dispuestos a la manera de friso, y finalmente, una franja morada remata la parte inferior de los murales[620]. En este marco representativo, encontramos varios ejemplos de seres dragontinos que habitan estas pinturas. La mayor expresión de este tipo aparece expresada en un enorme dragón alado de cola anudada y sinuosa, el cual parece estar en parte volando y en parte reptando en un ambiente natural, pues hay dos árboles que lo anclan en una especie de paisaje (Figura 142).

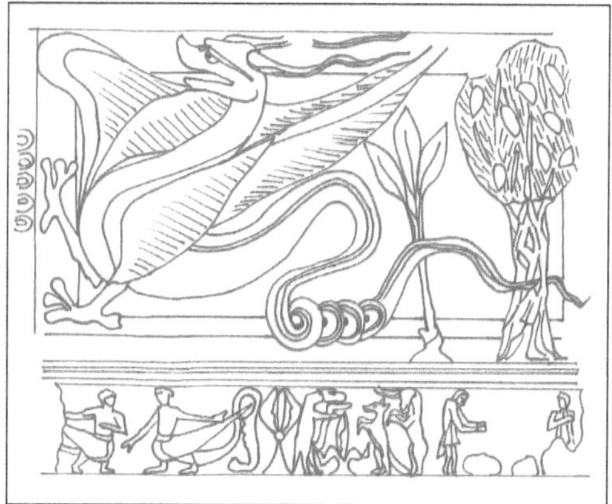

Figura 142. Esquema iconográfico de dragón de San Pedro de Arlanza. Fresco montado en lienzo. New York, The Metropolitan Museum of Art, The Cloisters Collection, Accession Number:31.38. 2a, b., posterior a 1200. (Esquema iconográfico realizado por Nadia Mariana Consiglieri©)

619. PALOMERO-ALBERTO POLO, Irene: «San Pedro de Arlanza: propuesta de actuación didáctica», en SABATÉ, Flocel, & BRUFAL, Jesús (dirs.): *Arqueologia Medieval. Els espais sagrats*. Lérida, Pagès Editors, 2015, p. 244. Consultado en línea (09/04/2019) URL:< http://www.medieval. udl.cat/medieval/sites/default/files/files/Agira_7.pdf>; Cfr. CONSIGLIERI, Nadia Mariana: «Entre lo leonino, lo draconiano y lo humanoide…», *op. cit.*, p. 91.

620. Manuel Gómez-Moreno ya había señalado que el protagonismo de estos murales de Arlanza estaba dado por estas representaciones zoomorfas de grandes dimensiones, incluyendo dragones, grifos y leones, entre otras, además de la inclusión de otros motivos en los frisos. GÓMEZ-MORENO, Manuel: «Pinturas murales en San Pedro de Arlanza», *Boletín de la Real Academia de la Historia*, tomo 86, (1925), pp. 14-15. Cfr. CONSIGLIERI, Nadia Mariana: «Entre lo leonino, lo draconiano y lo humanoide…», *op. cit.*, p. 91.

Sus rasgos faciales muestran su gran irascibilidad y sus largas orejas, que parecen cuernos finos y levemente ondulados, lo relacionan directamente con lo bestial y con lo demoníaco[621]. Su potente pecho y cuerpo con cola enroscada se relaciona directamente con los dragones del Beato de Navarra, del Beato de San Andrés de Arroyo y del Beato de Las Huelgas[622], así como también con ciertos dragones marginales de los Códices de Santo Martino[623], sólo por nombrar algunos ejemplos semejantes. Esta figura es acompañada por un grifo que está pintado en otro de los muros, por lo que estos animales revelan posturas corporales vinculadas a la heráldica, además de devenir de modelos zoomorfos propios de los bestiarios franceses y anglosajones coetáneos[624].

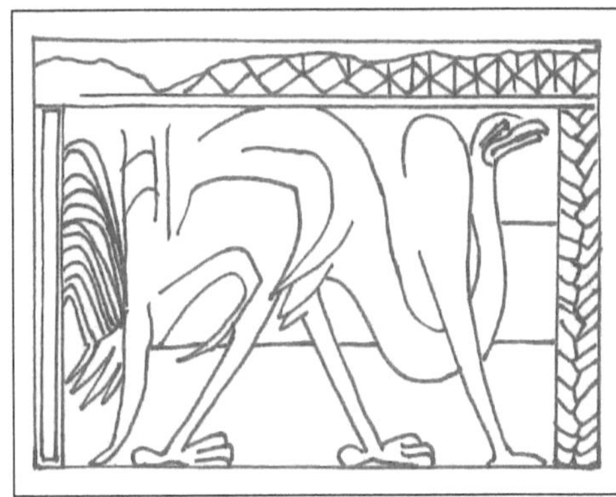

Figura 143. Esquema iconográfico de híbrido dragontino de San Pedro de Arlanza. Fresco montado en lienzo. Cambridge, Harvard Art Museums/Fogg Museum, Alpheus Hyatt Purchasing Fund, William M. Prichard Fund, Francis H. Burr Memorial Fund, 1938.124, siglos XII-XIII. (Esquema iconográfico realizado por Nadia Mariana Consiglieri©)

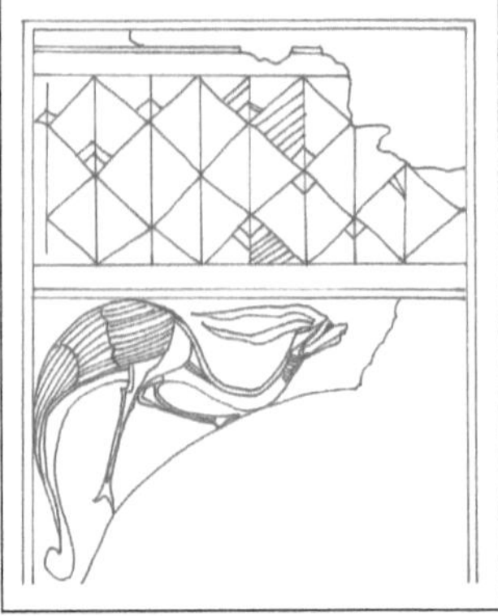

Figura 144. Esquema iconográfico de criatura dragontina de San Pedro de Arlanza. Fresco montado en lienzo. Mural de la torre del tesoro del Museu Nacional d'Art de Catalunya (MNAC), Num. De catálogo: 040142-CJT Ca.1210, *ca.* 1210. (Esquema iconográfico realizado por Nadia Mariana Consiglieri©)

Asimismo, entre los pequeños personajes incluidos en la banda intermedia inferior, hay arpías con cuerpos también inspirados en

---

621. *Ibidem,* p. 94.

622. Véanse Figuras 25, 26 y 27 en páginas 132, 113 y 135 respectivamente.

623. Véanse Figuras 135 c y 135 d, en página 229.

624. Castiñeiras González, Manuel: «La pintura mural», *op. cit.,* p. 86.

los arquetipos dragontinos, pues ambos seres son representantes del mal[625]. En otras partes murales más reducidas hallamos dos dragones más, aunque de menor tamaño que portan cuellos largos y extremadamente curvos: uno con rasgos aviarios (Figura 143) y otro con sus alas pegadas al cuerpo (Figura 144). Estos ejemplares nos muestran diferentes variantes dragontinas en la pintura mural castellana, todas ellas siguiendo el prototipo de dragón del *Estilo 1200*, de cuerpo más rotundo a la vez que con una exacerbación de curvas y detalles físicos. Estas figuras dragontinas acusan una importante idea de monumentalidad destinada no sólo a ilustrar esta especie de bestiario o muestrario zoomorfo mural mostrando el sendero de lo diabólico contrario a seguir, sino también a generar un fuerte impacto visual en estas estancias edilicias, adaptándose muchas de estas figuras al marco de contención y a las formas del muro[626].

Por otra parte, importantes representaciones dragontinas pueblan ciertos sectores correspondientes a los murales del monasterio de Santa María de Sigena, ubicado en la zona aragonesa de Huesca. Su fundación data de 1188, pues fue creado gracias a la activa iniciativa y al aval de la esposa de Alfonso II: Doña Sancha, convirtiendo el recinto en un monasterio de monjas hospitalarias, a la vez que en palacio y en panteón real[627]. Es justamente en su sala capitular en donde se despliega un contundente programa iconográfico tanto en los muros como en la zona de los arcos. Como ha indicado con razón Joan Sureda, mientras que la visión de las pinturas laterales del muro resultaba inevitable para los asistentes al capítulo, las de los arcos eran difíciles de contemplar por su altura, lo que implicaría un necesario detenimiento sobre las imágenes[628]. Realizadas entre 1196 y 1208, estas pinturas representan en los muros los ciclos de la vida de Cristo (Infancia, Pasión y Glorificación) pertenecientes al Nuevo

---

625. Joan Sureda indicó que hacen su aparición otros híbridos demoníacos y relacionados con los vicios humanos más allá del dragón como grifos, onocentauros, sirenas, monos, etc. Cfr. SUREDA, Joan: *op. cit.*, p. 392. Cfr. CONSIGLIERI, Nadia Mariana: «Entre lo leonino, lo draconiano y lo humanoide…», *op. cit.*, p. 95.

626. *Ibidem.*

627. SUREDA, Joan: *op. cit.*, pp. 51-52. "El indudable carácter palatino del conjunto se debe sin duda al patrocinio de la reina Sancha, fundadora en 1188 de este monasterio femenino de monjas de la Orden del Hospital de San Juan de Jerusalén. Al enviudar de su marido, Alfonso el Casto, se retiró allí, desde 1196 hasta su muerte en 1208, fecha que precisamente coincide con la dedicación del templo. Parece pues probable que las pinturas de la sala capitular se realizasen en este periodo de estancia de la reina o, como mucho que fueran terminadas tan sólo unos años después de su muerte, cuando el cenobio ejercía todavía de panteón real y lugar de retiro de princesas". CASTIÑEIRAS GONZÁLEZ, Manuel: «La pintura mural», *op. cit.*, p. 86.

628. SUREDA, Joan: *op. cit.*, p. 78.

Testamento, mientras que, en los arcos fueron plasmados episodios veterotestamentarios[629].

Especialmente quisiera centrarme en las pinturas de los arcos, puesto que en ellas, en medio de una flora y una fauna prominentes, aparecen muchos dragones. Éstas presentan tonos amarronados a causa de un incendio que sufrió el recinto monástico durante la guerra civil española[630], quedando además deteriorados algunos sectores[631]. Incorporan en su totalidad el *Estilo 1200*[632] con combinaciones formales clásicas y bizantinas[633], corriente que había logrado expandirse en puntos geográficos tan distantes como Italia e Inglaterra, teniendo una amplia propagación en la pintura mural hispana incluso en las áreas catalanas y aragonesas[634]. Estas pinturas fueron adjudicadas a un grupo de artífices activos en el *scriptorium* de Winchester en torno a 1180, con un maestro de ese círculo de origen inglés[635]. Evidentemente, se trató de pintores que poseían un gran conocimiento de las nuevas tendencias internacionales en auge en Inglaterra[636] y del bizantinismo aplicado en los mosaicos sicilianos de Palermo (Capella Palatina, Cefalú y Monreale)[637], trasladando ese estilo y esos diseños

---

629. *Ibidem.*

630. Oakeshott, Walter: *op. cit.*, p. 9.

631. Cabe destacar que en el Museu Nacional d'Art de Catalunya (MNAC), institución donde estas pinturas fueron trasladadas mediante la técnica de entelado de las superficies pictórico murarias (*strappo*) a inicios del siglo XX, se ha desarrollado un cuidadoso trabajo de recomposición de las áreas o sectores perdidos. Sin embargo, se ha aplicado un criterio de preservación del estado de cada pieza de manera no invasiva, puesto que las zonas faltantes las veremos pintadas en un color distinto, para que quede así visible la parte restaurada respecto de la original. Sobre la técnica del *strappo*, véase: Castiñeiras González, Manuel: «La pintura mural», *op. cit.*, pp. 23-24.

632. Consiglieri, Nadia Mariana: «Rethoric and agency around Iberian sacred landscapes (11th and 12th centuries)», *Revista Digital de Iconografía Medieval*, vol. X, 20 (2018), p. 57. Consultado en línea (09/06/2020), URL: <https://www.ucm.es/bdiconografiamedieval/numero-20>.

633. Oakeshott, Walter: *op. cit.*, p. 75.

634. Sureda, Joan: *op. cit.*, p. 53.

635. *Ibidem*, p. 52.

636. Prueba de ello es un interesante motivo iconográfico incluido en la pintura mural de estos arcos, que recoge la fábula inglesa de los gansos colgados, incluida cerca del episodio de Moisés recibiendo las tablas de la Ley. La integración de este tema tratado en los bestiarios ingleses, presente en la Biblia de Winchester y en los escritos de Giraldus Cambrensis, habla de la procedencia extranjera de estos artífices activos en Sigena y de sus considerables conocimientos sobre las novedades estilísticas y temáticas en el ámbito europeo y, por supuesto, inglés. Cfr. Oakeshott, Walter: *op. cit.*, p. 92.

637. Cfr. Kitzinger, Ernst: «The Mosaics of the Cappella Palatina in Palermo», *The Art Bulletin*, vol. 31, 4 (1949), pp. 269-292. Sobre este estilo bizantinista e internacional en los mosaicos de Palermo en relación también a las representaciones de animales, véase: Consiglieri, Nadia Mariana: «Entre el discurso religioso y la propaganda regia. Usos simbólicos y materiales de la imagen del camello en la cultura visual de Palermo en el siglo XII», en: *Palermo, cuore del*

por Winchester, antes de readaptarlos a las pinturas murales de Sigena[638]. Con gran probabilidad, este maestro inglés pudo nutrirse de los modelos de Palermo; luego retornar a Inglaterra, en donde habría trabajado en los *scriptoria* de St. Albans y de Winchester introduciendo estas novedades en su tierra oriunda, y posteriormente haberlos aplicado en Sigena, tratándose de un encargo de comitentes regios que también buscarían adquirir las últimas tendencias en pintura mural dentro de sus dominios[639].

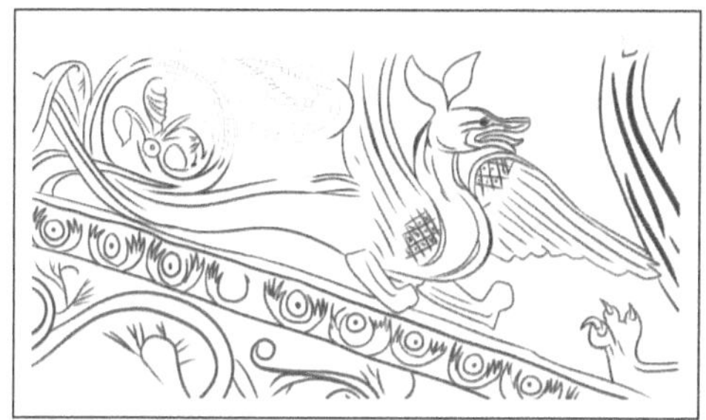

Figura 145. Esquema iconográfico de dragón en escena del Sacrificio de Isaac de la Sala capitular de Sigena. Fresco montado en lienzo, Museu Nacional d'Art de Catalunya (MNAC), Num. de catálogo: 068706-002, *ca.* 1196-1208. (Esquema iconográfico realizado por Verónica Velazco©)

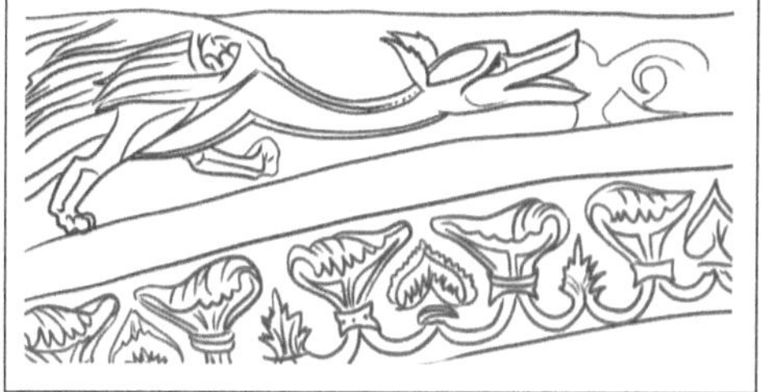

Figura 146. Esquema iconográfico de dragón en la escena de trabajo de Adán y Eva de la Sala capitular de Sigena. Fresco montado en lienzo, Museu Nacional d'Art de Catalunya (MNAC), Num. de catálogo: 068704-003, *ca.* 1196-1208. (Esquema iconográfico realizado por Verónica Velazco©)

Sin embargo, ¿dónde aparecen nuestros dragones? Pues estos extraños seres se muestran intercalados principalmente en los bordes o márgenes de los arcos, en tanto imágenes secundarias respecto de

---

Mediterraneo. Atti del Convegno. Palermo, 1 ottobre 2018. A cura di NUME Gruppo di Ricerca sul Medioevo Latino, in collaborazione con Università degli Studi di Palermo. Palermo Capitale Italiana della Cultura 2018©, Fondazione Sant'Elia, Monza, EBS Print, 2018, pp. 32-42.

638. OAKESHOTT, Walter: *op. cit.,* p. 113. Cfr. PÄCHT, Otto: *Cycle of English Frescoes in Spain.* Burlington Review, 1961.

639. OAKESHOTT, Walter: *op. cit.,* p. 116. También, en el marco de estos intercambios de artistas y obras entre Inglaterra y la Península Ibérica en este momento, cabe destacar el arribo del conocido Salterio anglocatalán (París, Bibliothèque Nationale, Ms.Lat.8846) realizado en Canterbury a fines del siglo XII a territorio aragonés hacia 1200. Cfr. CASTIÑEIRAS GONZÁLEZ, Manuel: «La pintura mural», *op. cit.,* p. 80.

las escenas bíblicas principales[640]. En estos espacios representativos hallamos una exuberante cantidad de flora de hojas carnosas y onduladas –incluso el estilo de las mencionadas flores pulpo–, semicírculos que sugieren formas montañosas y animales vinculados formalmente a los bestiarios contemporáneos[641]. Por ejemplo, en un borde inferior de la escena del sacrificio de Isaac, irrumpe un dragón pequeño con sus alas desplegadas (Figura 145). Su larga cola se encierra en forma de círculo y remata en una forma de hoja. Su actitud parece agresiva y está acompañado en uno de sus costados por un grifo, por lo que se puede sugerir que ambos animales envuelven un sentido negativo relacionado con lo bestial. También en la escena en donde Adán y Eva labran la tierra, un dragón surge agazapado, siguiendo la forma del arco y mordiendo un elemento vegetal (Figura 146).

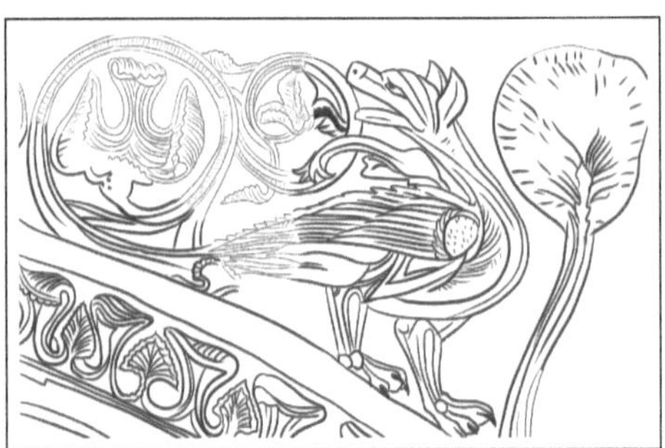

Figura 147. Esquema iconográfico de dragón en la escena de ofrendas de Caín y Abel de la Sala capitular de Sigena. Fresco montado en lienzo, Museu Nacional d'Art de Catalunya (MNAC), Num. de catálogo: 068704-004, *ca.* 1196-1208. (Esquema iconográfico realizado por Verónica Velazco©)

Su cuerpo estilizado y sus alas prolijamente detalladas responden a los prototipos dragontinos estudiados en los manuscritos iluminados. Asimismo, en la parte en donde se presentan las ofrendas de Caín y Abel, otro dragón parece "apoyado" sobre el arco, mostrando una actitud amenazante y agresiva, al volver su cabeza hacia atrás como queriendo estar a punto de atacar (Figura 147). Su cola se bifurca en dos roleos también vegetales y a su lado hay un árbol que indica, así como veíamos en el gran dragón de Arlanza[642], una ubicación en un entorno natural[643]. De hecho, otro dragón de las mismas caracte-

---

640. En estas pinturas se otorga una gran importancia a las figuraciones animalísticas en general, tanto de especies reales y cotidianas (entre ellos, peces, aves, ovejas, cabras, caballos, etc.) como de otros imaginarios que se conjugan con una predominante flora. SUREDA, Joan: *op. cit.,* p. 78.

641. CONSIGLIERI, Nadia Mariana: «Rethoric and agency …», *op. cit.,* pp. 58-59.

642. Véase Figura 142, en página 233.

643. Como señalé anteriormente, el estilo representativo de estos dragones está en clara relación con los diseños de la Biblia de Winchester, de donde se adjudica el origen artístico de los pintores de Sigena. En una letra capital L (Maestro del Génesis. Biblia de Winchester, Ms.17, Catedral de Winchester, ca. 1160-1175. Procedencia: Winchester, f.44r), que representa la escena de Moisés y

rísticas avanza desde un costado de la escena correspondiente a la
Embriaguez de Noé, con sus alas desplegadas, su cola fitomorfa extremadamente larga y queriendo enfrentar a un león (Figura 148).

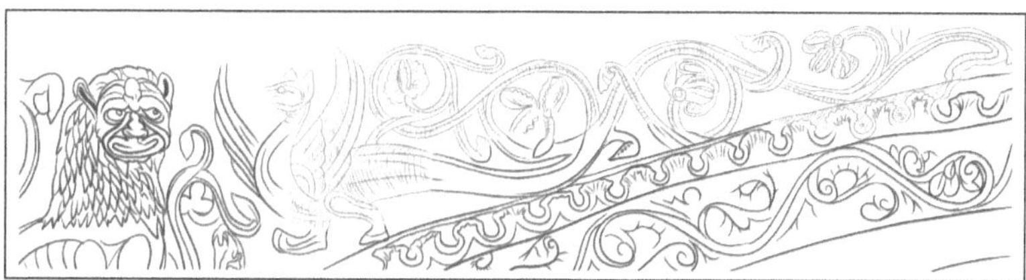

Figura 148. Esquema iconográfico de dragón en la escena de la embriaguez de Noé (detalle) de
la Sala capitular de Sigena. Fresco montado en lienzo, Museu Nacional d'Art de Catalunya
(MNAC), Num. de catálogo: 068706-001, *ca.* 1196-1208. (Esquema iconográfico realizado
por Verónica Velazco©)

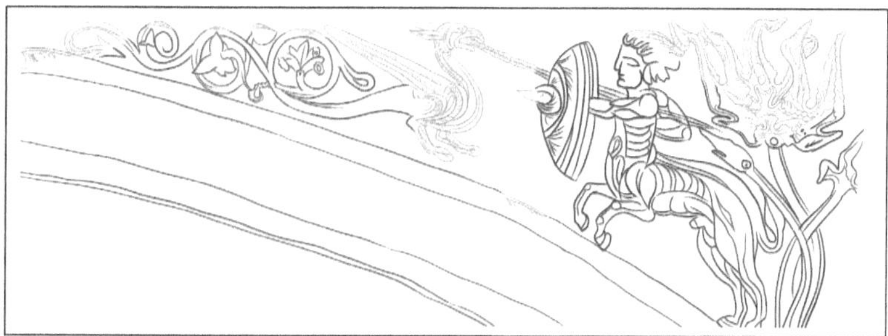

Figura 149. Esquema iconográfico de dragón luchando contra centauro en escena de Moisés y Aarón
que muestran al pueblo judío la columna de fuego (detalle) de la Sala capitular de Sigena. Fresco
montado en lienzo, Museu Nacional d'Art de Catalunya (MNAC), Num. de catálogo: 068706-
004, ca. 1196-1208. (Esquema iconográfico realizado por Verónica Velazco©)

Este concepto de embestida y agresión contra otro ser, es explícito
en los márgenes de la escena en la que Moisés y Aarón muestran al
pueblo judío la columna de fuego, pues encontramos la lucha entre
un dragón y un centauro (Figura 149). En la contienda, el dragón
resulta atravesado en su boca por la lanza del cuadrúpedo híbrido.
Si bien el motivo recuerda el famoso combate entre san Miguel y el
dragón, aquí la lucha parece contener un tono satírico semejante al
de las *drôleries*. Se trata de un enfrentamiento grotesco entre dos
seres heterogéneos vinculados igualmente al mal y a lo bestial, pues
incluso el centauro (criatura mitad hombre y mitad caballo) era la
contrafigura del caballero, encarnando ya desde tiempos antiguos la

---

la serpiente de bronce hay un curioso dragoncillo en lo alto del pilar que parece "representar" a la
serpiente. Incluso los maestros miniaturistas del siglo XII siguieron accesoriamente recurriendo
a la tradición isidoriana de asociar al dragón como un tipo de serpiente. Además, el diseño de
este dragón es bastante similar al de los de Sigena y a la mayoría de los prototipos dragontinos
acordes al *Estilo 1200* que examinamos ya en los manuscritos hispánicos.

fuerza no dominada por el espíritu sino por la irracionalidad[644]. También los bestiarios describían al centauro como una criatura avara, difamadora, irreligiosa, ingrata y corrupta[645], por lo que, más que pensar esta escena como la continua pugna de fuerzas antagónicas como ha sugerido Joan Sureda[646], considero que se trataría más bien de una nota grotesca sobre la lucha desleal entre los mismos seres malignos, revelando las propias contradicciones engañosas del mal.

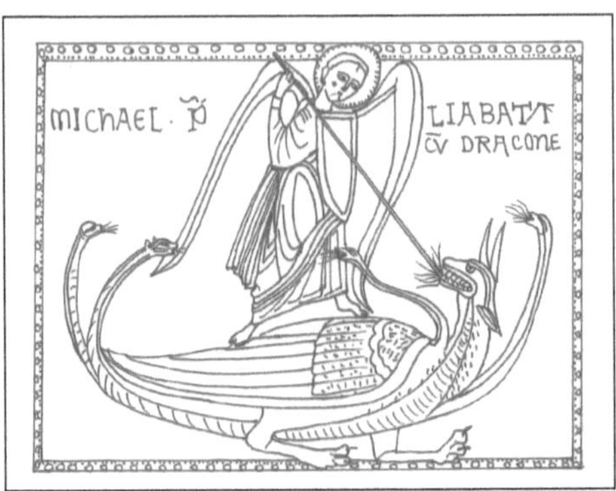

Figura 150. Esquema iconográfico de detalle de dragón siendo atacado por san Miguel del frontal de altar de los Arcángeles. Pintura al temple sobre tabla con relieves de escayola con corladura. 106 x 127 cm., Museu Nacional d'Art de Catalunya (MNAC), MNAC/MAC: 3913, *ca.* 1220-1250. (Esquema iconográfico realizado por Nadia Mariana Consiglieri©)

Por último, analizaré brevemente la inclusión de la figura del dragón en una pintura sobre tabla. Se trata del denominado Frontal de altar de los Arcángeles, que data de la primera mitad del siglo XIII, confeccionado en área catalana (Figura 150). Esta tipología de *pallium altaris* constó de piezas de madera talladas, enlucidas y policromadas mediante la técnica del temple. Eran objetos destinados a recubrir el frente del altar y así cumplir una función tanto decorativa como pedagógica y persuasiva al mostrar imágenes que reforzaban los discursos doctrinales desarrollados por los clérigos ante los fieles en el momento de la liturgia[647]. Las temáticas comunes pintadas en los frontales estaban intrínsecamente relacionadas, así, con las diferentes festividades litúrgicas[648]. Entre los siglos XII y XIII, el estilo de estas pinturas sobre tabla estuvo en completa sintonía con las novedades internacionales tanto por su apego al bizantinismo preponde-

---

644. CIRLOT, Juan Eduardo: *op. cit.,* p. 124.

645. SUREDA, Joan: *op. cit.,* p. 79.

646. *Ibidem.*

647. CONSIGLIERI, Nadia Mariana: «Entre lo leonino, lo draconiano y lo humanoide…», *op. cit.,* p. 95.

648. *Ibidem.* CAStIÑEIRAS GONZÁLEZ, Manuel: «La pintura sobre tabla», en CAStIÑEIRAS GONZÁLEZ, Manuel, & CAMPS I SORIA, Jordi: *El Románico en las Colecciones del MNAC.* Barcelona, Museu Nacional d'Art de Catalunya y Lunwerg Editores, 2008, p. 114.

rante en la configuración de las formas, como también por la amplia propagación de diseños anglonormandos en materia de iluminación de manuscritos[649].

Este frontal de altar se divide en cuatro partes rectangulares en las que aparecen plasmados Gabriel y Rafael trasladando las almas al cielo; san Miguel combatiendo contra el dragón y en otra escena psicopompa consistente en el pesaje de las almas, y finalmente se plasma su aparición en el Monte Gargano[650]. Me interesa resaltar aquí la imagen del enfrentamiento entre el arcángel y el dragón, una iconografía ampliamente difundida[651] en este periodo que ya hemos explorado en el mundo de los manuscritos. El diseño del monstruo dragontino muestra un sincretismo entre los modelos dragontinos del siglo XII y aquellos novedosos de la primera mitad del siglo XIII. Este dragón está conformado por un rotundo cuerpo bípedo y alado, con tres cabezas que surgen de su tronco y con otras dos pequeñas que derivan de su cola bifurcada. El santo es atacado por una de éstas, que muerde una de sus alas, mientras el guerrero alancea las fauces de la cabeza mayor[652]. De esta manera, la misma disposición corporal de la bestia junto con la acción de la figura antropomorfa del santo generan una imagen cerrada[653] y circular de ataque y contrataque que plantea una relación totalmente dinámica entre la dupla. Un importante componente de hibridez enmarca a la figura del dragón, no sólo por la atención puesta en representar su epidermis irregular y reptiliana, sino también por el carácter devorador que muestra a través de la actitud salvaje traspuesta a sus fauces, colmillos, lenguas y cuernos. En este sentido, esta imagen condensa no sólo la tipología dragontina propia del *Estilo 1200*, sino también una mirada más atenta por plasmar texturas y elementos corpóreos del dragón extraídos de la observación de otras especies animalísticas, en consonancia con la revisitación de las perspectivas naturalistas aristotélicas difundidas ya con mayor profusión hacia la primera mitad del siglo XIII. El dragón busca ya apelar a un mayor grado de monstruosidad, pero a la vez de verosimilitud, para así evidenciar la potente amenaza de lo diabólico, aunque mitigado constantemente por la fe cristiana. Ese es

---

649. ALCOY, Rosa: «Les taules pintades a Catalunya i els corrents anglesos a la fi del romànic», *Lambard,* VII (1993-1994), pp. 139-156.

650. RÉAU, Louis: *op. cit.*, p. 73.

651. *Ibidem*, p. 71.

652. CONSIGLIERI, Nadia Mariana: «Entre lo leonino, lo draconiano y lo humanoide...», *op. cit*, pp. 97-98.

653. *Ibidem*, p. 98.

el mensaje que emana de esta imagen en relación también con el programa iconográfico total en la que está circunscrita: un llamamiento a los fieles a luchar permanentemente contra los propios demonios o dragones internos para así liberar las almas.

❧ CONCLUSIONES ❧

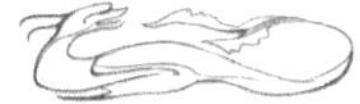

A partir de la presente investigación sobre este variado *corpus* de manuscritos iluminados de la Plena Edad Media hispánica, es posible esgrimir algunas reflexiones finales. Primeramente, quisiera volver a destacar la enorme diversidad de figuras dragontinas que hemos podido apreciar en los folios de los diferentes códices analizados. Aunque evidentemente, avanzado el siglo XII y ya en la primera mitad del XIII, el típico dragón románico (bípedo, alado y con largo cuello y cola) se instaló en los *scriptoria* peninsulares como prototipo dragontino por excelencia, y comenzó a experimentar una creciente fusión con las innovaciones propuestas desde el exterior por el *Estilo 1200*. En este punto, fue fundamental el proyecto monárquico impulsado por Alfonso VIII y Leonor Plantagenet en lo que refiere al establecimiento de crecientes y fructíferos contactos entre Castilla y León con los reinos anglonormandos y francos. El constante incremento de esta apertura hacia el exterior fue un factor que propició la introducción del *Estilo 1200* en la Península Ibérica, incidiendo sobre los modelos dragontinos utilizados en los procesos de iluminación codicológicos. No obstante, comprobamos cómo esta nueva imagen del dragón instalada gradualmente en territorio ibérico también convivió de manera intermitente con las tradicionales fórmulas de representación dragontina con predominio de rasgos serpentinos, siguiendo los parámetros isidorianos. Sumado a ello, apreciamos cómo la iconografía bélica de san Miguel combatiendo contra el dragón logró afianzarse de manera progresiva en la cultura visual medieval de este momento.

Podríamos preguntarnos en este punto de reflexión por qué los miniaturistas hispánicos decidieron utilizar alternativamente diferentes modelos de representación dragontina, además de generar constantes alteraciones y cambios en la figura de este animal imaginario. De hecho, el dragón pasó a ser la bestia híbrida por excelencia, al estar conformado por diferentes partes corporales de animales disímiles como las serpientes, los reptiles, los leones, los pájaros o las águilas, entre otros, generando un resultado siempre versátil y monstruoso. La respuesta a este interrogante debe ser pensada justamente en relación con los usos y las funciones que estas figuras debieron cumplir en cada manuscrito en particular. En este sentido, vimos cómo los miniaturistas fueron tomando diferentes decisiones plásticas al involucrar al dragón en las representaciones de los códices, ubicándolo por ejemplo, en una miniatura central con el objetivo de que ilustre o encarne su naturaleza diabólica y negativa en base al relato presente en el texto; o en las letras capitales y en diversas representaciones marginales, para producir un impacto visual en el monje lector, induciéndolo de manera dinámica a leer el contenido textual así como también a recordar ciertas partes o poder ubicarlas rápidamente en el recorrido de la mirada por el folio. Así, su constante inclusión en el aparato paratextual de estos manuscritos iluminados estuvo totalmente vinculada a la maleabilidad y a la ductilidad propias del cuerpo dragontino. Estas características permitieron que su figura pudiera adaptarse sin ninguna dificultad y de manera siempre dinámica a cualquier inicial, intercolumnio o espacio marginal de los folios, inclusive realizando acciones de indicación de lectura (como señalar una palabra con la lengua o enmarcar la parte final de un párrafo con la sutileza de su cola). En ello radicó el gran éxito que tuvo el dragón en la iluminación de estos códices hispánicos en este periodo y es por esos motivos que lo reconocemos asiduamente representado.

Es importante recordar igualmente que los siglos XII y XIII implicaron una mayor producción de libros y también una renovación en las técnicas y en los recursos utilizados a los fines de la práctica de la lectura. Paralelamente al ámbito monástico, es sustancial volver a mencionar el gran crecimiento de las universidades y con ello la circulación de nuevos modos de lectura, de comprensión textual, de teorías y de textos que redescubrieron la corriente aristotélica de pensamiento en torno a la naturaleza, el mundo y la visión humana. Este cambio de enfoque sobre la realidad y el universo natural, sus criaturas y sus seres resultó nodal. La observación práctica y empírica pasó a estar a la orden del día y, como dijimos, a esto le fue sumado el éxito de los bestiarios iluminados circulantes por toda Europa. El resultado fue una inevitable visión más verosímil sobre los animales, repercutiendo ello en sus modos de representación. Estos aspectos los observamos claramente en las formas dragontinas de fines del siglo XII e inicios del siglo XIII, en las que existe ya una intención clara por parte de los miniaturistas de gestar una imagen más naturalista, creíble y verás de un ser, no obstante imaginario, como lo es el dragón. Para lograrlo, utilizaron recursos pictóricos diversos de imitación de escamas, púas, garras y otras partes corporales del dragón basándose evidentemente en una práctica de mayor detenimiento, observación y comprensión visual de ciertas especies existentes y conocidas (serpientes, anfibios, reptiles). En efecto, las prácticas consistentes en percudir, raspar, recortar, borrar o directamente destruir algunas partes de las imágenes dragontinas guardan una estrecha relación con la efectividad y la eficacia que lograron tener cada vez más estas criaturas en los dispositivos pictóricos. También, el recurso de dejar partes significativas de los dragones como colas, cuellos y patas por fuera del marco de las miniaturas o de las letras capitales estuvo en vínculo con este propósito de lograr un mayor impacto visual en la construcción de su imagen.

Por otra parte, todos los demás recursos que distinguimos en las áreas paratextuales (adaptación al marco pintado de la letra o su transgresión; posición entrelazada y especular; acciones de morder y ser mordido; heterogeneidad e hibridación máxima de sus formas, entre otros) funcionaron no sólo como elementos atractivos a la lectura, sino también como aparatos agentes destinados a crear una imagen activa, dinámica y más "creíble" de este ser imaginario. Los propósitos de efectividad y eficacia circunscribieron permanentemente la edificación de la figura dragontina ya en estos momentos. Tal es así, que la identificamos también expresada en otros soportes de mayor tamaño y de visibilidad compartida como lo son la pintura mural en recintos monásticos o monástico-palaciegos y la pintura sobre tabla destinada a decorar la parte frontal del altar para ser vista en situaciones litúrgicas. En estos otros soportes igualmente atravesados por la pintura y sin lugar a duda acompañados también por diversas expresiones escultóricas, los dragones lograron adquirir, aun en zonas secundarias, una importante impronta e identidad zoomorfa. Combinados y en interacción constante con elementos vegetales ondulados, curvos y sinuosos propios del *Estilo 1200*, los diseños dragontinos obtuvieron mayor movimiento y energía, pasando a ser criaturas progresivamente más "vivas" y cotidianas en el imaginario medieval hispánico de los siglos XII y XIII.

CORPUS GENERAL DE MANUSCRITOS TRATADOS

Corpus principal de manuscritos hispánicos

Antifonario. Real Monasterio de Santa María de Las Huelgas, Ms VIII, siglo XIII, Procedencia: España? Inglaterra?.

Beato de Cardeña. Madrid, Museo Arqueológico Nacional, MS 2; New York, Metropolitan Musuem of Art; Madrid, Coll. Francisco de Zabálburu y Basabe; Girona, Museu d'Art de Giron, Num. Inv, 47, *ca.* 1180, Procedencia: Castilla, San Pedro de la Cardeña?, Toledo?

Beato de Las Huelgas. New York, Pierpont Morgan Library. M. 429, *ca.* 1220. Procedencia: Burgos, Santa María la Real de Las Huelgas (?); Toledo (?).

Beato de Manchester. Manchester, John Rylands University Library. Ms. lat. 8, *ca.* 1175. Procedencia: Área de Burgos, San Pedro de la Cardeña (?).

Beato de Navarra. París, Bibliothèque Nationale de France. Ms. Nouv. Acq, lat.1366, finales del siglo XIII. Procedencia: Navarra.

Beato de San Andrés de Arroyo. París, Bibliothèque Nationale de France. Ms. nouv. Acq. Lat. 2290, *ca.* 1220-1235. Procedencia: Área de Burgos, San Pedro de la Cardeña (?).

Beato de San Millán de la Cogolla. Madrid, Real Academia de la Historia. Cod. 33. Parte mozárabe (Último cuarto del siglo X; RAH 33); Parte románica (Primer cuarto del siglo XIII; RAH 33). Procedencia: Parte mozárabe (Castilla?); Parte románica (San Millán de la Cogolla?).

Beato de Silos. Londres, The British Library. Ms. Add. 11695 (Escritura terminada en 1091; miniaturas terminadas el 1 de julio de 1109). Procedencia: Santo Domingo de Silos.

Beato de Turín. Turín, Biblioteca Nazionale Universitaria. Sg. I.II.1., primer cuarto del siglo XII. Procedencia: zona catalana.

Biblia antigua. Real Monasterio de las Huelgas, Ms.5, último cuarto del siglo XII- inicios del siglo XIII.

Biblia. A.T. Psalterium/ Liber canticorum. Madrid, Real Academia de la Historia, cod. 64 bis, siglo X- con agregados del siglo XII. Procedencia: San Millán de la Cogolla.

Biblia de Burgos. Burgos, Biblioteca Pública del Estado, Ms. 846, *ca.* 1175. Procedencia: Burgos, San Pedro de la Cardeña (?).

Biblia de León de 1162. León, Archivo de la Real Colegiata de San Isidoro de León, MS. III.1, 1162. Vols. I y II. Procedencia: San Isidoro de León.

Biblia. N.T. Epístolas de Pablo. Madrid, Real Academia de la Historia, cod. 42, siglo XIII. Procedencia: San Millán de la Cogolla.

Biblia de San Millán de la Cogolla. Madrid, Real Academia de la Historia, cod. 3, inicios del siglo XIII. Procedencia: San Millán de la Cogolla.

Codex Calixtinus. Santiago de Compostela, Archivo de la Catedral, fines del siglo XII, *ca.* 1160-1180.

Comentario sobre el valor de los salmos. Real Monasterio de las Huelgas inicios del siglo XIII. Procedencia: Las Huelgas.

Corpus pelagianum et alia scripta minora. Madrid, Biblioteca Nacional de España, MSS. 1358, *ca.* 1101 y 1200. Procedencia: León?

Corpus Pelagianum et alia scripta minora. Madrid, Biblioteca Nacional de España, MSS. 2805, *ca.*1101 -1200. Procedencia: León?

Homilías. León, Archivo de la Real Colegiata de San Isidoro de León, MS. IX, fines del siglo XII. Procedencia: San Isidoro de León.

Hystoria scolastica / Petrus Comestor. Madrid, Real Academia de la Historia, cod. 11, siglo XIII. Procedencia: San Millán de la Cogolla.

Liber beati Gregorii Pape Romensis in expositione beati Job. Madrid, Real Academia de la Historia, cod. 1, inicios del siglo XIII. Procedencia: San Millán de la Cogolla.

Leccionario cisterciense (Lectionarium misae). Real Monasterio de Santa María de las Huelgas, Las Huelgas Ms. 49, siglo XII. Procedencia: Las Huelgas.

Martirologio. León, Archivo de la Catedral de León, MS.38, último cuarto del siglo XII. Procedencia: San Isidoro de León.

Martirologio. Real Monasterio de Santa María de las Huelgas, *ca.* 1200. Procedencia: Francia?, Inglaterra?

Moralia in Job. León, Archivo de la Real Colegiata de San Isidoro de León, MS. X.2, fines del siglo XII- inicios del siglo XIII. Procedencia: San Isidoro de León.

Opera Sancti Martini Legionensis. León, Archivo de la Real Colegiata de San Isidoro de León, MSS. XI.1, fines del siglo XII y primeros años del siglo XIII, Tomos I y II. Procedencia: San Isidoro de León.

Pedro Lombardo. Comentarios a las Epístolas de San Pablo. Salamanca, Biblioteca General de la Universidad, MS. 558, *ca.* 1180-1200. Procedencia: León?, Francia?, Hispania?

Sacramentario. León, Archivo de la Catedral de León, MS.27, *ca.* 1175-1185 -siglo XIII. Procedencia: San Isidoro de León.

Vita sancti Brendanii. Madrid, Real Academia de la Historia, cod. 10 (1), siglos XII-XIII. Procedencia: San Millán de la Cogolla.

Vitae sanctorum. Madrid, Real Academia de la Historia, cod. 10 (2), primera mitad del siglo XIII. Procedencia: San Millán de la Cogolla.

Corpus secundario de manuscritos foráneos

Biblia de Lilienfield. Viena, ÖNB, cod. ser. N. 2594, segundo cuarto del siglo XIII. Procedencia: Monasterio cisterciense de Lilienfeld, Baja Austria.

Códice de leyes eclesiásticas. Londres, British Library, Ms. Cotton Claudius E.V., *ca.* 1125. Procedencia: Canterbury.

Evangeliario. Londres, British Library, Royal MS.I.B.XI, mediados del siglo XII. Procedencia: Abadía de San Agustín, Canterbury.

Misal de Stammheim. Paul Getty Museum, Ms.64, Hildesheim, *ca.* 1170.

Psalter ('The Alphonso Psalter'), Londres, The British Library, Additional MS 24686, *ca.* 1284-1316. Procedencia: Inglaterra.

The Winchester Psalter. Londres, The British Library, Cotton MS Nero C IV, mediados del siglo XII- segunda mitad del siglo XIII. Procedencia: probablemente Winchester, Inglaterra.

Fuentes

ÁLVARO DE CÓRDOBA: *El Indiculus Luminosus. Álvaro de Córdoba y la Polémica contra el islam*. Córdoba, Ed. Delgado León, F. Caja Sur, 1996.

ARISTÓTELES: *Historia de los animales. Investigación sobre los animales*. Introducción de GARCÍA GUAL, Carlos; traducción y notas de PALLÍ BONET, Julio. Madrid, Gredos, 1992.

Beati Liebanensis Tractatus de Apocalipsin. Edición de GRYSON, Roger, & DE BIÈVRE, Marie-Claire. Turnhout, Brepols, col. «Corpus Christianorum. Series Latina» (CVII B), t. 1, 2012.

Beati Liebanensis Tractatus de Apocalipsin. Edición de GRYSON, Roger, & DE BIÈVRE, Marie-Claire. Turnhout, Brepols, col. «Corpus Christianorum. Series Latina» (CVII C), t. 2, 2012.

BEATO DE LIÉBANA: *Obras Completas y Complementarias. I. Comentario al Apocalipsis. Himno "O Dei Verbum". Apologético*. GONZÁLEZ ECHEGARAY, Joaquín, DEL CAMPO, Alberto, & FREEMAN, Leslie G. (eds.). Madrid, Biblioteca de Autores Cristianos, 2004.

BERCEO, Gonzalo de: *La vida de Santo Domingo de Silos, Obras Completas IV*, Estudio y edición crítica por Dutton, Brian, London, Tamesis Books Limited, 1978.

CARMODY, Francis J. (Ed.): «Physiologus Latinus Versio Y», *University of California Publications in Classical Philology*, Vol. XII (1933-1944), pp. 95-134.

CLARK, Willene B.: *A Medieval Book of Beasts. The second-family Bestiary: Commentary, art, text and translation*, Woodbridge, The Boydell Press, 2006.

DOCAMPO ÁLVAREZ, Pilar y VILLAR VIDAL, José Antonio: «El fisiólogo latino: Versión B. 1 introducción y texto latino», *Revista de literatura medieval*, n° 15, 1 (2003), pp. 9-54. Consultado en línea (20/09/2019), URL: http://hdl.handle.net/10017/5472

DOCAMPO ÁLVAREZ, Pilar y VILLAR VIDAL, José Antonio: «El Fisiólogo latino: versión B. 2. Traducción y comentarios», *Revista de literatura medieval*, n° 15, 2 (2003), pp. 107-157. Consultado en línea (20/09/2019), URL: http://hdl.handle.net/10017/5436

El Fisiólogo. Bestiario Medieval. Introducción y notas de GUGLIELMI, Nilda. Buenos Aires, EUDEBA, 1971.

ELIANO CLAUDIO: *Historia de los animales. Libros I-VIII*. Introducción, traducción y notas de DÍAZ-REGAÑÓN, J. M.ª; revisión de GARCÍA GUAL, C. Madrid, Gredos, 1984.

IACOPO DA VARAZZE: *Legenda aurea*. Con le miniature del codice Ambrosiano C 240 inf. Testo critico riveduto e commento a cura di Giovanni Paolo MAGGIONI. Traduzione italiana coordinata da Francesco STELLA. Edizione Nazionale dei Testi Mediolatini, 20, Firenze, SISMEL, Edizioni del Galuzzo; Milano, Biblioteca Ambrisiana, 2007, Volume I / Volume II.

MALAXECHEVERRÍA, Ignacio: *Bestiario medieval*. Madrid, Ediciones Siruela, 1999.

PLINE L'ANCIEN: *Histoire Naturelle, Livre VIII*. Texte établi, traduit et commenté par ERNOUT, Alfred. París, Les Belles Lettres, 2003.

SAN ISIDORO DE SEVILLA: *Etimologías*. Texto y notas de OROZ RETA, José, & MARCOS CASQUERO, Manuel A.; introducción de DÍAZ Y DÍAZ, Manuel C. Madrid, Biblioteca de Autores Cristianos, 2009.

SANCTI AVRELII AGVSTINI: *De civitate dei, Libri XI-XXII*, Corpus Christianorum Series Latina XLVII, Turnholti, Brepols, 1955.

SANCTI MARTINI LEGIONENSIS: *Via Sancti Martini*. Migne, PL 208.

SANTIAGO DE LA VORÁGINE: *La Leyenda Dorada*, Traducción del latín por MACÍAS, José Manuel, Madrid, Alianza, 1990, Vols. 1 y 2.

SAINT THOMAS D'AQUIN: *Somme Théologique. Les origins de l'homme. 1ªquestions 90-102*. Traduction Française par A. Patfoort, O.P. Notes et appendices par H.D. Gardeil, O.P., París, Les Éditions du Cerf, 1963.

Scripta medii aevi de Vita Isidori Hispalensis Episcopi, edidit José Carlos Martín-Iglesias, Corpus Christianorum Continuatio Mediaeualis 230 CCCM 281. Turnhout, Brepols Publishers, 2016.

WHITE, T.H. (Translator): *The Book of Beasts: Being a Translation from a Latin Bestiary of the 12th Century*. New York, Dover Publications, Inc., 2010.

Bibliografía

ACKER, Paul: "Death by Dragons", *Viking and Medieval Scandinavia*, Vol. 8, 2012, pp. 1-21.

AILLET, Cyrille: *Les mozarabes. Chriſtianisme, islamisation et arabisation en Péninsule Ibérique (IXe-XIIe siècle)*. Madrid, Casa de Velázquez, 2010.

ALAMICHEL, Marie-Françoise, & BIDARD, Josseline: «Commentaire», en ALAMICHEL, Marie-Françoise, & BIDARD, Josseline (trads.): *Des Animaux et des Hommes*. París, Cultures et Civilisations médiévales XVII, Presses de l'Université de París Sorbonne, 1998, pp. 9-36.

ALCATENA, María Eugenia: "El enfrentamiento con la serpiente en *La Gran conquiſta de Ultramar*. Reelaboración del motivo de la lucha con el dragón en el horizonte de las cruzadas", en BASARTE, Ana y BARREIRO, Santiago (Eds.): *Actas de las XIII Jornadas Internacionales de Eſtudios Medievales y XXIII Curso de Actualización en Hiſtoria Medieval*, Buenos Aires, Saemed, 2014, pp. 197- 202.

ALCOY, Rosa: «Les taules pintades a Catalunya i els corrents anglesos a la fi del romànic», *Lambard*, VII (1993-1994), pp. 139-156.

ALDRED, Cyril: *Arte egipcio*. Barcelona, Editorial Deſtino, 1993.

ALEXANDER, Jonathan James Graham: *Insular Manuscripts. 6th to the 9th Century*. London, Harvey Miller, 1978.

ÁLVAREZ CAMPOS, Sergio: «Fuentes literarias de Beato de Liébana», en VV. AA (GRUPO DE Eſtudios BEATO DE LIÉBANA): *Actas del Simposio para el eſtudio de los códices del 'Comentario al Apocalipsis' de Beato de Liébana* *. Tomo I. Madrid, Joyas bibliográficas, 1978, pp. 117-162.

ÁLVAREZ PALENZUELA, Vicente Ángel: «Una iglesia europea entre Roma y Cluny», en José Ignacio de la Iglesia Duarte (Coord.): *García Sánchez III "el de Nájera" un rey y un reino en la Europa del siglo XI: XV Semana de Eſtudios Medievales*, Nájera, *Tricio y San Millán de la Cogolla del 2 al 6 de agoſto de 2004*, Logroño, Inſtituto de Eſtudios Riojanos, 2005, pp. 73-92.

ARROYO CUADRA, Sara: «La iconografía del dragón y del grifo: mismo origen, diſtinto deſtino», *Eikon/Imago*, 1 (2012), pp. 105-118. Consultado en línea (27/01/2019) URL: http://capire.es/eikonimago/index.php/eikonimago/article/view/9.

ATAÇ, Mehmet-Ali: *The Mythology of Kingship in Neo-Assyrian Art*. Cambridge, Cambridge University Press, 2010.

AYALA MARTÍNEZ, Carlos de: *Sacerdocio y Reino en la España Altomedieval. Iglesia y poder político en el Occidente peninsular, siglos VII-XII*. Madrid, Sílex, 2008.

BACCI, Michele: «Agency ed esperienzia religiosa: alcune riflessioni», *Codex Aquilarensis, Reviſta de Arte Medieval*, 29 (2013), pp. 15-21.

BALTRUŠAITIS, Jurgis: «Ali di pipiſtrello e demoni cinesi», en *Il medioevo fantaſtico*. Milano, 1973, pp. 157-194.

BALTRUŠAITIS, Jurgis: *La Edad Media fantáſtica. Antigüedades y exotismos en el arte gótico*. Madrid, Ediciones Cátedra, 1987.

BANGO TORVISO, Isidro G.: «Arquitectura de la décima centuria: ¿Repoblación o mozárabe?», *Goya: Reviſta de arte*, N° 122, 1974, pp. 68-75.

BANGO TORVISO, Isidro G.: «Las llamadas iglesias de peregrinación o el arquetipo de un eſtilo», en BANGO TORVISO, Isidro G., NÚÑEZ RODRÍGUEZ, Manuel, & GARCÍA IGLESIAS, José Manuel: *El Camino de Santiago, Camino de Eſtrellas*. Madrid, Fundación Caixagalicia, 1994, pp. 11-75.

BARREIRO, Santiago: "The Hoard Makes the Dragon. Fáfnir as a Shapeshifter", in BARREIRO, Santiago and CORDO RUSSO, Luciana (eds.), *Shapeshifters in Medieval North Atlantic Literature*. Amſterdam, Amſterdam University Press, 2019, pp. 53-82.

BARTON, Simon: *The Ariſtocracy in twelfth-century León and Caſtile*. Cambridge, Cambridge University Press, 1997.

BASCHET, Jérôme, & SCHMITT, Jean-Claude (dirs.): «L'Image: fonctions et usages des images dans l'Occident médiéval», *Actes du 6e «International workshop on Medieval Societies», Centre Ettore Majorana (Erice, Sicile, 17-23 octobre 1992)*. Paris, Le Léopard d'or, 1996.

BASCHET, Jérôme: «Satan ou la majeſté maléfique dans les miniatures de la fin du Moyen Age», en NABERT, Nathalie (dir.): *Le mal et le diable. Leurs figures à la fin du Moyen Age*. Paris, Beauchesne, 1996, pp. 187-210.

BEEKMAN TAYLOR, Paul: "The dragon's treasure in Beowulf", *Neuphilologische Mitteilungen*, Vol. 3 XCVIII, 1997, pp. 229-240.

BELTING, Hans: *Antropología de la imagen*. Buenos Aires, Katz Editores, 2007.

BELTING, Hans: *Imagen y culto. Una historia de la imagen antes de la era del arte*. Madrid, Akal, 2009.

BERG, Knut: *Studies in twelfth century tuscan illumination*. Oslo, Universitetsforlaget, 1968.

BLACK, Jeremy, & GREEN, Anthony: *Gods, demons and symbols of ancient Mesopotamia*. Londres, The British Museum Press, 2003.

BOTEY, Lambert, & CIRLOT, Victoria (publ.): *El Drac en la cultura medieval. Exposició Fundació Caixa de Pensions. Catálogo de la exposición*. Barcelona, Fundació Caixa de Pensions, 1987.

BOVEY, Alice: *Monsters & Gotesques in Medieval Manuscripts*. Toronto/Buffalo, University of Toronto Press, 2002.

BROWN, Peter: *El primer milenio de la cristiandad*. Barcelona, Crítica, 1997.

BURUCÚA, José Emilio: *Historia, arte, cultura. De Aby Warburg a Carlo Ginzburg*. Buenos Aires, Fondo de Cultura Económica, 2002.

CAHN, Walter: «St. Albans and the Channel Style», en VV.AA.: *The year 1200: A Symposium*. New York, The Metropolitan Museum of Art, 1975, pp. 187-230. Ebook consultado en línea (23/10/2019) URL: https://books.google.com.ar/books?id=1RIAeAMUJywC&printsec=frontcover&hl=es&source=gbs_ge_summary_r&cad=0#v=onepage&q&f=false

CAMILLE, Michael: *Image on the Edge. The Margins of Medieval Art*. London, Reaktion Books, 1992.

CAMPAGNE, Fabián Alejandro: «El modelo cristiano de superstición», en *Homo Catholicus. Homo Superstitiosus. El discurso anti-supersticioso en la España de los siglos XV a XVIII*. Buenos Aires, Miño y Dávila, 2002, pp. 37-133.

CARDINI, Franco: «Il drago», en BOTEY, Lambert, & CIRLOT, Victoria (publ.): *El Drac en la cultura medieval. Exposició Fundació Caixa de Pensions. Catálogo de la exposición*. Barcelona, Fundació Caixa de Pensions, 1987, pp. 40-45.

CARMONA MUELA, Juan: *Iconografía de los santos*. Madrid, Ediciones Istmo, 2003.

CARPIN, Attilio: *Angeli e demòni nella sintesi patristica di Isidoro di Siviglia*. Bologna, Edizioni Studio Domenicano, 2004.

CARRUTHERS, Mary: *The Craft of Thought. Meditation, Rhetoric, and the Making of Images, 400-1200*. Cambridge, Cambridge University Press, 1998.

CARVAJAL GONZÁLEZ, Helena: "San Jorge", *Revista Digital de Iconografía Medieval,* vol. IV, nº 7, (2012), pp. 21-28. [Consultado en línea el 23/05/2020; URL: https://www.ucm.es/bdiconografiamedieval/san-jorge].

CASTELLI, Enrico: *Lo demoníaco en el arte. Su significado filosófico*. Madrid, Ediciones Siruela, 2007.

CASTIÑEIRAS GONZÁLEZ, Manuel, & CAMPS I SORIA, Jordi: *El Románico en las Colecciones del MNAC*. Barcelona, Museu Nacional d'Art de Catalunya y Lunwerg Editores, 2008.

CASTIÑEIRAS GONZÁLEZ, Manuel: «La pintura mural», en CASTIÑEIRAS GONZÁLEZ, Manuel, & CAMPS I SORIA, Jordi: *El Románico en las Colecciones del MNAC*. Barcelona, Museu Nacional d'Art de Catalunya y Lunwerg Editores, 2008, pp. 21-87.

CASTIÑEIRAS GONZÁLEZ, Manuel: «La pintura sobre tabla», en CASTIÑEIRAS GONZÁLEZ, Manuel, & CAMPS I SORIA, Jordi: *El Románico en las Colecciones del MNAC*. Barcelona, Museu Nacional d'Art de Catalunya y Lunwerg Editores, 2008, pp. 89-135.

CAVALLO, Guglielmo: *Testo e immagine nell'alto medioevo*. Roma, Spoleto, 1994.

CERDA, José Manuel: «Leonor Plantagenet y la consolidación castellana en el reinado de Alfonso VIII», *Anuario de Estudios Medievales*, 42/2 (2012), pp. 629-652.

CERDA, José Manuel: «The marriage of Alfonso VIII of Castile and Leonor Plantagenet: the First Bond between Spain and England in the Middle Ages», en AURELL, Martin (ed.): *Les Stratégies matrimoniales (IXe-XIIIe siècle). Book series: Histoires de famille. La parenté au Moyen Age, 14*. Turnhout, Brepols Publishers, 2013, pp. 143-153.

CERDA, José Manuel: «Matrimonio y patrimonio. Las arras de Leonor Plantagenet, reina consorte de Castilla», *Anuario de Estudios Medievales*, 46/1 (2016), pp. 63-96.

CHARBONNEAU-LASSAY, Louis: *El Bestiario de Cristo. El simbolismo animal en la Antigüedad y la Edad Media*. Vol. 1. Barcelona, Sophia Perennis, 1997.

CHARTIER, Roger: «Prólogo a la edición española», en *El mundo como representación. Estudios sobre historia cultural*. Barcelona, Editorial Gedisa, 1992.

CHEVALIER, Jean (dir.), & GHEERBRANT, Alain (col.): *Diccionario de los Símbolos*. Barcelona, Herder, 1986.

CIRLOT, Victoria: «El dragón en la cultura medieval (Preámbulo a una exposición)», en BOTEY, Lambert, & CIRLOT, Victoria (publ.): *El Drac en la cultura medieval. Exposició Fundació Caixa de Pensions. Catálogo de la exposición*. Barcelona, Fundació Caixa de Pensions, 1987, pp. 20-25.

CIRLOT, Juan Eduardo: *Diccionario de símbolos*. Madrid, Editorial Labor, 1994.

«Coloquio», en VV. AA. (GRUPO DE ESTUDIOS BEATO DE LIÉBANA): *Actas del Simposio para el estudio de los códices del 'Comentario al Apocalipsis' de Beato de Liébana **, Tomo I. Madrid, Joyas bibliográficas, 1978, pp. 69-73.

CONSIGLIERI, Nadia Mariana: «Animalia y discursos apocalípticos en los programas artísticos regios de Fernando I y Alfonso VI (siglos XI-XII)», *Temas Medievales*, 24 (2016), pp. 45-73.

CONSIGLIERI, Nadia Mariana: «Entre lo leonino, lo draconiano y lo humanoide. Notas sobre la representación pictórica de bestias y diablos en el área castellana y aragonesa (siglos XII-XIII)», *Eikón Imago*, 10 (2016), pp. 69-106. Consultado en línea URL: http://capire.es/eikonimago/index.php/eikonimago/article/view/206.

CONSIGLIERI, Nadia Mariana: «Rethoric and agency around Iberian sacred landscapes (11th and 12th centuries)», *Revista Digital de Iconografía Medieval*, vol. X, 20 (2018), pp. 43-72. Consultado en línea (09/06/2020), URL: https://www.ucm.es/bdiconografiamedieval/numero-20

CONSIGLIERI, Nadia Mariana: «Entre el discurso religioso y la propaganda regia. Usos simbólicos y materiales de la imagen del camello en la cultura visual de Palermo en el siglo XII», en: *Palermo, cuore del Mediterraneo. Atti del Convegno. Palermo, 1 ottobre 2018*. A cura di NUME Gruppo di Ricerca sul Medioevo Latino, in collaborazione con Università degli Studi di Palermo. Palermo Capitale Italiana della Cultura, Fondazione Sant'Elia, Monza, EBS Print, 2018, pp. 32-42.

CONSIGLIERI, Nadia Mariana: "Ritmos y divergencias de mamíferos y aves. Nuevos aportes al estudio de la retórica animalística en las piezas del Tesoro de San Isidoro de León", en: LOBATO FERNÁNDEZ, Abel [*et al.*] (Eds.) *Mundo hispánico: cultura, arte y sociedad*, León, Universidad de León, Área de Publica-

ciones, 2019, pp. 57-80. URL: https://buleria.unileon.es/handle/10612/11449

DALY, Jorge y PAZ, Carmen: *Manuscritos Ilustrados Irlandeses*. Buenos Aires, Papyrus Editores Argentina, 2008.

DAVY, Marie-Madelaine: *Iniciación a la simbología románica. El siglo XII*. Madrid, Ediciones Akal, 1996.

DEL CAMPO HERNÁNDEZ, Alberto: «Comentario al Apocalipsis. Introducción», en BEATO DE LIÉBANA: *Obras Completas y Complementarias. I. Comentario al Apocalipsis. Himno "O Dei Verbum". Apologético*. GONZÁLEZ ECHEGARAY, Joaquín, DEL CAMPO, Alberto, & FREEMAN, Leslie G. (eds.). Madrid, Biblioteca de Autores Cristianos, 2004, pp. 5-27.

DELORT, Robert: *Les animaux ont une histoire*. París, Éditions du Seuil, 1984.

DELORT, Robert: «Les animaux en Occident du Xᵉ au XVIᵉ siècle», *Actes des congrès de la Société des historiens médiévistes de l'enseignement supérieur public, 15ᵉ congrès, Le monde animal et ses représentations au moyen-âge (XIᵉ - XVᵉ siècles)*. Toulouse, 1984, pp. 11-45. Consultado en línea URL: doi: https://doi.org/10.3406/shmes.1984.1435

DÍAZ Y DÍAZ, Manuel Cecilio: «La circulation des manuscrits dans la Péninsule Ibérique du VIIIᵉ au XIᵉ siécle (à suivre)», *Cahiers de Civilisation Médiévale*, Vol. 12, 47 (1969), pp. 219-241.

DÍAZ Y DÍAZ, Manuel Cecilio: *Libros y Librerías en La Rioja altomedieval*. Logroño, Instituto de Estudios Riojanos, 1979.

DÍAZ Y DÍAZ, Manuel Cecilio: «El texto de los Beatos», en *Los Beatos. [Catálogo de exposición junio-septiembre 1986]*. Madrid, Biblioteca Nacional, 1986.

DÍAZ Y DÍAZ, Manuel Cecilio: *El Códice Calixtino de la Catedral de Santiago. Estudio Codicológico y de contenido*. Santiago de Compostela, Centro de Estudios Jacobeos, 1988.

DIDI-HUBERMAN, Georges; GARBETTA, Ricardo; MORGAINE, Manuela: *Saint Georges et le dragon: versions d'une légende*. París, Société nouvelle Adam Biro, 1994.

DIDI-HUBERMAN, Georges: "Celui par que s'ouvre la terre. Une iconographie à l'épreuve de ses transformations. 2. Le combat, ou l'ouverture agie", in DIDI-HUBERMAN, Georges; GARBETTA, Ricardo; MORGAINE, Manuela: *Saint Georges et le dragon: versions d'une légende*. París, Société nouvelle Adam Biro, 1994, pp. 37-61.

DIDI-HUBERMAN, Georges: "Celui par que s'ouvre la terre. Une iconographie à l'épreuve de ses transformations. 3. Le lieu, ou l'ouverture figurée", in DIDI-HUBERMAN, Georges; GARBETTA, Ricardo; MORGAINE, Manuela: *Saint Georges et le dragon: versions d'une légende*. París, Société nouvelle Adam Biro, 1994, pp. 63-113.

DIDI-HUBERMAN, Georges: *La imagen superviviente. Historia del arte y tiempo de los fantasmas según Aby Warburg*. Madrid, Abada, 2009.

DIDI-HUBERMAN, Georges: *Ante el tiempo. Historia del arte y anacronismo de las imágenes*. Buenos Aires, Adriana Hidalgo Editora, 2011.

DOMÍNGUEZ BORDONA, Jesús: *Exposición de códices miniados españoles. Catálogo, Sociedad Española de Amigos del Arte*. Madrid, Casa Miquel Rius, 1929.

DOMÍNGUEZ BORDONA, Jesús: *La miniatura española, T. I y II. Firenze, Pantheon*. Barcelona, Gustavo Gili, 1930.

DOMÍNGUEZ BORDONA, Jesús: *El arte de la miniatura española*. Madrid, Plutarco, 1932.

DOMÍNGUEZ BORDONA, Jesús: *Manuscritos con pinturas: notas para un inventario de los conservados en colecciones públicas y particulares. 1. Ávila- Madrid*. Madrid, Centro de Estudios Históricos, 1933.

ELVIRA BARBA, Miguel Ángel: «La iconografía del dragón en Bizancio», *Erytheia: Revista de estudios bizantinos y neogriegos*, 15 (1994), pp. 67-84. Consultado en línea (01/02/2019), URL: http://interclassica.um.es/index.php/ interclassica/investigacion/hemeroteca/e/ erytheia/numero_15_1994/la_iconografia_ del_dragon_en_bizancio

ELVIRA BARBA, Miguel Ángel: «Los orígenes iconográficos del dragón medieval», en *La tradición en la Antigüedad Tardía*, Antig. crist. XIV, Murcia, 1997, pp. 419-434. Consultado en línea (20/03/2019), URL: http:// interclassica.um.es/index.php/interclassica/ investigacion/hemeroteca/a/antigueedad_y_ cristianismo/numero_14_1997/los_origenes_ iconograficos_del_dragon_medieval

Enamels of Limoges 1100-1350, Catálogo de exposición realizada en el Musée du Louvre, Paris, 23 de octubre de 1995-22 de enero de 1996 y en The Metropolitan Museum of Art, New York, 5 de marzo -16 de junio de 1996. New York, The Metropolitan Museum of Art, 1996.

EVANS, Jonathan: "The Heynesbók Dragon: An Old Icelandic Maxim in its Legal-historical Context", *Journal of English and Germanic Philology*, 99, 2000, pp. 461-91.

FERNÁNDEZ FERNÁNDEZ, Laura: «Las tablas astronómicas de Alfonso X el Sabio: los ejemplares del Museo Naval de Madrid», *Anales de historia del arte*, 15 (2005), pp. 29-50. Consultado en línea (02/02/2019), URL: https://revistas.ucm.es/index.php/ANHA/ article/view/ANHA0505110029A

FERNÁNDEZ FERNÁNDEZ, Laura: «El 'arte mágica' en el 'scriptorium' alfonsí: del 'Picatrix' al 'Libro de astromagia'», en MORENO KOCH, Yolanda, & IZQUIERDO BENITO, Ricardo (coords.): *De cuerpos y almas en el judaísmo hispanomedieval: entre la ciencia médica y la magia sanadora*. Cuenca, Universidad de Castilla-La Mancha, 2011, pp.73-110.

FERNÁNDEZ FERNÁNDEZ, Laura: *Arte y ciencia en el "scriptorium" de Alfonso X el Sabio*. Sevilla, Secretariado de Publicaciones de la Universidad de Sevilla, 2013.

FERNÁNDEZ GONZÁLEZ, Etelvina: «Abecedario bestiario de los códices de Santo Martino», en VIÑAYO, Antonio, & FERNÁNDEZ GONZÁLEZ, Etelvina: *Abecedario-bestiario de los códices de Santo Martino*. León, Isidoriana Editorial - Ediciones Leonesas, 1985, pp. 41-96.

FERNÁNDEZ RODRÍGUEZ, Carlos: «La exaltación de la divinidad en Mesopotamia: Marduk y Sin, dos posibles instrumentos políticos en Babilonia», *Revista Historia Autónoma*, 10 (2017), pp. 13-30. Consultado en línea (12/02/2019), DOI: https://doi.org/10.15366/ rha2017.10.001

MARIÑO FERRO, Xosé Ramón: *Diccionario del simbolismo animal*. Madrid, Ediciones Encuentro, 2014.

FINGERNAGEL, Andreas (ed.), & GASTGEBER, Christian (red.): *Las biblias más bellas*. Viena, Österreichische Nationalbibliothek- Köln, Taschen, 2008.

FRANCASTEL, Gallienne: *La pintura italiana I. De Bizancio al Renacimiento*. Madrid-Barcelona, Ediciones Garriga, 1962.

FRANCO MATA, Ángela (coord.): *Beato de Liébana: Códice del Monasterio de San Pedro de Cardeña*. Barcelona, Moleiro Editor, 2001.

FRANCO, Ángela: "Las ilustraciones del Beato del monasterio de Santo Domingo de Silos", en: VIVANCOS, Miguel C., & FRANCO, Ángela: *Beato de Liébana: Códice del Monasterio de Santo Domingo de Silos*. Barcelona, Moleiro Editor, 2003, pp. 71-227.

FRANKFORT, Henry: *Arte y arquitectura del Oriente Antiguo*. Madrid, Cátedra, 1992.

FREEDBERG, David: *El poder de las imágenes. Estudios sobre la historia y la teoría de la respuesta*. Madrid, Ediciones Cátedra, 1992.

GALVÁN FREILE, Fernando: *La decoración de manuscritos en León en torno al año 1200*. Tesis Doctoral. León, Universidad de León, Facultad de Filosofía y Letras, Vols.1 y 2, 1997.

GAMESON, Richard: *From Holy Island to Durham: The Contents and Meanings of The Lindisfarne Gospels*. London, Third Millennium Publishing, 2013.

GANZ, David: «Mass production of early medieval manuscripts: the Carolingian Bibles from Tours», en GAMESON, Richard (ed.): *The Early Medieval Bible: its Production, Decoration and Use*. Cambridge Studies in Palaeography and Codicology. Cambridge, Cambridge University Press, 1994, pp. 53-62.

GANZ, David: «Carolingian Bibles», en MARSDEN, Richard, & MATTER, E. Ann (eds.): *The New Cambridge History of the Bible*. Vol. 2. Cambridge, Cambridge University Press, 2012, pp. 325-337.

GARCÍA DE CORTÁZAR, José Ángel: «El dominio del monasterio de San Millán de la Cogolla en los siglos X a XII», en *Estudios de Historia Medieval de La Rioja*. La Rioja, Universidad de La Rioja, 2009, pp. 443-452.

GARCÍA-DIEGO, Pablo, & ALONSO MONTÉS, Diego: *La miniatura altomedieval española*. Madrid, Asociación de Amigos del Arte Altomedieval Español; Vergara, Guipúzcoa: Millaka, 2011.

GARRISON, Edward B.: *Studies in the history of medieval italian painting*. 4 Vols. Florence, V.E.L.S.O., 1953 -1960.

GASTGEBER, Christian, FINGERNAGEL, Andreas, & PFÄDTNER, Karl-Georg: «I. Redacción y transmisión de las biblias desde sus orígenes hasta la Reforma. Introducción», en FINGERNAGEL, Andreas (ed.), & GASTGEBER, Christian (red.): *Las biblias más bellas*. Viena, Österreichische Nationalbibliothek- Köln, Taschen, 2008, pp. 26-29.

GELL, Alfred: *Art and agency. An anthropological theory*. Oxford, Clarendon Press, 1998.

GÓMEZ-MORENO, Manuel: *Iglesias mozárabes. Arte español de los siglos IX a XI*. Madrid, Centro de Estudios Históricos, 1919; Granada, Patronato de la Alhambra, 1975.

GÓMEZ-MORENO, Manuel: «Pinturas murales en San Pedro de Arlanza», *Boletín de la Real Academia de la Historia*, tomo 86, (1925), pp. 13-16.

GÓMEZ-MORENO, Manuel: *El Arte Románico Español. Esquema de un libro*. Madrid, Junta para la Ampliación de Estudios e Investigaciones Científicas, Centro de Estudios Históricos, 1934.

GONZÁLEZ ANTÓN, Luis: «El Reino de Aragón durante los siglos XIII y XIV», en *Historia de Aragón*, Vol. 1 (Generalidades). Zaragoza, Institución Fernando el Católico, 1989, pp. 171-180. Consultado en línea (09/12/2019), URL: https://ifc.dpz.es/recursos/publicaciones/15/73/16glezanton.pdf

GONZÁLEZ GONZÁLEZ, Julio: *El reino de Castilla en la época de Alfonso VIII*. 3 Vols. Madrid, Consejo Superior de Investigaciones Científicas, 1960.

GRAVES, Robert: *Los mitos griegos*. Barcelona, Editorial Ariel, 2016.

GREGORI, Tullio: «Naturaleza», en LE GOFF, Jacques, & SCHMITT, Jean-Claude (eds.): *Diccionario razonado del Occidente Medieval*. Madrid, Ediciones Akal, 2003, pp. 589-598.

GUADALAJARA MEDINA, José: *El Anticristo en la España Medieval*. Madrid, Ediciones del Laberinto, 2004.

GUGLIELMI, Nilda: «Prólogo. El Fisiólogo y la Edad Media», en: *El Fisiólogo. Bestiario Medieval*, Introducción y notas de Guglielmi, Nilda, Buenos Aires, EUDEBA, 1971, pp. 7-37.

GUILMAIN, Jacques, «Zoomorphic decoration and the Problem of the Sources of Mozarabic Illumination», *Speculum*, Vol. 35, n°1 (January 1960), pp. 17-38. Consultado en línea (20/12/2019), URL: http://www.jstor.org/stable/2850173

GUILMAIN, Jacques: «Observations on some early interlace initials and frame ornaments in Mozarabic manuscirps of León-Castile», *Scriptorium: revue internationale des études relatives aux manuscrits*, Vol. 15, 1 (1961), pp. 23-35. Consultado en línea (20/12/2019), DOI: https://doi.org/10.3406/scrip.1961.3068

GUILMAIN, Jacques: «Northern influences in the initials and ornaments of the Beatus manuscripts», en VV. AA (Grupo de Estudios Beato de Liébana), *Actas del Simposio para el estudio de los códices del 'Comentario al Apocalipsis' de Beato de Liébana I ***, Tomo II, Madrid, Joyas bibliográficas, 1980, pp. 65-77.

HAMEL, Christopher de: *A History of Illuminated Manuscripts*. London, Phaidon, 1994.

HENRIET, Patrick: «Hagiographie et politique a León au debut du XIIIᵉ siècle. Les chanoines réguliers de Saint-Isidore et la prise de

Baeza», *Revue Mabillon, Revue Internationale d'Histoire et de Littérature Religieuses*, Nouvelle série, 8, t. 69 (1997), pp. 55-82.

HENRIET, Patrick: «*Invocatio santificatorum nominum*. Efficacité de la prière et société chrétienne (IXe-XIIe siècle)», en COTTIER, Jean-François (ed.): *La prière en latin, de l'Antiquité au XVIe siècle. Formes, évolutions, significations*, (Collection d'études médiévales de Nice, 6). Turnhout, Brepols, 2006, pp. 229-244.

HENRIET, Patrick: «La politique monastique de Ferdinand Ier», en *El monacato en los reinos de León y Castilla (siglos VII-XIII). Actas del X Congreso de Estudios Medievales, 2005*. León, Fundación Sánchez Albornoz, 2007, pp. 103-124.

HENRIET, Patrick: «Mahomet expulsé d'Espagne par Isidore de Séville. Sur la postérité moderne d'un épisode hagiographique rejeté par les bollandistes», in FERRERO HERNÁNDEZ, Cándida y CRUZ PALMA, Óscar de la (Eds.), *Vitae Mahometi. Reescritura e invención en la literatura cristiana de controversia*, (Simposio internacional, Universitat Autònoma de Barcelona (España), 19-20 de marzo, 2013. Nueva Roma 41, Madrid, Consejo Superior de Investigaciones Científicas, 2014, pp. 255-275.

HERBOSA, Vicente: *El Románico en Cantabria*. Madrid, Ediciones Lancia, 2002.

HERNÁNDEZ FERREIRÓS, Ana: «Modelos y copias de la Biblia en el siglo XII: León y Oña», en SÁNCHEZ DOMINGO, Rafael (coord.): *Oña. Un milenio. Actas del Congreso Internacional sobre el Monasterio de Oña (1011-2011)*. Burgos, Fundación Milenario San Salvador de Oña, 2012, pp. 600-609.

HERNÁNDEZ FERREIRÓS, Ana: *Tradición y copia en la ilustración de manuscritos bíblicos en la Península Ibérica. Las biblias de San Isidoro de León (1162) y san Millán de la Cogolla (ca. 1200)*. Tesis doctoral. Madrid, Universidad Complutense de Madrid, 2016. URL: https://eprints.ucm.es/42530/

HERRERO GONZÁLEZ, Sonsoles: *Códices miniados en el Real Monasterio de las Huelgas*. Barcelona-Madrid, Patrimonio Nacional y Lunwerg Editores, 1988.

HERRERO JIMÉNEZ, Mauricio: *Beato de Turín*. Madrid, Testimonio Compañía Editorial, 2000.

JUSTO FERNÁNDEZ, Jaime: «Los Concilios Compostelanos de Diego Gelmírez», *Revista Española de Derecho Canónico*, Vol. 58, 150 (2001), pp. 9-50. Consultado en línea (21/03/2019), URL: https://summa.upsa.es/pdf.vm?id=0000006076&page=1&search=&lang=es

KESSLER, Herbert. «Matter», en *Seeing medieval art*. Toronto, University of Toronto Press, 2011, pp. 19-44.

KITZINGER, Ernst: «The Mosaics of the Cappella Palatina in Palermo», *The Art Bulletin*, vol. 31, 4 (1949), pp. 269-292.

KLEIN, Peter: «The Romanesque in Catalonia», en VV.AA.: *The Art of Medieval Spain A.D. 500-1200*. New York, The Metropolitan Museum of Art, 1993, pp.185-198.

KLEIN, Peter K.: *Beato de Liébana: la ilustración de los manuscritos de Beato y el códice de Manchester*. Valencia, Patrimonio Ediciones, 2002.

KLEIN, Peter K.: «Las ilustraciones del Códice de Las Huelgas», en VV.AA.: *Estudio del manuscrito del Beato de las Huelgas M.429*. Valencia, Scriptorium, 2004, pp. 11-96.

KLUCKERT, Ehrenfried: «La pintura románica», en: TOMAN, Rolf (ed.): *El Románico: Arquitectura, escultura y pintura*. Barcelona, H. F. Ullmann, 2007, pp. 382-460.

KUEHN, Sara (with a foreword by HILLENDRAND, Robert): *The Dragon in Medieval East Christian and Islamic Art*. Islamic History and Civilization, Volume 86, Leiden-Boston, Brill, 2011.

KUME, Yunko; 『11世紀イベリア半島の装飾写本—"モサラベ美術"からロマネスク美術へ—』 *Juisseiki iberia hanto no soushoku shahon: mosarabe bijutsu kara romanesuku bijutsu e. (La transición del "mozárabe" al románico en los manuscritos iluminados hispánicos del siglo XI)*. Tokio, Editorial Choukouronbiyutsu, 2012.

KUMLER, Aden, & LAKEY, Christopher R.: «Res et significatio: the Material Sense of Things in the Middle Ages», *Gesta*, Vol. 51, 1 (2012), pp. 1-18.

LACARRA, José María: *Historia política del Reino de Navarra desde sus orígenes hasta su incorporación a Castilla*. Volúmenes primero y segundo. Pamplona, Editorial Aranzadi, 1972.

LAYARD, Austen Henry: *Monuments of Nineveh*. London, J. Murray, 1853.

LE Goff, Jacques: *La civilización del Occidente Medieval*. Barcelona, Paidós, 2010.

LECLERCQ-MARX, Jacqueline: *La sirène dans la pensée et dans l'art de l'Antiquité et du Moyen Âge: du mythe païen au symbole chré-*

tien. Bruselas, Académie Royale de Belgique, 1997.

LINCOLN, Kyle: «*Una cum uxore mea*: Alfonso VIII, Leonor Plantagenet, and marriage alliances at the court of Castile», *Revista Chilena de Estudios Medievales*, 4 (2013), pp. 11-32.

LINDBERG, David C.: «Lines of Influence in Thirteenth-Century Optics: Bacon, Witelo, and Pecham», *Speculum*, Vol. 46, 1 (1971), pp. 66-83. Consultado en línea (25/03/2019) URL: http://www.jstor.org/stable/2855089

LITTLE, Lester K.: «Monjes y religiosos», en LE Goff, Jacques, & SCHMITT, Jean-Claude (eds.): *Diccionario razonado del Occidente Medieval*. Madrid, Ediciones Akal, 2003, pp. 566-576.

MAÍLLO SALGADO, Felipe: «Al-Andalus en la primera mitad del siglo XIII desde las Navas de Tolosa a la conquista de Sevilla», en VV.AA.: *Fernando III y su tiempo (1201-1252). VIII Congreso de Estudios Medievales*. Ávila, Fundación Sánchez Albornóz, 2003, pp. 209-222.

MANZI, Ofelia: "Prólogo", en DALY, Jorge y PAZ, Carmen: *Manuscritos Ilustrados Irlandeses*. Buenos Aires, Papyrus Editores Argentina, 2008, pp.11- 13.

MALAXECHEVERRÍA, Ignacio: «El dragón en el bestiario medieval», en BOTEY, Lambert, & CIRLOT, Victoria (publ.): *El Drac en la cultura medieval. Exposició Fundació Caixa de Pensions. Catálogo de la exposición*. Barcelona, Fundació Caixa de Pensions, 1987, pp. 63-73.

MALAXECHEVERRÍA, Ignacio: «La lucha contra la regresión. El dragón-serpiente», en *Fauna fantástica de la Península Ibérica*. San Sebastián, Kriselu, 1991, pp. 141-169.

MÂLE, Émile: «Complexité de l'iconographie su XIIe siècle: ses origines hellenistiques, syriennes, byzantines», en *L'Art religieux du XIIe siècle en France. Étude sur les origines de l'iconographie du Moyen Âge*. París, Armand Colin Éditeur, 1998, pp. 46-106.

MARIN, Louis: *Destruir la pintura*. Ciudad Autónoma de Buenos Aires, Fiordo, 2015.

MARKS, Richard, & MORGAN, Nigel J.: *The Golden Age of English Manuscript Painting, 1200-1500*. New York, George Braziller Inc., 1996.

MARTÍN ANSÓN, María Luisa: «Los esmaltes silenses: problemática sobre su origen», en VV.AA.: *De Limoges a Silos [Catálogo de exposición; 15 de noviembre de 2001- 28 de abril de 2002. Madrid, Brsuleas, santo Domingo de Silos, Biblioteca Nacional,*

Espace Culturel BBL, Monasterio de Santo Domingo de Silos]. Madrid, Sociedad Estatal para la Acción Cultural Exterior, 2001, pp. 257-315.

MARTÍNEZ DÍEZ, Gonzalo: *Fernando III (1217-1252)*. Palencia, Diputación Provincial de Palencia, 1993.

MARTÍNEZ DÍEZ, Gonzalo: «El románico en la provincia de Burgos. Marco histórico», en GARCÍA GUINEA, Miguel Ángel, (dir.), PÉREZ GONZÁLEZ, José María (dir.), & RODRÍGUEZ MONTAÑÉS, José Manuel (coord.): *Burgos: enciclopedia del románico en Castilla y León*. Palencia-Aguilar de Campoo, Fundación Santa María La Real, Centro de Estudios del Románico, 2009, pp. 23-38.

MARTÍNEZ SOPENA, Pascual: "La nobleza de León y Castilla en los siglos XI y XII. Un estado de la cuestión", *Hispania*, 185 (1993), pp. 801-822.

McCULLOH, Florence: *Medieval Latin and French Bestiaries*. Chapel Hill (NC), The University of North Carolina Press, 1960.

McGUINN, Bernard: *El Anticristo. Dos milenios de fascinación humana por el mal*. Barcelona, Paidós, 1997.

MEEHAN, Bernard: *The Book of Kells. An illustrated introduction to the manuscript in Trinity College Dublin*. London, Thames & Hudson, 1994.

MELOT, Michel: *L'illustration: histoire d'un art*. Genève, Éditions Skira, 1984.

MENÉNDEZ PIDAL, Gonzalo: *Sobre el escritorio emilianense en los siglos X a XI*. Madrid, Imprenta y Editorial Maestre, 1958.

MENTRÉ, Mireille: *El estilo mozárabe. La pintura cristiana hispánica en torno al año Mil*. Madrid, Ediciones Encuentro, 1994.

MIGUÉLEZ CAVERO, Alicia: *Actitudes gestuales en la iconografía del románico peninsular hispano: el sueño, el dolor espiritual y otras expresiones similares*. León, Universidad de León, 2007.

MIGUÉLEZ CAVERO, Alicia: *Gesto y gestualidad en el arte románico de los reinos hispanos: lectura y valoración iconográfica*. Tesis Doctoral. León, Universidad de León, 2009.

MIRANDA, Carlos: «La retórica de la imagen: la mnemótica en el Beato de San Andrés de Arroyo», en VIVANCOS, Miguel C., OCÓN ALONSO, Dulce, BERNIS, Carmen, & MIRANDA, Carlos: *Beato de Liébana: códice del Monasterio Cisterciense de San Andrés de*

Arroyo. Barcelona, Moleiro Editor, 1998, pp. 339-349 / Notas al pie pp. 364-367.

MIRANDA CALVO, José: «La conquiſta de Toledo por Alfonso VI», *Toletum: Boletín de la Real Academia de Bellas Artes y Ciencias Hiſtóricas de Toledo*, 7 (1976), pp. 101-151.

MITCHELL, W.J.T.: *Iconología. Imagen, texto, ideología*. Buenos Aires, Capital Intelectual, 2016.

MONTEIRA ARIAS, Inés: «Entre beſtias y hombres: monſtruosidad, geſtualidad y fisonomía atribuidas a los musulmanes», en *El enemigo imaginado. La cultura románica hispana y la lucha contra el Islam*. Toulouse, CNRS-Université de Toulouse- Le Mirail, Collection «Méridiennes», 2012, pp. 411-555.

MONTEIRA ARIAS, Inés: «La representación de Santiago en el arte románico y su prevalencia iconográfica sobre los demás apóſtoles», en Monteira Arias, Inés (Ed.): *Los caminos a Santiago en la Edad Media. Imágenes y leyendas jacobeas en territorio hispánico (siglos IX a XIII)*, Madrid: Universidad Nacional de Educación a Diſtancia; Santiago de Compoſtela: Universidade de Santiago de Compoſtela, Servizo de Publicacións e Intercambio Científico,2018, pp. 41-75.

MORALEJO, Serafín: «On the road: the Camino de Santiago», en VVAA.: *The Art of Medieval Spain A.D. 500-1200*. New York, The Metropolitan Museum of Art, 1993, pp. 175-184.

MORRISON, Elizabeth: *Beaſts: factual and fantaſtic*. Los Angeles, J. Paul Getty Museum, 2007.

NEUSS, Wilhelm: *Die Apokalypse des Hl.Johannes in der altspanischen und altchriſtlichen Bibel-Illuſtration*. Vol. 1. Münſter in Weſtfalen, 1931.

NORDENFALK, Karl: «L'enluminure a l'époque romane», en GRABAR, André, & NORDENFALK, Karl: *La peinture romane du onzième au treizième siècle*. Genéve, Skira, 1958, pp. 133-208.

O'CALLAHAN, Joseph F.: *Reconqueſt and Crusade in Medieval Spain*. Pennsylvania, University of Pennsylvania Press, 2003.

OAKESHOTT, Walter: *Sigena. Romanesque Paintings in Spain & the Wincheſter Bible Artiſts*. London, Harvey Miller & Medcalf Ltd, 1972.

OATES, Joan: *Babilonia. Auge y declive*. Barcelona, Martínez Roca, 1989.

OGDEN, Daniel: *Drakōn. Dragon Myth and Serpent Cult in the Greek and Roman Worlds*. Oxford, Oxford University Press, 2013.

OGDEN, Daniel: *Dragons, Serpents, and Slayers in the Classical and Early Chriſtian Worlds. A Sourcebook*. Oxford, Oxford University Press, 2013.

ORRIOLS ALSINA, Anna: «La iluſtración de manuscritos en Cataluña en tiempos románicos», en YARZA LUACES, Joaquín (ed.): *La miniatura medieval en la Península Ibérica*. Murcia, Nausícaä, 2007, pp. 485-549.

PACAUT, Marcel: *Les moines blancs: hiſtoire de l'ordre de Cîteaux*. París, Fayard, 1993.

PÄCHT, Otto: *Cycle of English Frescoes in Spain*. Burlington Review, 1961.

PALLARES MÉNDEZ, Mª Carmen, & PORTELA, Ermelindo: *La Reina Urraca*. Madrid, Editorial Nerea, 2006.

PALAZZO, Eric: «Art et Liturgie au Moyen Âge. Nouvelles Approches Anthropologique et Epiſtémologique», en *Anales de Hiſtoria del Arte*, Volumen Extraordinario (2010), pp. 31-74.

PALOMERO-ALBERTO POLO, Irene: «San Pedro de Arlanza: propueſta de actuación didáctica», en SABATÉ, Flocel, & BRUFAL, Jesús (dirs.): *Arqueologia Medieval. Els espais sagrats*. Lérida, Pagès Editors, 2015, pp. 243-258. Consultado en línea (09/04/2019) URL: http://www.medieval.udl.cat/medieval/sites/default/files/files/Agira_7.pdf

PANOFSKY, Erwin: *Eſtudios sobre iconología*. Madrid, Alianza, 2008.

PANOFSKY, Erwin: *El significado de las artes visuales*. Madrid, Alianza Forma, 1987.

PAſTOUREAU, Michel: *Una hiſtoria simbólica de la Edad Media Occidental*. Buenos Aires, Katz Editores, 2006.

PAſTOUREAU, Michel: *Beſtiaires du Moyen Âge*. París, Seuil, 2011.

PEÑA PÉREZ, Javier F.: «La economía burgalesa en la Plena Edad Media», en VV.AA.: *Burgos en la Plena Edad Media (Jornadas Burgalesas de Hiſtoria n°3. Burgos, 1991)*. Burgos, Asociación Provincial de Libreros de Burgos, 1994, pp. 411-458.

PROCTER, Evelyn S.: *Curia and Cortes in León and Caſtile: 1072-1295*. New York, Cambridge University Press, 1980.

RAUER, Chriſtine: *Beowulf and the Dragon. Parallels and Analogues*. Cambridge, D.S. Brewer, 2000.

REAU, Louis: *Iconografía del arte criſtiano. Iconografía de los santos. De la G a la O*.

Tomo 2. Volumen 4. Barcelona, Ediciones del Serbal, 1997.

REGLERO DE LA FUENTE, Carlos M.: «La monarquía», en *Cluny en España. Los prioratos de la provincia y sus redes sociales (1073-ca.1270)*. León, Centro de Estudios e Investigación «San Isidoro», Caja España de Inversiones, Archivo Histórico Diocesano, 2008, pp. 145-229.

REGUERAS GRANDE, Fernando, & GARCÍA-ARÁEZ FERRER, Hermenegildo: *Scriptorium. Tábara visigoda y mozárabe*. Salamanca, Ayuntamiento de Tábara, C.E.B. "Ledo del Pozo" y Parroquia de Tábara, 2001.

REILLY, Bernard F.: *The kingdom of León-Castilla under Queen Urraca: 1109-1026*. Princeton, New Jersey, Princeton University Press, 1982.

REILLY, Bernard F.: *El Reino de León y Castilla bajo el rey Alfonso VI: 1065-1109*. Toledo, Instituto Provincial de Investigaciones y Estudio Toledanos - Instituto de Estudios Visigótico-mozárabes de San Eugenio, 1989.

REILLY, Bernard F.: *The kingdom of Leon-Castilla under king Alfonso VII: 1126-1157*. Philadelphia, University of Pennsylvania Press, 1998.

REILLY, Bernard F.: «Bishop Lucas of Túy and the Latin Chronicle Tradition in Iberia», *The Catholic Historical Review*, Vol. 93, 4 (2007), pp. 767-788.

REVILLA, Federico: *Diccionario de iconografía y simbología*. Madrid, Ediciones Cátedra, 2007.

RODRÍGUEZ LÓPEZ, Ana: *La consolidación territorial de la monarquía feudal castellana: expansión y fronteras durante el reinado de Fernando III*. Madrid, Consejo Superior de Investigaciones Científicas, 1994.

RODRÍGUEZ PEINADO, Laura: «Púrpura. Materialidad y simbolismo en la Edad Media», *Anales de Historia del Arte*, Vol. 24 (2014), pp. 471-495. Consultado en línea (16/01/2019), DOI: https://doi.org/10.5209/rev_ANHA.2014.48289

RODRÍGUEZ PÉREZ, Diana: «El combate contra la serpiente: el triunfo de la tierra velado bajo la aparente muerte del ofidio», *De Arte*, 5 (2006), pp. 5-14. Consultado en línea (16/01/2019), URL: https://buleria.unileon.es/bitstream/handle/10612/1183/DeArte5_1.pdf?sequence=1&isAllowed=y

RUCQUOI, Adeline: «La percepción de la naturaleza en la Alta Edad Media», en VV.AA.: *Natura i desenvolupament. El medi ambient a l'Edat Mitjana (XI Curs d'Estiu, Càtedra d'Estudis Medievals Comtat d'Urgell, Bal-aguer, 12-14 juillet 2006)*. Lleida, Pagès Editors, 2007, pp. 73-98.

RUCQUOI, Adeline: «Cluny, el camino francés y la Reforma Gregoriana», *Medievalismo*, 20 (2010), pp. 97-122.

RUÍZ ASENCIO, José Manuel: «Códices pirenaicos y riojanos en la biblioteca de Silos en el siglo XI», en FÉRNANDEZ FLÓREZ, José Antonio (ed. lit.): *Silos: un milenio. Actas del Congreso Internacional sobre la Abadía de Santo Domingo de Silos*. Vol. 2. Burgos, Universidad de Burgos, 2003, pp. 177-210.

RUÍZ-DOMÈNEC, José Enrique: «La princesa y el dragón», en BOTEY, Lambert, & CIRLOT, Victoria (publ.): *El Drac en la cultura medieval. Exposició Fundació Caixa de Pensions. Catálogo de la exposición*. Barcelona, Fundació Caixa de Pensions, 1987, pp. 94-103.

RUÍZ GARCÍA, Elisa: *Catálogo de la sección de códices de la Real Academia de la Historia*. Madrid, Real Academia de la Historia, 1997. Consultado en línea (02/04/2019) URL: https://books.google.com.ar/books?id=WZ8Zm_jtMgcC&pg=PP1&lpg=PP1&dq=Ruiz+Garc%C3%ADa,+Elisa:+Cat%C3%A1logo+de+la+secci%C3%B3n+de+C%C3%B3dices.+Madrid:+Real+Academia+de+la+Historia,+1997&source=bl&ots=21Nozezq05&sig=2bBgXEIBl4hvpyYSFm9pNbrNgUU&hl=es&sa=X&ved=2ahUKEwjq-far2sXfAhVDG5AKHfz5AbQQ6AEwBnoECAYQAQ#v=onepage&q=64bis&f=false

RUÍZ GARCÍA, Elisa Silva, & VERÁSTEGUI, Soledad de: *Beato de Navarra (Ms. nouv. acq. lat. 1366 de la Bibliothêque nationale de France)*. Madrid, Millennium Liber, 2007.

RUÍZ LARREA, Elena: «La iconografía apocalíptica en los Beatos», en *IX Semana de estudios Medievales, Nájera, del 3 al 7 de agosto de 1998, Milenarismos y milenaristas en la Europa medieval*. Logroño, Gobierno de La Rioja- Instituto de Estudios Riojanos, 1999, pp. 101-135.

RUSSELL, Jeffrey Burton: *Lucifer. El diablo en la Edad Media*. Barcelona, Editorial Laertes, 1984.

SADAUNE, Samuel: *Le fantastique au Moyen Âge*. Rennes, Editions Ouest-France - Edilarge, 2016.

SCHAPIRO, Meyer: «Del mozárabe al románico en Silos», en: *Estudios sobre el Románico*. Madrid, Alianza Forma, 1984, pp. 37-119.

SCHMITT, Jean-Claude: *Les corps, les rites, les rêves, le temps. Essais d'anthropologie médiévale*. París, Éditions Gallimard, 2001.

SCHMITT, Jean-Claude: *Les rythmes au Moyen Âge*. París, Éditions Gallimard, 2016.

SEGRE MONTEL, Constanza: «Mosaico», en CASTELNUOVO, Enrico, & SERGI, Giuseppe (eds.): *Arte e Historia en la Edad media. Volumen II. Del construir: técnicas, artistas, artesanos, comitentes*. Madrid, Akal, 2013, pp. 567-594.

SENRA GABRIEL Y GALÁN, José Luis: «Monasterio de San Pedro de Arlanza», en *Enciclopedia del románico en Castilla y León. Burgos (IV)*. Salamanca, CER y Caja Duero, 2002, pp. 2369-2373.

Silos y su época. Catálogo de Exposición: Monasterio de Silos, julio-agosto-septiembre 1973, Palacio de Velázquez, Madrid, noviembre- diciembre 1973. Madrid, Ministerio de Educación y Ciencia. Comisaría General de Exposiciones, Dirección General de Bellas Artes, 1973.

SILVA Y VERÁSTEGUI, Soledad de: «El Monasterio de San Millán de la Cogolla: tres hitos importantes en su actividad artística», *Berceo*, 133 (1997), pp. 27-50.

SILVA Y VERÁSTEGUI, Soledad de: *La miniatura en el Monasterio de San Millán de la Cogolla: una contribución al estudio de los códices miniados en los siglos XI al XIII*. Logroño, Instituto de Estudios Riojanos, 1999.

SIMON, David: «Late romanesque art in Spain», en VV.AA.: *The Art of Medieval Spain A.D. 500-1200*. New York, The Metropolitan Museum of Art, 1993, pp. 199-204.

STOICHITA, Víctor: *La invención del cuadro. Arte, artífices y artificios en los orígenes de la pintura europea*. Madrid, Ediciones Cátedra, 2011.

SUÁREZ GONZÁLEZ, Ana: «Los códices XI.1 y XI.2 de San Isidoro de León ¿Manuscritos 'de autor' o monumentos conmemorativos?», *Lope de Barrientos. Seminario de cultura*, 4 (2011), pp. 261-299.

SUÁREZ GONZÁLEZ, Ana: «'No soy una biblia' (primeras respuestas del Ms.5 de Las Huelgas, Burgos)», en: MARÍN LÓPEZ, Rafael (coord.): *Homenaje al prof. Dr. D. José Ignacio Fernández de Viana y Vieites*. Granada, Universidad de Granada, 2012, pp. 581-597.

SUREDA, Joan: *La pintura románica en España (Aragón, Navarra, Castilla-León y Galicia)*. Madrid, Alianza Forma, 1985.

TESNIÈRE, Marie- Hélène: *Bestiaire médiéval - Enluminures*. Paris, Bibliothèque nationale de France, 2019.

TURBAYNE, Colin M.: «Grosseteste and an Ancient Optical Principle», *Isis*, Vol. 50, 4 (1959), pp. 467-472. Consultado en línea (25/03/2019) URL: http://www.jstor.org/stable/226431

VALDÉS FERNÁNDEZ, Manuel: «El Panteón Real de la Colegiata de San Isidoro de León», en BANGO TORVISO, Isidro G. (dir.): *Maravillas de la España Medieval. Tesoro sagrado y monarquía*, I Estudios y Catálogo. León, Real Colegiata de San Isidoro, 2001, pp. 73-84.

VALLE PÉREZ, José Carlos: «La implantación cisterciense en los reinos de Castilla y León y su reflejo monumental durante la Edad Media (siglos XII y XIII)», en BANGO TORVISO, Isidro G. (dir.), & VVAA.: *Monjes y monasterios: el Cister en el medievo de Castilla y León. Catálogo de exposición, Monasterio de Santa María de Huerta, Soria, julio - octubre 1998*. Valladolid, Junta de Castilla y León, 1998, pp. 35-42.

VALLEJO BOZAL, Javier, & TEIJEIRA PABLOS, María Dolores: «Fuentes para el estudio de la iglesia del monasterio de San Pedro de Arlanza en los inicios del Románico pleno en España», *Boletín del Museo Arqueológico Nacional*, Tomo XIII, 1 y 2 (1995), pp. 55-70. Consultado en línea (09/04/2019) URL: http://www.man.es/man/dms/man/estudio/publicaciones/boletin-man/MAN-Bol-1995/MAN-Bol-1995-Vallejo-Bozal.pdf

VAN DER SLUIJS, Marinus Anthony, & PERATT, Anthony L.: «The Ourobóros as an Auroral Phenomenon», *Journal of Folklore Research*, Vol. 46, 1 (2009), pp. 3-41.

VERDON, Jean: *Las supersticiones en la Edad Media*. Buenos Aires, Editorial El Ateneo, 2009.

VERNET, Juan: *La Cultura Hispanoárabe en Oriente y Occidente*. Barcelona, Editorial Ariel Historia, 1978.

VERNET, Juan: *Lo que Europa debe al islam de España*. Barcelona, El Alcantilado, 1999.

VIÑAYO GONZÁLEZ, Antonio: *Santo Martino de León peregrino universal*. León, Imp. Católica, 1960.

VIÑAYO, Antonio: *Santo Martino de León. Vida y obras narradas por el tudense*. León, Isidoriana Editorial, 1984.

VIÑAYO, Antonio, & FERNÁNDEZ, Etelvina: *Abecedario-bestiario de los códices de Santo Martino*. León, Isidoriana Editorial - Ediciones Leonesas, 1985.

Viñayo, Antonio: «Santo Martino de León: su escritorio y su obra literaria», en Viñayo, Antonio, & Fernández, Etelvina: *Abecedario-bestiario de los códices de Santo Martino*. León, Isidoriana Editorial - Ediciones Leonesas, 1985, pp. 7-37.

Vital Fernández, Sonia: *Alfonso VII de León y Castilla (1126-1157). Las relaciones de poder en el centro de la acción política y social del Imperator Hispaniae*, Gijón, Ediciones Trea, 2019.

Vivancos, Miguel C.: «El Beato de San Andrés de Arroyo», en VV.AA.: *Beato de Liébana: códice del Monasterio Cisterciense de San Andrés de Arroyo*. Barcelona, Moleiro Editor, 1998, pp. 13-70.

Vivancos, Miguel C.: "Consideraciones históricas y codicológicas en torno al Beato de Silos", en: Vivancos, Miguel C., & Franco, Ángela: *Beato de Liébana: Códice del Monasterio de Santo Domingo de Silos*. Barcelona, Moleiro Editor, 2003, pp. 11-69.

Voisenet, Jacques: *Bêtes et hommes dans le monde médiéval: le bestiaire des clercs du Ve au XIIe siècle*. Turnhout, Brepols, 2001.

VV.AA.: *Atlas de lo extraordinario. Mitos y leyendas*. Vol. I y II. Barcelona, Debate Ediciones del Prado, 1993.

VV.AA.: *Beato de Liébana: códice del Monasterio Cisterciense de San Andrés de Arroyo*. Barcelona, Moleiro Editor, 1998.

Warburg, Abby: *El renacimiento del paganismo. Aportaciones a la historia cultural del Renacimiento europeo*. Madrid, Alianza Editorial, 2005.

Watkins, Calvert: *How to kill a dragon. Aspects of Indo-European Poetics*. Oxford, Oxford University Press, 1995.

Werckmeister, Otto Karl: «Pain and Death in the Beatus of Saint-Sever», *Studi Medievali*, 3ª serie, tomo 14, 1973, pp. 565-626.

Werckmeister, Otto Karl: Intervención en «Coloquio», en VV. AA. (Grupo de Estudios Beato de Liébana): *Actas del Simposio para el estudio de los códices del 'Comentario al Apocalipsis' de Beato de Liébana ＊*, Tomo I. Madrid, Joyas bibliográficas, 1978, pp. 103-105.

White, John: *Arte y arquitectura en Italia. 1250-1400*. Madrid, Cátedra, 1989.

Williams, John: «A Castilian Tradition of Bible Illustration: the Romanesque Bible from San Millán», *Journal of the Warburg and Courtauld Institutes*, Vol. 28 (1965), pp. 66-85.

Williams, John: «A Model for the León Bibles», *Madrider Mitteilungen*, Kt, Bd. 8, (1967), pp. 281-286.

Williams, John: "Tours and the Early Medieval Art of Spain", in *Florilegium in Honorem Carl Nordenfalk Octogenarii Contectum*, Stockholm, 1987, pp. 197-208.

Williams, John: «The Beatus Commentaries and Spanish bible illustration», en VV. AA. (Grupo de Estudios Beato de Liébana), *Actas del Simposio para el estudio de los códices del 'Comentario al Apocalipsis' de Beato de Liébana I ＊＊*, Tomo II. Madrid, Joyas bibliográficas, 1980, pp. 203-219.

Williams, John: *The Illustrated Beatus: a corpus of the illustrations of the Commentary on the Apocalypse. I. Introduction*. Londres, Harvey Miller Publishers, 1994.

Williams, John: *The Illustrated Beatus: a corpus of the illustrations of the Commentary on the Apocalypse. 3, The Tenth and Eleventh centuries*, London, Harvey Miller Publishers, 1998.

Williams, John: *The Illustrated Beatus: a corpus of the illustrations of the Commentary on the Apocalypse. 4, The Eleventh and Twelfth centuries*. London, Harvey Miller Publishers, 2002.

Williams, John: *The Illustrated Beatus: a corpus of the illustrations of the Commentary on the Apocalypse. 5, The Twelfth and Thirteenth centuries*. London, Harvey Miller Publishers, 2003.

Williams, John: «Introducción», en VV.AA.: *Estudio del manuscrito del Beato de las Huelgas M.429*. Valencia, Scriptorium, 2004, pp. 5-7.

Williams, John: *Visions of the End in Medieval Spain: Catalogue of Illustrated Beatus Commentaries on the Apocalypse and Study of the Geneva Beatus*, (ed. Martin, Therese). Amsterdam, Amsterdam University Press, 2017. [Open access: http://www.oapen.org/search?keyword=9789462980624]

Wittkower, Rudolf: «'Physiologus' in Beatus Manuscripts», *Journal of the Warburg Institute*, Vol.1, 3 (1938), pp. 253-254. Consultado en línea (20/05/2020), URL: http://www.jstor.org/stable/750013

Wittkower, Rudolf: «Eagle and Serpent. A study in the Migration of Symbols», *Journal of the Warburg Institute*, Vol.2, n°4 (Apr., 1939), pp. 293-325. Consultado en línea (20/05/2020), URL: http://www.jstor.org/stable/750041

Yarza Luaces, Joaquín: "Los seres fantásticos en la miniatura castellano-leonesa de los siglos XI y XII", *Goya Revista de Arte*, nº 103, (1971), pp. 7-16.

YARZA LUACES, Joaquín: "Silos: el claustro", en PALACIOS, Mariano, YARZA LUACES, Joaquín, & TORRES, Rafael: *El Monasterio de Santo Domingo de Silos*. León, Everest, 1973, pp. 17-48.

YARZA LUACES, Joaquín: *Historia del Arte Hispánico II. La Edad Media*. Madrid, Editorial Alhambra, 1980.

YARZA LUACES, Joaquín: "'*Fascinum*'. Reflets de la croyance au mauvais oeil dans l'art médiéval hispanique", *Razo*, 8 (1988), pp. 113-127.

YARZA LUACES, Joaquín: «Códices iluminados en el monasterio de Las Huelgas», *Reales Sitios*, año XXVIII, 107 (1991), pp. 49-56.

YARZA LUACES, Joaquín: «Introducción», en VV.AA.: *De Limoges a Silos. Catálogo de Exposición Biblioteca Nacional, Madrid; Espace Culturel BBL, Bruselas; Monasterio de Santo Domingo de Silos, Santo Domingo de Silos, 15 de noviembre de 2001 / 28 de abril de 2002*. Madrid, Sociedad estatal para la acción cultural exterior, 2001, pp. 17-23.

YARZA LUACES, Joaquín: «La ilustración del "Beato de Fernando I y Sancha», en VV.AA.: *Beato Fernando I y Sancha*, Barcelona. Ed. M. Moleiro S.A., 2006, pp. 59-89.

YARZA LUACES, Joaquín: «La miniatura en los reinos peninsulares medievales», en YARZA

LUACES, Joaquín (ed.): *La miniatura medieval en la Península Ibérica*. Murcia, Nausícaä, 2007, pp. 25-94.

YARZA LUACES, Joaquín: «Ilustración y ornamento en la Biblia Románica de Burgos», en ZABALZA DUQUE, Manuel, & YARZA LUACES, Joaquín: *La Biblia Románica de Burgos. Siglo XII. Original conservado en la Biblioteca Pública del Estado de Burgos. Estudios*. Burgos, Siloé arte y bibliofilia, 2009, pp. 163-225.

YZQUIERDO PERRÍN, Ramón: «El maestro Mateo y la terminación de la catedral románica de Santiago», en LACARRA DUCAY, Mª. Carmen (coord.): *Los caminos de Santiago. Arte, Historia y Literatura*. Zaragoza. Institución Fernando el Católico, 2005, pp. 253-284.

ZABALZA DUQUE, Manuel: «La Biblia Románica de Burgos. ¿Una biblia del Monasterio de Las Huelgas?», en ZABALZA DUQUE, Manuel, & YARZA LUACES, Joaquín: *La Biblia Románica de Burgos. Siglo XII. Original conservado en la Biblioteca Pública del Estado de Burgos. Estudios*. Burgos, Siloé arte y bibliofilia, 2009, pp. 15-161.

ZAMBON, Francesco: *El alfabeto simbólico de los animales. Los bestiarios de la Edad Media*. Madrid, Ediciones Siruela, 2010.

ZIMMERMANN, Michel: *Écrire et lire en Catalogne (IXᵉ-XIIᵉ siècle)*, Tome 1. Madrid, Casa de Velázquez, 2003.